Charakteristika analogiebasierten Denkens –

Vergleich von Lernprozessen in Basis- und Zielbereich

Roland Paatz

Bremen

Die Deutsche Bibliothek – CIP-Einheitsaufnahme

Paatz, Roland:
Charakteristika analogiebasierten Denkens - Vergleich von Lernprozessen in Basis- und Zielbereich / Roland Paatz. - Berlin : Logos, 2002

(Studien zum Physiklernen ; Bd. 21)
Zugl.: Bremen, Univ., Diss., 2001
ISBN 3-89722-944-7

ISBN 3-89722-944-7

Logos Verlag Berlin
Comeniushof, Gubener Str. 47,
10243 Berlin
Tel.: +49 030 42 85 10 90
Fax: +49 030 42 85 10 92
INTERNET: http://www.logos-verlag.de

Teile dieser Arbeit wurden bereits veröffentlicht in:

Paatz, R. & Schwedes, H. (1999). Bedeutungsentwicklung durch Analogiebildung. In: Brechel, R. (Hrsg.). *Zur Didaktik der Physik und Chemie: Probleme und Perspektiven.* Alsbach/Bergstraße: Leuchtturm, 277-279.

Paatz, R. & Schwedes, H. (2000). Analoges Denken - ein besonderer Lernprozess? In: Brechel, R. (Hrsg.). *Zur Didaktik der Physik und Chemie: Probleme und Perspektiven.* Alsbach/Bergstraße: Leuchtturm, 288-290.

Paatz, R. & Schwedes, H. (2001). Analoges Denken als Prozess - Bedeutungsentwicklungen in einem analogieorientierten Elektrizitätslehre-Unterricht. In: *CD zur Frühjahrstagung des Fachverbandes Didaktik der Physik in der Deutschen Physikalischen Gesellschaft - Bremen 2001.* Redaktion: Nordmeier, V., Münster.

Paatz, R. & Schwedes, H. (2001). Zur Struktur analoger Denkprozesse. In: Brechel, R. (Hrsg.). *Zur Didaktik der Physik und Chemie: Probleme und Perspektiven.* Alsbach/Bergstraße: Leuchtturm, 321-323.

Paatz, R. & Schwedes, H. (2001). Untersuchung von Bedeutungsentwicklungsprozessen in einem analogieorientierten Elektrizitätslehre-Unterricht mittels Komplexitätsanalyse. In: Aufschnaiter, S.v. & Welzel, M. (Hrsg.). *Nutzung von Videodaten zur Untersuchung von Lehr-Lern-Prozessen - Aktuelle Methoden empirischer pädagogischer Forschung.* Münster, New York, München, Berlin: Waxmann, 157-172.

Inhaltsverzeichnis

1 Einleitung

Neue Erkenntnisse werden oft durch die Nutzung von Analogien gewonnen. Dabei wird mit Hilfe eines vertrauten Inhaltsbereiches (des Basisbereichs) ein neuer, unbekannter (der Zielbereich) erschlossen. Dies gilt auch und insbesondere in Lernumgebungen wie dem Schulunterricht: Verfügen SchülerInnen über weitreichende Kenntnisse in einem Basisbereich, und nutzen sie diese Kenntnisse in der unterrichtlich intendierten Weise für die analogiebasierte Erschließung des zu entwickelnden Zielbereichs, so wirkt sich dies im Sinne des Unterrichtskonzepts positiv auf das „Lernergebnis" aus. Dies haben zahlreiche Untersuchungen gezeigt (z.B. Duit & Glynn 1992, Clement 1993, Harrison & Treagust 1993a, 1993b). In nur wenigen Arbeiten wird jedoch mittels Mikroanalysen der Frage nachgegangen, inwiefern sich die Analogienutzung *im Detail* auf den Lern*prozess* auswirkt (Dudeck 1997, Kleine 1998, Wilbers 1999). Diese Fragestellung steht im Mittelpunkt der vorliegenden Arbeit. Um die Charakteristika bzw. die „Besonderheiten" analogiebasierten Lernens aufzuschlüsseln, werden in dieser Arbeit nicht ausschließlich Lernprozesse im Rahmen der Erschließung eines Zielbereichs analysiert (so wurde in den zuletzt genannten Arbeiten verfahren), sondern die kognitiven Prozesse im Kontext der Erschließungen *sowohl des Basis- als auch des Zielbereichs* untersucht und vergleichend gegenübergestellt.

Die zentralen Fragen, die im Fokus der Forschungsbemühungen dieser Arbeit stehen, lassen sich folgendermaßen zusammenfassen:

- Unterscheidet sich analogie-induziertes Lernen von Lernen in Kontexten, in denen nicht auf analoge Vorkenntnisse zurückgegriffen werden kann?
- Weisen die *Prozessdynamiken* von Bedeutungsentstehungen und -entwicklungen in beiden Themenkomplexen (einem a priori unbekannten und einem per-analogiam zu erschließenden) grundsätzliche Unterschiede auf?
- Wenn ja, wie lassen sich diese Unterschiede theoretisch begründen?

Mittels kognitionswissenschaftlicher Analysen werden dazu Prozesse der Bedeutungsentstehungen und -entwicklungen von Lernenden im Kontext des Basis- und des Zielbereichs kleinschrittig untersucht und vergleichend gegenübergestellt. Die in beiden Bereichen gewonnen Ergebnisse werden auf den Folien zweier theoretischer Hintergründe betrachtet. Für die Prozessanalysen zum „Lernen in einem zunächst unbekannten Bereich (dem Basisbereich)" wird eine im Bremer Institut für Didaktik der Physik entwickelte konstruktivistische Lerntheorie zu Grunde gelegt (z.B. v. Aufschnaiter, S. 2001). Die Ergebnisse, die aus der Beschäftigung der Lernenden mit dem Zielbereich gewonnen wurden, werden (zusätzlich) im Rahmen einer Theorie betrachtet, die Aussagen zum analogen Denken als Prozess macht (u.a. Gentner 1989, Gentner & Markman 1997).

Die empirischen Untersuchen werden anhand der videodokumentierten Unterrichtseinheit „Wasser und Strom“ durchgeführt, in der zunächst über einen ausgedehnten Zeitraum ausschließlich der Inhaltsbereich „Physik der Wasserstromkreise“ (dieser entspricht dem Basisbereich der Analogie) eingeführt und erschlossen wird. Anschließend sollen die erlernten Begrifflichkeiten und Zusammenhänge den analogiegeleiteten Zugang zum Bereich „Physik der elektrischen Stromkreise“ (Zielbereich) ermöglichen (Dudeck 1997).

Diese Arbeit gliedert sich in einen theoretischen und zwei empirische Teile.

Den theoretischen Teil einleitend werden im folgenden zweiten Kapitel die kognitionspsychologischen Grundlagen für die Betrachtungen in dieser Arbeit abgesteckt. Das Symbolverarbeitungsparadigma und der konstruktivistische Ansatz werden erläutert, wobei im folgenden grundsätzlich eine konstruktivistische Sichtweise eingenommen wird. Für die Beschreibung von Wissen bzw. bereits Gelerntem kann jedoch pragmatisch vorgegangen werden: Wenn Äußerungen oder Handlungen von Lernenden eindeutig darauf schließen lassen, dass der entsprechende Kontext gelernt ist, kann dieses Wissen z.B. in Form propositionaler Netze dargestellt werden. Der Autor distanziert sich dabei grundsätzlich von der Annahme, dass Wissen „im Kopf“ propositional repräsentiert sei.

Eine ausführliche Auseinandersetzung mit dem Thema Analogie erfolgt im dritten Kapitel. Es wird eine Definition für den Analogiebegriff als Ähnlichkeitsform entwickelt, und es folgt eine Auseinandersetzung mit verschiedensten Arten der Nutzung von Analogien. Anschließend wird ein Überblick über die für diese Arbeit relevante Literatur im Zusammenhang mit Analogien und der Lehr-Lern-Forschung gegeben. Dabei wird insbesondere deutlich, dass die Anzahl der Arbeiten, die sich mit der Prozesshaftigkeit analogen Denkens und Lernens auseinandersetzen, marginal ist. Schließlich wird das Modell zum analogen Denken von Gentner eingeführt, das im zweiten empirischen Teil wieder aufgegriffen wird.

Im vierten Kapitel wird die dieser Arbeit zu Grunde liegende konstruktivistische Lerntheorie beschrieben. Dabei wird erläutert, wie über die detaillierte Betrachtung von Bedeutungsentwicklungsprozessen und die Kategorisierung einzelner Bedeutungskonstruktionen hinsichtlich zeitlicher sowie inhalts-, komplexitäts- und rahmungsbezogener Aspekte auf erfolgtes Lernen zurückgeschlossen wird.

Die empirischen Teile umfassen die Kapitel fünf bis 17, wobei der erste empirische Teil mit Kapitel zwölf abgeschlossen wird und sich ab Kapitel 13 der zweite empirische Teil anschließt. Im Rahmen des ersten empirischen Teils wird untersucht, inwiefern sich Bedeutungsentwicklungsprozesse im Unterrichtsteil zu Wasserstromkreisen (Basisbereich) von denen im Bereich der elektrischen Stromkreislehre (Zielbereich) unterscheiden. Die Ergebnisse werden im zweiten empirischen Teil weiter interpretiert, wozu die Theorie zum analogen Denken und Schließen nach Gentner zu Grunde gelegt wird.

Zu Beginn des ersten empirischen Teils werden im fünften Kapitel zunächst die Fragestellungen auf der theoretischen Basis der eingeführten Lerntheorie konkretisiert. Anschließend werden Hypothesen bezüglich der Charakteristika und vor allem der Unterschiede von Bedeutungsentwicklungsprozessen in Basis- und Zielbereich formuliert. U.a. wird dabei angenommen, dass Lernende im Basisbereich zunächst inhaltlich enge Bereiche auf niedrigen Komplexitätsniveaus erschließen. Für den Zielbereich hingegen wird erwartet, dass Lernende von vorn herein in der Lage sind, komplex(er) zu „denken" und ausgedehnte Inhaltsbereiche kognitiv zu erfassen.

Als wesentliches Element des Untersuchungsdesigns werden in Kapitel sechs die Unterrichtseinheit „Wasser und Strom" und die verwendete Wasseranalogie – das „zweite Bremer Wassermodell" – vorgestellt.

Die Methodik zur Untersuchung von Bedeutungskonstruktionen und -entwicklungen (aus BeobachterInnensicht) wird in Kapitel sieben beschrieben.

Im achten Kapitel wird auf die Auswahl der für die Analysen herangezogenen Daten eingegangen. Zunächst wird die Entscheidung, die Untersuchungen auf die Schülerin Janca zu konzentrieren, motiviert. Um Aussagen über Unterschiede hinsichtlich der Entstehung von Bedeutungen im Basis- und Zielbereich gewinnen zu können, sind für die Analysen Handlungsabschnitte aus beiden Bereichen heranzuziehen, die vergleichend gegenübergestellt werden können. Es werden insgesamt fünf Handlungsabschnitte zwischen 10 und 50 Minuten Dauer ausgewählt. Die Abschnitte umfassen die Anfangsphasen der Erschließungen von Basis- und Zielbereich sowie die erstmaligen systematischen Erfassungen der Reihen- und Parallelkreisregeln in beiden Bereichen.

Vor den eigentlichen Analysen werden in Kapitel neun die aus einem Vorinterview gewonnenen Vorverständniselemente Jancas zur elektrischen Stromkreislehre dargestellt. Damit soll zum einen gezeigt werden, dass Janca eingangs nur vage und aus physikalischer Sicht teilweise inadäquate Vorstellungen zur elektrischen Stromkreislehre zeigt. Zum anderen kann belegt werden, dass Janca bei der Beschäftigung mit dem Zielbereich in der Tat analogiegeleitet vorgeht und nicht mehr auf diese Vorverständniselemente zurückgreift.

In den Kapiteln zehn und elf werden zu den ausgewählten Abschnitten aus Basis- und Zielbereich die Handlungsverläufe und Analysen sowie die gewonnenen Ergebnisse detailliert dargestellt. Die Ergebnisse werden im zwölften Kapitel noch einmal analog gegenüberstellend zusammengetragen. Dabei werden die (in Kapitel fünf formulierten) Hypothesen im Hinblick auf die Kompatibilität mit diesen Ergebnissen geprüft.

Die Frage, wie die Ergebnisse zu Bedeutungsentwicklungsprozessen im Zielbereich im Hinblick auf den Ansatz Gentners interpretiert werden können, wird im zweiten empirischen Teil verfolgt. In diesem Ansatz wird analoges Denken als Prozess bzw. als Abfolge zu durchlaufender Schritte beschrieben. Die weitere Frage lautet, ob sich die bisherigen Ergebnisse zu Abschnitten aus dem Zielbereich als Teile dieser Schrittfolge wiederfinden lassen. In Kapitel 13 folgt nach einer Wiederholung der Gentnerschen Theorie eine kritische Auseinandersetzung mit selbiger, die auf die differierenden paradigmatischen Fundamente zwischen der Theorie Gentners und jener zurückzuführen ist, die im Rahmen dieser Arbeit vertreten wird. Schließlich wird die weitere Fragestellung konkretisiert.

In Kapitel 14 erfolgen Erläuterungen zur Methodik sowie zu den für die folgenden Analysen heranzuziehenden Daten. Zunächst wird Jancas Wissensstand über Wasserstromkreislehre zu Beginn der Beschäftigung mit dem Zielbereich erfasst und in Form propositionaler Netze dargestellt. Diesbezügliche Ausführungen finden sich in Kapitel 15.

Basis- und Zielbereichnetz sind aus ExpertInnensicht strukturgleich. Im Rahmen der Theorie Gentners wird analoges Denken als Folge zu durchlaufender Schritte dahingehend beschrieben, wie der Aufbau des Zielbereichnetzes schrittweise vonstatten geht. Mit den Analysen in Kapitel 16 wird nachgeprüft, ob sich diese Schritte in den Daten identifizieren lassen. Das Kapitel schließt mit einer Zusammenfassung der auf Gentners Theorie aufgebauten Argumentation, der Analyseergebnisse und der damit verbundenen Erkenntnisse dieser Arbeit zu den Charakteristika analogiegeleiteten Lernens.

In Kapitel 17 erfolgt eine Zusammenfassung der Arbeit.

2 Kognitionspsychologische Betrachtungen

In dieser Arbeit werden Lernprozesse menschlicher kognitiver Systeme beschrieben. Theorien zu Lernen können in verschiedenen Paradigmen formuliert werden. Zunächst werden die beiden wohl polarisiertesten Positionen - der Symbolverarbeitungsansatz und der Radikale Konstruktivismus - vorgestellt. In einer sich anschließenden Gegenüberstellung wird beschrieben, inwiefern die beiden Ansätze für die Beschreibung von „Gelerntem" und Lernprozessen für diese Arbeit nützlich sind.

2.1 Kognitivistischer Ansatz - Symbolverarbeitung

Wesentlich ist, dass beim Symbolverarbeitungsansatz nicht grundsätzlich zwischen objektiven Informationen der ontischen Welt und subjektiven Wahrnehmungsakten unterschieden werden muss. Die Entstehung und Entwicklung von Wissen (in kognitiven Systemen) wird als die Übernahme von (bedeutungstragenden) Informationen aus der Außenwelt in das kognitive System von Individuen beschrieben (Strube et al. 1995, 307). Dabei werden diese Informationen enkodiert und die gewonnenen Symbole im Gedächtnis gespeichert. Alle intern ablaufenden kognitiven Prozesse werden als diese Symbole verarbeitende Prozesse begriffen. Will ein Individuum das gespeicherte Wissen in einem bestimmten Kontext reproduzieren oder anwenden, so werden diese Symbole wieder dekodiert und befähigen das Individuum zur Handlung.

Lernen wird als das Hinzukommen neuer Informationen verstanden. Diese werden dabei in das vorhandene Wissen bzw. den bereits vorhandenen Erfahrungsschatz integriert. Wie muss man sich nun die Organisation des gespeicherten Wissens bzw. der gespeicherten Erfahrungen vorstellen? Dies wird durch das Konzept der mentalen Repräsentation beschrieben:

> Mentale Repräsentationen werden syntaktisch strukturierten Symbolen gleichgesetzt - es sind also logische Entitäten (Propositionen), zu denen ein Organismus bzw. ein System in einer bestimmten intentionalen Beziehung steht: ein Subjekt S weiß (glaubt, hofft, wünscht), daß P, (etwa dass der Himmel blau ist). (Strube et al. 1995, 302)

Eine Möglichkeit, diese mentalen Repräsentationen zu beschreiben, funktioniert über propositionale Darstellungen (Anderson 1996, 141ff.). Eine Proposition - der Begriff ist aus der Logik und Linguistik übernommen - bildet die kleinste Wissens- oder Bedeutungseinheit, die eine für sich stehende (Satz-)Aussage bilden kann. Über diese Methode lassen sich in Textform dargestellte Bedeutungs- oder Informationsinhalte (z.B. die Physik der Wasserstromkreise) als propositionale Strukturen darstellen. Eine Art von Darstellung dieser Strukturen sind propositionale Netzwerke (Anderson 1996, 144-147).

In der Anwendbarkeit zeichnet sich der Symbolverarbeitungsansatz dadurch vorteilhaft aus, dass er durch seine formale Beschreibung kognitiver Prozesse als Informationsverarbeitungen erlaubt, diese durch computergestützte Modellierungen zu simulieren (Strube et al. 1995, 300).

2.2 Radikaler Konstruktivismus

Der Radikale Konstruktivismus geht grundlegend davon aus, dass „Wissen" nicht einfach passiv aufgenommen werden kann im Sinne einer Enkodierung. In diesem Paradigma kann nicht von Wissen als bedeutungstragende Informationen gesprochen werden, die im Prinzip für jeden gleich und jedem zugänglich sind. Vielmehr entstehen Bedeutungen individuell und situativ, wenn das Individuum bzw. dessen neuronales System Einflüsse aus seiner Umwelt in Form von Sinnesreizungen empfängt.

> Das heißt, was die Sinnesorgane reizt, hat keinerlei fest vorgegebene Wirkung. Bedeutungen von Signalen werden erst durch das Gehirn konstituiert. In diesem Sinne ist das Gehirn kein informationsaufbauendes, sondern ein informations-*schaffendes* System. Eine bestimmte Bedeutung erhält die Einwirkung von Umweltereignissen ausschließlich durch den Kontext der zur Zeit herrschenden neuronalen Aktivität im Gehirn. (Roth 1996b, 361, Hervorhebung im Original)

Die Frage, warum man nicht von bedeutungstragenden Informationen, die aus der Umwelt passiv empfangen werden können, sprechen kann, lässt sich mit der semantischen Abgeschlossenheit des Gehirns beantworten. Das heißt wir können im Prinzip nur Vermutungen über eine „reale" Welt im Sinne einer objektiven ontologischen Realität anstellen, da wir keinen „direkten" Kontakt zu ihr haben, sondern nur über unsere Sinnesorgane (nach v. Glasersfeld 1997, 96).

Roth (z.B. 1996a, 1996b) beschreibt die Frage der Wahrnehmung vom Standpunkt des Gehirns aus. Er zeigt auf, dass verschiedene Sinnesorgane zwar aufgrund unterschiedlicher Umwelteinflüsse aktiviert werden, dass die neuronale Erregung selbst, die aufgrund der sensorischen Reizung in den Sinnesorganen entsteht und zum Gehirn weitergeleitet wird, aber als solche unspezifisch ist. In diesem Zusammenhang wird von „neuronaler Einheitssprache" gesprochen. Wesentliche Konsequenz hieraus ist, dass Nervenzellen Erfahrungen nicht direkt kodieren und dass folglich das Gehirn neurophysiologisch nicht in der Lage ist, Realität als solche abzubilden. Die vom Individuum wahrgenommene Realität im Sinne einer Erfahrungswelt ist also ein Konstrukt des Gehirns und nicht etwa eine direkte Abbildung der objektiven ontologischen Realität (Roth, 1996a, 235).

Im Gehirn kommen also bedeutungslose neuronale Pulse an, aus denen das Gehirn Bedeutung erzeugt und sich seine Erfahrungswelt aufbaut bzw. die neuen Bedeutungen in diese Erfahrungswelt einbindet. Um Bedeutungen erzeugen zu können, muss das Gehirn über Kriterien der Bewertung dieser Reizungen verfügen. Argumentiert wird hier im übrigen stets mit der

Überlebenssicherung des Organismus. Das heißt das Gehirn interpretiert die Reizungen so, dass der Organismus sich an der Umwelt so orientiert, dass er erfolgreich in ihr bestehen kann - von Glasersfeld (1992) spricht in diesem Zusammenhang von „viability on a biological level". Doch woher kommen die Kriterien der Bewertung? Roth (1996b) antwortet, dass sie teilweise angeboren sind und teilweise aus der individuellen Auseinandersetzung mit der Umwelt stammen. Das Gehirn produziert Hypothesen über die Folgen des eigenen Handelns und muss überprüfen, ob diese Hypothesen richtig oder falsch waren. Im Laufe der Ontogenese ergibt sich somit „eine ständige Akkumulation von vorläufig bewährten Hypothesen, die jede weitere Hypothesenbildung im Durchschnitt erleichtert und eine radikal falsche Hypothese immer unwahrscheinlicher macht" (Roth 1996b, 364). Das Gehirn konstruiert also Bedeutungen aufgrund von Sinnesreizungen. Diese Bedeutungen müssen im weiteren die Weichen stellen für erfolgreiche Einflussnahme des Organismus auf die Umwelt, was im Laufe der Ontogenese zunehmend erfolgreich funktioniert.

> Je konstruktiver das Gehirn wird, das heißt, je mehr Erfahrung aufgrund rekursiver Hypothesenbildung es besitzt, desto genauer kann es sich an der Umwelt orientieren. Dies bedeutet, daß das Gehirn aufgrund der internen rekursiven Bewertung der Folgen seines Handelns immer offener für die Umwelt wird, „offener" in dem Sinne, daß es Signalen aus der Umwelt immer schneller und eindeutiger Bedeutung zuweist. (Roth 1996b, 364)

Betont sei also abschließend, dass in diesem Ansatz dem Gehirn eine aktive Rolle bei der Erzeugung seiner Erfahrungswelt zukommt. Es interpretiert die ankommenden Pulse der Sinneswelt aufgrund seiner bisherigen Erfahrungswelt, konstruiert damit aktiv eine Wahrnehmung und handelt aufgrund dieser Wahrnehmung. Dieser Aspekt wird später wieder aufgegriffen und bei der Entwicklung einer Theorie zum Lernen in Kapitel 4 erweitert.

2.3 Das weitere Vorgehen - eine moderate Betrachtungsweise

Warum wurden diese beiden Paradigmen vorgestellt? Bei der Beschreibung von Lernprozessen in dieser Arbeit geht es weniger darum, eine einheitlich geschlossene Theorie zu Grunde legen zu können. Vielmehr wird grundlegend davon ausgegangen, dass „Lernen" (was auch immer das genau sei - hier reicht zu sagen: das Hinzukommen neuer Fähigkeiten) in unmittelbarer Beziehung zu dem steht, was ein Individuum bereits „weiß". Genau an dieser Stelle sind die unterschiedlichen Ansätze verschieden nützlich:

Mit Hilfe des Symbolverarbeitungsansatzes darf man davon ausgehen, dass das kognitive System erlerntes Wissen reproduzieren und z.B. als Regelwissen im konkreten Fall anwenden kann. Bereits Erlerntes kann also wieder dekodiert und genutzt werden. Diesen Punkt konkretisierend sei kurz dargestellt, inwiefern dieser Ansatz in der vorliegenden Arbeit angewendet wird: Es werden Lernende bei der Elaboration eines komplexen kausalen Beziehungsgeflechts (die Physik der Wasserstromkreise und später die Physik der elektrischen Stromkreise) beobachtet und deren Verhalten analysiert. Das Beziehungsgeflecht lässt sich im Sinne der Lernziele der Unterrichtseinheit aus ExpertInnensicht als propositionales Netz darstellen. Spiegeln sich in Äußerungen oder Handlungen der betrachteten Lernenden Teile dieser Struktur wider, so lassen sich die entsprechenden Beziehungen als Gelernt bzw. als bereits enkodiertes Wissen auffassen. Dieses Wissen kann gegebenenfalls wieder dekodiert werden und macht die/den Lernende/n im entsprechenden Kontext handlungsfähig. Es sei betont, dass diese Darstellung der Wissensrepräsentation in Form propositionaler Netze eine rein pragmatische Beschreibungsmethode ist, die LernerInnenäußerungen und -handlungen lediglich aufgreift. Es muss nicht angenommen werden, dass Wissen im Kopf propositional repräsentiert ist. Es könnte auch mittels anderer erfahrungsbasierter Strukturen neu hergestellt werden (es müsste also nicht das Wissen selbst, sondern es könnten auch bewährte Verfahren zur Herstellung des Wissens repräsentiert sein). Der wesentliche nützliche Aspekt dieses Ansatzes ist die Möglichkeit der Beschreibung von bereits Gelerntem. Der Ansatz erklärt jedoch nicht, wie ein/e LernerIn *neue* Regeln lernt, *neues* Wissen bildet bzw. in der Sprache des Symbolverarbeitungsansatzes soweit kommt, dass sich in seinem Output neue Strukturelemente des Netzes „zeigen“. Mit diesem Ansatz kann man lediglich beschreiben, was ein/e LernerIn „vorher“ und was sie/er „nachher“ weiß. Aussagen über die Prozesse dazwischen sind nicht möglich, zumindest nicht in Einklang mit neurobiologischen Befunden, wie sie oben angerissen wurden.

Für den *Prozess* des Lernens wird folglich auf den konstruktivistischen Ansatz Bezug genommen. In Kapitel 4 wird das Modell zum Lernen vorgestellt, das im Bremer Institut für Didaktik der Physik von der Arbeitsgruppe von Aufschnaiter entwickelt wurde. Hier sei im Vorgriff angemerkt, dass in diesem Modell dem Aspekt der semantischen Abgeschlossenheit des Gehirns Rechnung getragen wird. Dem kognitiven System wird dabei eine aktive Rolle bei der Konstruktion von Wahrnehmungs- und Erwartungsakten zugeschrieben. Angenommen, auf eine Wahrnehmungskonstruktion soll eine Handlung gegenüber der Umgebung eingeleitet werden. Als Voraussetzung dieser Handlung wird eine Erwartung an eine neue veränderte Wahrnehmung der Umgebung gekoppelt. Stehen die erneute Wahrnehmung und die Erwartung in Diskrepanz, muss eine neue Handlung initiiert werden. Das Zusammenspiel von Wahrnehmung, Erwartung und Handlung - genannt „Bedeutung“ - kann prozesshaft beschreiben und darauf eine Lerntheorie begründet werden.

Kann bei einer/m LernerIn beobachtet werden, dass ein Konsens zwischen Wahrnehmung, Erwartung und Handlung erreicht wurde und dass damit verbundene viable Bedeutungen offenbar mehrfach und sicher konstruiert werden, so können diese als „Gelernt“ angesehen werden, und eine beschreibende Darstellung mit Hilfe des Symbolverarbeitungsansatzes wird (wieder) möglich.

3 Analogien

In diesem Kapitel wird zum einen ein Überblick über die dem Verfasser wesentlich erscheinenden Blickrichtungen gegeben, unter denen die Thematik Analogie betrachtet werden kann. Zum anderen wird das theoretische Gerüst zum Thema Analogien entwickelt, mit dem im folgenden gearbeitet wird. In diesem Zusammenhang wird in Kapitel 3.1 nach einigen überblickartigen Ausführungen die verwendete Definition zum Begriff Analogie gegeben. Kapitel 3.2 beschäftigt sich mit unterschiedlichen Aspekten der Anwendung von Analogien. Die Ausführungen zu verschiedenen Arbeiten über Analogien im Zusammenhang mit Lehr-Lern-Forschung in Kapitel 3.3 sind als Literaturüberblick anzusehen, mit dem ein kurzer Einblick in dieses Gebiet gegeben wird. In Kapitel 3.4 schließlich wird die Theorie der Arbeitsgruppe um Gentner (u.a. Falkenheimer et al. 1989, Gentner 1989, Gentner & Markman 1997) referiert, die analoges Denken als mentalen Prozess beschreibt. Diese Theorie wird im zweiten empirischen Teil wieder aufgegriffen, wenn die auf deren Basis durchgeführten Analysen und die daraus gewonnenen Ergebnisse vorgestellt werden.

3.1 Zum Begriff der Analogie

3.1.1 Einleitung - zwei voneinander zu trennende Aspekte

Um zu einer Definition des Begriffs Analogie zu gelangen, sind nach Ansicht des Verfassers zwei Aspekte voneinander zu trennen: Zum einen muss geklärt werden, was unter einer Analogie als Ähnlichkeitsform verstanden werden soll, d.h. wann etwas als zu etwas anderem analog bezeichnet wird (und wer das entscheidet). Eine entsprechende Definition wird in Kapitel 3.1.2 gegeben. Zum anderen ist den Aspekten Rechnung zu tragen, die mit der Nutzung von Analogien verbunden sind und die bei der Untersuchung von ProbandInnen in einer analogiebasierten Lernumgebung von zentralem Interesse sind. Anhand der folgenden Definition von Duit et al. (1990) kann diese Trennung verdeutlicht werden: Analogien sind demnach „Relationen zwischen den Strukturen zweier Bereiche, von denen der eine zur Erklärung eines anderen herangezogen wird". Unter Bereich wird dabei „eine klar abgrenzbare Menge von konkreten Dingen (wie z.B. ein konkret aufgebautes Wassermodell) oder von Abstrakta (wie z.B. ein Begriffsnetz)" verstanden. Diese Definition besagt zweierlei: zum einen, dass eine Analogie eine Relation (sie sei im folgenden Ähnlichkeitsbeziehung genannt) zwischen den Strukturen zweier Bereiche ist. Diese Ähnlichkeitsbeziehung scheint zunächst einmal zu bestehen - unabhängig von der/vom BetrachterIn und von einer Anwendung. Zum anderen wird der Aspekt der Nutzung genannt, indem konstatiert wird, dass diese Ähnlichkeitsbeziehung zur Erklärung eines Bereichs herangezogen wird. Auch Schwedes (1996b, 277) erfasst diesen zweiten Punkt, wenn sie sagt, Analogien werden genutzt, „um ausgehend von einem bekannten, vertrauten Sachverhalt einen neuen, unbekannten zu erschließen, verständlich zu machen, zu erklären, und sie können helfen, eine Lösung für ein sich stellendes Problem zu finden". Neben der Erklärungsmacht der Analogie, die auch im ersten Zitat vorkommt, werden hier dem Nutzen von Analogien weitere Rollen zugebilligt - z.B. die Erschließung eines neuen Bereichs. Dabei ist davon auszugehen, dass der zu erschließende Bereich zunächst noch nicht bekannt ist. Es ist vielleicht lediglich bekannt (z.B. weil ein/e LehrerIn dies sagt), dass das Wissen über einen bekannten Bereich bei der Erschließung des neuen weiterhelfen soll. Der Frage, wie sich die Nutzung einer Analogie bei Lernenden zeigt bzw. wie das Wissen über einen bekannten Bereich das Vorgehen bei der per analogiam Erschließung eines unbekannten beeinflusst, wird mittels Prozessanalysen von Bedeutungsentwicklungen in dieser Arbeit nachgegangen.

Bevor ab Abschnitt 3.2 weiter auf nutzungs- bzw. anwendungsbezogene Aspekte im Zusammenhang mit Analogien eingegangen wird, sei nun auf die Analogie als Ähnlichkeitsbeziehung zurückgekommen. Zwei als analog erachtete Bereiche werden in der Literatur mit den Bezeichnungen Basis- bzw. Analogbereich (im folgenden sei der Terminus Basisbereich präferiert) und Zielbereich versehen. Diese Namensgebung erfolgt unabhängig davon, ob mit Hilfe des Bekannten (nämlich des Basisbereiches) das Neue (der Zielbereich) erschlossen wird, ob ein Vergleich zwischen den Bereichen angestellt wird oder ob z.B. mit Hilfe des Basisbereichs jemandem anderen der Zielbereich erklärt wird. Duit und Glynn (1992) weisen explizit auf den Symmetriecharakter hin (auch Duit et al. 2001, Häußler et al. 1998), was also einen Wechsel der Benennungen von Basis- und Zielbereich von Fall zu Fall bewirken kann: „Das bedeutet, dass der Analogbereich bezüglich gewisser Strukturen oder Eigenschaften analog zum Zielbereich ist, aber dass der Zielbereich auch analog zum Basisbereich ist" (Duit & Glynn 1992, 225). Die Möglichkeit, zwischen Basis- und Zielbereich wechseln zu können, setzt dabei bei AnalogienutzerInnen weite Kenntnisse über beide Bereiche voraus.

3.1.2 Zur Analogie als Ähnlichkeitsbeziehung im Rahmen des moderaten Ansatzes

Im Zusammenhang mit der Erläuterung des oben aufgeführten Zitats von Duit et al. (1990) wurde aufgezeigt, dass die Ähnlichkeiten zwischen den Strukturen zweier Bereiche als vorgegeben oder unabhängig von der/dem BetrachterIn bestehend angenommen werden, wenn von Analogie gesprochen wird. In einem radikal konstruktivistischen Ansatz ist diese Definition problematisch. Es wäre a priori nicht möglich, beobachterInnenunabhängige Kriterien für diese Ähnlichkeiten zu definieren. Es wird daher im folgenden der vorgestellte moderate Ansatz (siehe Abschnitt 2.3) genutzt und von einem/von einer ExpertIn ausgegangen, für den/die beide Bereiche bekannt sind. Dessen/deren Wissen über die beiden Bereiche kann als bereits gelernt propositionalisiert werden, und es können Kriterien definiert werden, inwiefern die beiden propositionalen Strukturen zueinander im Verhältnis stehen müssen, wenn von Analogie gesprochen wird.

Bezüglich der Frage, worin die Bereich übereinstimmen müssen, gibt es unterschiedliche Auffassungen. Duit et al. (1990) sprechen von „Relationen zwischen den Strukturen". Einige AutorInnen klammern wie in dieser Veröffentlichung von Duit et al. (1990) „Oberflächeneigenschaften" (wie z.B. Aussehen oder Farbe von Dingen) explizit aus und lassen ausschließlich Merkmale der „Tiefenstruktur" zu. Duit und Glynn (1992) sowie Spreckelsen (1999) treffen eine feinere Unterscheidung innerhalb des Terminus Analogie. So unterscheiden Duit und Glynn (1992) Analogien im engeren und im weiteren Sinne. Dabei entspricht die obige Definition einer Analogie im engeren Sinne - die Übereinstimmungen sind in Teilen der „Struktur" zu finden (man spricht auch von struktureller Analogie). Dieser Form von Analogie wird die größere erklärende Potenz zugeschrieben (z.B. Gentner 1989, Häußler et al. 1998). Analogien im weiteren Sinne beziehen auch Übereinstimmungen von Oberflächeneigenschaften mit ein. Den Analogien im weiteren Sinne wird gewisse Aufmerksamkeit geschenkt (und sie werden deswegen von den Autoren in den Terminus Analogie integriert), da der Zugang zu Analogien über Oberflächeneigenschaften größer zu sein scheint als über tieferliegende strukturelle Ähnlichkeiten (z.B. Gentner & Landers 1985, Gentner 1989, Gentner et al. 1993). Es wird also die Hypothese vertreten, dass z.B. Lernende, die einen neuen (unbekannten) Zielbereich erschließen wollen bzw. sollen, mit Hilfe der ihnen bereits bekannten oder durch unmittelbare Anschauung leicht zugänglichen Oberflächenähnlichkeiten dazu angehalten werden können, im entsprechenden Basisbereich eine gewisse Erschließungsmacht für den Zielbereich zu sehen. Spreckelsen (1999) unterscheidet zwischen phänotypischen und genotypischen Analogien. Bei der Untersuchung von Grundschulkindern wird die phänotypische Analogiebildung als nächst liegende Form erachtet, die Ähnlichkeiten zwischen dem konkret Gesehenen und Phänomenen aus dem Alltag oder zuvor im Unterricht Gesehenem betrifft. Genotypische Analogien beziehen sich nur „mittelbar auf die äußere Erscheinungsform, stattdessen vielmehr auf Entsprechungen, die auf gleiche Wirkmechanismen im Phänomen hin abzielen, d.h. auf ein gleiches Funktionsprinzip, das eher 'unter der Oberfläche der Erscheinungen' auszumachen ist. Äußerlich ganz unterschiedliche Phänomene können dennoch 'innerlich' dasselbe bedeuten, den gleichen Regeln gehorchen (ohne dass diese explizit benannt werden müssen)" (Spreckelsen 1999, 221).

3.1.3 Zum Analogiebegriff nach Gentner

3.1.3.1 Vorbemerkung

Im folgenden wird die Definition des Analogiebegriffs nach Gentner (u.a. Gentner 1989, Gentner & Markman 1997) vorgestellt. Das in der Gruppe um Gentner aufgestellte Modell, das die Generierung und Nutzung von Analogien als mentalen Prozess beschreibt, beruht auf dieser Definition und wird in Kapitel 3.4 vorgestellt. Die Gruppe um Gentner modelliert aus dem Symbolverarbeitungsparadigma heraus analoge Denkprozesse im Computer durch Abgleich vorgegebener propositionaler Strukturen von Basis- und Zielbereich und Übertragung von Strukturelementen aus ersterem auf den letzteren. Sie setzen damit die Strukturen von Basis- und Zielbereich als prinzipiell existent (im Sinne der objektiv ontologischen Realität nach von Glasersfeld (1997), A.d.V.) voraus. Die Argumentation in dieser Arbeit baut jedoch nicht auf der Existenz dieser Realität, sondern auf dem, was ein/e ExpertIn konstruieren kann, auf. Es ist also die Erfahrungswelt der/des ExpertIn, die als gelernt bzw. als Wissen (von ihr/ihm) propositionalisiert werden kann und für die der Symbolverarbeitungsansatz als Argumentationsrahmen gerechtfertigt ist (siehe hierzu Kapitel 2.3). In diesem Paradigma können Basis- und Zielbereich (z.B. die Physik der Wasserstromkreise und die der elektrischen Stromkreise) vom/von der ExpertIn als logisch strukturierte Begriffssysteme dargestellt und so jeder/m BetrachterIn zugänglich gemacht werden. Des weiteren können Kriterien definiert werden, hinsichtlich welcher Teile der Strukturen die Bereiche übereinstimmen müssen, wenn sie als analog erachtet werden sollen. Der nun einzuführende Analogiebegriff nach Gentner macht hierzu hinreichend exakte Aussagen.

3.1.3.2 Definition des Analogiebegriff nach Gentner - Analogie als eine Form von Ähnlichkeit in einem Ähnlichkeitsraum

Gentner (u.a. 1989) definiert den Analogiebegriff in klarer Abgrenzung zu anderen Formen von Ähnlichkeit. Demnach sind es Relationen (Beziehungen) zwischen Objekten und deren Eigenschaften („...relations, rather than simple features", Falkenheimer et al. 1989, 3), hinsichtlich derer Basis- und Zielbereich übereinstimmen müssen. Hierbei ist sehr weit gefasst, was alles als Bereich anzusehen ist. Wichtig ist nur, dass Basis- und Zielbereich strukturelle Eigenschaften enthalten und in diesen übereinstimmen müssen:

> No matter what kind of knowledge (causal models, plans, stories, etc.), it is the structural properties (i.e., the interrelationships between the facts) that determine the content of an analogy. (Falkenheimer et al. 1989, 3)

Um die Struktur zu gewinnen, wird (von einer/m ExpertIn) zunächst die inhaltliche Sachlogik eines Bereichs in Textform dargestellt. Das weitere Vorgehen ist sehr formal. Die Aussagen dieses Textes werden kodiert und als propositionale Struktur dargestellt. Die Terminologie zur Kodierung und Darstellung einer solchen Struktur entstammt der Prädikatenlogik.

Konventionen zur Darstellung von (Text-)Inhalten

Die folgenden Aufzählungen und Illustrationen zu den Kodierungskonventionen sind knapp gehalten. Wenn im Rahmen des zweiten empirischen Teils die Physik der Wasser- und der elektrischen Stromkreise als propositionale Netze dargestellt werden, erfolgt eine nochmalige ausführlichere Darstellung (siehe Abschnitt 13.2). Zu unterscheiden sind vier verschiedene Repräsentationskonstrukte: Entitäten (hierunter fallen Objekte und Konstanten), Attribute und Relationen als ein- und zweistellige Prädikate sowie Funktionen.

Beispiele für Objekte sind im Bereich der Wasserstromkreise: Doppelwassersäule, Kreisel, Schläuche, Wasser, Klemme.

Ein Attribut als einstelliges Prädikat schreibt einem Objekt eine Eigenschaft zu. Beispiel: „Der Kreisel dreht sich". Man schreibt das Prädikat und dahinter in Klammern dessen Argument(e), also hier: Drehen (Kreisel). In dieser Proposition bezeichnet das Prädikat (bzw. hier Attribut) „drehen" ein Merkmal des Arguments „Kreisel".

Bei mehrstelligen Prädikaten bzw. Relationen unterscheidet man verschiedene Wertigkeiten bzw. Ordnungen. Die Relation: „Der Schlauch verbindet den Kreisel mit der Doppelwassersäule" bzw. „verbinden" (Schlauch, Kreisel, Doppelwassersäule) beinhaltet, dass das Prädikat „verbinden" drei Argumente, nämlich „Schlauch", „Kreisel" und „Doppelwassersäule", miteinander in Beziehung setzt. Die beiden Argumente sind Objekte, was bedeutet, dass man von einer Relation erster Ordnung spricht. Sind die Argumente selbst wiederum Relationen - liegt also eine Relation über Relationen vor - so ist die Ordnung höher. Genau genommen ist die Ordnung eines Prädikates eins plus die maximale Ordnung seiner Argumente. Beispiele für höherranginge Relationen sind „daraus folgt" oder „impliziert", also u.a. solche, die Schlussfolgerungen zulassen.

Funktionen unterscheiden sich von Prädikaten insofern, dass sie (einem Satz von) Argumenten (Zahlen-)Werte zuordnen. Ein Beispiel ist „Der Druck der Säule A beträgt 80 mbar". Das bedeutet, dass die Funktion „Druck" als Merkmal des Arguments „Säule A" den Wert „80 millibar" annimmt. Die Schreibweise lautet: Druck (Säule A) = 80 millibar.

Definition des Analogiebegriffs

Für eine Festlegung des Begriffs Analogie als eine Form von Ähnlichkeit ist nun zu definieren, inwiefern die Objekte und die verschiedenen Prädikate aus Basis- und Zielbereich miteinander in Beziehung stehen müssen (z.B. Falkenheimer et al. 1989). Folgende Regeln gelten:

- Relationen - insbesondere höherrangige Relationen - müssen identisch übereinstimmen.
- Objekte bzw. Funktionen aus dem Basisbereich müssen lediglich „korrespondieren" (d.h. analoge Entsprechungen haben) mit Objekten bzw. Funktionen aus dem Zielbereich.
- Attribute werden gänzlich ignoriert, sofern sie nicht Bestandteil höherrangiger Strukturen sind.

> Thus there are three levels of preservation: identical matching, placing in correspondence, and ignoring. (Gentner 1989, 209)

Zusammenfassend kann nun also festgehalten werden, dass eine Analogie eine (aus der Sicht einer/s ExpertIn vorhandene) Ähnlichkeitsbeziehung zwischen zwei Bereichen ist, wobei die Bereiche einen großen Übereinstimmungsgrad hinsichtlich höherrangiger Relationen aufweisen. Objektbezogene (attributive) Übereinstimmungen und niedrigrangige Relationen sind während dessen von geringer Bedeutung.

Die folgende Abbildung 3.1 stellt die Analogie neben den anderen Formen von Ähnlichkeit - Metapher, tatsächliche Ähnlichkeit, Anomalie und bloßer Anschein - in einem zweidimensionalen Ähnlichkeitsraum dar. Die Namensgebung der Ähnlichkeitsformen definiert sich hinsichtlich der Grade an objekt- und relationsbezogenen Übereinstimmungen.

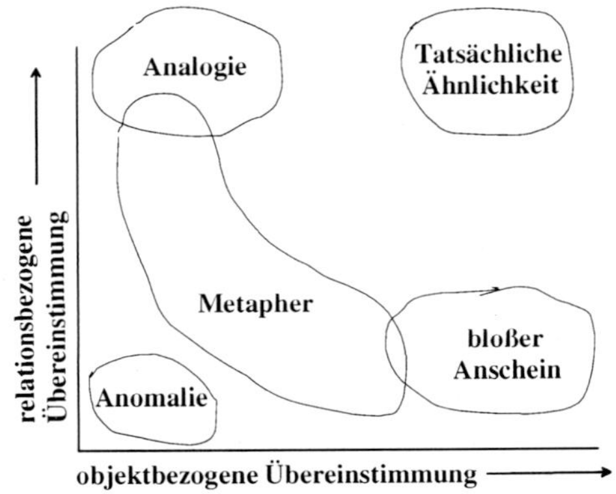

Abb. 3.1: Der Ähnlichkeitsraum nach Gentner und Markman (1997) - verschiedene Ähnlichkeitsformen in Abhängigkeit des Grades an relations- und objektbezogenen Übereinstimmungen

Erläuterungen zu den Ähnlichkeitsformen in Abbildung 3.1

Bei der Ähnlichkeitsform „Bloßer Anschein" stimmen die Bereiche bezüglich Objektattributen, aber kaum bezüglich Relationen überein. Einen Planeten mit einem runden Ball zu vergleichen, fällt in diese Kategorie. Gentner und Markman (1997) bezeichnen den „bloßen Anschein" gewissermaßen als Gegenteil der Analogie. Sie werden für Kinder und Novizen dennoch als wichtig im Hinblick auf Lernen erachtet, weil sie oft gesehen werden und Interesse erwecken können (siehe Abschnitt 3.1.2).

Bei der „Anomalie" handelt es sich um einen Vergleich, der minimale attributive und relationale Ähnlichkeiten beinhaltet.

Bei Metaphern scheint eine klare Begriffsdefinition nicht möglich. In Gentners struktureller Beschreibungsweise umspannen sie einen „fließenden Übergangsbereich", der von relationalen Übereinstimmungen zu attributiven Übereinstimmungen reicht. Ein Beispiel für relationale Übereinstimmungen der Bereiche wäre „zusammenhalten wie Pech und Schwefel", für eine attributive Übereinstimmung kann man sich vorstellen „der Mond ist rund und glänzt wie eine Silbermünze" (nach Gentner & Markman 1997, 48).

Duit (1991) vertritt eine andere Auffassung zum Begriff Metapher. Betreffend eines Maßes an Ähnlichkeiten stellt er Analogien und Metaphern auf eine Stufe. Danach müssen beide relationale Übereinstimmungen beinhalten. Metaphern werden jedoch eher dem literarischen Bereich zugeordnet, während Analogien als einem wissenschaftlichen Bereich zugehörig angesehen werden. Die Metapher wird als literarisches Stilmittel aufgefasst, bei dem Basis- und Zielbereich *implizit* verglichen werden, während dies bei Analogien *explizit* geschieht.

> An analogy *explicitly* compares the structures of two domains; it indicates identity of parts of structures. A metaphor compares *implicitly*, highlighting features or relational qualities that do not coincide in two domains. (Duit 1991, 651, Hervorhebungen im Original)

Metaphern sind demnach rhetorische Mittel, die bewusst eingesetzt werden, um beim Adressaten dazu anzuregen, den Kern des Vergleichs aufzuspüren. Sie enthalten ein gewisses Überraschungsmoment, indem sie etwas behaupten, was wörtlich genommen falsch und absurd ist (Wilbers 1999).

3.2 Zur Anwendung von Analogien

Im vorigen Abschnitt 3.1.3.2 wurde definiert, was in dieser Arbeit unter Analogie als Ähnlichkeitsbeziehung zweier Bereiche verstanden werden soll. Die Bereiche wurden als Teile einer „ExpertInnen-Erfahrungswelt" vorausgesetzt und damit als propositionalisierbar erachtet. Bei den folgenden Ausführungen sind nun Arten der Anwendung von Analogien sowie Absichten, die mit der Nutzung von Analogien verbundenen sein können, von Interesse. Die Forschungsrichtungen, die sich mit der Nutzung von Analogien beschäftigen, sind sehr weit gefächert - darunter fallen Arbeiten über die Geschichte naturwissenschaftlicher Erkenntnisse, die Linguistik, die kognitive Psychologie und Arbeiten aus dem Bereich der Künstlichen-Intelligenz-Forschung. Auf einige Blickweisen auf den Forschungsgegenstand Analogienutzung wird hier in Form abrissartiger Überblicke eingegangen. Zum einen soll damit die Einbettung dieser Arbeit in die Analogie-Thematik verdeutlicht und zum anderen die weitreichende und fundamentale Funktion von Analogien betont werden. Zunächst wird in Abschnitt 3.2.1 auf die Fundamentalität von Analogien beim menschlichen Denken eingegangen. Anschließend wird nach kurzen Betrachtungen zur Rolle von Analogien in der Geschichte naturwissenschaftlicher Erkenntnisse in Abschnitt 3.2.2 auf die verschiedenen Arten analogen Denkens nach Hesse (1991) eingegangen (Abschnitt 3.2.3). Für die in dieser Arbeit betrachteten Lernprozesse ist die in Abschnitt 3.2.4 einzuführende Theorie der heuristischen und Post-festum-Nutzung von Analogien nach Wilbers (u.a. 1999) von Interesse. Diese unterscheidet grundsätzlich zwei Arten der Nutzung von Analogien. Analoges Verstehen wird als ein Prozess des Übergangs von der einen Nutzungsart zur anderen beschrieben. Die Vereinbarkeit dieser Theorie mit einigen dafür in Frage kommenden Analyseergebnissen wird - nach einer vorherigen kurzen Wiederholung der wesentlichen Aussagen - in Abschnitt 11.2.6 diskutiert. Das Feld des Einsatzes bzw. der Nutzung von Analogien in der Lehr-Lern-Forschung wird gesondert in Abschnitt 3.3 behandelt.

3.2.1 Zur Fundamentalität der Analogienutzung beim menschlichen Denken

Die Nutzung von Analogien zur Erschließung neuen Wissens ist nach Glynn (1991) fundamental im menschlichen Denken:

> The process of relating concepts by means of analogy is a basic part of human thinking, and authors, teachers, and students are certain to use it. (Glynn 1991, 222)

Schwedes (1996a, 194-195) fasst Untersuchungen darüber zusammen, ab welchem Alter das menschliche kognitive System zu analogem Schließen fähig ist. Denen zu Folge dachte man lange, dass Kinder bis zum Alter von 11 oder 12 Jahren unfähig seien, analoge Entsprechungen zu erfassen und dass auch das analoge Schließen demzufolge eine sehr elaborierte Fähigkeit sei. Man dachte, das Erkennen von Beziehungen „höherer Ordnung" würde erst ab jenem Alter einsetzen.

Im Gegensatz dazu zeigen Untersuchungen u.a. von Brown (1989), dass schon 3jährige Kinder erfolgreich analog vergleichen bzw. zuordnen konnten. Beispielsweise waren entsprechende ProbandInnen in der Lage, Zuordnungsaufgaben mit Lösungen der Art „Instant-Kaffeepulver verhält sich zu einer Tasse Kaffee wie Waschpulver zu einer Schüssel Seifenlauge" zu bewältigen. Sie waren sich also der Beziehungen von Kaffeepulver zu einer Tasse und von Waschpulver zu der Lauge bewusst. Wenn sie die Ähnlichkeit sahen, wussten sie folglich ausreichend viel über beide Bereiche „Kaffee" und „Waschpulver" bzw. sie hatten bereits zuvor über beide Bereiche ausreichend viel gelernt. Dieses Wissen kann als propositionalisierbar aufgefasst werden, und die strukturellen analogen Entsprechungen waren für die Kinder auszumachen. Weiter konnte gezeigt werden, dass die Kinder über die Erfassung solcher Ähnlichkeiten hinaus auch in der Lage waren, analog zu Schließen. Hatten sie eine Geschichte (z.B. ein Märchen), in der eine Lösung zu einem bestimmten Problem erklärt wurde, verstanden, so gab es positive Ergebnisse bei der Konfrontation mit einer neuen Geschichte, in der es ein ähnliches Problem zu lösen galt. Die Kinder konnten also das bekannte Problem und dessen Lösung als Basisbereich nutzen, um für den zunächst unbekannten Zielbereich einen Ansatz zu bekommen, Ideen zu generieren und handlungsfähig zu werden.

Aus diesen Untersuchungen wird schlussgefolgert, dass die Mechanismen, die analoges Vergleichen und Schließen ermöglichen, schon bei sehr kleinen Kindern vorhanden sind. Kleine Kinder können also häufig Analogieaufgaben nicht schlechter lösen als etwa Jugendliche, weil sie zu analogem Denken nicht fähig wären, sondern weil ihnen das für diese Analogieaufgaben notwendige Wissen fehlt.

3.2.2 Analogien in der Geschichte naturwissenschaftlicher Erkenntnisse

Der fundamentale Charakter des analogen Vergleichens und Schließens lässt fast zwingend erscheinen, dass die Bedeutung von Analogien in der Geschichte naturwissenschaftlicher Erkenntnisgewinnung groß ist. Beispielsweise nutzte Kepler Analogien zur Entwicklung seiner Gesetze über die Planetenbewegung (Gentner et al. 1997). Einige weitere große Namen finden sich u.a. bei Dudeck (1997, 30f.) und Häußler et al. (1998, 206): Zum Beispiel Huygens, der seine Wellentheorie des Lichts durch Analogiebildung zu der ihm bekannten Wellentheorie des Schalls erfand, oder Volta bei seiner Prägung des Spannungsbegriffs. Ausführlich lässt sich Ernst Mach (1920) über „Die Ähnlichkeit und die Analogie als Leitmotiv der Forschung“ aus.

3.2.3 Arten des analogen Denkens

Verschiedene Arten der Nutzung von Analogien sind damit verbunden, dass sie mit jeweils unterschiedlichen Erkenntnis- oder Erklärungsabsichten der AnalogienutzerInnen einhergehen. In der Literatur sind aus verschiedenen Richtungen einige Arten und Ziele der Analogienutzung zu finden. Hesse (1991) unterscheidet analoges Zuordnen, analoges Verstehen und analoges Problemlösen. Analoges Zuordnen ist danach z.B. in Intelligenztests erforderlich. Dabei sollen die in einem Sachverhalt enthaltenen Eigenschaften und Beziehungen erfasst werden. Mit deren Hilfe sollen dann assoziative Schlüsse im Zielbereich gezogen werden. Ein Beispiel für analoges Zuordnen ist die Bearbeitung der Aufgabe: „Wald : Bäume :: Wiese : a) Gräser; b) Weidefläche“. Bei solchen Tests soll nichts Neues gelernt werden, sondern es wird im wesentlichen erhoben, wie viel eine Person bereits (d.h. irgendwann vor Durchführung des Tests) gelernt hat. Es kommt somit vielmehr darauf an, dass die Person möglichst schnell die „richtigen“ Bedeutungen zu den gestellten Aufgaben erzeugt.

Lernpsychologisch wichtig ist das analoge Verstehen, auf das bereits bei den Ausführungen zur Fundamentalität analogen Denkens eingegangen wurde (siehe Abschnitt 3.2.1). Nach Hesse (1991) impliziert analoges Verstehen das analoge Zuordnen. Hierbei soll mit Hilfe von Kenntnis eines bekannten Sachverhalts das Verstehen eines neuen Sachverhalts ermöglicht oder erleichtert werden.

Während für das analoge Verstehen eher deklaratives Wissen (also das „explizite“ Wissen, über das Individuen berichten können) wichtig ist, wird beim analogen Problemlösen das prozedurale Wissen als vorrangig erachtet. Damit ist neben dem Wissen über das Ausführen von Operationen (z.B. Fahrradfahren) das strategische Wissen gemeint, das Grundlage für Problemlöseprozesse ist. Hier muss die in einem bekannten Bereich angewandte und bewährte Lösung eines Problems als relevant und nutzbar „erkannt“ werden, um ein anderes Problem in einem neuen (analogen) Bereich zu lösen (Anderson 1996, 241-244). Im Gegensatz zu analogem Zuordnen und Verstehen ist bei dieser Form der Analogienutzung im allgemeinen ein größerer Erkenntnisgewinn zu erwarten. Die problemlösende Person „weiß" zunächst nicht, wie das Problem im Zielbereich anzugehen ist. Die Strategie des Schließens von einem Basisbereich verhilft ihr zu neuem Wissen.

Eine weitere Form der Analogienutzung wird in der Entwicklung abstrakter Regeln gesehen: Wenn das Wissen über einen Basisbereich genutzt wurde, um ein Problem in einem Zielbereich zu lösen, kann das „neue" Wissen über beide Bereiche genutzt werden, um abstrakte sturkturelle Repräsentationen und damit einhergehend generalisierende kontextunabhängige Regeln zu entwickeln (Gentner & Medina 1998, Ma 2000). Durch Ähnlichkeitsvergleiche zwischen Bereichen können demnach die strukturellen Übereinstimmungen „herausgefiltert" und damit die Bildung abstrakter Regeln unterstützt werden.

Wenn im Rahmen dieser Arbeit Lernende in einem analogiebasierten Unterrichtsdesign betrachtet werden, so wird sich zeigen, dass sie die angebotene Analogie durchaus zuordnend, vergleichend und auch problemlösend nutzen (die Entwicklung von kontextunabhängigem Regelwissen wird hier nicht betrachtet). Weniger als eine Trennung dieser Begrifflichkeiten ist jedoch vielmehr von Interesse, *wie* die Lernenden ihr Basisbereichwissen nutzen, um im Prozess der Erschließung eines Zielbereichs diesen für sich zu strukturieren. Dieser Prozess wird mit Hilfe kleinschrittiger Untersuchungen ihres Vorgehens aufgeschlüsselt.

Es wird hier also - unter anderem - Fragen nach den Prozessen bei analogiebasiertem Lernen nachgegangen. Ein Modell, das hierzu Aussagen macht, wurde von Wilbers (1999) entwickelt und in seiner Dissertation dargestellt (siehe auch Duit & Wilbers 1999, Wilbers & Duit 2001). Dies wird im folgenden vorgestellt. Die im Rahmen dieser Arbeit durchgeführten Analysen bauen zwar methodisch nicht auf dieses Modell auf, die gewonnenen Ergebnisse werden jedoch vor diesem Hintergrund diskutiert (siehe dazu Abschnitt 11.2.6 mit Unterabschnitten).

3.2.4 Die Unterscheidung von heuristischen und Post-festum-Analogien

Bei der Entwicklung einer Theorie zum Generierungs- und Nutzungsprozess von Analogien geht Wilbers (1999) zunächst u.a. vom Ansatz nach Gentner (u.a. 1989) aus, der auch im Rahmen der Betrachtungen in der vorliegenden Arbeit herangezogen wird. Das Modell Gentners wird in Abschnitt 3.4 ausführlich dargestellt, an dieser Stelle seien jedoch in einem Vorgriff einige Punkte aufgeführt. Diese sind wesentlich, da Wilbers zunächst von dieser Theorie ausgeht, um die in seinem Design entstandenen Videodaten zu interpretieren. Als sich dies als nicht möglich erweist, unterzieht er das Modell Gentners einer Revision, aus der die Theorie der heuristischen und Post-Festum-Nutzung von Analogien entstanden ist.

In Gentners Strukturabbildungstheorie werden Basis- und Zielbereich als mental repräsentiert angenommen. Die als propositionale Strukturen darstellbaren mentalen Repräsentationen zeichnen sich zum einen durch strukturelle Gleichheit (entsprechend der in Abschnitt 3.1.3.2 gegebenen Definition) und zum anderen dadurch aus, dass die propositionale Struktur des

Zielbereichs weniger verzweigt als die des Basisbereichs ist. Die Generierung und Nutzung von Analogien besteht im wesentlichen darin, die propositionalen Strukturen der Bereiche zu vergleichen und zusätzliche Strukturelemente - nämlich solche, die zunächst im Zielbereich nicht vorhanden sind - aus dem Basisbereich auf diesen zu übertragen.

Wilbers' (1999) Hauptkritik an Gentners Theorie richtet sich auf dieses Prinzip des Vergleichens von Propositionen. Einen solchen konnte er in seinen Daten nicht beobachten. „Die Schülerinnen und Schüler schienen vielmehr ein gegebenes Basisanalogon im Lichte des Zielanalogons (und umgekehrt) zu sehen." (Wilbers 1999, 118). Einen Ähnlichkeitsvergleich beobachtete Wilbers erst dann, wenn der heuristische Nutzen der Analogie erschöpft war, wenn die SchülerInnen also ausreichend viel über den Zielbereich „gelernt" hatten. Das heißt wenn (nahezu) keine mentale Repräsentation des Zielbereich gebildet ist, gibt es auch keine Möglichkeit für einen Vergleich mit einem Basisbereich. Oder: Man muss erst etwas über den Zielbereich wissen, um Ähnlichkeitsvergleiche anstellen zu können.

Als Konsequenz modelliert Wilbers (1999) den Prozess der Generierung und Nutzung von Analogien in der Zurückführung auf zwei Phasen, die mit zwei unterschiedlichen Prozessen der Analogienutzung einhergehen (bezeichnet als heuristische und Post-festum-Analogien) und die nun erläutert werden.

3.2.4.1 Die heuristische Analogie

Wilbers (1999) sieht die heuristische Zielsetzung der Analogiebildung in der geschlossenen theoretischen Modellierung eines erklärungsbedürftigen Phänomens bzw. allgemein eines a priori unbekannten Zielbereichs. Eine heuristische Analogie versetzt eine Person in einer „vortheoretischen" Phase des Erkenntnisgewinns in die Lage, gezielte Hypothesen zu generieren, bevor eine gefestigte Theorie zur Beschreibung des Zielbereichs vorliegt. Der Basisbereich stellt dabei eine „Prototheorie" auf dem Weg zur Modellierung des Zielbereichs bereit. Die Generierung einer Analogie versetzt die Person somit in die Lage der zielgerichteten Handlungsfähigkeit in Bezug auf den Zielbereich. Die Hypothesen, die von der heuristischen Analogie bereit gestellt werden, müssen anschließend - „jenseits" der Analogie - empirisch geprüft werden. Wilbers betont in diesem Zusammenhang mehrfach den assoziativen Charakter der aus heuristischen Analogien gewonnen Hypothesen. Dieser wird in klarer Abgrenzung zum induktiven Schluss gesehen:

> Der induktive Schluss ist ein Verfahren, das Hypothesen testet. Die heuristische Analogie beantwortet aber die Frage nach einer sinnvollen Hypothese und nicht die Frage nach dem Wahrheitswert einer bereits existenten Hypothese. (Wilbers 1999, 126)

Die Annahme propositional organisierten Wissen ist weiterhin wenig erkenntnisleitend bei der Nutzung von heuristischen Analogien. Erst für die Konstruktion von Post-festum-Analogien wird es bedeutsam. Hier wird eine Verbindung zu den Ausführungen in Abschnitt 2.1.3

gesehen. Eine Person, die eine Analogie als heuristisches Mittel einsetzt, befindet sich in einem Lern*prozess*. Das heißt in der Sprache der Symbolverarbeitung ist die mentale Repräsentation des inhaltlichen Kontexts, in dem die Person agiert, vor der Analogienutzung eine andere als danach. Darüber, was *während* des Prozesses geschieht, sind auf der Grundlage der Symbolverarbeitung und der propositionalen Beschreibungen keine Aussagen möglich.

Das Wissen, das bei der Nutzung heuristischer Analogien ausschlaggebend ist, wird über mentale Bilder und bildhafte, intuitive Schemata, die eine Person bei heuristischer Analogienutzung erzeugt, gesehen. Mentale Bilder und mentale Modelle sind demnach „raum-zeitliche Strukturen 'vor dem geistigen Auge'. Sie sind in funktionaler Hinsicht äquivalent zu Wahrnehmungsbildern" (Wilbers 1999, 140). Für Wilbers ist diese Beschreibungsweise insofern wichtig, als er neben der Absicht einer lerntheoretischen Modellierung analoger Denkprozesse empirisch untersucht, wie SchülerInnen auf das Angebot verschiedener didaktischer Analogien bei der Erschließung eines physikalischen Inhaltsbereichs (das Verhalten chaotischer Systeme) eingehen. Es steht also im Zentrum des Interesses, ob ein gegebenes Zielanalogon die SchülerInnen dazu anregt, einen bestimmten Basisbereich als nützlich zu erachten. Als Mechanismus wird angenommen, dass eng an einen Zielbereich orientiert intuitive Schemata und mentale Bilder „getriggert" werden, die eine assoziative Anbindung an einen (möglichst den angebotenen) Basisbereich als Tool für erfolgreiches weiteres Handeln (bei Lernenden) bewirken.

Auf ähnliche Weise stellt Schwedes (1996b) die Nutzung der Wasseranalogie (das „Zweite Bremer Wassermodell" - dies wird auch im Rahmen der in dieser Arbeit durchgeführten Untersuchung eingesetzt) als Hypothesengenerator für die Funktionsweisen elektrischer Schaltungen dar. Sie geht davon aus, dass die Schüler bei der Beschäftigung mit elektrischen Schaltungen aufgrund der topologisch strukturellen Ähnlichkeiten zu den Wasserstromkreisen an letztere erinnert werden. „Die visuell und konkret wahrgenommenen Prozesse in Wasserkreisschaltungen können so später vor dem geisteigen Auge wieder ablaufen, so dass entsprechend den gegebenen Randbedingungen für die Prozesse Aussagen über das Ergebnis der Prozessabläufe [bei den elektrischen Schaltungen] getroffen werden können." (Schwedes 1996b, 294).

Im Rahmen dieser Arbeit ist dieser Aspekt wie auch die Frage nach der Akzeptanz vorgegebener Basisbereiche weniger interessant. Auf das Design der Untersuchung wird in Kapitel 6 detailliert eingegangen. An dieser Stelle sei jedoch bereits erwähnt, dass von den TeilnehmerInnen (SchülerInnen der 10. Klasse) das Begriffssystem eines Basisbereichs über einen relativ langen Zeitraum konzeptuell entwickelt wird. Während dieses gesamten Zeitraums werden die SchülerInnen wiederholt darauf hingewiesen, dass mit Hilfe dieses Basisbereichswissens später der Zugang zu einem Zielbereich erleichtert werden soll. Dass die SchülerInnen ihr Wissen über den Basisbereich auch wirklich einsetzen, kann schnell als außer

Frage stehend bezeichnet werden, wie ebenfalls später gezeigt wird. Das Interesse der im Rahmen der vorliegenden Arbeit durchgeführten Untersuchung besteht vielmehr darin, zunächst Aussagen über die Lernprozesse im Basisbereich zu machen und die Wissensstände der SchülerInnen beim Abschluss der Beschäftigung mit diesem zu erfassen. Anschließend ist aufzuzeigen, welche Charakteristika sich bezüglich der Prozessdynamik des analogieorientierten Lernens (bei der Erschließung und Erarbeitung des Zielbereichs) herauskristallisieren.

3.2.4.2 Die Post-festum-Analogie

Wenn die heuristische Nutzung einer Analogie abgeschlossen ist und damit ein Modell des Zielbereichs vorliegt, ist nach Wilbers (1999) die Grundlage für Ähnlichkeitsvergleiche gelegt. Hier wird die Abgrenzung zu Gentners Theorie (1989) wiederum deutlich. Gentner postuliert zwar ebenfalls Ähnlichkeitsvergleiche zwischen Basis- und Zielbereich, diese werden jedoch bereits in der Phase des Aufbauprozesses eines Zielbereichs (also nach Wilbers in der heuristische Phase) durchgeführt. Bei Wilbers sind Ähnlichkeitsbeziehungen demnach nicht der Ausgangspunkt für heuristische Analogienutzung, sondern das Ergebnis der Konstruktion einer analogen Basis-Ziel-Beziehung. Beide Bereiche können als ausreichend gelernt und die Inhalte als propositionalisierbares Wissen betrachtet werden. Die entsprechenden Repräsentationen können in Anlehnung an den Formalismus, der bei der Definition des Analogie-Begriffs nach Gentner (1989) (siehe Abschnitt 3.1.3.2) eingeführt wurde, verglichen werden. Wesentlich ist, dass eine Person sich bei der Nutzung einer Post-festum-Analogie *nicht in einem Lernprozess* befindet. Es wird nichts Neues gelernt in dem Sinne, dass die propositionalen Netze von Basis- und Zielbereich vor der Post-festum-Analogienutzung anders dargestellt werden müssten als danach. In diesem Sinne kann die Nutzung von Post-festum-Analogien im Symbolverarbeitungsparadigma beschrieben werden, während immer dann, wenn Analogien heuristisch genutzt werden, konstruktivistisch argumentiert werden muss. Auf diesen Punkt wird durch Wilbers auch dadurch hingewiesen, indem er repräsentationistische Beschreibungen als statisch bezeichnet:

> Repräsentationistische Theorien leisten keine Erklärung des Zustandekommens einer Repräsentation. Ihre Sicht auf Analogien ist in diesem Sinne statisch. (Wilbers 1999, 132)

> Die repräsentationistische Sicht auf Analogien ist notwendigerweise statisch. Sie ist prinzipiell nicht geeignet, den Prozess der heuristischen Nutzung zu verstehen, in dem der Schüler per analogiam Begriffe bildet. (Wilbers 1999, 136)

Aus der Post-festum-Perspektive können Analogien als explikatives und kommunikatives Werkzeug oder als Gedächtnisstütze genutzt werden. Post-festum-Analogien können beispielsweise im Unterricht (als Lernumgebung) in der Absicht bereitgestellt werden, dass SchülerInnen diese als heuristische Analogien nutzen. LehrerInnen nutzen die Ähnlichkeiten von Basis- und Zielbereich (aus der Post-festum-Perspektive) in diesem Fall zur Anregung von Diskussionen und Initiierung von Lernprozessen.

3.2.4.3 Zur Relevanz des Modells von heuristischer und Post-festum-Analogie für diese Arbeit

Aufbauend auf der heuristichen und der Post-festum-Analogie als zwei Nutzungsarten von Analogien formuliert Wilbers (1999) ein Modell des analogen Verstehens. Dies wird im wesentlichen als ein Prozess des Übergangs von der ersten Nutzungsart zur zweiten definiert. SchülerInnen, denen beispielsweise ein Zielphänomen mit Hilfe einer vorgegebenen didaktischen Analogie verständlich gemacht werden soll, müssen zunächst den heuristischen Wert des angebotenen Basisanalogons erkennen. Das Zielphänomen muss bei den SchülerInnen mentale Modelle auslösen, die sie an den Basisbereich „erinnern" und die bewirken, dass in diesem eine Art Prototheorie gesehen wird. Diese Prototheorie erlaubt den SchülerInnen, assoziative Schlüsse in Bezug auf den Zielbereich zu ziehen und Hypothesen zu generieren, die anschließend zu testen sind. Bestätigt sich eine Hypothese, gewinnen die SchülerInnen eine neue Sicht auf den Zielbereich. Sie haben gewissermaßen etwas gelernt - das propositionale Netz des Zielbereichs hat an Struktur gewonnen. Dieser Prozess des Hypothesengenerierens und -testens setzt sich so lange fort, bis der subjektive Klärungsbedarf der SchülerInnen gedeckt ist.

Im Kontext dieser Arbeit sollen SchülerInnen ein im Sinne der naturwissenschaftlichen Konzepte angemessenes Verständnis der Physik der elektrischen Stromkreise aufbauen. Die elektrische Stromkreislehre entspricht dabei dem Zielbereich der Analogie. Vor dem Beginn der Beschäftigung mit diesem Zielbereich haben sich die SchülerInnen über einen ausgedehnten Zeitraum mit einem Basisbereich beschäftigt und diesen für sich erschlossen und entwickelt. Hierzu liegen umfangreich Daten vor. An dieser Stelle wird ein wesentlicher Unterschied zur Untersuchung von Wilbers gesehen. Das Basisbereichwissen seiner ProbandInnen erscheint weniger ausdifferenziert, und die Elaborationszeit ist weitaus kürzer. Die zentral beabsichtigten Lehrinhalte (die aus Post-festum-Sicht aus den strukturellen Gemeinsamkeiten der analogen Bereiche zu erschließen sind) scheinen im Basisbereich nicht ausreichend verstanden oder als wesentlich erkannt zu sein, was den von Gentner geforderten Vergleichsprozess freilich erschwert.

Die Strukturabbildungstheorie Gentners wird somit für die im Rahmen der vorliegenden Arbeit durchgeführten Untersuchungen als nützlich (bzw. als nützlicher im Vergleich zu Wilbers' Untersuchungen) erachtet (siehe Abschnitt 3.4) und für Analysen genutzt. Weiterhin wurden jedoch bei einem Teil der Analysen im hier dargestellten Forschungsvorhaben Ergebnisse gewonnen, die eine Interpretation auf der Folie der Theorie von heuristischen und Post-festum-Analogie plausibel erscheinen ließen und entsprechend diskutiert werden (siehe Abschnitt 11.2.6, inklusive Unterabschnitte). Es zeigt sich nämlich, dass die bei den Analysen im Fokus stehende Schülerin bei der Erschließung des Zielbereichs immer wieder in einer Abfolge gezielt Hypothesen generiert und anschließend testet.

3.3 Analogien und Lehr-Lern-Forschung

In diesem Kapitel wird ein Überblick über die Arbeiten gegeben, die sich mit verschiedenen Aspekten von Analogien im Zusammenhang mit Lehr-Lern-Forschung - vorwiegend aus dem Gebiet der Physikdidaktik - beschäftigen. Zunächst wird in Abschnitt 3.3.1 auf die Rolle von Analogien aus den Blickrichtungen von Konzeptwechsel- und Schematheorie-Forschung eingegangen. Anschließend wird in Abschnitt 3.3.2 über Aspekte zum Einsatz von Analogien im Rahmen von Lehr-Lernprozessen referiert. Dabei werden Betrachtungen darüber angestellt, welche Rolle Analogien derzeitig in der Praxis des Physikunterrichts zukommt. Des weiteren werden empirische Untersuchungen zum Lernen mit Analogien überblickartig dargestellt. In Abschnitt 3.3.3 schließlich werden konkrete analogiebasierte Lehrstrategien vorgestellt.

Die Ausführungen in diesem Kapitel sind in erster Linie dazu gedacht, der LeserInnenschaft einen Überblick über die Forschungsrichtungen zu geben, die die Themen (Physik) Lernen verbunden mit dem Einsatz von Analogien behandeln. Aspekte, die in einem enge(re)n Zusammenhang mit dem Forschungsbestreben der vorliegenden Arbeit stehen, werden dabei besonders hervorgehoben.

3.3.1 Zur Rolle von Analogien im Konzeptwechselansatz und in der Schematheorie

3.3.1.1 Analogieeinsatz und Konzeptwechsel

Der Terminus Konzeptwechsel (conceptual change) steht nach Duit „für Lernen in Bereichen, in denen die vorunterrichtlichen mentalen Strukturen auf dem Weg zum Erwerb des wissenschaftlichen Wissens wesentlich umstrukturiert werden müssen“ (Duit 2000, 77). Die vorunterrichtlichen mentalen Strukturen werden auch Vorstellungen bzw. Schülervorstellungen genannt. Sie zeichnen sich nach Niedderer (1996, 1999) wie Präkonzepte durch eine gewisse Stabilität aus und werden im Gegensatz zu aktuellen Konstruktionen als stabile kognitive Elemente bezeichnet. Lernende verfügen hiernach also bereits - vor der Konfrontation im Unterricht - über Kenntnisse über die dort zu vermittelnden (physikalischen) Inhalte. Diese Vorkenntnisse widersprechen jedoch den unter ExpertInnen ausgehandelten wissenschaftlichen Theorien zumindest in Teilen. Mit den vorunterrichtlichen Vorstellungen beschäftigt sich ein weiter Forschungszweig (u.a. siehe zur Mechanik Schecker 1985, zur Atomphysik Lichtfeld 1992, Petri 1996, zum Thema Druck Haeberlen 1999, zu elektrischen Stromkreisen Driver 1994). Eine Untersuchung zu elektrischen Stromkreisen, die in Abhängigkeit des Alters von SchülerInnen verschiedene Expertisegrade und damit verbunden Differenzierungen hinsichtlich der Vorstellungen aufzeigt, findet sich bei Stocklmayer et al. (1996). Die Stabilität von „Fehlvorstellungen“ spiegelt sich häufig durch enorme Resistenz gegenüber ganzen Unterrichtseinheiten (Clement 1987, 1998, Brown & Clement 1989, 1992, Driver 1989) wider.

Das ursprüngliche Modell zum Konzeptwechsel stammt von Posner et al. (1982). In Anlehnung an den von Piaget (1974) geprägten Begriff Akkomodation zeichnet sich eine Form von Lernen demnach als „Austausch" eines „alten" Konzepts gegen ein „neues" („radical conceptual change") aus. Wesentlich ist, dass Lernende ein neues Konzept als verständlich, glaubwürdig und fruchtbar (intelligible, plausible and fruitful) befinden. Außerdem muss erreicht werden, dass Lernende „unzufrieden" mit dem alten (Prä-)Konzept werden. Hewson und Hewson (1992) beschreiben mit dem Begriff Status eines Konzepts, inwieweit dieses Konzept sich bei einer Person als verständlich, glaubwürdig und fruchtbar zeigt. Die „Radikalität" des Konzeptwechsels wird dahingehend „entschärft", dass ein altes Konzept meist nicht zu Gunsten eines neuen „ausgetauscht" wird, sondern dass z.B. das physikalische Konzept an Status gewinnt, während der Status des Präkonzepts sinkt. Nach Posner et al. (1982) ist der Einsatz einer Analogie eine Möglichkeit (von fünf), Lernende zu einem Konzeptwechsel zu bewegen. Analogien können demnach als Ideenlieferant zur Glaubwürdigkeit des „neuen" Konzepts und somit zu einem Wechsel beitragen.

> Analogies and metaphors: These can serve to suggest new ideas and to make them intelligible. (Posner et al. 1982, 214)

Spätere Untersuchungen (zusammengefasst von Treagust 1998) ergaben, dass Lernenden durch Analogien ein Gefühl von Sicherheit gegeben und so deren Interesse geweckt werden kann:

> Analogies may provide students with the level of comfort and security that enables them to connect their world to the world of theories and abstractions. They may raise their interest in the subject matter, enabling them to see science as „a way of knowing" [...], and enhancing their imaginative potential and their „contextual flexibility" [...]. (Dagher 1994, 610, s.a. Treagust 1998)

Venville und Treagust (1996b) zeigen, dass mit Hilfe „einfacher" Analogien das Selbstvertrauen von Lernenden gestärkt werden kann. Lernende konnten überzeugt werden, dass die Durchdringung des Basisanalogons sie in die Lage versetzen würde, einen abstrakten Kontext (den Mechanismus des Herzens) zu erlernen. Die Analogie wirkte somit als Motivator für die Ermöglichung eines Konzeptwechsels.

Ein weiterer Ansatz, der in Bezugnahme auf die Theorie von Posner et al. (1982) sowie Strike und Posner (1985) beschreibt und untersucht, inwiefern der Einsatz von Analogien einen Konzeptwechsel herbeiführen kann, stammt von Schmidt (1989). Ein Konzept wird demnach aus einer im kognitiven System vorhandenen situativ und unbewusst aktivierten Grundgestalt heraus erzeugt und determiniert. Diese Grundgestalt wird Nucleus genannt (Schmidt 1989, Schwedes & Schmidt 1992). Der Nucleus zeichnet sich ähnlich wie diSessas p-prims (1993) durch Kontextunabhängigkeit aus und organisiert den Aufbau eines Konzepts. Dies geschieht als Anwendung des Nucleus auf den Realitätsausschnitt. Wenn bei Lernenden Unzufriedenheit mit dem „alten" Konzept in seiner Erklärungsmacht auf den Realitätsausschnitt entstanden ist, muss ein alternativer Nucleus zum Einsatz kommen, der dann den Aufbau des neuen Konzepts zum entsprechenden Realitätsausschnitt strukturiert. Hier gibt es zwei Fälle: Der alternative Nucleus muss neu gebildet (gelernt) werden, oder der alternative Nucleus existiert bereits, wird jedoch bisher lediglich auf andere Realtitätsausschnitte angewandt. In diesem Fall muss die Klasse der Realitätsausschnitte, in denen dieser Nucleus bisher Anwendung findet, durch Einbeziehung des neuen Realitätsausschnitts erweitert werden. Die Übertragung eines - in diesem Fall des alternativen - Nucleus auf einen neuen Realitätsausschnitt kann durch Analogiebildung erreicht werden:

> Zu einem Realitätsausschnitt x wird ein Nucleus aktiv, der bereits zu einem anderen Realitätsausschnitt y und z aktiv ist, indem vom Schüler der Realitätsausschnitt x als dem Realitätsausschnitt y und/oder dem Realitätsausschnitt z analog angenommen wird. (Schmidt 1989, 49)

3.3.1.2 Analogieeinsatz in der Schematheorie

Aus einer eher kognitivistisch orientierten Perspektive heraus beschreiben Rumelhart und Norman (1978, 1981) mit ihrer Schematheorie den Nutzen von Analogien im Erkenntnisprozess. Danach besitzt jedes Individuum im Verlauf seiner Ontogenese gebildete Kategorien (Schemata), die als durch invariante Eigenschaften gekennzeichnete Wissensstrukturen zu verstehen sind. Mit diesen „allgemeinen" Schemata werden „spezielle" Informationen aus der Umwelt interpretiert. Die Veränderung eines Schemas in dem Sinne, dass damit eine verbesserte Interpretation der Umwelt (zum Beispiel eines Unterrichtsinhaltes) erzielt wird, kann in drei verschiedenen Formen geschehen: neue Informationen können in ein bestehendes Schema aufgenommen werden („accretion"), beim „tuning" wird ein Schema verfeinert und modifiziert. Die tiefgreifendste Form des Lernens wird „restructuring or schema recreation" genannt. Hierbei muss das Individuum neue Schemata ersinnen, um die Informationen, mit denen es konfrontiert wird, sinnvoll interpretieren zu können. Dies geht dann mit einer Neuorganisation des bereits Gelernten einher. Eine Möglichkeit, neue Schemata zu ersinnen, erfolgt über die modifizierte Anwendung eines „alten" Schemas auf einen neuen Bereich mittels Analogienutzung:

> ... an new schema can be patterned on an old one, consisting of a copy with modifications. We call this process *patterned generation* of schemata. [...] Perhaps the simplest form of patterned generation occurs through the use of analogies. (Rumelhart & Norman 1978, 46, Hervorhebungen im Original)

3.3.1.3 Ein kurzes Resümee im Hinblick auf die Fragestellung der vorliegenden Arbeit

In den beiden in Abschnitt 3.3.1.1. und 3.3.1.2 dargestellten Theorien werden Analogien eine wichtige Rolle beim „Austausch" bzw. bei Statusveränderungen von Konzepten oder bei der Ersinnung neuer Schemata für Interpretationen der Umwelt eingeräumt. Damit werden im wesentlichen Aussagen darüber gemacht, inwiefern Analogien helfen können, andere - eventuell von wissenschaftlichen Standpunkten adäquatere - Bedeutungen zu Lehrinhalten bzw. allgemein zur Umwelt zu erzeugen. Aussagen dazu, *wie* sich die Nutzung von Analogien bei Lernenden *im Prozess* der Erschließung eines per-analogiam zu entwickelnden Inhaltes auswirkt, bleiben jedoch aus. Diese Frage macht jedoch gerade den Forschungsschwerpunkt der vorliegenden Arbeit aus. Die beiden Ansätze finden folglich für die hier vorgestellten Untersuchungen keine weitere Beachtung.

3.3.2 Zum Einsatz von Analogien in Lehr-Lernumgebungen

3.3.2.1 Analogien im Physikunterricht

Brown und Clement (1989) bezeichnen den Einsatz von Analogien als eine der zuerst in Frage kommenden Methoden, wenn auf das bereits vorhandene Wissen von Lernenden rekurriert werden soll:

> The use of analogy is often viewed as one of the primary means of drawing on students' existing knowledge. (Brown & Clement 1989)

Zwei wesentliche Gründe sieht Lawson (1993) für den Einsatz von Analogien im naturwissenschaftlichen Unterricht:

> The first reason has to do with concept acquisition. The second has to do with the development of scientific reasoning skills. (Lawson 1993, 1213)

Auch Duit und Glynn (1992) sind der Auffassung, dass Analogien eine wichtigere Rolle im Physikunterricht spielen könnten als dies derzeit der Fall ist und dass deren Präsenz erhöht werden sollte. Sie beziehen sich u.a. auf eine Untersuchung von Treagust et al. (1992) (s. auch Duit et al. 1990), bei der 40 Unterrichtsstunden von sieben LehrerInnen in einer staatlichen High School in Perth/Australien beobachtet wurden. Lediglich in acht der Stunden wurden überhaupt Analogien verwendet, davon als wirkliche über Illustrationen hinausgehende Konzeptualisierungshilfen lediglich in zwei. Analysen von wissenschaftlichen Lehrbüchern in USA von Glynn et al. (1989) und dreier deutscher Physiklehrbücher von Duit und Glynn (1992) kommen zu ähnlich „bescheidenen" Ergebnissen.

Im Gegensatz zu Duit und Glynn (1992) drückt sich Kircher (1989) eher skeptisch aus, was eine Verstärkung des Analogieeinsatzes in Physik-Lehr-Lernkontexten angeht. Einer seiner Einwände betrifft die Lernökonomie. Die Nutzung von Analogien bedeutet demnach immer, einen „Umweg" zu machen, dessen zusätzlicher Zeitaufwand durchdacht werden müsse: Unterrichtskonzepte, die explizit auf einen analogen Basisbereich bezug nehmen wollen, müssten gewährleisten, dass dieser von den SchülerInnen verstanden würde. Dazu müssten die entsprechenden Basisbereiche mindestens ausführlich diskutiert, teilweise (wie im dieser Arbeit zu Grunde liegenden Unterrichtskonzept) sogar mühsam eingeführt werden. Doch selbst wenn dies geschehe, könne nicht gewährleistet werden, dass Lernende die von der/dem Lehrenden intendierte Analogie auch in der beabsichtigten Weise akzeptieren und heuristisch nutzen würden. In diesem Zusammenhang wird auf die vielzitierte Erkenntnis von Bunge

(1973, 127) verwiesen, der bei seinen Untersuchungen zur Rolle von Analogien in der Geschichte naturwissenschaftlicher Erkenntnisgewinnung zu dem Ergebnis kam: „analogies may give birth to as many monsters as healthy babies ...“. Zudem kritisiert Kircher (1989), dass Basis- und Zielbereich strukturell nie vollständig übereinstimmen, dass sich zu einigen Elementen im Basisbereich also keine Entsprechungen im Zielbereich finden lassen würden, was bei „Überstrapazierung“ der Analogie bei der/dem LernerIn zu Verwirrung führen könne. Folglich wird es als didaktisch notwendige Bedingung erachtet, die Grenzen von Analogien zu reflektieren und zu diskutieren (Kircher et al. 2000). Heywood & Parker (1997) sehen hier allerdings gerade eine Chance. Ihnen zu Folge sollte die begrenzte Erklärungsmacht einer jeden Analogie in Lehreinheiten dahingehend thematisiert werden, dass das Erleben der Grenzen von Analogien ein fundamentales Element in naturwissenschaftlichen Erkenntnisgewinnungsprozessen sei.

3.3.2.2 Empirische Untersuchungen zum Lernen mit Analogien

Nur wenige Arbeiten - insbesondere im deutschsprachigen Raum - untersuchen die Wirkung spezifischer Analogien, indem Lernprozesse im Detail untersucht werden. Hier sind die Arbeiten von Menge (1996) und Dudeck (1997) zu einfachen elektrischen Stromkreisen, die von Wilbers (1999) zum deterministischen Chaos (s. auch Duit et al. 1996, 2001, Wilbers 1998, 1999) sowie die aus der Chemiedidaktik kommende Arbeit von Kleine (1998) im Zusammenhang mit dem Begriff des chemischen Gleichgewichts (auch Sumfleth & Kleine 1999) zu nennen. Die vorliegende Arbeit soll in diesem Rahmen ebenfalls einen Beitrag leisten. Auf Mikroebene werden Lernprozesse analysiert, wobei insbesondere spezifische Charakteristika von analogiebasierten Lernprozessen - im Gegensatz zu solchen, in denen Lernende (zumindest aus BeobachterInnensicht) nicht auf analoge Vorerfahrungen zurückgreifen - von Interesse sind.

Duit und Glynn (1992, 232) bemängeln, dass empirische Untersuchungen zum Denken mit Analogien zumeist vorwiegend Analogien (als Lernmittel) vorgeben und deren Wirksamkeit in Lern- bzw. Problemlöseprozessen untersuchen würden. Aus der positiven Wirkung würde geschlossen, dass Denken mit Analogien stattgefunden hätte, was jedoch häufig einer detaillierteren Prüfung bedürfe. Die Lernwirksamkeit von Analogien würde in diesen Untersuchungen zumeist durch Pre-Post-Tests und zum Teil in Kontrollgruppendesigns in Form von learning-outcome-studies überprüft.

Insgesamt machen die Studien zur Nützlichkeit von Analogien als Lernhilfen zu einfachen Stromkreisen einen Großteil dieses Forschungszweiges aus. Dudeck (1997, 47-51) referiert insgesamt neun Untersuchungen über Unterricht zum elektrischen Stromkreis mit Hilfe von Wasseranalogien, die zwischen den Jahren 1972 und 1993 durchgeführt wurden. Die Resultate sind uneinheitlich. Als positives Ergebnis konnte gezeigt werden, dass Wasseranalogien dazu beitragen können, die Begriffe Strom und Stromstärke sowie Stromverzweigungen zu veranschaulichen (Kircher & Duit 1975, Schwedes 1984, Black & Solomon 1987). In anderen Untersuchungen konnten die Probanden die Wasseranalogie nicht adäquat nutzen bzw. „sahen“ sie gar nicht (Wilkenson 1972, Gentner & Gentner 1983, Tenny & Gentner 1984). Grundsätzlich fand Dudeck (1997) keine konkreten Hinweise auf ein Verständnis von Spannung oder gar auf ein Systemverständnis elektrischer Stromkreise. Als Konsequenz u.a. dieser Ergebnisse entwickelte er ein neues analogiebasiertes Unterrichtskonzept zur elektrischen Stromkreislehre (z.B. Dudeck et al. 1990). Seine videogefilmte Unterrichtseinheit dient als Datenbasis für die vorliegende Arbeit und wird im ersten empirischen Teil in Abschnitt 6.3 ausführlich dargestellt.

Eine weitere Studie stammt von Heywood und Parker (1997). Wie Gentner und Gentner (1983) gingen sie davon aus, dass keine „simple analogy“ (eine Analogie mit „nur“ einem Basisbereich) sämtliche Aspekte der Komplexität elektrischer Stromkreise erfassen könne. ProbandInnen (Grundsschul-Lehramtsstudierende) bekamen folglich drei verschiedene „sequentielle“ Analogien vorgestellt, die jeweils Teilaspekte von Stromkreisen erklären können. Die Studie ergab, dass es den Lernenden schwer fiel, mit Hilfe mehrerer sequentieller Analogien eine globale Sichtweise der Physik der elektrischen Stromkreise zu entwickeln. Besonders problematisch wurde dies, wenn Lernende bereits bestimmte sequentielle Vorstellungen vor der Studie hatten, die von einer der drei Analogien noch veranschaulicht und somit unterstützt wurde. In einem solchen Fall wurde ungern von dieser Analogie abgewichen, auch wenn für bestimmte Fragen eine andere als Antwortbasis geeigneter gewesen wäre.

Weitere Studien stammen aus verschiedensten Bereichen des naturwissenschaftlichen Lehrkatalogs. Eine Untersuchung zum optischen Brechungsindex stammt von Treagust et al. (1993) (siehe auch Harrison & Treagust 1993a, 1993b). Einer 10th-Grade-Schülerinnen-Gruppe wurde analogieorientierter Optikunterricht erteilt, eine Kontrollgruppe nahm an Unterricht ohne Analogie teil. Mit einem schriftlichen Test nach den Unterrichtseinheiten und Interviews drei Monate später wurde untersucht, welche Statusse von Konzepten (nach Hewson & Thorley 1989, Hewson & Hewson 1992) zu Brechung sich bei den Schülerinnen zeigten. Während die Tests keine signifikanten Unterschiede zwischen den Gruppen ergaben, zeigte sich in den Interviews, dass 36 % der „Analogiegruppe“ (gegenüber 0 % in der Kontrollgruppe) ihre Konzepte unter Bezugnahme auf die im Unterricht diskutierte Analogie fruchtbar (d.h. in Problemlösekontexten erfolgreich) einsetzten. Auch in den anderen Kategorien „intelligible“ und „plausible“ waren die Werte der Analogiegruppe höher als die der Kontrollgruppe. Die Autoren schließen daraus, dass der Einsatz der Analogien nicht unbedingt zu Konzeptwechseln (im Sinne von „exchange“) führt. Vielmehr scheinen Analogien „statuserhöhend“ zu wirken, wenn sie mit den von Lernenden gezeigten Konzepten „harmonieren“ und ihnen eine „Sprache“ an die Hand geben, mit der sie einen abstrakten Sachverhalt ohne physikalische Fachausdrücke artikulieren können.

Positive Wirkung vom Analogieeinsatz in einem an das Teaching-with-Analogies-Modell (u.a. Glynn 1991) angelehnten Unterricht zur Funktionsweise von Körperzellen verzeichnen Glynn und Takkahashi (1998) (das Teaching-with-Analogies-Modell wird in Abschnitt 3.3.3.1 dargestellt). Mit zwei Gruppen von zehn- und zwölfjährigen SchülerInnen wurden in Kontrollgruppendesigns Untersuchungen unmittelbar nach der Unterrichtseinheit sowie zwei Wochen später durchgeführt. In beiden schnitt die Analogie-Gruppe signifikant besser ab.

Andere Arbeiten beschäftigen sich mit dem Einsatz von Analogien im Bereich der Atomphysik: Rohr und Reimann (1999) in Zusammenhang mit dem Teilchenmodell der Materie, bei Deylitz (1999) wird die „Seilwellenanalogie“ als Konzeptualisierungshilfe für das Verständnis der Psi-Funktion eingeführt (s.a. Budde 2001). Im Bereich der Humangenetik untersuchen Venville und Treagust (1996a), in welcher Form Lehrer vier verschiedene vorgegebene Analogien im Unterricht anwandten und welche Lernwirkungen sich in Abhängigkeit davon erzielen ließen.

Während in den bisher genannten Studien stets Analogien von instruktioneller Seite vorgegeben und deren Wirksamkeiten überprüft wurden, untersucht Wong (1993a, 1993b) mit Undergraduate-Studenten die Lernwirkung von selbstgenerierten Analogien in einem Unterricht zum Druck. Die Ermutigung Lernender, Analogien und damit verbindend eigene Erklärungen zu ersinnen, führt nach seinen Befunden zu positiven Ergebnissen.

3.3.3 Analogiebasierte Lehrstrategien

Zum Abschluss dieses „Übersichtskapitels“ werden zwei Ansätze beschrieben, die konkrete Anweisungen zur Art und Weise des Analogieeinsatzes als Lehrmittel geben. Während der erste - das Teaching-with-Analogies-Modell - im Untersuchungsdesign dieser Arbeit umgesetzt wird, wird der zweite als spezieller bzw. als eher auf ausgewählte Unterrichtskontexte anwendbar erachtet. An entsprechender Stelle in Abschnitt 3.3.3.2 wird darauf Bezug genommen.

3.3.3.1 Das Teaching-with-Analogies-Modell

Das Teaching-with-Analogies-Modell (Glynn 1989, 1991, Glynn et al. 1989) wurde aus der Erkenntnis heraus formuliert, dass in physikalischen Lehrbüchern häufig Analogien eingesetzt werden, die jedoch bei den Adressaten schlecht oder nicht verstanden werden. Die bereits an obiger Stelle angesprochenen Punkte, dass der Basisbereich verstanden sein muss und dass die Grenzen von Analogien aufgezeigt werden müssen, finden hier explizite Beachtung. Als Instruktionshilfe für LehrerInnen und AutorInnen wird eine Nutzung von Analogien in den folgenden sechs „Operationen“ vorgeschlagen:

1. Einführung des Zielanalogons (introduce target).
2. Einführung und Diskussion des Basisbereichs (cue retrieval of analog).

3. Identifikation relevanter Merkmale von Basis- und Zielbereich (identify relevant features of target and analog).
4. Identifikation von Ähnlichkeiten und Abbilden (map similarities).
5. Schlussfolgerungen über den Zielbereich ziehen (draw conclusions about target).
6. Aufzeigen der Grenzen der Analogie (indicate where analogy breaks down).

Grundsätzlich sollen bei Erwägung einer potentiellen Analogie als Instruktionshilfe drei weitere Kriterien überdacht werden: a) Anzahl der verglichenen/übereinstimmenden Merkmale, b) die Ähnlichkeit der verglichenen/übereinstimmenden Merkmale und c) die konzeptuelle Signifikanz der verglichenen/übereinstimmenden Merkmale in ihrer Relevanz für die spezifischen Ziele der Lehrinstruktionen. Anhand dieser Kriterien sollte kritisch überprüft werden, ob die Analogie zu verwenden ist.

3.3.3.2 Die Bridging-Analogies-Methode

Eine konkrete Unterrichtsstrategie, die explizit bei den Präkonzepten von Lernenden ansetzt, ist der Bridging-Analogies-Ansatz (Brown & Clement 1989, Clement 1993, 1998). Dabei werden diejenigen Präkonzepte, die im Widerspruch zu wissenschaftlichen Konzepten stehen, von denjenigen, die mit ihnen in Übereinstimmung sind, unterschieden. An letzteren - sie werden „anchoring conceptions“ (auch Anker) genannt - wird angesetzt (u.a. Clement et al. 1989).

Die Anker werden als Basisanalogon genutzt und im Sinne des zu vermittelnden Zielbereichs zunächst diskutiert. Anschließend werden sukzessiv mehrere so genannte Brückenanalogien („bridging analogies“ oder „intermediate third cases“) eingeführt, die mit Basis- und Zielanalogon Eigenschaften teilen und die den „großen kognitiven Schritt“ des Erkennens der Analogie zwischen Basis- und Zielbereich in viele kleinere leichter nachvollziehbare aufteilen. Des weiteren werden mikroskopische Modelle und Demonstrationsexperimente eingesetzt. Die Kernidee des Modells besteht also darin, intuitive Regeln von Lernenden, die mit den physikalischen Anschauungen übereinstimmen, als Anker-Beispiele aufzugreifen und diese im Sinne des zu vermittelnden Inhalts als Startpunkt für weitere Instruktionen zu entwickeln.

Zusammenfassend werden die folgenden methodischen Operationen aufgezählt:

1. Anchoring example - Finden eines Anker-Beispiels.
2. Forming analogies - die Validität der Analogien müssen sämtlich von den Lernenden verstanden sein.
3. Als Methode zu 2.: „Bridging“ und Gruppendiskussionen.
4. Explanatory models - Sie sollen zusätzlich verdeutlichend wirken (z.B. mechanistische Mikromodelle oder Experimente).

Die zu vermittelnden Inhalte, bei denen laut den Autoren die Bridging-Analogies-Methode zum Einsatz kommt, entstammen sämtlich dem Gebiet der Mechanik. Bei Clement (1993) werden drei Beispiele aufgezählt, in denen stets ein physikalisch angemessenes Verständnis der Richtungen des Wirkens von Kräften vermittelt werden soll. Die positiven Ergebnisse bei Lernenden sprechen für die Methode, sie scheint jedoch ihre Wirkung vor allem in vergleichsweise engen Inhaltsbereichen zu entfalten. Für die Vermittlung eines sehr breiten Inhaltsbereich wie die elementare Elektrizitätslehre erscheint ein Einsatz der Methode als zumindest äußerst diffizil.

3.4 Analoges Denken als mentaler Prozess nach Gentner - „an architecture for analogical reasoning"

In diesem Abschnitt wird eine Theorie referiert, die beansprucht, die Generierung und Nutzung von Analogien als Prozess zu beschreiben. Da diese Arbeit genau solche Prozesse untersucht, wird diese Theorie im zweiten empirischen Teil herangezogen, um die bis dahin gewonnenen Ergebnisse zu analogiebasierten Bedeutungskonstruktionen und -entwicklungen, die in verschiedenen Phasen der Erschließung des Zielbereichs zustande gekommen sind, weiter zu interpretieren. Die Frage wird dabei sein, ob die Ergebnisse in einen theoretischen Rahmen integrierbar sind, der analoges Denken als Prozess beschreibt und aus dem diese Ergebnisse als Phasen des Prozesses hervorgehen. In Abschnitt 13.2 wird dabei die Theorie, die hier noch weitgehend kommentarlos referiert wird, nochmals knapp wiederholt und vor allem im Hinblick auf ihre Vereinbarkeit mit den in dieser Arbeit zu Grunde gelegten kognitionspsychologischen Grundannahmen diskutiert (siehe dazu Abschnitt 13.3).

Das Modell, das analoges Denken als Prozess beschreibt, wurde von Gentner und ihren MitarbeiterInnen entwickelt (Gentner 1989, Markman & Gentner 1993, 1996, Gentner & Markman 1997, Wolff & Gentner 2000) und steht in engem Bezug zu deren Definition des Analogiebegriffs. Die Forschungsgruppe um Gentner nimmt die Perspektive des Symbolverarbeitungsparadigmas ein und designte ein Computerprogramm (die structure-mapping-engine), das die angenommenen mentalen Prozesse beim analogen Denken simuliert. Der Rechner „löst" hierbei die gleichen analogen „Denkaufgaben" wie ProbandInnen. Kommt das Programm zu ähnlichen Ergebnissen wie die Testpersonen, so wird darin eine Bestätigung der angesetzten „Denkalgorithmen" gesehen.

Davon ausgehend, dass Basis- und Zielbereich mental repräsentiert sind, lassen sich diese in Form von propositionalen Netzwerken darstellen. Im allgemeinen wird angenommen, dass das Netz des Zielbereichs weniger ausgeprägt als das des Basisbereichs ist. Im Basisbereich sind also Strukturelemente vorhanden, die im Zielbereich „fehlen". Der Prozess des analogen Denkens besteht laut der Theorie darin, die Netzwerke von Basis- und Zielbereich zu *vergleichen* und das des Zielbereichs „im Sinne des Basisbereichs" zu erweitern. Das heißt, dass zunächst ein Abgleich zwischen Basis- und Zielbereich hinsichtlich deren relationalen Strukturen erfolgt. Zusätzliche Relationen, die nur im Basisbereich aber nicht im Zielbereich repräsentiert sind, werden auf letzteren abgebildet bzw. *übertragen*, was mit der Generierung sinnvoller Hypothesen gleichzusetzen ist und damit verbunden letztendlich die Gewinnung neuer Kenntnisse über den Zielbereich möglich macht.

Diese Aussagen beinhalten im Sinne der Argumentation in Abschnitt 2.3 ein Dilemma. Es wird nämlich gleichzeitig von „Prozess“ und „propositionalen Netzwerken“ gesprochen. Es wurde jedoch in Kapitel 2.3 geklärt, dass die repräsentationistische Beschreibungsweise statisch ist, also nur Strukturen zu Zeitpunkten darstellen kann. Der Autor ist sich dieses Widerspruchs bewusst, im folgenden wird dennoch die Theorie zum analogen Denken als mentaler Prozess weitgehend „in Gentners Vokabular“ wiedergegeben. Im zweiten empirischen Teil, wenn auf der Folie der Theorie Analysen durchgeführt werden, wird dieser Punkt wieder thematisiert.

3.4.1 Psychologische Restriktionen für die Herstellung von Basis-Ziel-Beziehungen

Der mentale Prozess des analogen Denkens wird im Modell von Gentner im Computer implementiert. Man stelle sich also ein Netz eines Basisbereichs und das eines Zielbereichs vor. Diese sollen nun verglichen werden. Um einen heuristischen Gewinn aus der Analogie beziehen zu können, müssen freilich die Strukturelemente, die im Zielbereich vorhanden sind, mit den „richtigen“ Strukturelementen des Basisbereichs in Beziehung gesetzt werden - bei der im Rahmen der vorliegenden Arbeit verwendeten Analogie würde dies also etwa bedeuten, dass ein Kreisel mit einem Lämpchen in Beziehung gesetzt werden soll. Würde man den Kreisel mit einer Batterie vergleichen und damit weitere Überlegungen anstellen, wäre kaum ein Erkenntnisgewinn zu erwarten. Das Computerprogramm Gentners benötigt folglich Kriterien, nach denen es entscheidet, ob Zuordnungen „sinnvoll“ sind oder nicht. Dazu unterliegt der Abgleich zwischen Basis- und Zielbereich drei so genannten psychologischen Restriktionen (z.B. Gentner & Markman 1997, 47):

1. Strukturelle Konsistenz

Diese Bedingung impliziert parallele Konnektivität und Eins-zu-eins-Korrespondenz hinsichtlich der repräsentierten Strukturen von Basis- und Zielbereich. Parallele Konnektivität heißt dabei, dass übertragene Relationen vom Basis- in den Zielbereich analoge Entsprechungen hinsichtlich ihrer Argumente gewährleisten müssen. Eins-zu-eins-Korrespondenz impliziert, dass jedem Element des Basisbereichs maximal ein Element des Zielbereichs zugeordnet werden darf.

> *Parallel connectivity* requires that matching relations must have matching arguments, and *one-to-one-correspondence* limits any element in one representation to at most one matching element in the other representation. (Gentner & Markman 1997, 47, Hervorhebungen im Original)

Ein Beispiel wäre, dass die Äußerung „Ein Schlauch leitet Wasser“ auf den Bereich der elektrischen Stromkreise in Form der Aussage „Ein Draht leitet Elektronen“ übertragen würde. Das heißt die Entsprechung der Relationen lautet (vgl. Abschnitt 3.1.3.2):

Leiten (Schlauch, Wasser) -> Leiten (Draht, Elektronen)

Die analoge bzw. hier übereinstimmende Relationen „Leiten“ gewährleistet, dass sich die Argumente analog entsprechen, d.h. „Schlauch“ entspricht „Draht“, und „Wasser“ entspricht „Elektronen“.

2. Relationaler Fokus

Eine weitere Bedingung für das Aufstellen analoger Beziehungen betont die Vorrangigkeit von Relationen. Das heißt für das Infragekommen analoger Basis-Zielbeziehungen zwischen Objekten beider Bereiche sind deren Einbettungen in die relationalen Strukturen der entsprechenden Bereiche ausschlaggebend. Isolierte Objektmerkmale wie z.B. äußere Form sind unwesentlich. So müssen die Objekte etwa keine äußere Ähnlichkeit aufweisen.

> ...analogies must involve common relations but need not involve common object descriptions... (Gentner & Markman 1997, 47)

> Thus an analogy is a way of focussing on relational commonalities independently of the objects in which those relations are embedded. (Gentner 1989, 201)

3. Systematizität

Das Systematitzitätsprinzip, das auch als „Primat der höherrangigen Struktur“ bezeichnet wird, besagt, dass bevorzugt Systeme von miteinander in Beziehung stehenden Relationen - im Gegensatz zu isolierten oder weniger stark verzweigten Strukturelementen - miteinander in Beziehung gesetzt werden. Solche Relationen gewährleisten den Erhalt logischer Zusammenhänge und ermöglichen schlussfolgernde Vorhersagen für den Zielbereich.

> Analogies tend to match connected systems of relations. A matching set of relations interconnected by higher order constraining relations makes better analogical match than an equal number of matching relations that are unconnected to each other. (Gentner & Markman 1997, 47)

3.4.2 Das Phasenmodell der Analogiegenerierung und -nutzung

Das Modell Gentner, das analoges Denken als Prozess in einer zu durchlaufenden Folge von Subprozessen beschreibt, ist als Flussdiagramm in Abbildung 3.2 dargestellt. Für das hier zu verfolgende Forschungsanliegen ist vor allem die bei Gentner als zentrale Instanz erachtete „Analogy Engine“ wesentlich, die die Prozedur des strukturellen Abgleichs der beiden Repräsentationen (von Basis- und Zielbereich) in Form eines „Lokal-nach-Global“-Abgleichprozesses („local-to-global alignment process“, Gentner & Markman, 1997, 48) beschreibt.

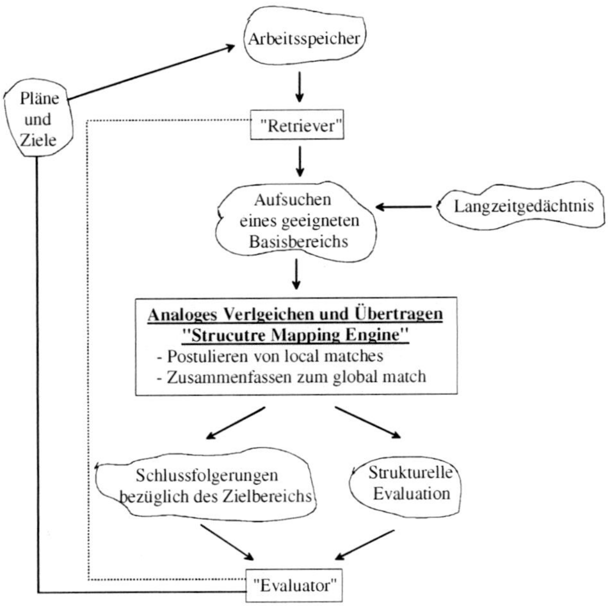

Abb. 3.2: Diagramm zu analogen Denkprozessen nach Gentner (1989, 216)

Bevor auf die Subprozesse beim analogen Denken eingegangen wird, sei eine Anmerkung zum Aspekt der Pläne und Ziele gemacht. Gentner macht explizit, dass ein vollständiges Modell zum analogen Denken dem inhaltlichen Kontext der Analogiegenerierung und -nutzung, bei dem aktuelle Pläne und Ziele eine wichtige Rolle spielen, freilich gerecht werden müsse. Dabei ist jedoch nach Gentner analoges Denken an sich durchaus außerhalb zielgerichteter (Problemlöse-)Kontexte - also quasi isoliert - möglich. Pläne und Ziele beeinflussen dieser Theorie zufolge das Denken *vor und nach* dem eigentlichen Prozess des analogen Vergleichens und Übertragens, aber *nicht während dessen*. Die Separierung des planenden Kontexts vom eigentlichen Prozess des analogen Schließens räumt nach Gentner die Möglichkeit ein, dass unerwartete Resultate der Analogienutzung, die vielleicht sogar den erwarteten Ergebnissen des analogiebildenden Subjekts widersprechen, möglich werden. Dies sei etwa für wissenschaftliche Entdeckungen oft von hohem Wert gewesen. Die Frage, inwieweit Pläne und Ziele den Prozess des analogen Denkens beeinflussen, ist ein Hauptgrund für Differenzen zwischen der Gentnerschen Theorie und der Auffassung von Holyoak und seinen Mitarbeitern (Holyoak & Thagard 1989, Thagard 1999, 107f). Letztere wird auch „pragmatischer Ansatz“ genannt. Nach Gentner sind es unabhängig vom inhaltlichen Kontext immer dieselben strukturell geleiteten Prozesse, die beim analogen Schließen ablaufen und auf die im folgenden eingegangen wird. So nennt Gentner ihre Modellierung von analogen Denkprozessen auch eher strukturgeleitet als zielgerichtet („structure-driven rather than goal driven“).

Zu den Subprozessen im Einzelnen:

Aktivieren eines geeigneten Basisbereichs (Potential Analogy)

Pläne und Ziele und andere Aspekte des aktuellen Kontexts beeinflussen den Prozess des Analogiebildens vor dem eigentlichen Ähnlichkeitsvergleich durchaus. Dies geschieht insofern, indem die aktuelle Situation auf bestimmte Art und Weise im Arbeitsgedächtnis repräsentiert wird. Somit wird wesentlich beeinflusst, was aus dem Langzeitgedächtnis aufgegriffen („retrieved“) wird. Hier wären z.B. bei Beschäftigung mit einem elektrischen Stromkreis sehr viele wahrzunehmenden Aspekte möglich (z.B. genaues Aussehen der Batterie, Farben der Drähte), aber nur diejenigen, die aktuell im Arbeitsgedächtnis repräsentiert sind (etwa vergleichende Betrachtungen von Lampenhelligkeiten), können genutzt werden, um Erinnerungen hervorzurufen und damit einhergehend einen potentiellen Basisbereich zu definieren.

Das analoge Vergleichen und Übertragen - Structure-mapping-engine (SME)

Sobald ein Basisbereich aus dem Langzeitgedächtnis ausgewählt ist, beginnt der eigentliche Prozess des analogen Vergleichens und Abbildens. Wie in Abschnitt 3.4.1 expliziert, sind es im wesentlichen Strukturelemente (in der Hauptsache Relationen), auf die bei der Herstellung von Beziehungen zwischen Basis- und Zielbereich fokussiert wird. Vom Prozess der Strukturübertragung wird wiederum angenommen, dass er in einer Abfolge von Subprozessen abläuft. Diese werden in der Simulation vom Computerprogramm „Structure-mapping-engine“ übernommen. An dessen Funktionsweise lässt sich der (postulierte) Vergleichs- und Abbildungsprozess wie folgt darstellen.

Es wird zunächst angenommen, dass ein/e fiktiver LernerIn einen hohen Wissensstand bezüglich des Basisbereichs und einen eher niedrigen bezüglich des Zielbereichs mit sich bringt. So weiß sie/er vielleicht viel über Wasserstromkreise. Über elektrische Stromkreise sind jedoch beispielsweise lediglich die Objekte (Batterie, Lämpchen, Kabel etc.) und die Tatsache bekannt, dass sich Wasserstromkreise und elektrische Stromkreise grundsätzlich in irgend einer Form ähnlich sind. Formal gesehen bedeutet dies, dass das propositionale Netz des Zielbereichs weniger ausgeprägt bzw. lückenhafter als das des Basisbereichs ist. Es wird nun damit begonnen, nach Übereinstimmungen zwischen Basis- und Zielbereich in deren relationalen Strukturen zu „suchen“. Folgende Subprozesse werden im einzelnen (vom Programm) durchlaufen:

1. Postulieren von Local matches

Zunächst werden wahllos sich entsprechende Objekte, Attribute und Relationen aus Basis- und Zielbereich gesucht und damit potentielle Übereinstimmungen postuliert. Die Prädikate werden lokal, d.h. noch nicht eingebunden in ein (wie auch immer geartetes) Netz, und ohne Beachtung von Wertigkeiten (bei Relationen) abgebildet. Die resultierenden hypothetischen analogen Beziehungen sind typischerweise untereinander inkonsistent und enthalten „many-to-one matches“. Das heißt für jedes Objekt und jedes Prädikat aus dem Basisbereich werden ganze Sets von Objekten und Prädikaten als analoge Entsprechungen möglich. Für diese potentiellen Korrespondenzen (match hypotheses) gelten zwei Bedingungen:

i. Wenn die beiden Relationen denselben Namen haben bzw. gleich sind (z.B. größer als), wird eine hypothetische Übereinstimmung in Betracht gezogen.

ii. Für jede Übereinstimmungshypothese zwischen Relationen müssen die Korrespondenzen bezüglich deren Argumente überprüft werden. Sind beides Objekte oder beides Funktionen, dann müssen Übereinstimmungshypothesen zu diesen aufgestellt werden.

Die gewonnene große Vielfalt an möglichen analogen Entsprechungen werden jeweils bereits in diesem Schritt mit dem Systematizitätskriteriums gewichtet. Das heißt eine Relation, die unter einer möglichen höherrangigen Relation erhalten bleibt, wird als wahrscheinlicher gegenüber einer gewertet, die isolierter bleibt.

2. Zusammenfügung zu global matches

Im zweiten Schritt werden die lokalen Übereinstimmungen - soweit möglich - zu Systemen zusammengefasst, wobei die in Abschnitt 3.4.1 beschriebene strukturelle Konsistenz zu gewährleisten ist. Man erhält eventuell mehrere mögliche Relationssysteme des Zielbereichs, die das Kriterium der Objektkorrespondenz erfüllen. Die Netze mit den größten relationalen Ausprägungen werden als wahrscheinlichste globale Analogübertragungen (genannt „global matches" oder „Gmaps") aus dem Basisbereich postuliert. Wesentlich ist, dass mit relationaler Ausprägung hier Anzahl und Breite der übertragenen Relationen gemeint ist. Den Wertigkeiten von vorkommenden Relationen werden an dieser Stelle noch nicht höchste Priorität eingeräumt.

Candidate Inferences

Mit den so gewonnenen globalen Übereinstimmungen werden Schlussfolgerungen bezüglich des Zielbereichs möglich. Zusätzliche Prädikate werden im weiteren vom Basisbereich auf den Zielbereich übertragen. Dies sind Prädikate, die eingangs nicht im Zielbereich repräsentiert waren, die aber bei der Übertragung auf diesen eine Zunahme an relationaler Übereinstimmung von Basis- und Zielbereich bewirken.

Structural Evaluation

Parallel zur Generierung von Schlussfolgerungen produziert SME eine strukturelle Evaluation der „global matches". Die gewonnenen Netze des Zielbereichs werden dahingehend bewertet, inwiefern Anzahl der übertragenen Prädikate, Anzahl der gewonnen Schlussfolgerungen für den Zielbereich und tiefenstrukturelle Ausgeprägtheiten gewährleistet sind.

Wie zu Beginn von Abschnitt 3.4 konstatiert wird das Modell zum analogen Denken von Gentner im Rahmen der im zweiten empirischen Teil vorgestellten Untersuchungen wieder aufgegriffen. Ziel wird dabei sein, die im ersten empirischen Teil gewonnenen Ergebnisse zu Bedeutungsentwicklungen und Lernen im Zielbereich auf der Folie dieses Modells zu interpretieren bzw. zu fundieren. Der theoretische Hintergrund zu Bedeutungserzeugungen und Lernen ist Gegenstand des folgenden Kapitels 4.

4 Bedeutungserzeugung, Bedeutungsentwicklung und Lernen

Im Rahmen der kognitionspsychologischen Betrachtungen in Kapitel 2 wurde der Grundstein für das in dieser Arbeit verwendete Verständnis von Lernen gelegt. Es wurde ausgeführt, dass eine Lerntheorie der semantischen Abgeschlossenheit des kognitiven Systems gerecht werden müsse, dass dem kognitiven System also eine *aktive* Rolle bei der Konstruktion von Bedeutungen zukommen müsse (s.a. Roth 1996b).

Es wurde ebenfalls erwähnt, dass unter „Gelerntem" oder „Wissen" Bedeutungen verstanden werden, die sich als sicher und spontan konstruierbar (also hinreichend „stabil") gezeigt haben und damit das Ergebnis eines abgeschlossenen Lernprozesses sind. Im folgenden werden auch „Erfahrungen" - also die Fähigkeiten, Wissen zu erzeugen - unter den Begriff Wissen subsumiert. „Wissensstände" können als propositionale Netze dargestellt werden, wobei zu beachten ist, dass diese Darstellungsart nur der externen Dokumentation dient und der Autor sich ausdrücklich von der Betrachtungsweise distanziert, Wissen sei „im Kopf" in Form solcher Netze repräsentiert.

Um die prozesshafte Beschreibung der kognitiven Entwicklung (von Lernenden) zu ermöglichen, „fehlen" jetzt noch Ausführungen darüber, wie ein kognitives System soweit kommt, Bedeutungen sicher konstruieren zu können bzw. einen Schritt zurückgehend wie überhaupt die Konstruktionen von Bedeutungen im kognitiven System zu Stande kommen. Im folgendenden wird die in einem konsequent konstruktivistischen Rahmen begründete Theorie zur Beschreibung von Bedeutungsentwicklungen und Lernen referiert, die am Bremer Institut für Didaktik der Physik formuliert und während der letzten Jahre stetig weiter entwickelt wurde (u.a. v. Aufschnaiter, S. 2001). Da sie den theoretischen Rahmen zur Beschreibung von Bedeutungsentwicklungs- und Lernprozessen in der Arbeitsgruppe um Prof. von Aufschnaiter darstellt, wird sie in sämtlichen Dissertationen, die aus dieser Gruppe hervorgehen, mehr oder weniger ausführlich beschrieben (als jüngere Arbeiten sind Haller 1999, v. Aufschnaiter, C. 1999, Smolé 2000, Theyßen 2000 zu nennen). Trotz dieser Vielfalt an Veröffentlichungen wird hier zumindest auf die wesentlichen Punkte nicht verzichtet, da auch die vorliegende Arbeit in ihrem Verständnis von Bedeutungskonstruktionen, Lernen und der auf diesem Verständnis aufbauenden Komplexitätsanalyse jenes theoretische Fundament zu Grunde legt.

Auf dieses Lernmodell aufbauend wird anschließend (Abschnitt 4.4) darauf eingegangen, welche Methoden zur Analyse und Beschreibung von Bedeutungsentwicklungs- und Lernprozessen für diese Arbeit von Interesse sind. Die Analysemethoden wurden sämtlich im Bremer Institut über Jahre entwickelt und in etlichen Arbeiten angewandt. Folglich können einige Aussagen über die Dynamik von Bedeutungsentwicklungsprozessen als gesichert angesehen werden. Andere - insbesondere über den inhaltsbezogenen Aspekt von Lernen - müssen vorsichtiger behandelt werden, da hierzu gewonnene Ergebnisse aus einem sehr speziellen Lernkontext und dem eingegrenzten Inhaltsbereich „Elektrostatik“ gewonnen wurden.

4.1 „Langlebige“ Strukturen und „kurzlebige“ Prozesse

Grundlegend wird angenommen, dass Bedeutungen nicht mental repräsentiert oder gespeichert sind, sondern situationsgebunden stets spontan und neu erzeugt werden. Dabei werden Bedeutungskonstruktionen als „kurzlebige Prozesse“ (v. Aufschnaiter, S. 2001) verstanden. In strikter Abgrenzung zu diesen Prozessen sind es die „langlebigen“ kognitiven Werkzeuge oder kognitiven Strukturen (Theyßen (1999) bezeichnet sie auch als „Gedächtnisinhalte“), die die Prozesse mit dem ihnen zur Verfügung stehenden Repertoire erzeugen (v. Aufschnaiter, S. & Welzel 1996). Bei diesen Bezeichnungen - Prozesse und Strukturen - stützen sich die Autoren auf neurobiologische Befunde u.a. von Roth (1992) und Schwegler (1992). Sie gehen davon aus, „dass Aktivitäten der Erkenntnisgewinnung (kognitive Prozesse) mit neuronalen Aktivitäten (dem ‘Feuern’ von Neuronenverbänden bzw. neuronalen Teilnetzen) kovariieren und kognitive Strukturen mit der ‘Architektur’ neuronaler Netze“ (v. Aufschnaiter, S. & Welzel 1996, 303). Dabei soll keineswegs kognitives Geschehen auf neuronale Einzelprozesse reduziert werden. Dennoch wird aber als grundlegend angenommen, dass verknüpfte Nervenzellenverbände Strukturen darstellen, auf denen neuronale Aktivitäten als (bedeutungsgenerierende) Prozesse ablaufen (Smolé 2000). Wesentlich für jeden Lernprozess ist weiterhin die enge Rückkopplung zwischen Strukturen und Prozessen auch in die andere Richtung, nämlich dass „erfolgreiche“ Prozesse (Bedeutungskonstruktionen, die sich „bewährt“ haben) die sie erzeugenden Strukturen stärken. In diesem Sinne werden diejenigen kognitiven Strukturen in der individuellen Entwicklung gebildet und entwickelt, die häufig viable Bedeutungen erzeugen.

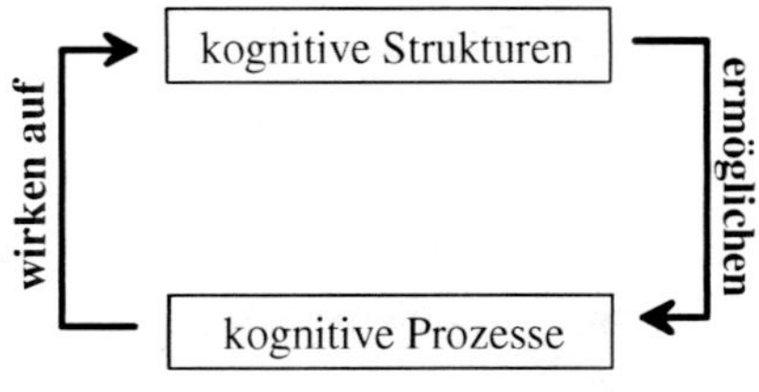

Abb. 4.1: Ein einfaches Modell für das kognitive System (nach Lang 1998, 5)

Auf dieser Argumentation aufbauend kann nun Lernen definiert werden. „Lernen ist Veränderung (der Kooperation) kognitiver Werkzeuge, so dass Anforderungen einer bestimmten Klasse von Situationen schrittweise erfolgreicher bearbeitet werden als bei jeweils vorangegangenen Bedeutungskonstruktionen“ (v. Aufschnaiter, S. 2001, 251). Lernen wird also durch die Veränderungen der kognitiven Strukturen und nicht der Bedeutungen verstanden (s. auch v. Aufschnaiter, S. 1992). Während Bedeutungskonstruktionen vom Beobachter jedoch mehr oder weniger gut rekonstruiert werden können, sind über die Strukturen (zumindest bisher) keine Aussagen möglich. Aufschlüsse über Lernprozesse müssen also dadurch gewonnen werden, dass Bedeutungskonstruktionen und die Dynamiken von Bedeutungsentwicklungen analysiert werden.

4.2 Entstehung von Bedeutungen

Nachdem im vorherigen Abschnitt dargestellt wurde, wie Strukturen und Prozesse einander wechselseitig bedingen und verändern, ist noch offen, wie Bedeutungen im Detail entstehen. Die Entstehung von Bedeutung kann man sich in Form zirkulär durchlaufener Prozesse von Wahrnehmung, Erwartung und Handlung veranschaulichen.

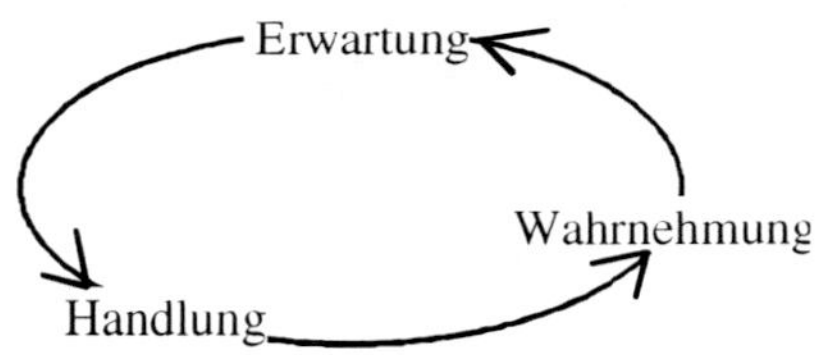

Abb. 4.2: Zirkulärer Zusammenhang zwischen Wahrnehmung, Erwartung und Handlung (nach v. Aufschnaiter, S. 2001, 255)

Haller (1999) bezieht sich auf Damasio (1997) und schließt auch Bewertungen, Empfindungen und Orientierungen mit ein. Sie unterscheidet, dass je nachdem, welche Ausprägung des Prozesses dominiert, eher die emotionalen oder orientierenden Aspekte der Bedeutungen im ‘Vordergrund’ des Erlebens stehen. Es sei nochmals darauf hingewiesen, dass Wahrnehmung neben ihrer Auslösung durch externe Signale (aus der Umwelt) maßgeblich durch bereits vorhandene Strukturen konstruiert werden (Theyßen 2000). Dies soll unterstreichen, dass sämtliche oben aufgezählte Teilfaktoren aktive Konstruktionsprozesse sind.

Nun sei genauer auf die zirkulären Prozesse aus Wahrnehmung, Erwartung und Handlung (im folgenden WEH-Zyklen genannt) eingegangen. Auf einen Wahrnehmungsakt folgt eine Erwartung, unmittelbar verbunden mit einer Handlung. Ein Individuum handelt und verändert dadurch die Umwelt. Als Konsequenz dieser Veränderungen werden Erwartungen an den Wahrnehmungsakt bezüglich der „neuen“ Umwelt geknüpft. Ziel ist, Diskrepanzen zwischen Erwartung und Wahrnehmung zu minimieren. Wird dieses Ziel nicht erreicht, werden neue Erwartungen konstruiert bzw. veränderte Handlungen ausgeführt, bis eine genügend gute Passung zwischen Erwartung und Wahrnehmung erreicht ist. Von Aufschnaiter, S. (2001) merkt unter Bezugnahme u.a. ebenfalls auf Damasio (1997) an, dass nicht in jedem erzeugten zirkulären Prozess wahrgenommen bzw. gehandelt werden müsse. Das kognitive System ist demnach in der Lage, Handlungen und Wahrnehmungen intern zu „simulieren", sofern in der vorangegangenen Ontogenese die kognitiven Werkzeuge für die spezifischen Wahrnehmungen und Handlungen bereits entstanden sind.

Bezug nehmend auf neurobiologische Befunde von Roth (1998) und Pöppel (1997) werden Aussagen über die zeitliche Dynamik der zirkulären Prozesse und von Bedeutungskonstruktionen getroffen (v. Aufschnaiter, S. 1999, v. Aufschnaiter, C. & v. Aufschnaiter, S. 2001). Das Durchlaufen eines WEH-Zyklus dauert demnach ca. 100 Millisekunden. Kognitionen unter 300 Millisekunden sind nicht bewusstseinsfähig, und die kognitiven Prozesse innerhalb einer Zeitspanne von maximal 3 Sekunden werden zu einer Bedeutung zusammengefasst. Pöppel (1997, 85-93) bezeichnet diesen Zeitraum als „Gegenwartsfenster". Einzelne Bedeutungen entstehen somit aus der Integration vieler WEH-Zyklen. Das 3-Sekunden-Fenster ist für die Rekonstruktion von Bedeutungen bei den Analysen wichtig. Sollen einzelne Bedeutungen von Lernenden aufgeschlüsselt werden, so muss diese zeitliche Beschränkung möglichst aufgelöst werden. Mehrere aufeinander folgende Bedeutungen, die inhaltlich stark miteinander vernetzt sind, werden im folgenden als Bedeutungsentwicklungen bezeichnet (u.a. Welzel 1995, 30).

Oben wurde Lernen sinngemäß als die Entwicklung kognitiver Werkzeuge oder Strukturen dahingehend verstanden, dass Anforderungen an eine (jeweils ähnliche) Klasse von Situationen mehr und mehr erfolgreich erfüllt werden. Findet sich ein Individuum also in einer ähnlichen Situation zu einem späteren Zeitraum besser zurecht als zu einem früheren, so haben sich die bedeutungserzeugenden Strukturen zwischenzeitlich verändert, womit Aussagen über einen stattgefundenen Lernprozess erlaubt sind. Der Kreis soll nun auch in die andere Richtung geschlossen werden, indem nämlich erklärt wird, wie Bedeutungskonstruktionen auf die Strukturen einwirken. Nach v. Aufschnaiter, S. (2001) wird im kognitiven System für einen kleinen Zeitraum (im Kurzzeitgedächtnis) „protokolliert", welche kognitiven Strukturen in Verbindung mit (zunächst vielleicht zufällig) entstandenen Bedeutungen aktiv waren. Bewähren sich Bedeutungen etwa dahingehend, dass sie bei der Bearbeitung der nächsten Fragestellung wieder „gebraucht" werden, werden die diese erzeugenden Werkzeuge für einen längeren Zeitraum „gespeichert" (werden Teil des Langzeitgedächtnisses). „Erfolglose" Bedeutungen wirken dementsprechend destabilisierend auf die diese Bedeutungen erzeugenden Strukturen (z.B. Haller 1999, 12f.).

4.3 Rahmungen

Ein wichtiger Begriff bei der Beschreibung von Bedeutungsentwicklungsprozessen ist der der Rahmung. Er geht auf Welzel (1995) zurück und wurde in den folgenden Jahren präzisiert. Bei Haller (1999) werden handlungstheoretische Ansätze mit der beschriebenen Lerntheorie verknüpft. Dabei wird dargestellt, wie sich Handlungsziele mit Hilfe von Rahmungen darstellen lassen. Wie erläutert beinhaltet der Konstruktionsprozess von Bedeutungen nicht nur Wahrnehmung, Erwartung und Handlung, sondern Orientierung, Bewertung und Empfindung. Zeigt sich, dass Bedeutungen aus WEH-Zyklen erzeugt werden, bei denen die Orientierung dominiert, und werden mehrere nacheinander folgende Bedeutungen unter ähnlichen Orientierungen konstruiert, so lassen sich die Bedeutungen aus BeobachterInnenperspektive so interpretieren, als würde ein entsprechendes Ziel verfolgt (Haller 1999, 36ff.). Die vorrangig orientierenden Bedeutungen werden als Rahmungen definiert:

> Eine Rahmung ist eine relativ globale und im Hinblick auf die handlungsrelevanten Details des Kontextes unscharfe Bedeutungskonstruktion. Sie lässt einen relativ großen Spielraum für anschließende Bedeutungskonstruktionen und ist für den Schüler eine Orientierung innerhalb des Kontextes bezüglich seiner nächsten Handlungen. Diese Rahmung orientiert damit die folgenden Bedeutungskonstruktionen, also die grobe Richtung spiraliger Prozesse der Bedeutungsentwicklung. (Welzel 1995, 41)

V. Aufschnaiter, S. (1998) benutzt in diesem Zusammenhang die Vokabeln „initiieren" oder „starten" bezüglich der Auswirkung von Rahmungen auf nachfolgende Bedeutungskonstruktionen.

4.3.1 Ebenen von Rahmungen

Haller (1999) kam bei Analyse der Verhaltensweisen von Studierenden im physikalischen Praktikum zu dem (empirisch begründeten) Ergebnis, dass eine mehrere Ebenen von Rahmungen unterscheidende Beschreibung sinnvoll ist. Übergeordnetere Rahmungen wirken dabei orientierend auf untergeordnetere Rahmungen (Haller 1999, 162). Sie führt drei Ebenen ein, die sich auf verschiedene Zeitfenster beziehen (Haller 1999, 133):

1. Übergeordnete Rahmungen

Diese beziehen sich auf Handlungen während der ganzen Versuchsdurchführung. Haller konnte bei der Beobachtung eines Studenten während eines gesamten Versuchs immer wieder Bedeutungszuweisungen rekonstruieren, deren Orientierung sich direkt auf die Aufnahme von Messwerten bezieht. Die übergeordnete Rahmung „Messwerte aufnehmen" scheint während der gesamten Versuchsdurchführung viele Bedeutungsentwicklungen zu initiieren.

2. Aufgaben- bzw. problembezogene Rahmungen

Diese beziehen sich auf Handlungsabschnitte in der Größenordnung von 1 bis 10 Minuten. Die Handlungen in diesen Abschnitten beziehen sich in Hallers Untersuchung direkt auf die Versuchsbeschreibung (aufgabenbezogene Rahmung), oder sie sind durch das Auftreten eines technischen oder physikalischen Problems (problembezogene Rahmung) geprägt.

3. Wegbezogene Rahmungen

Sie beziehen sich auf Handlungssequenzen von 3 bis 30 Sekunden Dauer und grenzen einzelne Lösungswege des Problems oder der Aufgabe voneinander ab.

Sowohl Bedeutungskonstruktionen, die durch problembezogene Rahmungen initiiert werden, als auch solche, die durch aufgabenbezogene Rahmungen eingeleitet werden, laufen unter wegbezogenen Rahmungen ab. Dabei wird folgendermaßen unterschieden: Unter problembezogenen Rahmungen wird nach möglichen Lösungswegen gesucht. Es werden Lösungswege „ausprobiert", die sich bisher „nur" in anderen Zusammenhängen bewährt haben. Unter aufgabenbezogenen Rahmungen werden dagegen Lösungswege „benutzt", die sich bisher schon bei der Bearbeitung ähnlicher Aufgaben bewährt haben.
Dem entsprechend zeigen Hallers Untersuchungen, dass mit den auf eine problembezogene Rahmung initiierten Bedeutungen versucht wird, das entstandene Problem mit verschiedenen Ansätzen zu lösen. Diese Ansätze laufen unter wegbezogenen Rahmungen ab. Scheitert ein Lösungsweg, so tritt die problembezogene Rahmung in gleicher oder modifizierter Art erneut auf. Mit den wegbezogenen Rahmungen unter aufgabenbezogenen Rahmungen wird die Aufgabe in Teilaufgaben unterteilt, die sequentiell „abgearbeitet" werden.

Grundsätzlich beziehen sich aufgaben- und problembezogene Rahmungen auf die Frage 'Was will ich erreichen?'. Auf diese folgen eine oder mehrere wegbezogene Rahmungen, die sich auf die Frage 'Wie will ich es erreichen?' beziehen. Dies geschieht so lange, bis die Aufgabe oder das Problem als erfolgreich bearbeitet erachtet oder verworfen wird.

4.4 Beschreibung von Bedeutungsentwicklungen und Lernen aus BeobachterInnensicht

Während Aussagen über kognitive Strukturen (bisher) nicht möglich sind, kann auf deren erfolgte Veränderung über die Betrachtung von Bedeutungskonstruktion und -entwicklungen zurückgeschlossen werden. Dazu muss das Vorgehen von ProbandInnen im selben Kontext oder in ähnlichen Kontexten zu unterschiedlichen Zeitpunkten genau beobachtet und verglichen werden.

> Lernen selbst kann deshalb nicht direkt beobachtet werden, Lernprozesse müssen aus der sich verändernden Dynamik von Bedeutungskonstruktionen und -entwicklungen in aufeinanderfolgenden ähnlichen Kontexten erschlossen werden. (v. Aufschnaiter, C. 1999, 23)

Wenn die ProbandInnen bereits sehr vertraut mit den betreffenden Aufgabentypen sind, können sie eventuell eine Lösung spontan erzeugen. Unter spontan sei hier verstanden, dass die entsprechende Lösung entweder innerhalb einer einzelnen Bedeutungskonstruktion (dies entspricht einer Zeitspanne von ca. 3 Sekunden) oder innerhalb einer aus wenigen Bedeutungskonstruktionen bestehenden Bedeutungsentwicklung (maximal 30 Sekunden) erzeugt wird. In beiden Fällen wird von gesichertem - sprich propositionalisierbarem - Wissen gesprochen. Bei den meisten Aufgaben oder Problemen sind jedoch mehrere Bedeutungsentwicklungen nötig. Man beobachtet dabei häufig die Konstruktion von mehreren Rahmungen. Um Aussagen über eine mögliche Veränderung machen zu können, müssen die Bedeutungsentwicklungen jeweils sehr detailliert analysiert werden (möglichst jede Bedeutungskonstruktion ist dabei zu berücksichtigen), und insbesondere die Dynamiken von Bedeutungsentwicklungsprozessen sind zu erfassen.

4.4.1 Dimensionen kognitiver Entwicklung

Im folgenden sei dargestellt, wie sich Bedeutungskonstruktionen und -entwicklungen beschreiben lassen. Smolé (2000) verfolgt in seiner Dissertation den in den letzten Jahren in der Bremer Arbeitsgruppe entwickelten Ansatz, die Entwicklung von Bedeutungen hinsichtlich dreier Kategorien (sie werden Dimensionen genannt) zu untersuchen: Inhalt, Komplexität und Zeit (v. Aufschnaiter, S. 1999, 2001). Seine zentrale Hypothese lautet dabei, dass Lernen in enger Beziehung zu einer Entwicklung von Bedeutungen in einer oder mehrerer der drei Dimensionen stattfindet. Die Dimensionen zur kognitiven Entwicklung seien im folgenden dargestellt. Dabei werden einige Annahmen und Ergebnisse früherer Studien mit referiert. Diese gelten als Arbeitsgrundlage für die Beschreibung von Bedeutungsentwicklungen im empirischen Teil der hier vorgestellten Untersuchungen.

4.4.1.1 Zur inhaltlichen Dimension

Jede Bedeutungskonstruktion hat eine inhaltliche Komponente, die sich aus BeobachterInnensicht rekonstruieren lässt. Bei der inhaltlichen Erschließung eines Lernkontextes konnte gezeigt werden (Lang 1998, Smolé 2000), dass Inhaltsbereiche in Teilinhaltsbereiche „zerfallen“. In diesem Zusammenhang wird von über- und untergeordneten Inhaltsbereichen gesprochen. Smolé (2000) zeigt bei seinen Lernprozess-Studien im Gebiet der Elektrostatik beispielsweise, dass zunächst Bedeutungen u.a. zu den Teilinhaltsbereichen „Ladung“, „positiv/negativ“, „Abstoßung/Anziehung“ konstruiert wurden, bevor eine Erklärung zum Phänomen „Ein Elektroskop durch Influenz und Erden aufladen“ erzeugt werden konnte. Daraus wird gefolgert, dass Bedeutungen zu unterschiedlichen (Teil-)Inhaltsbereichen miteinander verknüpft werden, um eine Erklärung zu konstruieren. Smolé zeigt weiter, dass dies erst gelingt, nachdem die zu verknüpfenden Bedeutungen (bezogen auf die unterschiedlichen Inhaltsbereiche) auf einer gleichen Komplexitätsebene (zu Komplexitätsebenen s. Kapitel 4.4.1.2) konstruiert wurden.

Die Entwicklung eines inhaltlichen Aspekts lässt sich durch Folgen von inhaltlich aufeinander bezogenen Bedeutungskonstruktionen rekonstruieren (Smolé 2000). Diese Folgen werden durch aufgaben- bzw. problembezogene oder durch lösungswegbezogene Rahmungen gestartet. Ein inhaltlicher Wechsel geht mit einer neuen Rahmung einher. Dabei lassen sich Inhaltsbereiche umso „feiner“ aufspalten, je detaillierter Bedeutungskonstruktionen betrachtet werden: Die feinste Auflösung erhält man bei Erfassung jeder Bedeutungskonstruktion, bei der Betrachtung von Rahmungen „mittelt“ man über umso mehr Inhaltsbereiche, je „gröber“ die Ebene der Rahmung gewählt ist. „Damit ergibt sich tendenziell, dass die untersuchten Inhaltsbereiche umfangreicher werden (mehr untergeordnete Inhaltsbereiche enthalten), je größer die Zeitfenster werden. Bei der Analyse der Zusammenhänge ist also wichtig anzugeben, in welchen Zeitfenstern Bedeutungen untersucht werden sollen“ (Smolé 2000, 21).

4.4.1.2 Zur komplexitätsabhängigen Dimension

Mit dieser Dimension wird eine ordinale Einordnung von Bedeutungskonstruktionen hinsichtlich deren Komplexität möglich. Die Methode der Komplexitätsanalyse hat eine gut 10jährige Geschichte im Institut für Didaktik der Physik an der Bremer Universität. Das verwendete Komplexitätsebenen-Modell geht zum einen auf einen Ansatz von Powers (1973) zurück, der Wahrnehmungsentwicklung in mehreren Ebenen ausgehend von der sensorischen Reizung bis zur Wahrnehmung von Systemen definierte. Zum anderen ist es kompatibel mit der Unterscheidung der höheren kognitiven Entwicklungsstadien nach Piaget (1991). Das Modell wurde mehrfach modifiziert und unterscheidet jetzt zehn Ebenen, bezüglich derer die Komplexität von Bedeutungskonstruktionen eingeordnet werden. Die einzelnen Ebenen mit deren definitorischen Beschreibungen und Beispielen werden in Abschnitt 4.4.2 genauer dargestellt.

Bisherige empirische Untersuchungen rechtfertigen Aussagen über die Komplexitätsentwicklung in Bedeutungsentwicklungen dahingehend, dass diese jeweils auf einem relativ niedrigen Komplexitätsniveau beginnen und in jedem Kontext auf gleichem Niveau bleiben oder zu einem höheren Komplexitätsniveau führen. In diesem Sinne hat es sich bisher immer wieder bestätigt, dass Bedeutungsentwicklungen in „bottom-up“-Prozessen verlaufen (u.a. Welzel 1995, Lang 1998, Schoster 1998). Das Komplexitätsniveau der jeweils konstruierten Rahmung stellt dabei die obere Grenze für die im entsprechenden Kontext erreichbare Komplexität dar.

4.4.1.3 Zur zeitlichen Dimension

Ein weiterer Aspekt, der bei Bedeutungsentwicklungen berücksichtigt wird, ist die Zeit, die Lernende benötigen, bis eine bestimmte Bedeutungskonstruktion gelingt. Bezug nehmend auf die eingeführte Theorie über Strukturen und Prozesse lässt sich erklären, warum die Erzeugung einer viablen - oder eine/n Lernende/n zufrieden stellenden - Bedeutung in Zukunft schneller gelingen sollte. Es wurde beschrieben, dass erfolgreiche Prozesse die sie erzeugenden Strukturen stärken und dass weniger erfolgreiche Strukturen geschwächt werden.

Wenn ein/e LernerIn eine bestimmte Fragestellung zum ersten mal bearbeitet bzw. löst, gelingt vermutlich die Findung der befriedigenden Lösung unter der Konstruktion (mehrerer) problembezogener Rahmungen. In diesem Zuge muss unter vielen Lösungswegen der angemessene durch „trial and error" gefunden werden. Es werden somit (einige) wegbezogene Rahmungen und entsprechende Bedeutungsentwicklungen konstruiert, die keinen Erfolg bringen und verworfen werden, was mit entsprechendem Zeitaufwand verbunden ist. Frühestens nach der erstmaligen Lösung kann „aus dem Problem eine Aufgabe werden", d.h. zur Bearbeitung wird eine aufgabenbezogene Rahmung konstruiert. Die/der Lernende „kennt" einen Lösungsweg, und wenig erfolgversprechende Lösungsversuche sollten ausbleiben. Bei noch häufigerer Wiederholung ist die/der Lernende eventuell in der Lage, die Lösung spontan zu erzeugen. In diesem Fall wird der Fragestellungskontext im Sinne der unter Abschnitt 2.3 eingeführten Definitionen als Gelernt bzw. sicheres (propositionalisierbares) Wissen betrachtet.

Der letzte Absatz sollte verdeutlichen, dass die wiederholte Konstruktion zu einer inhaltlich ähnlichen Fragestellung mit zunehmender Häufigkeit in kürzerer Zeit erfolgen sollte und dass „solche Veränderungen der zeitlichen Dynamik zu kürzeren Zeitfenstern hin [...] ein Indiz für erfolgte Lernprozesse [sind]" (v. Aufschnaiter, C. & v. Aufschnaiter, S. 2001, 462).

4.4.1.4 Kognitive Entwicklung und Rahmungen

Wenn ähnliche Bedeutungen im Zuge eines Lernfortschrittes zunehmend schnell entwickelt werden können, so geht dies mit der Abnahme der zu konstruierenden Anzahl von Rahmungen einher. Haller (1999) kommt bei der Analyse von Studierenden im physikalischen Praktikum zu weiteren Aussagen über kognitive Entwicklung anhand der Untersuchung von Rahmungen. Sie konnte zeigen, dass ähnliche problembezogene Rahmungen im Verlauf eines Versuches immer schneller zum Erfolg führten und die entsprechendenden Probleme später bereits 'erwartet' und als Aufgabe abgearbeitet wurden. Diese Veränderung von problembezogenen zu aufgabenbezogenen Rahmungen hin bezeichnet Haller (1999) als die Ausbildung strukturierteren Vorgehens.

Strukturierteres Vorgehen zeigt sich weiterhin dadurch, dass stärkere Bezüge zwischen verschiedenen Ebenen von Rahmungen zu erkennen sind. Lernende beziehen sich öfters auf die übergeordnete Rahmung, und anhand der aufgaben- bzw. problembezogenen Rahmungen sind die übergeordneten Rahmungen erkennbar. Die Rahmungen werden häufiger 'sequentiell' abgearbeitet (Haller 1999, 191). Außerdem wird gezeigt, dass sich eine Entwicklung der Bedeutungsentwicklungen zu höheren Komplexitäten hin auch anhand der Rahmungen zeigt. So lässt sich die kognitive Entwicklung anhand von Rahmungen nach Haller (1999, 185) in Bezug auf drei Aspekte zusammenfassen:

> (1) Ein strukturiertes Vorgehen zeigt sich an dem Bezug der verschiedenen Ebenen der Rahmungen untereinander. Der Handelnde bezieht sich öfter auf die übergeordneten Rahmungen und anhand der untergeordneten Rahmungen sind die übergeordneten Rahmungen erkennbar. Die Rahmungen werden sequentiell abgearbeitet und weniger 'abgebrochen'. Sowohl eine inhaltliche Entwicklung (2) ist

anhand der Rahmungen erkennbar, als auch eine Entwicklung hin zu höherer Komplexität (3). (Haller 199, 185)

4.4.2 Darstellung des Komplexitätsebenen-Modells

In Abschnitt 4.4.1.2 wurde erläutert, dass mit der Kategorisierung von Bedeutungen hinsichtlich deren Komplexitäten Beschreibungen bezüglich kognitiver Entwicklungen möglich werden. Im folgenden werden die Komplexitätsebenen „Objekt" bis „Prinzip" genauer beschrieben und anhand von Beispielen, wie sie als Bedeutungskonstruktionen im empirischen Teil vorkommen (könnten), illustriert (Erläuterungen zum Komplexitätsebenen-Modell finden sich u.a. bei v. Aufschnaiter, S. 1998, v. Aufschnaiter, S. & Welzel 1997, 1998, 1999). Die Beschreibung erfolgt anhand der Zusammenfassung der 10 Ebenen in vier Hauptebenen (Smolé 2000). Tabelle 4.1 stellt das Modell mit Beschreibungen der Ebenen dar.

Ebenen	Beschreibung
Systeme	Konstruktion stabiler Netze variabler Prinzipien.
Vernetzungen	Systematische Variation eines Prinzips im Hinblick auf andere Prinzipien.
Beziehungen	Verknüpfung mehrerer Prinzipien mit denselben oder unterschiedlichen variablen Eigenschaften.
Prinzipien	Konstruktion stabiler Kovariationen mehrerer variierender Eigenschaften.
Programme	Systematische Variation einer Eigenschaft im Hinblick auf andere stabile Eigenschaften.
Ereignisse	Verknüpfung mehrerer stabiler Eigenschaften derselben oder unterschiedlicher Objektklassen.
Eigenschaften	Konstruktion von Objekt- oder Situationsklassen durch eine diesen gemeinsame stabile Eigenschaft.
Operationen	Systematische Variation von Objekten im Hinblick auf Objektmerkmale.
Fokussierungen	Verknüpfung mehrerer Objekte, Identifikation von Objektmerkmalen.
Objekte	Konstruktion stabiler Figur-Hintergrundunterscheidungen.

Tab. 4.1: Darstellung der Komplexitätsebenen (Smolé 2000, 16)

Hauptebene I - „konkret"

Smolé (2000) fasst die unteren drei Niveaus Objekt, Fokussierung und Operation zur „Hauptebene I - 'konkret'" zusammen. Konkret bedeutet hier, dass sich Bedeutungskonstruktionen auf konkrete Objekte beziehen.

Objekte:

Diese Objekte können visuell direkt erfasste Gegenstände sein. Die Betonung liegt auf konkret, d.h. wenn das Objekt „Doppelwassersäule" konstruiert wird, ist stets von „dieser" (z.B.

vor der/dem Lernenden aufgebauten) DWS[1] die Rede - nicht von DWSn „allgemein". Auch aus physikalischer Sichtweise komplexe Begriffe wie „Druck" oder Formelzeichen in einer Gleichung können als Objekte konstruiert werden. Beispiele für direkt erfasste Objekte sind:

- „Dieses Ding ist eine DWS."
- „Das ist Säule A und das Säule B."
- „Da sind drei Schläuche und ein Kreisel."

Fokussierung:

Bei Bedeutungskonstruktionen auf Fokussierungsebene wird auf spezifische Merkmale oder Teile von Objekten Bezug genommen. Beispiele:

- „Dieser Schlauch verbindet den Kreisel mit der DWS."
- „Säule A und B sind Bestandteile der DWS."

Operation:

Operationen umfassen die Manipulierung von Objekten, beziehen aber auch beispielsweise Funktionsweisen von auf Objektebene gedachten Geräten (bei denen nicht unmittelbar „mit den Händen" agiert wird) ein. Beispiel:

- „Da fließt Wasser aus Säule A, durch die Schläuche und den Kreisel und zurück in Säule B."

Hauptebene II - „stabil"

Die Komplexitätsebenen Eigenschaft und Ereignis werden bei Smolé (2000) unter „Hauptebene II - 'stabil'" zusammengefasst. Bedeutungskonstruktionen auf Eigenschafts- und Ereignisebene haben einen generalisierenden, allgemeinen Charakter.

Eigenschaft:

Ein Beispiel für Eigenschaften sind:

- „DWSn halten einen Druckunterschied aufrecht."

Die Aufrechterhaltung eines konstanten Druckunterschieds ist hier eine allen DWSn gemeinsame - also stabile, generalisierte - Eigenschaft - d.h. sie gilt nicht nur für eine konkrete DWS, sondern für die Objektklasse DWS. Ein anderes Beispiel ist:

- „In Schaltkreisen kann sich ein Wasserstrom einstellen."

Ereignis:

Bei Ereignissen werden Eigenschaften verknüpft. Betrachtet man beispielsweise die obigen Eigenschaften, so lässt sich das Ereignis konstruieren:

- „Der Druckunterschied von DWSn bewirkt einen Wasserstrom in Schaltungen."

Eine Verknüpfung dahingehend, dass einer Eigenschaft Werte zugeschrieben werden, fallen ebenfalls in die Ereignis-Kategorie. Beispiele wären zunächst:

[1] Die Abkürzung „DWS" steht für „Doppelwassersäule", „DWSn" steht entsprechend für den Plural „Doppelwassersäulen".

- „DWSn können verschiedene Druckunterschiede bereitstellen."
- „Der Wasserstrom in einer Schaltung kann verschieden stark sein."

Werden schließlich etwa die beiden zuletzt genannten Beispiele in Form einer „statisch gedachte" Proportionalität verknüpft, so käme auch dies einer Bedeutungskonstruktion gleich, die auf Ereignisebene eingestuft wird:

- „Je größer der Druckunterschied von DWSn, desto stärker ist der Wasserstrom in den entsprechenden Schaltungen."

Der wesentliche Punkt ist, dass für die diese Proportionalität betreffende Bedeutungskonstruktion von verschiedenen, aber jeweils in festen Werten gedachten, Einzelereignissen ausgegangen wird. Dabei wird aus den beiden Ereignissen:

- „Ein großer Druckunterschied von DWSn ist verknüpft mit einem starken Wasserstrom."
- „Ein kleiner Druckunterschied von DWSn ist verknüpft mit einem schwachen Wasserstrom."

die entsprechende Proportionalität „erschlossen".

Hauptebene III - „variabel"

Bedeutungskonstruktionen auf Programmebene setzen voraus, dass mindestens eine Eigenschaft als kontinuierlich veränderbare Variable gedacht wird.

- „Der Druckunterschied von DWSn lässt sich langsam (kontinuierlich) vergrößern."
- „Es ist möglich, den Wasserstrom in Schaltungen langsam (kontinuierlich) zu vergrößern/zu verstärken."

Bei Bedeutungskonstruktionen auf Prinzipebene werden zwei kontinuierlich veränderliche Eigenschaften in Beziehung gesetzt bzw. kovariiert. Eine Proportionalität kann somit auch wie folgt auf Prinzipebene gedacht werden:

- „Wenn man den Druckunterschied von DWSn langsam (kontinuierlich) erhöht, wird der Wasserstrom in der entsprechenden Schaltung auch langsam (kontinuierlich) größer/stärker."

Wenngleich Bedeutungskonstrktionen auf Hauptebene III in den Analysen des ersten empirischen Teils nicht vorkommen, wird es als wesentlich erachtet, die Ebenen Programm und Prinzip einzuführen, insbesondere um die unterschiedlichen Arten des „Denkens" von Proportionalitäten („statisch" und „dynamisch") zu explizieren.

Hauptebene IV – „multivariabel"

Die Komplexitätsebenen der Hauptebene IV werden mit der Bezeichnung „multivariabel" überschrieben. Wesentlich ist, dass hier mehrere (mehr als zwei) Eigenschaften variabel „gedacht" und zueinander in Beziehung gesetzt werden. Da diese Niveaus in den Analysen ebenfalls nicht vorkommen, werden diese hier nicht weiter expliziert.

Zur Übersicht sind in Tabelle 4.2 die Hauptebenen mit den entsprechenden Komplexitätsebenen zusammengestellt.

Ebene IV	"multivariabel"	Systeme Vernetzungen Beziehungen
Ebene III	"variabel"	Prinzipien Programme
Ebene II	"stabil"	Ereignisse Eigenschaften
Ebene I	"konkret"	Operationen Fokussierungen Objekte

Tab. 4.2: Übersicht zu den Hauptebenen mit den darunter subsumierten Komplexitätsniveaus (Smolé 2000, 15)

5 Fragestellungen und Hypothesen

In dieser Arbeit stehen Lernprozesse von SchülerInnen, die an einem analogieorientierten Schulunterricht teilnahmen, im Zentrum des Interesses. Die strukturelle Analogie, die in diesem Unterricht als didaktisches Mittel eingesetzt wurde, ist die Wasseranalogie, mit deren Hilfe ein physikalisch angemessenes Begriffssystem bezüglich Stromkreisregeln aufgebaut werden soll - dies geschieht auf dem Terrain des Basisbereichs. Das Konzept der Unterrichtseinheit beinhaltete eine strikte zeitliche Trennung zwischen Thematisierung der Physik der Wasserstromkreise als Basisbereich und Behandlung der elementaren Elektrizitätslehre als Zielbereich. Über zwölf Doppelstunden wurden Wasserstromkreise behandelt, die Beschäftigung mit elektrischen Stromkreisen erfolgte über die sich anschließenden sechs Doppelstunden (die Unterrichtseinheit wird in Abschnitt 6.3.2 inklusive Unterabschnitten ausführlich beschrieben). Dieses Design ermöglicht somit die Untersuchungen von Lernen sowohl im Basis- als auch im Zielbereich und dadurch einen Zugang zur Klärung der Forschungsfrage, was analogiegeleitete Bedeutungsentwicklungsprozesse von solchen unterscheidet, bei denen nicht auf analoge Erfahrungen zurückgegriffen werden kann. Eng damit verbunden sind die Fragen, inwiefern Aussagen darüber möglich sind, auf welche Weise das im Basisbereich Gelernte mit dem Vorgehen zur Erschließung des Zielbereichs in Verbindung zu setzen ist und wie sich analoges Denken als *Prozess* verstehen lässt.

Mit der Fragestellung dieser Arbeit werden somit zwei Aspekte analogen Denkens erfasst. Zum einen werden im ersten empirischen Teil Bedeutungsentwicklungsprozesse in Basis- und Zielbereich beschrieben und vergleichend gegenübergestellt. Zum anderen werden die gewonnenen Analyseergebnisse weiter interpretiert, wobei die Theorie zum analogen Denken von Gentner (Abschnitt 3.4) als Argumentationsrahmen zu Grunde gelegt wird. Die folgenden Ausführungen beziehen sich auf den ersten Aspekt. Der zweite wird im Rahmen des zweiten empirischen Teils verfolgt.

Mit den Darstellungen in Abschnitt 4.4.1 (inklusive der Unterabschnitte) wird davon ausgegangen, dass die Beschreibung der kognitiven Entwicklung eines Individuums - z.B. beim Erlernen eines neuen Inhaltsbereiches - mit Hilfe der Dimensionen Komplexität, Inhalt und Zeit mit expliziter Berücksichtigung des Aspekts der Rahmungen möglich ist. Wenn man davon ausgeht, dass die benutzten Experimentiermaterialien und die physikalischen Konzepte beim Basisbereich der Analogie für die SchülerInnen einen neuen Inhaltsbereich „Physik der Wasserstromkreise" darstellen, so lassen sich aufgrund der bisherigen theoretischen Überlegungen und empirischen Untersuchungen zu Lernprozessen aus der Bremer Arbeitsgruppe plausible Hypothesen zur Prozessdynamik von Bedeutungsentwicklungen in diesem Basisbereich formulieren.

Im Anschluss sollte der Zielbereich - „die Physik der elektrischen Stromkreise“ - von den SchülerInnen erschlossen werden. In diesem Bereich wurden ebenfalls Untersuchungen von Bedeutungsentwicklungsprozessen durchgeführt und den Resultaten aus dem Basisbereich vergleichend gegenübergestellt. In die Formulierung der Hypothesen zu den Bedeutungsentwicklungen im Zielbereich wird grundsätzlich davon ausgegangen, dass das Wissen über den Basisbereich (bzw. die bei der Beschäftigung mit dem Basisbereich erworbenen Fähigkeiten, Wissen zu erzeugen) beim Aufbau des Zielbereichs genutzt wird.

Die Fragestellungen und Hypothesen dazu, wie Lernende Bedeutungen zu Basis- und Zielbereich entwickeln, seien im folgenden - gegliedert anhand der Dimensionen unter besonderer Berücksichtigung des Aspekts der Rahmungen - dargestellt. Bei der Nummerierung der Hypothesen bedeutet die Abkürzung „B“ Basisbereich und „Z“ Zielbereich. Damit wird gekennzeichnet, auf welchen Teil der Unterrichtseinheit sich die Hypothese bezieht. An einer Stelle werden beide Bereiche mit einer Hypothese erfasst. Diese wird mit „B/Z“ versehen. Hypothesen, die gegenüberstellende Vergleiche von Basis- und Zielbereich beinhalten, also gewissermaßen „korrespondierend“ sind, tragen die gleich Nummer.

5.1 Hypothesen zur Komplexitäts-Zeit-Abhängigkeit von Bedeutungsentwicklungen und Rahmungen im Basisbereich

Bei den Darstellungen zur komplexitätsabhängigen Dimension kognitiver Entwicklung in Abschnitt 4.4.1.2 wurde konstatiert, dass Bedeutungsentwicklungsprozesse nach bisherigen Erkenntnissen stets bottom-up ablaufen. Ganz allgemein lässt sich sagen: Lernen passiert vom Konkreten zum Generalisierenden bzw. Lernende müssen erst an konkreten Gegenständen operieren, bevor sie in der Lage sind, allgemeine Regeln zu formulieren.

Welzel (1995) zeigt als weitere Charakteristik von Bedeutungsentwicklungen, dass nach erstmaliger Bedeutungskonstruktion auf einem bestimmten Komplexitätsniveau meist einige weitere Bedeutungskonstruktionen auf diesem gleichen Niveau folgen, bevor das nächst höhere erreicht wird. Dieses „Verweilen“ auf einer Komplexitätsebene wird als Ausdifferenzierung bezeichnet. Die Ausdifferenzierung einer Komplexitätsebene erklärt sich beispielsweise folgendermaßen: Strebt ein/e Lernende/r eine Bedeutungskonstruktion auf Ereignisebene an (weil dementsprechend gerahmt wurde), so sind etwa Eigenschaften zu verknüpfen. Gelingt eine erste Bedeutungskonstruktion auf Eigenschaftsebene, so werden weitere Eigenschaften erzeugt, die in Frage kommen, mit der ersten zum Ereignis verknüpft werden zu können. Diese müssen bereits zu früheren Zeitpunkten häufiger gebildet worden und jetzt spontan konstruierbar sein. Im Komplexitätsdiagramm zeigt sich das „Verweilen“ und ein eventuell sich anschließender Anstieg.

Mit diesen Ausführungen lässt sich als Hypothese für den Basisbereich der Unterrichtseinheit formulieren:

Hypothese B-1

Bedeutungsentwicklungen im Basisbereich verlaufen tendenziell bottom-up, d.h. die Komplexitätsniveaus aufeinanderfolgender Bedeutungskonstruktionen im Verlauf einer Bedeutungsentwicklung steigen allmählich an oder verbleiben auf gleichem Niveau. Zu einem (festen) Inhaltsbereich wird also erst an konkreten Objekten operiert, bevor Eigenschaften und Ereignisse konstruiert werden.

In Abschnitt 4.4.1.2 wurde weiterhin gesagt, dass Bedeutungsentwicklungen unter Rahmungen ablaufen, wobei die Komplexität der Rahmung eine obere Grenze für die im entsprechenden Kontext erreichbare Komplexität angibt. Damit wird ersichtlich, dass die bottom-up-Dynamik bei Bedeutungsentwicklungen auch mit einer solchen in Bezug auf die Rahmungen einhergehen sollte.

Hypothese B-2

Während der Beschäftigung mit einem Lernkontext im Basisbereich bleibt das Komplexitätsniveau der Rahmungen gleich oder steigt allmählich an.

5.2 Hypothesen zum Aspekt der Ebenen von Rahmungen im Basisbereich

In Abschnitt 4.3 wurden Rahmungen als Bedeutungskonstruktionen mit vorrangig orientierendem Charakter eingeführt. Mit Rahmungen lässt sich also beschreiben, wie Lernende sich in einem Lernkontext orientieren bzw. wie sie diesen für sich organisieren. In Abschnitt 4.4.1.4 wurde weiter beschrieben, wie anhand von Rahmungen Aufschlüsse über kognitive Entwicklung - nämlich bezüglich der zunehmenden Fähigkeit strukturierten Vorgehens - gewonnen werden können. Mit dem Aufzeigen der Rahmungen lassen sich folglich Hypothesen darüber aufstellen, wie Lernende im Verlauf der Unterrichtseinheit verändert auf ihre Lernumgebung reagieren und Einfluss nehmen und vor allem in welcher Weise sie Basis- und Zielbereich für sich unterschiedlich erschließen.

Zunächst wird eine erweiterte Definition zum Verständnis des Begriffs der problembezogenen Rahmung im Kontext dieser Arbeit gegeben. Haller (1999) benutzt ihn im Zusammenhang mit physikalischen oder technischen Problemen, die bei der Bearbeitung von Praktikumsversuchen im Physikstudium auftraten. Im Rahmen der Untersuchung in dieser Arbeit kommen technische Probleme eher selten vor. Allerdings verstehen die beobachteten SchülerInnen teilweise die vom Lehrer vorgegebenen Arbeitsanweisungen nicht in der von ihm intendierten Weise. Sie sind dann mit der Suche nach einer geeigneten problembezogenen Rahmung beschäftigt, bzw. sie versuchen herauszufinden, was eigentlich das Problem sein könnte. Diese Situationen werden im folgenden Problemfindungsphasen genannt und sollen auch als unter den Oberbegriff problembezogene Rahmung fallend verstanden werden. Es stellt sich die

Frage, in welcher Weise problembezogene Rahmungen und speziell Problemfindungsphasen im Verlauf des Basis- und des Zielteils der Unterrichtseinheit auftreten.

Hypothese B-3
Im Basisteil sind Problemfindungsphasen zu beobachten, d.h. Lernende erzeugen Rahmungen der Art „Was ist eigentlich das Problem bzw. die intendierte Fragestellung?".

Hypothese B-4
Im Basisbereich sind (im Vergleich zum Zielbereich häufiger) problembezogene Rahmungen zu beobachten, zu deren Lösung mehrere lösungswegbezogene Rahmungen konstruiert werden (müssen).

5.3 Hypothesen zum Aspekt der Ebenen von Rahmungen im Zielbereich

Ein Aspekt von kognitiver Entwicklung ist die Fähigkeit, zunehmend strukturierter vorzugehen. Dies zeigt sich nach Haller (1999) dadurch, dass ähnliche problembezogene Rahmungen während der Beschäftigung mit einem Lernkontext zunehmend schneller bearbeitet werden können. Wurde weiterhin die Fragestellung hinreichend oft (mindestens einmal) als Problem gelöst, kann bei nochmaliger Konfrontation mit selbiger eine aufgabenbezogene Rahmung dazu konstruiert werden, unter der die Aufgabe in sequentiell „abzuarbeitende" Teilaufgaben unterteilt wird.

Es stellt sich die Frage, wie Lernende in der analogieorientierten Lernumgebung im Kontext dieser Arbeit den Aufbau ihres Zielbereichs-Wissens bezüglich des Aspekts des strukturierten Vorgehens organisieren. Zu den Problemfindungsphasen und zum Aspekt problembezogene bzw. aufgabenbezogene Rahmungen werden folgende Hypothesen aufgestellt:

Hypothese Z-3
Im Zielbereich sind (gegenüber dem Basisbereich) weniger bis keine Problemfindungsphasen zu beobachten.

Hypothese Z-4
Im Zielbereich werden eher aufgabenbezogene Rahmungen konstruiert, die zügig (sequentiell) bearbeitet werden, d.h. es werden dazu nur wenige lösungswegbezogene Rahmungen konstruiert.

Ein weiteres Indiz für strukturiertes und stringentes Vorgehen sind Äußerungen von Lernenden, die sich direkt als Rahmungen rekonstruieren lassen. Dies sind beispielsweise Äußerungen, die einen Handlungsabschnitt (z.B. eine Aufgabe) einleiten und in denen eine klare Absicht zum weiteren Vorgehen oder eine - evtl. theoretisch fundierte - Erwartung bezüglich des Ausgangs eines Experiments expliziert werden.

Hypothese Z-5

Im Zielbereich finden sich zu Beginn eines neuen Handlungsabschnitts aufgabenbezogene Rahmungen, die direkt anhand expliziter Absichts- oder Erwartungsäußerungen von Lernenden rekonstruierbar sind.

5.4 Hypothese zur Komplexitäts-Zeitabhängigkeit von Rahmungen im Zielbereich

Der Gedanke, der zu Hypothese Z-5 führte, impliziert gewissermaßen die Annahme, dass Lernende ihr Wissen über den Basisbereich als Grundlage nutzen, um damit Erwartungen z.B. an Experimente im Zielbereich zu formulieren. Dies gilt auch dann, wenn solche Experimente dort zum ersten mal durchgeführt werden. Bezüglich der Komplexitäten könnten die solchen Äußerungen zugeschriebenen Ideen auf generalisierenden Niveaus (also Hauptebene II) eingeordnet werden.

Hypothese Z-2

Handlungsabschnitte im Zielbereich werden häufig von Beginn an auf Eigenschaftsniveau oder höher gerahmt im Gegensatz zum bottom-up-Verlauf der Rahmungen im Basisbereich.

5.5 Hypothese zur Komplexitäts-Zeitabhängigkeit von Bedeutungsentwicklungen im Zielbereich:

Die Annahmen zu Hypothese Z-2 implizieren, dass die Analogie genutzt werden könnte, um im Zielbereich zunächst Vermutungen bezüglich einer allgemeinen Regel zu formulieren und damit auf den Ausgang eines konkreten Experiments zu schließen. Wie würde eine solche Bedeutungsentwicklung bezüglich ihres Komplexitätsverlaufes aussehen?

Hypothese Z-1

Im Zielbereich kommen Bedeutungsentwicklungen vor, die zunächst mit einer Bedeutungskonstruktion auf Hauptebene II gestartet werden. Es folgen Bedeutungskonstruktionen auf Hauptebene I, und schließlich wird Ebene II wieder erreicht.

Dies bedeutet, dass nach Formulierung der allgemeinen Regel das konkrete Experiment durchgeführt wird und mit dessen Ausgang die Regel evt. bestätigt wird. Im Komplexitäts-Zeit-Diagramm würde sich eine Art „Wanne" zeigen.

5.6 Hypothese zu den Zeitabhängigkeiten von Bedeutungsentwicklungen im Basis- und Zielbereich

Was lässt sich schließlich bezüglich der zeitlichen Dauer für die Bearbeitung analoger Problem- oder Aufgabenstellungen in Basis- und Zielbereich erwarten?

Hypothese B/Z-6
Analoge Problem- oder Aufgabenstellungen werden im Zielbereich in kürzerer Zeit bearbeitet als im Basisbereich.

5.7 Hypothesen zum inhaltlichen Aspekt von Bedeutungsentwicklungen im Basisbereich

Wie in Abschnitt 4.4.1.1 dargestellt wurde, „zerfallen" Inhaltsbereiche in Teilinhaltsbereiche. Zum Beispiel lässt sich ein Inhaltsbereich „DWS" definieren, der in die Teilinhaltsbereiche „Pumpe", „Säule A", „Säule B" und einige weitere zerfällt, zu denen Bedeutungen erzeugt werden können. Diese Teilinhaltsbereiche ergeben sich etwa durch die „Zerlegung" eines Objekts „DWS" in die Objekte, aus denen es besteht.

Im Rahmen dieser Arbeit ist von Interesse, wie die Lernenden den Basis- und den Zielbereich der benutzten Analogie als Inhaltsbereiche für sich erschließen und entwickeln. Hierbei werden jeweils die Anfänge der Behandlung von Basis- und Zielbereich - im Basisbereich genauer der Inhaltsbereich „DWS" - untersucht.

Für den Basisbereich wird angenommen, dass Lernende in diesem a priori als unbekannt vorauszusetzenden Inhaltsbereich „eng beginnen":

Hypothese B-7
Zu Beginn der Beschäftigung mit dem Basisbereich werden zunächst Bedeutungen in engen Inhaltsbereichen konstruiert.

Bezogen auf das Design der Unterrichtseinheit kann diese Hypothese konkretisiert werden. Für physikalisch angemessene Beschreibungen von Wasserstromkreisen ist wesentlich, dass die DWS durch die Erzeugung und Aufrechterhaltung eines konstanten Druckunterschieds einen ebenfalls konstanten Antrieb für die Stromkreise darstellt bzw. das Zustandekommen eines Wasserstroms gewährleistet. Es ist möglich, dass ein Verständnis der Aufrechterhaltung eines konstanten Druckunterschieds als Eigenschaft der (jeder) DWS (erst) erfolgt, nachdem Bedeutungen zu den Bestandteilen der DWS und deren Zusammenwirken auf Hauptebene I (mehrfach) konstruiert wurden. Für die Anfangsphase bei der Auseinandersetzung mit der DWS wird somit die Hypothese formuliert:

Hypothese B-8
Bevor über das Zusammenwirken der DWS-Bestandteile die Funktionsweise der DWS konstruiert wird, werden zunächst die relevanten Objekte bedeutungsmäßig als Teilinhaltsbereiche des Inhaltsbereichs „DWS" erfasst. Es werden Bedeutungen zu diesen Objekten auf Hauptebene I erzeugt, und weiterhin werden zwischen den Objekten funktionale Verknüpfungen als ausdifferenzierte Operationen erzeugt.

5.8 Hypothesen zum inhaltlichen Aspekt von Bedeutungsentwicklungen im Zielbereich

Mit den beiden Hypothesen B-7 und B-8 wird erwartet, dass die für ein physikalisch angemessenes Verständnis der Wasserstromkreislehre wesentliche Eigenschaft der DWS (nämlich einen konstanten Druckunterschied aufrecht zu erhalten) erzeugt wird, nachdem sämtliche Objekte einer DWS als Teilinhaltsbereiche erfasst und zueinander in Beziehung gesetzt wurden. Es wird somit angenommen, dass in der Folge eines Lernprozesses Inhalte „kleinschrittig" erschlossen werden.

Die Frage ist, welche inhaltliche Strukturierung bei Beginn der Beschäftigung mit dem Zielbereich im Vorgehen der Lernenden zu erkennen sein wird.

Hypothese Z-7

Bedeutungskonstruktionen zu Beginn der Beschäftigung mit dem Zielbereich beziehen sich auf „weite" Inhaltsbereiche. Lernende versuchen also, ihr Basisbereichswissen inhaltlich ausgedehnt zu nutzen, um sich eine möglichst große Operationsbasis für den zu erschließenden Zielbereich zu schaffen.

Zur Batterie und seiner Antriebsfunktion für elektrische Stromkreise wird angenommen:

Hypothese Z-8

Es lassen sich zu Beginn der Beschäftigung mit dem Zielbereich als Hypothesen formulierte Aussagen finden, mit denen die Erzeugung einer Art Druckunterschied bei der Batterie in Betracht gezogen werden. Diese mögliche Eigenschaft wird konstruiert, ohne dass vorher Bedeutungen zu Teilinhaltsbereichen der Batterie konstruiert werden.

6 Design der Untersuchung

6.1 Einführung

In diesem Abschnitt werden die Unterrichtseinheit „Wasser und Strom“ in ihrer weiter entwickelten Fassung sowie die in diesem Rahmen verwendete Wasseranalogie - das „Zweite Bremer Wassermodell“ - beschrieben. Gegenstand der Unterrichtseinheit ist der Themenbereich elementare Elektrizitätslehre, der analogiebasiert entwickelt werden soll. Bevor erstmals elektrische Bauteile und Stromkreise behandelt werden, wird über einen ausgedehnten Zeitraum (12 Doppelstunden) die Physik der Wasserstromkreise als Basisbereich eingeführt. Sowohl die Unterrichtseinheit als auch das Analogmodell wurden von Dudeck konzipiert und im Rahmen seiner Dissertation (Dudeck 1997) eingesetzt. Die Videodokumentation dieser (auch von ihm unterrichteten) Unterrichtseinheit stellt die Datenbasis für die in der vorliegenden Arbeit zu beantwortenden Forschungsfragen dar.

Dudecks (1997) zentrales Untersuchungsziel bestand darin, über qualitative bzw. hermeneutische Inhaltsanalysen Aussagen über die Rolle und Funktion von Analogiebildungsprozessen in Lernprozessen zu machen. Um diesbezügliche Ergebnisse zu gewinnen, musste erstens gewährleistet werden, dass grundsätzlich ausreichende Kenntnisse über den Basisbereich erarbeitet werden konnten, so dass die analogiegeleitete Erschließung sämtlicher im Unterricht zu erlernenden Aspekte der elektrischen Stromkreislehre möglich wurde. Das heißt aus ExpertInnensicht muss aufbauend auf die Bestandteile des Wasser-Analogmodells ein Regelwerk begründet werden können, dessen relationale Struktur der des im Sinne des Unterrichtskonzepts zu erlernenden Regelwerks der elektrischen Stromkreislehre strukturell gleicht und auch sämtliche Relationen des Zielbereichs erfasst. Neben diesem Anspruch an das Analogmodell, der vom zweiten Bremer Wassermodell erfüllt wird, muss zweitens ausreichende Aufmerksamkeit und Unterrichtszeit in die Entwicklung des Basisbereichs investiert werden, wenn die SchülerInnen schließlich entsprechend ausdifferenzierte Bedeutungen zur Physik der Wasserstromkreislehre zu konstruieren in der Lage sein sollen. Auch dieses Kriterium erfüllt die zu beschreibende Unterrichtskonzeption. Insofern genügt die Datenlage den wesentlichen Ansprüchen, die im Rahmen dieses Forschungsanliegens gestellt werden (auf weitere zu erfüllende Kriterien wird noch eingegangen):

- Über einen ausgedehnten Zeitraum können Bedeutungsentwicklungsprozesse bei der Beschäftigung mit dem Basisbereich und dem Zielbereich einer strukturellen Analogie verfolgt werden.
- Die „Reichweite“ der strukturellen Übereinstimmung zwischen Basis- und Zielbereich ist hinreichend umfassend.

6.2 Das zweite Bremer Wassermodell

6.2.1 Anmerkungen zur Vorgeschichte des zweiten Bremer Wassermodells als Analogmodell im Unterricht zur elektrischen Stromkreislehre

Zweck des Unterrichtskonzepts und des benutzten zweiten Bremer Wassermodells war nicht allein, eine Basis für kognitionswissenschaftliche Untersuchungen bei Lernenden zu schaffen. Unterricht und Analogmodell sind ebenfalls das Ergebnis langjähriger didaktischer Bemühungen, Lernprozesse im Gebiet der elektrischen Stromkreislehre zu erleichtern bzw. zu fördern. Dazu sollten abstrakte physikalische Größen anschaulicher bzw. sinnlich fassbarer und dadurch zugänglicher gemacht werden, indem zunächst ein Bereich erschlossen und entwickelt wird, der weniger durch physikalisch inadäquate Alltagsvorstellungen als der der Elektrizitätslehre geprägt ist (siehe Maichle 1980). Wenngleich solche didaktischen Forderungen bzw. Beweggründe im Rahmen der vorliegenden Arbeit nicht von primärem Interesse sind, wird hier zumindest abrissartig darauf eingegangen.

Die Wasseranalogie und ihr Einsatz als verständnisförderndes Mittel für SchülerInnen, die sich mit der elementaren Elektrizitätslehre beschäftigen (sollen), hat eine lange Tradition. Sie bezieht ihre Rechtfertigung grundsätzlich aus der fehlenden sinnlichen Zugänglichkeit der in elektrischen Stromkreisen ablaufenden Prozesse und diese beschreibenden Größen Spannung, Stromstärke und Widerstand und dem damit verbundenen „Dilemma des Elektrizitätslehre-Unterrichts" (Dudeck & Schwedes 1990).

Die Beschäftigung mit dem Thema Wasseranalogie in der Arbeitsgruppe um Prof. Hannelore Schwedes geht bis in den Anfang der 80er Jahre zurück. Schwedes und Schilling (1983b) referieren, dass eine Wasseranalogie in Schulbüchern der Mittelstufe oft eingesetzt würde, um Strom-Spannungs-Verhältnisse verständlich zu machen. Druck- und Strömungsverhältnisse in Wasserstromkreisen würden dabei nur in geringem Maße expliziert und im wesentlichen als bekannt vorausgesetzt. Dies ist jedoch bei weitem nicht der Fall, was Untersuchungen von Schwedes und Schilling (1983a/b) zeigen. Die AutorInnen kommen zu dem Ergebnis, dass zunächst - *vor* dem „eigentlichen" Elektrizitätslehreunterricht - erhebliche Anstrengung in die Entwicklung eines physikalisch adäquaten Verständnisses der Physik der Wasserstromkreise zu investieren sei, wenn auf dessen Basis *anschließend* die Etablierung eines adäquaten Verständnisses von elektrischer Stromkreislehre ermöglicht werden soll.

Die sich aufdrängende Frage, warum SchülerInnen, wenn sie doch physikalisch adäquates Wissen über Wasserstromkreise erst mühsam erarbeiten müssen, mit diesen überhaupt zu konfrontieren sind, wird dahingehend beantwortet, dass „die meisten Schüler zur Erklärung der Verhältnisse in elektrischen Schaltungen spontan, a priori, ein Strömungsmodell zu Grunde legen" (Schwedes & Schilling 1984a, 264). Die AutorInnen gehen weiter davon aus, dass sich SchülerInnen in Konfrontation mit Wasserkreisen einfacher und direkter (im Gegensatz zu elektrischen Stromkreisen) mit ihren Strömungsvorstellungen auseinandersetzen und über die Ausbildung einer Kontinuitätsvorstellung einen Begriff von Stromstärke entwickeln würden.

Auf diese Überlegungen und Ergebnisse aufbauend wurde die spielorientierte Unterrichtseinheit „Wasser und Strom“ für SchülerInnen der Klassen sechs bis acht konzeptuell entwickelt (Schwedes & Schilling 1984a/b). Das benutzte Analogmodell war das „(erste) Bremer Wassermodell“ (siehe auch Schwedes 1985, Dudeck 1997, 65f.), das jedoch insofern „unvollständig“ war, als damit kein analoger Zugang zum Spannungsbegriff ermöglicht werden konnte (als Analogon zur Batterie wurde eine Tauchpumpe verwendet). Eine umfassende physikalisch adäquate Sichtweise von Stromkreisen gelingt mit dem ersten Bremer Wassermodell somit im allgemeinen nicht (Seibel et al. 1993, Schwedes 1996a).

Ein Analogon zur Batterie als Spannungsquelle - also ein Bauteil, das den Antrieb eines Wasserstroms sinnlich wahrnehmbar macht - wurde von Dudeck mit der Doppelwassersäule (DWS), auf die unten ausführlicher eingegangen wird, entwickelt (z.B. Dudeck & Schwedes 1990). Menge (1996) setzte die DWS neben der Tauchpumpe in einer Unterrichtseinheit im Rahmen ihrer Dissertation ein. Die Verwendung *zweier* verschiedener Antriebssysteme stellte sich jedoch teilweise als verwirrend für die Entwicklung *eines* „einheitlichen“ Basisbereichs Wasserstromkreise bei den an der Studie teilnehmenden SchülerInnen heraus. Dudeck (1997) plante folglich für eine weitere Studie, die DWS ausschließlich einzusetzen und damit „die Ausbildung eines elaborierten analogiegeleiteten one-world-Basisbereichs Hydrodynamik [zu] fördern“ (Dudeck 1997, 2). Dieser wird durch das nun darzustellende zweite Bremer Wassermodell realisiert.

6.2.2 Darstellung des zweiten Bremer Wassermodells

Abbildung 6.1 zeigt die Komponenten des Zweiten Bremer Wassermodells in Gegenüberstellung mit denen, die im Zusammenhang mit elektrischen Stromkreisen verwendet werden. Die Entsprechungen der Bestandteile aus den jeweiligen Bereichen sind durch die gleiche Nummerierung in der Abbildung gekennzeichnet.

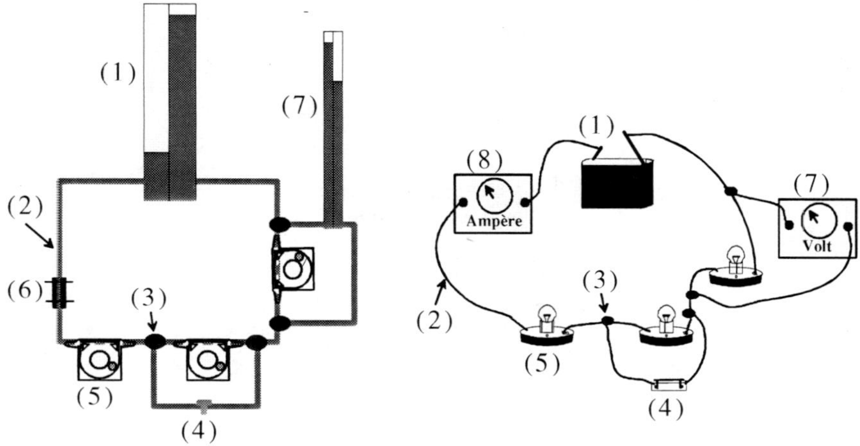

Abb. 6.1: Das Zweite Bremer Wassermodell - Wasser- und elektrische Stromkreiskomponenten im Vergleich

Im folgenden seien die Komponenten im einzelnen erläutert (siehe auch Schwedes & Dudeck 1993a/b, 1996, Dudeck 1997, 69-75).

Antrieb

(1) Die Doppelwassersäule (DWS) als Analogon zur Batterie

Die DWS erfüllt wie die Batterie die Rolle eines Systemantriebs (siehe auch Dudeck & Schwedes 1990). Ebenso wie die Batterie eine (im Rahmen der im Unterricht behandelten Schaltungsgegebenheiten) konstante Spannung aufrecht erhält, lässt sich mit der DWS ein konstanter Druckunterschied einstellen, dessen Ausgleichsbestreben den Antrieb für angeschlossene Wasserstromkreise, also das Zustandekommen eines Wasserstromflusses, bewirkt.

Die DWS (siehe Abbildung 6.2) besteht aus zwei ca. 60 cm langen transparenten PVC-Röhren. Diese sind intern über ein Rückschlagventil und eine elektrische Pumpe, die über einen Trafo an eine Steckdose anzuschließen ist, verbunden. Die Bedienung erfolgt derart, dass zunächst - etwa ohne angeschlossenen äußeren „Stromkreisteil“ - bei ausgestelltem Trafo Wasser in Säule B gefüllt wird. Das Wasser läuft intern so lange nach Säule A (von Säule B nach Säule A ist die Durchlassrichtung des Ventils), bis sich ein Ausgleich der Pegelstände eingestellt hat. Stellt man nun den Trafo an, so wird die Pumpe hörbar in Betrieb gesetzt und pumpt so lange Wasser von Säule B nach Säule A, bis der obere von zwei dicht beieinander liegenden Kontakten am oberen Ende der Säule A erreicht wird. Dann stoppt die Pumpe automatisch. Von den Kontakten führen sichtbar Drahtverbindungen nach unten an der Säule A entlang in den „Kasten“ unterhalb der Säulen. An den unteren Enden der Säulen A und B befinden sich weiterhin Anschlussmöglichkeiten für äußere Schaltkreise.

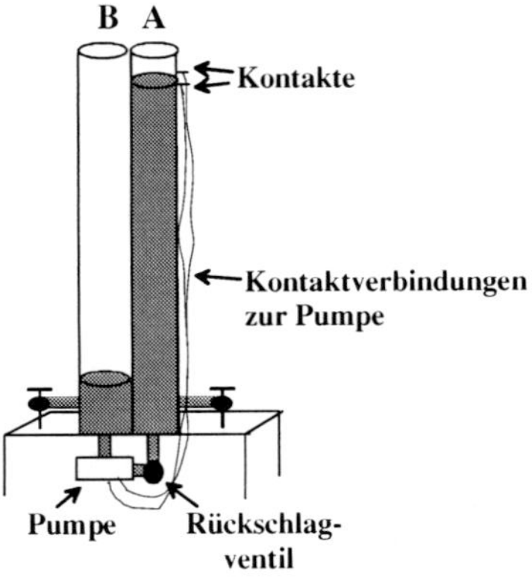

Abb. 6.2: Skizze zur Doppelwasseräule (DWS)

Die Pegeldifferenz der Wasserstände zwischen Säule A und Säule B entspricht einem Unterschied der hydrostatischen Drücke, der ein Ausgleichsbestreben zur Folge hat. Dieser Ausgleich kann sich jedoch nur über einen äußeren Stromkreisteil (im folgenden nur Stromkreis genannt) einstellen, da das Ventil dies intern verhindert. „Fehlt" ein äußerer Stromkreis, bleibt der eingestellte Druckunterschied einfach erhalten, und das System ruht.

Ist ein äußerer Stromkreis angeschlossen, bewirkt der Druckunterschied einen - vom Gesamtwiderstand des Stromkreises abhängigen - Wasserstrom. Aus Säule A fließt also Wasser über den äußeren Stromkreis nach Säule B. Wird der untere der beiden Kontakte an Säule A unterschritten, setzt die Pumpe ein, die solange Wasser von Säule B in Säule A (zurück)pumpt, bis der obere Kontakt wieder erreicht ist. Die beiden Kontakte stellen somit zusammen mit der Pumpe eine Niveauregelung dar, die dafür sorgt, dass ein einmal hergestellter Druckunterschied zwischen den Säulen aufrecht erhalten wird bzw. dass das von Säule A nach B extern abfließende Wasser intern zurückgepumpt wird. Sie tut dies insofern nicht vollkommen exakt, als das Pumpen nicht zeitgleich, sondern - bewirkt durch die Bauweise mit den beiden Kontakten - schubweise geschieht und der Stand von Säule A folglich zwischen den Kontakten schwankt. Diese minimale Ungenauigkeit in der Konstanz des Druckunterschieds - die Distanz zwischen den Kontakten beträgt nur ca. 2 cm - kann jedoch stets vernachlässigt werden. Diese Art der Niveauregelung bewirkt im Schaltungsbetrieb ein rhythmisches An- und Abstellen der Pumpe.

Als einige der für das Unterrichtskonzept und somit für die zu initiierenden Lernprozesse wesentlichen Merkmale der DWS sind zu nennen:

- Die DWS erzeugt optisch wahrnehmbar einen Druckunterschied als Antrieb und erhält diesen (außer im Kurzschlussfall) unabhängig vom „Verbraucher" aufrecht.

- Der Druckunterschied ist somit eine vom Wasserstrom unabhängig vorhandene Größe. Er ist vielmehr die Voraussetzung für das Zustandekommen eines Wasserstroms.
- Durch unterschiedliches Befüllen der Säule B können unterschiedlich große Druckunterschiede hergestellt werden. Bei angeschlossener Schaltung können die Auswirkungen auf die sich einstellenden Stromstärken betrachtet werden (nämlich etwa anhand der Kreiseldrehgeschwindigkeiten, s.u.).
- Die Auswirkung auf die DWS wird bei Veränderung einer angeschlossenen Schaltung sinnlich wahrnehmbar: Werden Reihenkreiselemente hinzugenommen, sinkt die Pumpfrequenz (die Pumpe muss also weniger arbeiten, was der verbreiteten Vorstellung, die Pumpe müsse mehr arbeiten, um den höheren Widerstand zu überwinden, widerspricht). Werden Parallelkreise hinzugeschaltet, erhöht sich die Pumpfrequenz.
- Im Kurzschlussfall arbeitet die Pumpe ohne Unterlass und „schafft" es dennoch nicht, das Wasser in Säule A bis zu den Kontakten zu pumpen.

Leitungsmaterial

(2) Schläuche als Analogon zu Drähten

(3) Verbinder als Analogon zu elektrischen Verzweigungen

(4) Hähne als Analogon zu Schaltern

Die Innendurchmesser der verwendeten Schläuche und Verzweigungen wurden so gewählt, dass die Idealisierung, deren Widerstände ungefähr gleich null anzunehmen, bei den üblicherweise im Unterricht vorkommenden Stromstärken gerechtfertigt ist.

Widerstände

(5) Wasserkreisel als Analogon zu Glühlämpchen

(6) Schlauchklemmen (als Analogon zum Widerstandsdraht)

Die Wasserkreisel (siehe Abbildung 6.3) sind „Strömungswächter", bei denen die Geschwindigkeit einer rotierenden Kugel die Größe des durchströmenden Wasserstroms anzeigt. Zugleich bewirkt ein Wasserkreisel einen konstanten - im Sinne von nicht regulierbaren - Widerstand für den Wasserstrom. Ein veränderbarer Wasserwiderstand wird durch den Einsatz von Schlauchklemmen bewerkstelligt. Als Analogon im Bereich der elektrischen Stromkreise wird in der Unterrichtseinheit ein Widerstandsdraht benutzt. Auf diesen wird hier jedoch nicht eingegangen, da er erst in der 19. Doppelstunde, die für die im Rahmen dieser Arbeit durchgeführten Unersuchungen nicht herangezogen wurde, eingeführt wird.

Abb. 6.3: Wasserkreisel

Messgeräte

(7) Druckdifferenzmesser als Analogon zum Voltmeter

(8) Ampèremeter

Ein Druckdifferenzmesser besteht aus zwei dünnen, transparenten Plastikröhren, die senkrecht stehend, parallel nebeneinander zusammengeklebt wurden. Die Röhren haben die Längen der DWS-Säulen und sind am Fuß mit Anschlussteilen versehen. Überall im Kreislauf sind damit über die Messungen von Wasserpegelunterschieden Druckdifferenzmessungen möglich - analog zu Spannungsmessungen in elektrischen Stromkreisen. Diesen Druckdifferenzmessern ähnliche Messgeräte mit jedoch nur einem Plastikrohr sind entsprechend als Druckmesser einsetzbar.

Ein dem Ampèremeter analoges Messgerät, das also die Wasserstromstärke misst und bei seiner Integrierung in einen Schaltkreis die Strömungsverhältnisse aufgrund eines nur marginalen Eigen(wasser)widerstandes in lediglich vernachlässigbarem Maße verändert, war technisch nicht realisierbar.

Weitere Experimentier- bzw. Demonstrationsmaterialien

Des weiteren wurden für den Unterrichtsteil zu Wasserstromkreisen das Schwebeteilchenkreislaufmodell und das Druck-/Druckdifferenzen-Demonstrationsmodell konzipiert und eingesetzt (siehe Dudeck 1997, 76f.). Mit ersterem soll der Aufbau eines physikalisch adäquaten Verständnisses zur Kontinuitätsbedingung über eine Sensibilisierung hinsichtlich der Unterscheidung zwischen Wassergeschwindigkeit und Wasserstromstärke gefördert werden. Wasser ist als inkompressibles Medium nicht staubar und muss daher durch Engstellen schneller fließen als durch Stellen mit größerem Querschnitt.

Realisiert wird das Schwebeteilchenkreislaufmodell anhand eines durch eine Pumpe angetriebenen geschlossenen Flüssigkeitskreislaufs (siehe Abbildung 6.4). Die Flüssigkeit fließt durch transparente Rohre unterschiedlicher Querschnitte und wird an einer Stelle aufgezweigt und später wieder zusammengeführt. Rote, kugelförmige ca. 2 mm große Plastikteilchen (diese haben die gleiche Dichte wie die Flüssigkeit) werden schwebend mitbefördert, so dass der Zusammenhang zwischen Fließgeschwindigkeit und Rohrdicke unmittelbar sichtbar wird.

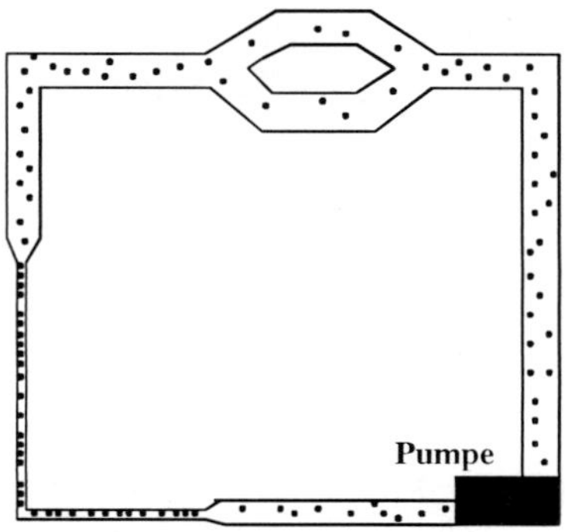

Abb. 6.4: Das Schwebeteilchenflüssigkeitsmodell (nach Dudeck 1997, 76)

Mit dem Druckdifferenz-Modell (auch Dudeck & Schwedes 1993, Schwedes et al. 1995, 31f.) kann gezeigt werden, wie der von der DWS zur Verfügung gestellte Gesamtdruckunterschied in der Reihenschaltung über den einzelnen Widerständen abfällt. Das Demonstrationsmodell (siehe Abbildung 6.5) wird an die DWS angeschlossen und besteht aus einem dünnen (hochelastischen) Schlauch (Widerstandsschlauch genannt), an dem an sechs Stellen gleichzeitig und vergleichend Drücke (Wasserpegel) und damit auch Druckdifferenzen abgelesen werden können. Durch Anbringen einer Klemme zeigt sich unmittelbar der Rückkoppelmechanismus auf die gesamte Schaltung: Der Gesamtwiderstand der Schaltung steigt, der an der Klemme anliegende Druckunterschied wird größer, die an den anderen Widerständen anliegenden Druckunterschiede verkleinern sich in Folge der nun niedrigeren Wasserstromstärke im Stromkreis. Die DWS pumpt in niedrigerer Frequenz.

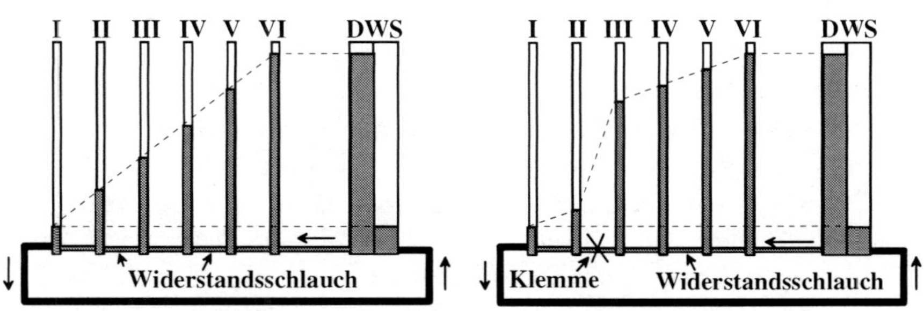

Abb. 6.5a/b: Druckverteilung im Widerstandsschlauch mit und ohne Klemme (Dudeck 1997, 77)

6.2.3 Das zweite Bremer Wassermodell und dessen Reichweite als Basisbereich für den Elektrizitätslehreunterricht

Die an der Unterrichtseinheit teilnehmenden SchülerInnen beschäftigen sich in den ersten zwölf Doppelstunden ausführlich mit den aufgezählten Materialien. Grundsätzlich lässt sich (aus ExpertInnensicht) - aufbauend auf den Eigenschaften der Wasserstromkreisbauteile - ein Regelsystem entwickeln, das dem der elementaren elektrischen Stromkreislehre analog entspricht und dieses vollständig „abdeckt". Dies ist von zentraler Wichtigkeit für die Forschungsfragen dieser Arbeit, denn so kann gewährleistet werden, dass die SchülerInnen Bedeutungen im Zusammenhang mit dem Zielbereich nicht grundsätzlich „neu" (im Sinne von nicht-analogiegeleitet) konstruieren müssen, sondern zumindest theoretisch eine ausschließlich analogiegeleitete Elaboration des Regelwerks der Physik der elektrischen Stromkreise möglich ist. Voraussetzung hierfür ist ein umfangreiches Wissen über die Wasserstromkreise.

Um die Reichweite und den Umfang der Analogie, die wie gesagt das gesamte im Unterricht angestrebte „Idealwissen" (über beide Bereiche) beinhaltet, zu verdeutlichen, stellt Dudeck (1997) die Eigenschaften, Regeln und Gesetzmäßigkeiten für Wasser- und elektrische Stromkreise ausführlich gegenüber (Dudeck 1997, 80-92). Einige wesentliche Aspekte seien im folgenden nochmals aufgezählt:

- Die wesentlichen Stromkreisbauteile beider Bereiche haben 1:1-Entsprechungen im jeweils anderen Bereich.
- Beide Systeme lassen sich durch die Wechselwirkung zwischen „Antrieb" und „Behinderung" charakterisieren. Bei Wasserstromkreisen sind dazu die physikalischen Größen Druckunterschied (Δp), Wasserwiderstand (R_W) und Wasserstromstärke (I_W) zu entwickeln. Diese entsprechen der Spannung bzw. dem „elektrischen Druckunterschied" (U), dem elektrischen Widerstand (R_{el}) und der elektrischen Stromstärke (I_{el}) bei elektrischen Stromkreissystemen.

  Zu den Größen im einzelnen:
  - Der konstante Druckunterschied (Δp) wird von der DWS als Antrieb visuell und akustisch wahrnehmbar erzeugt und aufrecht erhalten. In Analogie soll ein Verständnis der Batterie entwickelt werden, die einen elektrischen Druckunterschied bzw. Ladungsdichteunterschied an den Polen aufrecht erhält und damit das Zustandekommen eines elektrischen Stroms in Form bewegter Ladungen ermöglicht.
  - Mit Hilfe theoretischer Betrachtungen zu Metallgittern lässt sich somit die Bewegung von Elektronen von höheren Elektronendrücken in Richtung niedrigerer Elektronendrücke (also vom Minuspol zum Pluspol der Batterie) in Analogie zur Bewegung des Wassers von der Hochwasser- zur Niedrigwassersäule erklären.
  - Die Wasserstromstärke (I_W) ist die Menge Wasser (V_W), die pro Zeiteinheit (t) den Schlauchquerschnitt an einer beliebigen Stelle des Kreises durchfließt. Die elektrische Stromstärke (I_{el}) ist entsprechend die Ladungsmenge Q (auch Elektrizitätsmenge oder

Elektronenmenge), die pro Zeit an einer Stelle im elektrischen Stromkreis vorbeifließt: $I_{el} = Q/t$.

- Dabei gilt in beiden Bereichen die Kontinuitätsbedingung: Wasser ebenso wie Ladungen (Elektronen) werden weder gestaut noch „gehen sie verloren".
- Behinderungen bzw. Widerstände sind Engstellen, an denen Wasser bzw. Ladungen - bedingt durch die Kontinuitätsbedingung - schneller fließen müssen. Die mit der höheren Fließgeschwindigkeit verbundene stärkere Reibung bewirkt bei den Wasserstromkreisen Wärmeentstehung (z.B. im Kreisel) bzw. bei den elektrischen Stromkreisen - in den Lämpchen - die Entstehung von Wärme und Licht.

- Die Zusammenhänge der Systemgrößen gelten in beiden Bereichen in gleicher Weise: $R_W = \Delta p/I_W$ bzw. $R_{el} = U/I_{el}$. Außerdem gilt „Je größer der Druckunterschied, desto größer die Stromstärke und desto mehr arbeitet die DWS" bzw. „Je größer die Spannung, desto größer die Stromstärke und desto mehr arbeitet die Batterie". Im Gültigkeitsbereich des Ohmschen Gesetzes gilt $\Delta p/I_W$ = const. bzw. U/I_{el} = const.
- Die Schaltungsregeln für Reihen- und Parallelkreisschaltungen gelten für Wasser- wie für elektrische Stromkreise analog,
  - d.h. es gilt für Parallelschaltungen:
    - die Kreisel drehen sich unabhängig von ihrer Anzahl gleich schnell und genau so schnell wie ein Kreisel allein in der einfachen Wasserstromkreisschaltung. Ebenso leuchten alle Lämpchen gleich hell und genau so hell wie ein Lämpchen „allein".
    - Die Stromstärken (I_W, I_{el}) sind in sämtlichen Teilzweigen gleich (jeder Teilzweig enthalte ein Widerstandselement - Kreisel bzw. Lämpchen) und addieren sich zur Gesamtstromstärke im Hauptzweig, die umso größer ist, je mehr Teilzweige vorhanden sind.
    - An jedem Lämpchen/Kreisel liegt die gesamte Spannung bzw. der gesamte Druckunterschied der Batterie/DWS an.
    - Die Einzelwiderstände addieren sich reziprok zum Gesamtwiderstand.
    - Je mehr Kreisel/Lämpchen parallel geschaltet sind, desto mehr arbeitet die DWS/Batterie.
  - für Reihenschaltungen gilt:
    - Bei Wasserstromkreisen gilt: Je mehr Kreisel in Reihe geschaltet sind, desto langsamer drehen sich alle. Untereinander drehen sie innerhalb einer Schaltung gleich schnell. Analog gilt bei elektrischen Reihenkreisschaltungen: Je mehr Lämpchen in Reihe geschaltet sind, desto weniger hell leuchten alle. Untereinander leuchten sie innerhalb einer Schaltung gleich hell.
    - Die Stromstärke sinkt, je mehr Kreisel/Lämpchen in Reihe geschaltet sind.
    - An jedem Kreisel/Lämpchen liegt der gleiche Teildruckunterschied/die gleiche Teilspannung. Der Teildruckunterschied bzw. die Teilspannung an jedem Kreisel

bzw. Lämpchen sinkt, je mehr Kreisel/Lämpchen in Reihe geschaltet sind. Die Teildruckunterschiede/-spannungen addieren sich zum Gesamtdruckunterschied/zur Gesamtspannung.

- Die Einzelwiderstände addieren sich zum Gesamtwiderstand. D.h. je mehr Kreisel/Lämpchen geschaltet sind, desto größer wird der Gesamtwiderstand.
- Je mehr Kreisel/Lämpchen in Reihe geschaltet sind, desto weniger arbeitet die DWS/Batterie.

Als Grenzen der Analogie, also Strukturelemente, in denen Basis- und Zielbereich nicht übereinstimmen, werden von Dudeck (1997, 95) u.a. folgende aufgezählt: Das einen stromdurchflossenen Leiter umgebende Magnetfeld, die Beeinflussbarkeit bewegter Elektronen im Magnetfeld über die Lorentzkraft und die Temperaturabhängigkeit elektrischer Widerstände. Es wird jedoch darauf hingewiesen, dass diese Unterschiede erst für nachfolgende vertiefende Thematisierungen der Elektrizitätslehre in höheren Klassenstufen (etwa für den Bereich Elektrodynamik) von Interesse sein wird.

6.3 Datengrundlage

6.3.1 Einleitung

Die Analysen in den empirischen Abschnitten dieser Arbeit beziehen sich schwerpunktmäßig auf die Schülerin Janca (diese Auswahl wird in Abschnitt 8.1 begründet). Sie bildet im Unterricht zusammen mit Kati, Michael und Marcus eine Vierer-Tischgruppe, auf die während der Sitzungen eine Videokamera gerichtet war. Kati, Michael und Marcus - wie auch der Lehrer und die anderen SchülerInnen der Klasse - werden insofern in die Betrachtungen einbezogen, als Janca Bedeutungen in Aushandlungsprozessen mit diesen konstruiert.

Das vorliegende Datenmaterial, das Aufschlüsse über Jancas Lernprozess erlaubt, setzt sich folgendermaßen zusammen:

- Im Vorfeld der Unterrichtseinheit wurde in einem ca. 45minütigen Interview das Vorwissen Jancas und Katis (das Interview wurde mit beiden gemeinsam durchgeführt) zum Themenbereich elektrische Stromkreislehre erhoben. Die Erhebung dieses Vorwissens ermöglicht Aussagen darüber, inwieweit Jancas erzeugte Bedeutungen im Teil der Unterrichtseinheit zur Elektrizitätslehre analogiegeleitet sind und nicht bereits im Vorfeld in den Unterricht „mitgebracht" wurden (hierauf wird in Kapitel 9 und Abschnitt 11.1.3 eingegangen).
- Während der gesamten Unterrichtseinheit wurde die Tischgruppe Jancas videogefilmt. Neben den an diesem Tisch ablaufenden (Sprech-)Handlungen sind Äußerungen des Lehrers und der übrigen SchülerInnen - zumindest in Frontalunterrichtsphasen - deutlich nachzuvollziehen. Wertvoll für die Analysen sind insbesondere die im Unterrichtskonzept bewusst vorgesehenen ausgedehnten Gruppenarbeitsphasen.

- Des weiteren liegen Protokollierungen von am Lehrerpult aufgebauten Experimenten, von Tafelanschrieben und Overhead-Projektionen sowie die im Unterricht ausgeteilten Arbeitsblätter und teilweise schriftliche Hausaufgaben Jancas vor. Auch die Klausuren und Klausurergebnisse Jancas können genutzt werden.
- In der 13. Doppelstunde wurde die Klausur zur Wasserstromkreislehre und in der 20. die zur elektrischen Stromkreislehre geschrieben. Insbesondere die Resultate Jancas aus der erst genannten Klausur wurden genutzt, um das Ausmaß des Basisbereichwissen Jancas aufzuzeigen bzw. zu belegen (Abschnitt 15.2).
- Ein halbes Jahr nach der letzten Unterrichtsstunde wurden Nachinterviews durchgeführt, in denen u.a. Jancas langfristige Lernergebnisse im Hinblick auf elektrische Stromkreise erhoben wurden. Die Nachinterviews sowie die Klausur zur elektrischen Stromkreislehre wurden im Rahmen dieser Arbeit nicht analysiert. Auf sie wird nur am Rande eingegangen.

6.3.2 Beschreibung der Unterrichtseinheit

Die Umsetzung der Unterrichtseinheit fand im Rahmen von Schulunterricht in einer halbierten zehnten Bremer Gymnasialklasse statt - 11 SchülerInnen nahmen teil. Die Einheit umfasste 20 Veranstaltungen (davon 16 Doppelstunden, zwei Einzelstunden sowie die beiden Klausuren) und wurde über einen Zeitraum von einem halben Jahr - zwischen August 1990 und Ende Januar 1991 - durchgeführt.

Im folgenden werden vor allem die fachlichen Inhalte der Teile der Unterrichtseinheit zu Wasser- und elektrischer Stromkreislehre in knapper Form beschrieben. Teilweise werden Reaktionen der SchülerInnen – z.B. tiefgreifende Verständnisprobleme – in die Ausführungen einbezogen. Das Anliegen des Verfassers ist dabei primär, der LeserInnenschaft einen „lebhaften“ Eindruck vom Verlauf der Unterrichtseinheit zu vermitteln, und es soll darauf aufmerksam gemacht werden, wo etwa besondere „konzeptuelle Hürden“ für die SchülerInnen zu nehmen waren – unabhängig davon, ob solche Stellen im Rahmen der weiteren empirischen Betrachtungen wieder aufgegriffen werden.

Für eine ausführlichere als die im folgenden gegebene Darstellung insbesondere zum „Wasserteil“ sei auf Schwedes und Dudeck (1993a) verwiesen. Im Anhang sind im weiteren die Abläufe der einzelnen Unterrichtsstunden in Form tabellarischer Verlaufsbeschreibungen dargestellt. Außerdem werden die Handlungsabschnitte, die detaillierten Analysen unterzogen werden, in den jeweiligen empirischen Kapiteln ausführlicher in ihren Einbettungen in die entsprechenden Unterrichtskontexte beschrieben.

6.3.2.1 Zum Basisbereich - Wasserstromkreislehre

Erklärtes Lernziel dieses Teils der Unterrichtseinheit ist, dass die SchülerInnen „Wasserkreise als Systeme verstehen, in denen Druckdifferenz-, Strom- und Widerstandsverteilungen sowie

Energieumsätze in ihren gegenseitigen Abhängigkeiten gesehen werden können" (Schwedes & Dudeck 1993a, 18). Zur Erreichung dieses Ziels werden drei Schritte als entscheidend erachtet:

1. Die SchülerInnen sollten physikalisch adäquate Bedeutungen zur Kontinuität und damit einhergehend zum Begriff der Stromstärke erzeugen können.
2. Die Druckdifferenz soll als Antrieb verstanden werden. Außerdem sollen die SchülerInnen adäquate Bedeutungen dazu erzeugen können, wie sich die Gesamtdruckdifferenz der DWS auf die Widerstände (z.B. Kreisel) verteilt.
3. Sie sollen ferner die als „Kern des Systemdenkens" bezeichnete globale Sichtweise entwickeln (im Gegensatz zur sequentiellen Betrachtung von Stromkreisen): Wenn an einer Stelle des Stromkreises etwas geändert wird, wirkt sich dies auf den gesamten Stromkreis aus.

Gerade am dritten Punkt wird immer wieder „hart" diskutiert: Wenn z.B. bei Hinzunahme eines Parallelzweiges bei laufender Schaltung akustisch wahrgenommen wird, dass die DWS intensiver pumpt, wird die Frage aufgeworfen: „Woher weiß die Pumpe, dass sie jetzt stärker pumpen muss?"

Zu den Stunden im einzelnen:
In der <u>ersten bis dritten Doppelstunde</u> werden die Systemgrößen Druckunterschied, Widerstand und Stromstärke eingeführt und bereits vertieft. Großer Raum wird dazu zunächst dem Experimentieren mit der DWS in Gruppen eingeräumt. Dabei soll verstanden werden, wie die DWS einen konstanten Druckunterschied als Antrieb für einen äußeren Stromkreis erzeugt und aufrecht erhält. Außerdem ist der einmal eingestellte Druckunterschied als unveränderliche Größe im Wasserstromkreis zu verstehen. Die Stromstärke „passt sich an". Ein größerer Druckunterschied stellt einen stärkeren Antrieb dar. Außerdem wird der Widerstandsbegriff als Behinderung des Wasserstroms eingeführt. Wesentlich ist die Einsicht, dass der Widerstand der DWS „hilft", dass also ein größerer Widerstand einen langsameren Stromfluss zur Folge hat, für dessen Aufrechterhaltung die Pumpe der DWS weniger intensiv arbeiten muss. Die Einführung des Stromstärkebegriffs und damit verbunden der Kontinuitätsbedingung erfolgt in der dritten Doppelstunde anhand des Schwebeteilchenkreislaufmodells. Hier wird erarbeitet, dass das Wasser durch Engstellen (z.B. durch Kreisel) schneller fließen muss - ein Stauen des (inkompressiblen) Wassers vor einem Widerstand ist in geschlossenen Kreisläufen nicht möglich. Im Hinblick auf das Verständnis von Wasserstromkreisen als System ist die Konsequenz von Engstellen vielmehr die Herabsetzung der Stromstärke *insgesamt*, was sich wiederum auf die Pumptätigkeit der DWS auswirkt. Die Einheit der Stromstärke wird mit Milliliter pro Sekunde eingeführt.

In der <u>vierten Doppelstunde</u> wird vor allem freier Schaltungsbau in Tischgruppen betrieben. Die SchülerInnen erhalten lediglich die Anweisung, Stromkreise zu bauen, die „sie interessieren". Die Aufmerksamkeit soll dabei auf die verschiedenen Kreiseldrehgeschwindigkeiten und die Beziehungen dazu, wie die entsprechenden Kreisel geschaltet sind, gelenkt werden. Damit soll die Grundlage für die Erarbeitung der Wasserkreisregeln (im Prinzip der Kirchhoffschen Regeln) gebildet werden.

In der fünften und sechsten Doppelstunde soll ein strukturiertes Regelwerk zu Reihen- und Parallelkreisschaltungen erarbeitet werden. Am Lehrerpult wird dazu jeweils der betreffende Schaltkreistyp aufgebaut, bei dem jeweils Reihen- bzw. Parallelkreisel hinzu- und wieder weggeschaltet werden können. Die SchülerInnen sollen Beobachtungen anstellen und erhalten die Gelegenheit, selbst am Aufbau zu experimentieren. In Tischgruppen sollen jeweils anhand von Fragenzetteln Aussagen zu den Drehgeschwindigkeiten der Kreisel, zur Konsequenz für die Stromstärken und Widerstände der Schaltungen sowie zu den Pumptätigkeiten der DWS in Abhängigkeit der Kreiselzahlen (die in Reihe bzw. parallel geschaltet sind) gemacht werden.

Anhand der in der vierten Doppelstunde gegebenen Hausaufgaben werden in der siebten Doppelstunde die bisher erarbeiteten Kenntnisse zu Stromstärken und Kreiseldrehgeschwindigkeiten wiederholt. Dabei werden halbquantitative Überlegungen der Art angestellt, wie eine Schaltung mit drei schnellen und zwei langsamen Kreiseln oder eine mit mehreren Kreiseln, wobei sich einer nicht dreht, aussehen könnte. Außerdem sind in verzweigten Schaltungen die Kreiseldrehgeschwindigkeiten aufgrund bisheriger Schaltkreiskenntnisse in die richtigen Reihenfolgen zu bringen.

Anschließend werden erste quantitative Betrachtungen angestellt - zunächst zur Stromstärke in einer einfachen Schaltung und deren Veränderung, wenn ein Parallelzweig hinzukommt. Danach wird begonnen, die Schaltkreisregeln dahingehend zu erweitern, dass der Druckaspekt mit einbezogen wird - die Druckunterschiedaufteilung in der Reihenkreisschaltung wird thematisiert. Analog zur Stromstärkeaufteilung in der Parallelschaltung soll der Druckunterschied als die Größe, die sich in der Reihenschaltung aufteilt, verstanden werden. Über ein Demonstrationsexperiment wird dies verdeutlicht: Bei einer einfachen Schaltung treibt ein Druckunterschied x der DWS einen Kreisel an, der sich mit einer bestimmten Geschwindigkeit dreht. Die Einheit des Druckunterschieds ist Millibar - dabei entspricht ein Millibar einem cm Wassersäule. Eine Dreier-Reihenschaltung wird von einer DWS mit dem dreifachen Druckunterschied 3x betrieben. Die Kreisel drehen sich genau so schnell wie der in der einfachen Schaltung. Mit Hilfe der einzuführenden Druckdifferenzmesser wird gezeigt, dass an jedem Kreisel der gleiche Druckunterschied x anliegt, der dem der DWS bei der einfachen Schaltung entspricht. Die Einbeziehung des Druck- und des Druckdifferenzaspekts in die Schaltkreisbetrachtungen stellt sich zunächst als schwierig heraus. So kommt die Frage vor, wohin der Druckunterschied ginge, der zwischen Stellen direkt vor und nach dem Kreisel gemessen wird. Außerdem muss der Zusammenhang durchdacht werden, dass an jedem Widerstand, durch den ein Strom fließt, auch ein Druckunterschied anliegen muss. Es „gibt" somit nicht nur den Gesamtdruckunterschied der DWS (Aussage des Lehrers: „Das Wasser drückt nicht nur vorn und hinten"). Der höhere Druck der Säule A „entspannt" sich vielmehr entlang der Schaltung (bzw. über die Widerstände) bis zum Niedrigdruck, der von Säule B erzeugt wird. Somit ist an jeder Stelle in der Schaltung ein bestimmter Druck zu messen. Die gemessene Druckdifferenz zwischen zwei Stellen bewirkt, dass dazwischen Wasser fließt. Ein Schlauch mit idealisiertem Widerstand null ist dabei ein „Gebiet gleichen Drucks".

In der achten Stunde (diese ist eine 45minütige Einzelstunde) werden die quantitativen Betrachtungen zu Stromstärken anhand der zu besprechenden Hausaufgaben vertieft. In verzweigten Schaltungen ist jeweils die Stromstärke an einer Stelle angegeben. Die Stromstärken an den anderen Kreiseln, sowie die Gesamtstromstärke im jeweiligen Schaltkreis ist durch Überlegung zu ergründen. Dabei werden Überlegungen der Art, ob es sich bei der jeweiligen Schaltung vom Grundtyp eher um eine Reihenschaltung mit Parallelelementen oder umgekehrt handelt, wie die Gesamtwiderstände in Teilzweigen sind, wo die Betrachtung von Gebieten gleichen Drucks weiter helfen, dass sich die Stromstärke bei einer Verzweigung im Verhältnis der Widerstände in den Teilzweigen aufteilt etc. angestellt.

Des weiteren wird in dieser Stunde noch einmal thematisiert, dass sich der Druckunterschied in der Parallelschaltung nicht aufteilt. Über Betrachtungen dahingehend, dass an jedem Kreisel der volle Druckunterschied der DWS anliegt und dass mit jedem Parallelzweig die Gesamtstromstärke und die Pumpfrequenz der DWS steigt, wird die „systemische Sichtweise" der Stromkreise - welche Veränderung an der Schaltung sich wie auf die Systemgrößen auswirkt - erneut „trainiert".

In der neunten und zehnten Doppelstunde steht im wesentlichen das Druckdifferenzen-Demonstrationsexperiment und dessen Interpretation zur Diskussion, anhand dessen die Druckdifferenzaufteilung in der Reihenschaltung nochmals intensiv thematisiert wird. Der ausgedehnte Zeitraum, den diese Thematik beansprucht, spiegelt den von Seiten der SchülerInnen hier noch bestehenden Diskussions- und Klärungsbedarf wider. Der Aspekt der Druckdifferenzverteilung in Reihenschaltung wird allerdings im Vergleich zur siebten Doppelstunde vertieft und erweitert: Bei dem in Abbildung 6.5a skizzierten Experiment wird der Widerstand an einer Stelle während des Schaltungsbetriebs geändert, so dass sich die Stände in den Druckmesssäulen in für die SchülerInnen zunächst verblüffender Weise ändern (siehe Abbildung 6.5b). So stellt nach Erklärung der Funktionsweise des Experiments der lineare Abfall der Drücke entlang des Widerstandsschlauches kein Verständnisproblem dar (Abbildung 6.5a). Als jedoch der Widerstand zwischen Messsäule II und III durch Abklemmen erhöht wird, tritt Irritation bei der Beobachtung der veränderten Stände ein (Abbildung 6.5b). Dass z.B. der Stand an Säule II fällt, scheint noch einleuchtend. Im Zusammenhang mit dem Steigen des Stands von Säule III zeigt sich teilweise erneut eine sequentielle Denkweise: Das Wasser

„merkt“ doch erst an der Klemme, dass eine zusätzliche Behinderung „kommt“, also kann nicht „vorher“ ein anderer und zugleich höherer Druck gemessen werden. Janca äußert immerhin die Erwartung, dass „das alles irgendwie sinkt“ und zeigt damit eine, wenn auch unzureichende, aber doch immerhin ansatzweise ganzheitliche Sichtweise. Der im Rahmen der obigen Beschreibung des Experiments genannte Rückkoppelmechanismus ist das Ergebnis langwieriger Diskussion: Durch das Abklemmen steigt der Gesamtwiderstand. Die Gesamtstromstärke sinkt. Der abfallende Druckunterschied an den gleich gebliebenen Teilwiderständen wird also kleiner und der an der Klemme steigt. Die Aufteilung des Gesamtdruckunterschiedes erfolgt im gleichen Verhältnis wie die Größe der Widerstände.

In der elften Doppelstunde wird in einer ausgedehnten Gruppenexperimentierphase mit ungleichen Widerständen in Reihen- und Parallelkreisschaltungen experimentiert. Die Experimentieranweisungen fordern nun verstärkt quantitative Betrachtungen. So sollen bestimmte Druckdifferenzen an der DWS eingestellt werden. Der Widerstand an einer Klemme ist so einzustellen, dass ein bestimmter Druckunterschied dort anliegt, etc. Die Fragen zum Experiment, ebenso wie die nun zu bearbeitenden theoretischen Fragenzettel, zielen auf Überlegungen dahingehend ab, wie Schaltkreise in Folge von Manipulationen an einer Stelle reagieren. Der Wasserwiderstand wird als Quotient aus Druckunterschied und Wasserstromstärke und damit in physikalisch adäquaterer und quantitativ besser fassbaren Weise als die bisher benutzte Beschreibung „Maß der Behinderung des Wasserstroms“ definiert.

In der zwölften Doppelstunde schließlich wird auf die Verschaltung von DWSn eingegangen. Zwei parallel geschaltete DWSn entsprechen einer DWS mit doppeltem Säulenquerschnitt im Vergleich zu einer DWS allein. Bei der Hintereinanderschaltung zweier DWSn muss eine Gerät hochgestellt werden, idealerweise so, dass das untere Niveau von Säule B der obenstehenden DWS das gleiche Niveau hat wie das der Säule A von der unten stehenden. Das Resultat ist ein entsprechend großer Druckunterschied als Antrieb.

Anhand der in der dreizehnten Doppelstunde geschriebenen Klausur lässt sich das nun vorhandene Basisbereichwissen Jancas zur Wasserstromkreislehre erheben. Zahlreiche Fragen, die sich mit der Überschrift „Wasserstromkreise als System - qualitative und quantitative Betrachtung zum Zusammenhang von I_W, R_W, Δp“ übertiteln lassen, erlauben darüber Aufschluss.

6.3.2.2 Zum Zielbereich - elektrische Stromkreislehre

Im zweiten Teil der Unterrichtseinheit erfolgen von Seiten des Lehrers im wesentlichen Anregungen, das im Basisbereich Gelernte zu nutzen, um den Themenbereich elektrische Stromkreise zu erschließen. Einzig Modelle von Atomen im Metallverband und vom Leitungsmechanismus, mit dessen Hilfe das Fließen von Elektronen in Drähten analog zum Wasserfluss in Schläuchen erklärt wird, werden zusätzlich eingeführt. Sämtliche anderen Bestandteile,

Begriffe, Zusammenhänge, Regeln etc. aus dem Bereich der elektrischen Stromkreise werden über ihre analogen Entsprechungen mit der Wasserkreisthematik behandelt.

Zu den Stunden im einzelnen:
Die Überleitung zur Elektrizitätslehre in der vierzehnten Doppelstunde wird mit dem Vorgehen des Physikers Cavendish motiviert, der vor ca. 200 Jahren mit Hilfe hydrodynamischer Modelle viel über Elektrizitätslehre lernte. Am Lehrerpult ist ein einfacher Wasserstromkreis und eine einfache elektrische Schaltung aufgebaut. Im Klassengespräch werden hypothetische Analogiebeziehungen als Antworten auf die Frage „Was im Wasserbereich entspricht was im Elektrizitätslehrebereich?" gesammelt. Neben Bestandteilen von Wasser- und elektrischen Stromkreisschaltungen (z.B. die Kreisel entsprechen den Lämpchen) werden auch abstraktere Begriffe wie Größen (z.B. die Wasserstromstärke entspricht der elektrischen Stromstärke) und bereits Beziehungen genannt (z.B. der Widerstand des Schlauches ist Null, ebenso wie der Widerstand des Drahtes). Als Hausaufgabe sollen weiterer Analogieannahmen schriftlich formuliert werden.

Anschließend soll den SchülerInnen ein zum Wasserfluss in Schläuchen analoges Verständnis im Bereich der elektrischen Stromkreise ermöglicht werden. Über ein Elektronen-Atomrumpf-Modell wird die Unterscheidung von neutralen Atomen, negativen Elektronen und positiven Atomrümpfen eingeführt. In Metallen sind die Atome in Gitterstrukturen eingebunden. Die Elektronen sollen als frei beweglich verstanden werden. Wird mit der Batterie eine Art Elektronendruckunterschied hergestellt, „fließen" die Elektronen vom höheren Elektronendruck (Minuspol) in Richtung des niedrigeren Elektronendrucks (Pluspol).

Die Diskussion über die im Draht „fließenden" Elektronen als Analogon zum Wasserfluss wird in der fünfzehnten Stunde (eine einfache Unterrichtsstunde) wieder aufgegriffen. Die SchülerInnen akzeptieren die rein modellhaften Annahmen nur widerwillig und zweifeln deren Wichtigkeit an. Mehr Klarheit bringt die Einbeziehung der Batterie und der Lämpchen in die Betrachtungen. Die Lämpchen stellen analog zu den Kreiseln Engstellen dar, an denen die Elektronen schneller fließen müssen, wobei Wärme und hier auch Licht erzeugt wird. Die Gewährleistung eines konstanten Ladungsdichteunterschiedes durch die Batterie wird zunächst (vereinfacht) so beschrieben, dass – bewirkt durch die Batteriechemie - die am Pluspol „ankommenden" Elektronen zeitgleich zum Minuspol „zurückgepumpt" würden. Die SchülerInnen scheinen sich dann auf das Modell des Elektronenflusses im Metallgitter einzulassen, wenn sie damit die Erklärbarkeit der Vorgänge in einem gesamten elektrischen Stromkreis analog zu denen in Wasserstromkreisen nachvollziehen können. Sie „fordern" damit an ein ganzheitliches Modell, bestehend aus Batterie, Drähten und Engstellen, die widerspruchsfreie Erklärbarkeit der Wechselwirkung aus konstantem Antrieb, Widerständen und sich einstellender Stromstärke. Anhand eines Informationszettels soll das Verständnis der mit und ohne angeschlossenem Stromkreis in der Batterie ablaufenden Prozesse mit Hilfe analoger Gegenüberstellung der Mechanismen bei der DWS nochmals vertieft werden. Weitere Informationsblätter in Form von Analogietabellen werden auch in den nächsten Stunden verteilt und besprochen. Einige dabei dargestellte Punkte sind die Betrachtung von Einheiten, Messung von (Teil-)Stromstärken, (Teil-)Spannungen, die Kurzschlussthematik sowie Reihen- und Parallelkreisregeln.

In der sechzehnten Doppelstunde erhalten die SchülerInnen erstmals die Gelegenheit, selbständig mit elektrischen Stromkreisbauteilen zu experimentieren. In diesem Rahmen werden das Ampèremeter und das Voltmeter eingeführt und deren Innenwiderstände diskutiert. Im Rahmen der Experimentierphase geht die Tischgruppe mit beachtlicher Strukturiertheit vor und führt Messungen in Reihen- und Parallelschaltungen durch.

Nach den Weihnachtsferien eröffnet der Lehrer die siebzehnte wie auch die achtzehnte Doppelstunde, indem er einige Fragen und Statements zur Diskussion in den Raum stellt. In diesem Rahmen werden u.a. das Nicht-Auslaufen eines Drahtes, der Unterschied von Leitern und Nichtleitern, der Unterschied zwischen Elektronengeschwindigkeit und Stromstärke, die Inkompressibilität der Elektronen und die Energieumwandlung in der Glühbirne thematisiert. Angeregt wird der Satz „Strom wird verbraucht" diskutiert. Qualitative und quantitative Analysen von Schaltungen werden durchgeführt. Dabei wird auf das „elektrische" Analogon zum Gebiet gleichen Drucks eingegangen. Zum Zusammenhang der „elektrischen" Systemgrößen wird der elektrische Widerstand als nötige Spannung für die Erzeugung einer bestimmten Stromstärke (also Widerstand als Verhältnis von Spannung zu Stromstärk: $R_{el} = U_{el}/I_{el}$) definiert. Entsprechende Berechnungen von Widerständen werden über Strom- und Spannungsmessungen in Experimentierphasen durchgeführt. Als Erzeuger einer regelbaren Spannung wird ein Trafo (mit einer Spule mit variierbarer Windungszahl) eingeführt.

In der neunzehnten Doppelstunde werden im Rahmen weiterer quantitativer Betrachtungen zu vorgegebenen Schaltungen nochmals die Messgeräte Volt- und Ampèremeter und vor allem deren Innenwiderstände ausführlich diskutiert. „Wo fallen (Teil-)Spannungen ab?", „Wo sind (Teil-)Widerstände?", „Wo fließen welche Ströme?" sind einige Fragen, die anhand vorgegebener Schaltungen mit eingebauten Messgeräten aufgeworfen werden und anhand derer die systemische Sichtweise von Schaltungen „trainiert" werden soll. Als neue Bestandteile werden ein regelbarer Widerstand und ein Kondensator jeweils über die Wasseranalogie eingeführt und demonstriert. Schließlich wird das Ohmsche Gesetz thematisiert und anhand von Messungen eine 60-Watt-Glühbirne eindeutig als Nicht-Ohmscher Widerstand deklariert.

7 Analysemethode

Im Rahmen dieses ersten empirischen Teils werden in den Kapiteln 10 und 11 Analysen dargestellt, in deren Zuge Bedeutungsentwicklungsprozesse der Schülerin Janca (möglichst) kleinschrittig rekonstruiert werden. Die Schritte der Analysen sind dabei grundsätzlich folgende:

- Videodokumentation, Protokollierungen der Stunden und Transkript-Erstellung.
- Auswahl der für die Analyse heranzuziehenden Handlungsabschnitte.
- Erfassung von Bedeutungskonstruktionen anhand von Ideenzuschreibungen.
- Kategorisierung der Ideen unter Berücksichtung von zeitlichen, komplexitätsabhängigen und inhaltlichen Aspekten.
- Zuschreibung von Rahmungen.

Auf den zweiten Punkt der Auswahl der für die Analyse herangezogenen Handlungsabschnitte wird in Abschnitt 8.2 eingegangen. Die anderen Punkte seien im folgenden genauer erläutert.

7.1 Videodokumentation, Protokollierungen der Stunden und Transkript-Erstellung

Der gesamte Unterricht wurde mit einer Videokamera erfasst. Diese war, um bei den SchülerInnen in möglichst geringem Maße für Irritation zu sorgen, fest installiert und auf die Tischgruppe - bestehend aus Janca, Kati, Michael und Marcus - gerichtet. Der erste Auswertungsschritt bestand darin, die Stundenverläufe protokollarisch zu erfassen und skizzenhaft darzustellen (diese Darstelllungen finden sich im Anhang). In diesen skizzenhaften Verläufen werden die Unterrichtsstunden in einzelne Phasen unterteilt, wodurch eine inhaltliche Gliederung erzielt wird.

Zu den für die Analyse in Frage kommenden Abschnitten wurden Transkripte erstellt, in denen sämtliche Äußerungen, die im Video auszumachen sind, erfasst werden. Zwei Mikrophone waren über dem Tisch der Vierergruppe hängend installiert. So wird insbesondere detailliert erfasst, was an diesem Tisch gesprochen wird. In Gruppenarbeitsphasen etwa beschränkt sich die (auditive) Aufnahme mehr oder weniger ausschließlich auf das Geschehen am Tisch. In Frontalphasen bzw. Klassengesprächen sind neben den von der Vierergrupe kommenden Äußerungen auch die des Lehrers bzw. die der sich am Klassengespräch beteiligenden SchülerInnen klar zu verstehen. Neben den gesprochenen Äußerungen, die in den Transkripten erfasst werden, werden auch für den Kontext relevante nonverbale Äußerungen und Handlungen (Experimentieren, aber auch Mimik, Gesten, Tonfall etc.) schriftlich fixiert.

7.2 Erfassung von Bedeutungskonstruktionen anhand von Ideenzuschreibungen

Die Konstruktion von Bedeutung ist ein subjektiver Akt. Aufgrund der semantischen Abgeschlossenheit des kognitiven Systems können Bedeutungskonstruktionen von anderen Personen nicht erfasst werden. Beobachtet man z.B. Lernende, so regt diese Perspektive lediglich die Konstruktion eigener Bedeutungen zu den bei der/dem Lernenden beobachteten Handlungen an (zu den verschiedenen Perspektiven bei der Beschreibung von Bedeutungsentwicklungsprozessen siehe v. Aufschnaiter S. & Welzel 1997). Wie sind dennoch „vernünftige" Aussagen zur Beschreibung von Bedeutungsentwicklungsprozessen anderer möglich? Die gewählte Vorgehensweise ist eine pragmatische:

Aus den Handlungen und Sprechhandlungen Jancas werden die einzelnen Bedeutungskonstruktionen aus BeobachterInnensicht „rekonstruiert" (mit den Anführungszeichen soll der oben genannten grundsätzlichen Unmöglichkeit solcher Rekonstruktionen im eigentlichen Sinne Rechnung getragen werden). Wie in Abschnitt 4.2 dargestellt wurde, sind Bedeutungskonstruktionen ein untrennbarer Akt aus Wahrnehmungs-, Erwartungs- und Handlungserzeugungen. Da für den/die BeobachterIn jedoch (maximal) Handlungen zugänglich sind, müssen hierbei die anderen „Bestandteile" interpretatorisch „ergänzt" werden. Die rekonstruierten Bedeutungskonstruktionen bzw. deren Versprachlichung werden Ideen genannt. Mit der Einführung dieser Bezeichnung soll noch einmal deutlich gemacht werden, dass im Sinne des radikalen Konstruktivismus eine klare Unterscheidung zwischen den Bedeutungskonstruktionen der beobachteten Lernenden und dem, was das kognitive System der/des Analysierenden wiederum an Bedeutungen dazu erzeugt, zu treffen ist (u.a. v. Aufschnaiter, C. 1999, 70, Smolé 2000, 35).

Die Anforderung, die an die Beschreibung von Bedeutungskonstruktionen und Bedeutungsentwicklungsprozessen anderer durch Ideenzuschreibungen gestellt wird, besteht darin, mit diesen Ideen die Aktivitäten der analysierten Lernenden angemessen zu beschreiben. Nach v. Aufschnaiter, C. (1999) muss, um die Dynamik von Bedeutungskonstruktionen möglichst detailliert rekonstruieren zu können, die Zuschreibung von Ideen auf einem ähnlichen Zeittakt wie dem der Bedeutungserzeugung erfolgen (also ca. im 3-Sekunden-Takt - siehe Abschnitt 4.2). In der Praxis ist dies nur möglich, wenn die Aktivitäten der/des beobachteten Lernenden eine entsprechende Dynamik hinsichtlich der Handlungen erkennen lässt (Sprechhandlungen werden im folgenden ebenfalls unter die Bezeichnung Handeln subsummiert). An Stellen, wo dies nicht der Fall ist, werden entsprechend wenige(re) Ideen zugeschrieben. Es wird also versucht, Ideen möglichst kleinschrittig zuzuschreiben und dadurch den Sinn der Handlungen der/des Probandin/-en zu erfassen, wenn immer dies möglich ist.

Für die Zuschreibung von Ideen wurde in dieser Arbeit neben den betreffenden Transkripten intensiv auf die dazugehörigen Videoaufnahmen zurückgegriffen. Dies war komfortabel handhabbar, da die auszuwertenden Abschnitte digitalisiert wurden und so während der weiteren Auswertungen jederzeit „per Mausklick" auf dem Computer-Bildschirm abgespielt werden konnten.

Beispiel zum Transkript und der daraus gewonnenen Ideenliste
Im folgenden wird in Form eines Beispiels ein Transkriptausschnitt vorgestellt, anschließend werden die daraus gewonnenen Ideen aufgelistet. Der Abschnitt stammt aus der 5. Doppelstunde. Die SchülerInnen sitzen an ihrem Tisch und beobachten eine Reihenschaltung mit drei Kreiseln, die am Lehrerpult aufgebaut ist und sich in Betrieb befindet. Die Gruppe hat herausgefunden, dass die Kreisel untereinander ungleich schnell drehen (einer ist schneller als die beiden anderen), was daraufhin diskutiert wird. Die SchülerInnen sind sich uneinig, ob der schnellere Kreisel der erste oder der letzte (betrachtet von der Hochwassersäule der DWS ausgehend) im Schaltkreis ist.

Zu den Abkürzungen: „Ja" steht für Janca. Da sich die Auswertungen in dieser Arbeit auf sie beziehen, sind ihre Äußerungen unterstrichen. „Ka" steht für Kati, „Mi" für Michael. Marcus und der Lehrer kommen in dem Transkriptausschnitt nicht vor.

Transkript:

<u>[14:12] Ja: Aber warum läuft denn der letzte am schnellsten?</u>
[14:13] Mi: Macht er doch gar nicht - am langsamsten.
<u>[14:14] Ja: Nein, wieso? Das ist der letzte.</u>
[14:15] Ka: Das hier ist der erste, das ist der zweite, und der hinten, der rechte, ist der letzte.
[14:16] Mi: Ja.
[14:16] Ka: Das Wasser kommt von links.
<u>[14:17] Ja: Sicher?</u>
[14:18] Ka: Ja.
<u>[14:20] Ja: Nein, das Wasser kann doch gar nicht von links kommen.</u>
[14:22] Ka: Natürlich.
[14:27] Mi: Das kommt doch aus der Pumpe da.
<u>[14:30] Ja: Wo ist denn die Pumpe? Ja toll, wenn ich nicht weiß, wo die Pumpe ist.</u>

Ideen Janca:
[14:12] Ich verstehe nicht, warum gerade der letzte [Kreisel] am schnellsten dreht.
[14:14] Ich bin sicher, der schnellste [Kreisel] ist der letzte.
[14:17] Ich will von Kati wissen, ob sie sich sicher ist, dass das Wasser von links kommt.
[14:20] Das Wasser kann doch gar nicht von links kommen. [Ich bin sicher, dass es von rechts kommt.]
[14:30] Ich weiß nicht, wo die Pumpe sitzt, also nützt mir das nichts für die Fließrichtung des Wassers.

Eckige Klammern werden in den Ideenformulierungen immer dann benutzt, wenn einzelne oder mehrere Worte ergänzt werden, die in der entsprechenden Äußerung zwar nicht vorkommen, die aber zum Verständnis für die/den LeserIn und die weiteren Kategorisierungen der Idee beitragen, ohne dabei die vom Autor vertretbaren interpretatorischen Grenzen zu sprengen. So wird etwa davon ausgegangen, dass Janca bei der zum Zeitpunkt [14:12] gegebenen Äußerung ohne Zweifel mit „der letzte“ den letzten Kreisel „meint“.

7.3 Zur Kategorisierung der Ideen

Für die weitere Auswertung werden die Ideen in den nächsten Schritten auf die folgenden Aspekte hin analysiert:

- Zeitlicher Aspekt (Abschnitt 7.3.1).
- Einstufung der Ideen hinsichtlich deren Komplexitäten (Abschnitt 7.3.2).
- In einigen (nicht allen) Analysen wird auf inhaltliche Aspekte der einzelnen Ideen eingegangen (Abschnitt 7.3.3).
- Zuschreibung von Rahmungen (Abschnitt 7.3.4 und Unterabschnitte).

Auf die Verfahren der Einstufungen wird im folgenden ausführlicher eingegangen.

7.3.1 Zum zeitlichen Aspekt

Um die Dynamik von Bedeutungsentwicklungen zu beschreiben, bedarf es der Zuordnung von Zeitmarken zu den einzelnen zugeschriebenen Ideen. Bei den Analysen folgt die Zeitmarke einer Idee aus der der dazugehörigen (Sprech-)Handlung in der entsprechenden Unterrichts(doppel)stunde. Letztendlich sind für die Analyse dann nicht die Absolutzeiten, sondern die relativen Zeitspannen - beispielsweise vom Aufkommen einer Fragestellung bis zu deren erfolgreichen, d.h. Janca zufriedenstellenden, Beantwortung - ausschlaggebend. Im Hinblick auf den in Abschnitt 4.4.1 dargestellten Zusammenhang zwischen der kürzer werdenden Bearbeitungsdauer einer Fragestellung mit einem stattgefundenen Lernprozesses sind die Analysen dieser relativen Zeitspannen von Interesse. Insbesondere liegt ein Fokus auf der Bearbeitungsdauer von analogen Fragestellungen in Basis- und Zielbereich.

7.3.2 Zuschreibung von Komplexitäten zu Ideen

Eine Einführung in das Komplexitätsebenen-Modell wurde bereits in Abschnitt 4.4.2 gegeben. Im folgenden werden anhand von Beispielen Zuordnungen von Komplexitäten zu Ideen erklärt und weitere Erläuterungen gegeben.

Zuvor sei auf zwei für die Beurteilung von Komplexitäten grundsätzlich zu beachtende Punkte hingewiesen (siehe zum Teil auch Smolé 2000, 36f.):

1. Mit der Einordnung einer Idee auf ein Komplexitätsniveaus allein wird keine Aussage darüber gemacht, ob die zu Grunde liegende (Sprech-)Handlung physikalisch (-inhaltlich) „richtig“ ist (unter „richtig“ könnte hierbei eine unter ExpertInnen ausgehandelte physikalische Vorstellung oder eine im Sinne des Unterrichtskonzepts aufzustellende Regel gemeint sein). Diese Einstufung einer Bedeutungskonstruktion gibt Aufschluss darüber, wie konkret oder abstrakt z.B. ein/e Lernende/r auf eine Lernumgebung Bezug nimmt.

Beispielsweise bei der Verknüpfung von Eigenschaften zum Ereignis bedeutet dies also etwa nicht, dass die „richtigen" Eigenschaften in „richtiger" Weise verknüpft werden. Das Komplexitätsniveau allein sagt lediglich aus, *dass* Eigenschaften verknüpft werden - aber nicht *wie, welche* und im übrigen auch nicht wie viele.
2. Wie die Zuweisung von Ideen, so ist auch die Kategorisierung hinsichtlich der Komplexitätsebenen ein interpretatorischer Akt. Ausschlaggebend für die Zuschreibung der Komplexitätsniveaus ist die Einbettung einer Idee in ihren Gesamtkontext und die dortige Sicherstellung im Hinblick auf Konsistenz bei den Zuschreibungen. Das heißt jedoch nicht, dass Bedeutungen in gleichen Kontexten oder auch innerhalb eines einzelnen Kontexts immer gleich komplex oder zunehmend komplexer erzeugt werden müssen. Argumentiert ein/e Lernende/r beispielsweise zunächst auf der Grundlage allgemeiner Regeln, anschließend aber am konkreten Experiment, so kann sich auch ein „Abfall" der Komplexitäten zeigen.
3. Mit der Zuweisung von Komplexitätsniveaus wird – wie auch bei Ideenzuschreibungen – eine „Rekonstruktion" bezüglich dessen, was Lernende „zeigen" und nicht dessen, was sie (eventuell) „können", vorgenommen. Wenn Ideen auf Mikroebene zugeschrieben und Komplexitäten zugeordnet werden, soll damit nachvollzogen werden, was in den entsprechenden einzelnen Bedeutungskonstruktionen von Lernenden in jenem Moment aktuell erzeugt wird (die gewählte Analysemethode ist somit nicht geeignet herauszufinden, was Lernende alles „zeigen könnten").

Die Komplexitätszuschreibungen wurden nach den vom Verfasser vorgenommenen Einstufungen durch drei MitarbeiterInnen des Bremer Instituts geprüft, die dieses Verfahren seit mehreren Jahren anwenden. Bei ca. 85% der Zuschreibungen wurde ein Konsens unmittelbar erzielt. Bei einigen der „problematischeren" Ebenenzuschreibungen, deren Zustandekommen Ergebnisse teilweise umfangreicherer Aushandlungsprozesse waren, werden in den Analyseteilen (Kapitel 10 und 11) Begründungen für gerade diese Komplexitätsebenen in Form von Fußnoten gegeben.
Nun wird anhand von Beispielen zu zugewiesenen Ideen die Einordnung der Komplexitäten erläutert:

1. Beispiel
Der Handlungsabschnitt, um den es hier geht, findet vor dem zum obigen Transkriptausschnitt gehörigen Abschnitt statt. Die SchülerInnen beobachten den Versuchsaufbau am Lehrerpult. Dort ist eine sich in Betrieb befindende Reihenschaltung mit drei Kreiseln aufgebaut. Es wird darüber diskutiert, ob die Kreisel untereinander gleich schnell drehen oder nicht.

Anmerkung: Die im folgenden zu den Ideen aufgeführten Nummerierungen stimmen nicht mit denen in den empirischen Abschnitten überein (Kapitel 10 und 11). Dort wird ein Nummerierungssystem eingeführt, in das eine Einteilung in Szenen und die jeweilige Doppelstunde berücksichtigt wird.

Zeit	Ideen Janca	Komplexität
12:40	1. Ich beobachte die Kreisel in der Schaltung.	Op.
12:42	2. Ich finde nicht, dass sich die Kreisel unterschiedlich schnell drehen, aber ich bin nicht sicher.	Op.
12:51	3. Ich bin sicher, dass zwei [der drei Kreisel] auf jeden Fall gleich schnell drehen.	Op.
13:00	4. Ich will, dass wir zählen gehen.	Op.
13:02	5. Ich will, dass Michael auch zählt.	Op.
13:10	6. Ich beobachte, dass, wenn wir unterschiedlich viele Kreisel einbauen, diese unterschiedlich schnell drehen.	Op.
13:20	7. Ich beobachte, dass die Kreisel [in der Schaltung mit drei Kreiseln in Reihe] unterschiedlich schnell drehen.	Op.

Die Ideen sind sämtlich auf Operationsebene eingeordnet. Janca beschäftigt sich mit der konkreten Schaltung, die sie vor Augen hat: Mit *diesen* Kreiseln *dieser* Schaltung und deren Drehgeschwindigkeiten. Vom Unterrichtskonzept ist vorgesehen, dass in der entsprechenden Doppelstunde Regeln zu Reihenkreisschaltungen (zu den Kreiseldrehgeschwindigkeiten, zur Stromstärke etc.) formuliert werden. Zur Formulierung allgemeiner generalisierender Regeln sind jedoch Bedeutungen mindestens auf Eigenschaftsebene zu konstruieren, was sich bei der Zuschreibung der obigen Ideen (noch) nicht ergab.

2. Beispiel

Der Handlungsabschnitt, zu dem die folgenden Ideen zugeschrieben wurden, läuft wieder in der gleichen Doppelstunde wie die bisherigen Passagen ab, jedoch zeitlich nach dem Transkriptausschnitt. Im Rahmen der Überlegungen, ob der eine schnellere Kreisel in der 3er-Reihenschaltung der erste oder der letzte ist, kommt die Frage auf, in welche Richtung das Wasser fließt. Mit Hilfe des Lehrers wird die Frage beantwortet. Er erklärt auch, dass der eine Kreisel unbeabsichtigt (konstruktionsbedingt) schneller als die anderen drehen würde.

Zeit	Ideen Janca	Komplexität
15:19	1. Ich will wissen, von welcher Seite das Wasser kommt.	Op.
15:22	2. Durch Beobachten kann ich nicht herausfinden, in welche Richtung das Wasser fließt.	Op.
15:28	3. Ich sehe, dass das Wasser [in der DWS] rechts hoch und links niedrig steht.	Op.
15:40	4. Ich will vom Lehrer bestätigt bekommen, dass sich die Kreisel normalerweise gleich schnell drehen würden.	Eig.
16:00	5. Den Satz „Je mehr Kreisel in Reihe geschaltet sind, desto langsamer drehen sie alle.“ können wir als Antwort zu eins [„Beobachtung an den Wasserkreiseln“] aufschreiben.	Er.
16:20	6. Ich will aufschreiben: Je mehr Kreisel in Reihe geschaltet sind, desto langsamer drehen sich alle.	Er.

Die erste Idee wurde auf Operationsebene eingeordnet. Janca bezieht sich auf den *konkreten* Schaltungsaufbau und möchte wissen, in welche Richtung *dort* das Wasser fließt. Den Hinweis des Lehrers (zwischen Idee 1 und 2) „zu gucken", kann Janca nicht nutzen. Immer noch beschäftigt sie die Fließrichtung des Wassers bei dieser Schaltung. Der Lehrer möchte nach Idee 2 Janca weiterhelfen, indem er fragt, wo die hohe und wo die niedrige Säule der DWS sei. Diese Frage legt die Interpretation nahe, dass Janca eine Beziehung zwischen den beiden Säulen und der angeschlossenen Schaltung konstruieren soll. An vorheriger Stelle (2. Doppelstunde) konstruierte Janca eine diesbezügliche allgemeine - für alle Schaltungen gültige - Eigenschaft: „Das Wasser fließt über den äußeren Kreislaufteil [stets] von der volleren Säule A in die leere Säule B." Offenbar versucht der Lehrer, Janca dazu zu bringen, diese Bedeutung wieder zu erzeugen und daraus auf die Fließrichtung in der vorliegenden Schaltung zu schließen. Doch das gelingt Janca nicht. Sie zeigt die vollere und die leerere Säule einfach auf - auf Operationsebene (Idee 3). Der Lehrer gibt daraufhin die Erklärung selbst und zeigt die Fließrichtung auf. Auch erwähnt er, dass der eine Kreisel grundsätzlich ein klein wenig schneller laufen würde als die anderen.

Nun (Idee 4) kann Jancas Äußerung eine Idee auf Eigenschaftsebene zugeschrieben werden. Das Wort „normalerweise" zeigt, dass Janca das gleich schnelle Drehen der Kreisel als eine allen Wasserkreisreihenschaltungen inhärente Eigenschaft konstruiert. Im Sinne der Definition der Eigenschaftsebene „Konstruktion von Objektklassen durch eine diesen gemeinsame stabile Eigenschaft" wird also das gleich schnelle Drehen als stabile Eigenschaft der Objektklasse „Reihenschaltungen" gebildet.

Mit der Bedeutungskonstruktion, der die anschließenden Ideen 5 und 6 zugeschrieben wurden, verknüpft Janca zwei Eigenschaften zum Ereignis. Die Definition eines Ereignisses lautet „Verknüpfung mehrerer Eigenschaften derselben oder unterschiedlicher Objektklassen". Die Objektklasse sind Reihenschaltungen. Den Eigenschaften Kreisel-Anzahl und Drehgeschwindigkeit werden Werte zugeschrieben, und diese werden dahingehend verknüpft, dass ein funktionaler Zusammenhang im Sinne einer umgekehrten Proportionalität hergestellt wird. An dieser Stelle sei noch einmal darauf hingewiesen, dass die Konstruktion einer (umgekehrten) Proportionalität zwar fordert, dass verschiedene Schaltungen mit verschiedenen Kreiselzahlen und die Auswirkung dieser Kreiselzahlen auf die Drehgeschwindigkeiten „gedacht" werden. Dies setzt aber nicht das Denken einer Eigenschaft als kontinuierlich veränderliche Variable voraus, wie es für eine Bedeutungskonstruktion auf Programmebene gefordert wird.

7.3.3 Erfassung der Inhaltsbereiche zu Ideen

Teilweise wurden die Ideen auch hinsichtlich inhaltlicher Aspekte detailliert analysiert. In Abschnitt 4.4.1 wurde aufgezeigt, dass von der hinreichend genauen Beschreibungsweise kognitiver Entwicklungen durch die Dimensionen Komplexität, Inhalt und Zeit ausgegangen wird. Die inhaltliche Entwicklung muss insofern generell immer berücksichtigt werden -

Lernen passiert immer verbunden mit inhaltlichen Kontexten - und wird in den Auswertungsteilen auch entsprechend vertieft berücksichtigt.

Eine detaillierte inhaltliche Auswertung im empirischen Teil dahingehend, dass zu *sämtlichen Ideen* die enthaltenen Inhaltsbereiche aufgezeigt werden, wird allerdings nicht zu allen ausgewählten Handlungsabschnitten gegeben, da dies nicht stets für nötig befunden wurde. Sie wird immer dann durchgeführt, wenn die kognitive Entwicklung Jancas durch die alleinige Zuordnung von Komplexitäten und Zeiten nicht hinreichend aussagekräftig beschrieben wird. Was darunter zu verstehen ist, wird im nächsten Absatz anhand kurzer Darstellungen zur ersten und sechsten Doppelstunde erläutert. Im Sinne der hier nachzugehenden Forschungsfragen ist ferner zu beachten, dass die in diesem empirischen Teil darzustellenden Bedeutungsentwicklungen nicht allein Aussagen über kognitive Entwicklungen in isolierten Handlungsabschnitten geben sollen, sondern dass der Vergleich von Bedeutungsentwicklungen in analogen bzw. vergleichbaren Themenkontexten in Basis- und Zielbereich der Unterrichtseinheit untersucht wird. Wenn nun etwa in einem von zwei zu vergleichenden Handlungsabschnitten eine herausragende kognitive Leistung zu erkennen ist - z.B. die Klärung eines kognitiven Konflikts - die im Komplexitätsdiagramm nicht „sichtbar" wird, erfordert dies einen umso konzentrierteren Blick auf die inhaltliche Entwicklung.

Wann ist die Erfassung von Komplexitäten zu wenig aussagekräftig?
In der ersten Doppelstunde werden die SchülerInnen erstmalig mit der DWS konfrontiert. Sie sollen nach Absicht des Unterrichtskonzepts am Ende der Stunde unter anderem deren wesentlichen Bestandteile erfasst haben und ihr Zusammenwirken beschreiben können. Die Zuschreibung der Komplexitäten zeigt, dass die DWS konkret „gedacht" wird. Die Bildung einer Eigenschaft als etwas, dass der Klasse aller DWSn inhärent ist, bleibt noch (weitgehend) aus. Obwohl also im wesentlichen Fokussierung und Operation als Komplexitäten zugeschrieben werden, zeigt sich bei detaillierter Betrachtung der Inhaltsbereiche (vereinfacht gesagt) das Hinzukommen immer neuer Objekte, die zunehmend in die Bedeutungskonstruktionen auf Operationsebene integriert werden. Diese kognitive Leistung wird erst dadurch deutlich, dass die inhaltlichen Aspekte detailliert analysiert werden.

Hierzu lässt sich als Resümee ziehen, dass ein mehr oder weniger isolierter Fokus auf die Komplexitätsentwicklung immer dann hilfreich für die Beschreibung von Lernprozessen ist, wenn sich die Lernenden inhaltlich auf sehr begrenztem Terrain bewegen. Wenn das Lehrziel jedoch darin besteht, dass Lernende mehrere Inhaltsbereiche erfassen und miteinander verbinden sollen, ist die Betrachtung der Komplexitäten weniger aufschlussreich, mehr dafür jedoch die inhaltliche Entwicklung.

Dies sind quasi die beiden zu erwartenden Extreme (der Zeitaspekt ist hier außen vor gelassen):

- Lernzuwachs ohne Veränderung der inhaltlichen Elemente geschieht durch zunehmende Komplexität aufeinander folgender Bedeutungen zu diesen Elementen.
- Lernzuwachs ohne Veränderung der Komplexität geschieht durch zunehmende Zahl der in aufeinanderfolgenden Bedeutungserzeugungen verknüpften inhaltlichen Elemente.

Will man Bedeutungsentwicklungsprozesse von Lernenden untersuchen, kann die Analyse immer dann verstärkt auf eine der beiden Blickrichtungen konzentriert werden, wenn angenommen werden kann, dass die kognitive Entwicklung primär in der entsprechenden Dimension stattfindet. Eine solche Annahme kann etwa dann mit zunehmender Berechtigung gemacht werden, wenn die Lernumgebung diese Extrema berücksichtigt, d.h. die Anforderungen hinsichtlich Komplexität oder Zahl der Inhalte kleinschrittig erhöht. Zur Verbindung der kognitiven Entwicklung mit dem Zeitaspekt können darüber hinaus Aussagen gemacht werden, wenn ähnliche Aufgaben wiederholt werden und sich die abnehmende Dauer bis zur Lösungsfindung zeigen sollte. Die Gestaltung entsprechender Lernumgebungen und Untersuchungen von Bedeutungsentwicklungsprozessen in diesen Umgebungen finden sich etwa bei Schoster 1998 und Smolé 2000.

Im Rahmen der Untersuchungen in dieser Arbeit war das Lehrangebot von Seiten des Unterrichtskonzepts oft weniger „engmaschig gestrickt". Auch ließ sich häufig eine Einteilung dahingehend, ob die kognitive Entwicklung in einem Abschnitt eher komplexitätsmäßig oder eher inhaltlich ablaufen wird, bei der Auswertung nicht von vorne herein treffen. Je offener beispielsweise eine vom Unterrichtskonzept gestellte Fragestellung ist, desto weniger ist vorhersehbar, welche Inhaltsbereiche herangezogen werden. Bei der Auswertung muss dann im weiteren erschlossen werden, welche Inhaltsbereiche zur Beschreibung der kognitiven Entwicklung angemessen sind bzw. Sinn machen. (In der ersten Doppelstunde wäre die Beschreibung über einen Inhaltsbereich „DWS" allein zu grob. Es musste eine feinere Unterteilung in Subinhaltsbereiche wie „Pumpe", „Säulen" etc. gewählt werden, um Aussagen über Jancas kognitive Entwicklung möglich zu machen).

Die Untersuchungen erfolgten in ihrem Entstehungsprozess häufig so, dass die Ideenlisten Jancas in den in Frage kommenden Abschnitten Komplexitätsanalysen unterzogen wurden und die inhaltliche Entwicklung eher szenenweise verfolgt wurde. Unter einer Szene wird dabei der Handlungsabschnitt beginnend mit der Konstruktion einer Aufgabe bzw. eines Problems (als Konsequenz einer aufgekommenen Fragestellung) bis zur erfolgreichen (sprich Janca zufrieden stellenden) Beendigung oder Verwerfung der Aufgabe bzw. des Problems verstanden. Zeigte sich, dass sich kaum eine Dynamik hinsichtlich der Komplexitätsentwicklung ergab, dass diese Analysemethode also bei der betreffenden Szene zu „grob" war, so wurde die inhaltliche Analyse „feiner" vollzogen. Die jeweiligen Inhaltsbereiche wurden also auch einzelnen Ideen zugeschrieben.

Ein kritisches Komplexitätsniveau ist die Ereignisebene. Dies wird im Teil über die sechste Doppelstunde bezogen auf den dortigen Kontext konkret dargestellt. In Abschnitt 7.3.2 wurde ausgeführt, dass die Verknüpfung „richtiger" (etwa im Sinne physikalischer Vorstellungen angemessener) Eigenschaften zum Ereignis nicht gefordert wird. Auch die Art und Weise, *wie* sie verknüpft werden, wird nicht betrachtet. Und weiterhin können (im Rahmen der in dieser Arbeit verwendeten Definition zur Ereignisebene) Wertezuschreibungen erfolgen, es können zwei Eigenschaften (denen beide Werte zugeschrieben werden könnten) verknüpft werden, es können aber auch mehr sein. Bei der Analyse zur sechsten Doppelstunde wird sich zeigen, dass Janca bei der Entwicklung der Parallelkreisregeln „zügig" eine Bedeutung auf Ereignisebene erzeugt. Bis sie aber erstmals eine Äußerung von sich gibt, mit der sie ein Aufgeben der Konstantstromquellen-Vorstellung verlauten lässt, vergeht noch einige Zeit, und das Ergebnis entspricht ebenfalls einer Bedeutungskonstruktion auf Ereignisebene. Die entsprechende Auflösung eines kognitiven Konflikts und der Übergang zur Verknüpfung der „richtigen" und angemessen ausdifferenzierten Eigenschaften ist im Komplexitäts-Zeit-Diagramm nicht sichtbar, und sein Aufzeigen erfordert eine detaillierte Betrachtungsweise des inhaltlichen Aspekts.

7.3.4 Der Aspekt der Rahmungen

7.3.4.1 Zuschreibung von Rahmungen

Im Zuge der Auswertung werden neben Ideen auch Rahmungen zugeschrieben[2]. Hierbei gibt es aufgaben- und problembezogene Rahmungen, die nachfolgende Bedeutungsentwicklungsprozesse in Zeitfenstern der Größenordnung von einer bis zehn Minuten orientieren. Außerdem werden wegbezogene Rahmungen zugeschrieben, die sich auf Bedeutungsentwicklungen in Zeitfenstern zwischen drei und ca. 30 Sekunden beziehen. Die Grundannahme, dass Rahmungen nachfolgende Bedeutungskonstruktionen starten oder initiieren, aber nicht determinieren, muss bei der Zuschreibung rahmender Ideen stets berücksichtigt werden. Dies bedeutet, dass bei den Analysen ein Handlungsabschnitt nicht vorrangig „von oben" betrachtet werden darf und dass bei einer erfolgreichen Bearbeitung einer Fragestellung der/dem entsprechenden LernerIn eine entsprechende Rahmung zu einem früheren Zeitpunkt nicht „unterstellt" werden darf. Man könnte weiter den Fehler machen anzunehmen, die Rahmung wäre während der gesamten Bearbeitungsdauer der Frage „da". Bei den Analysen muss vielmehr der situative Charakter aufeinanderfolgender Bedeutungskonstruktionen bei der Zuschreibung von Rahmungen beachtet werden. Die Frage muss also lauten: Lassen sich bei der Zuschrei-

[2] Der Begriff Rahmung sei im folgenden in zweifacher Weise zu verstehen. Er bezieht sich zum einen auf Bedeutungskonstruktionen - also auf „das", was vom kognitiven System konstruiert wird. Zum anderen wird der Rahmungsbegriff in Zusammenhang mit Ideen benutzt, also mit den Zuschreibungen aus Beobachtersicht. Der Begriff Rahmung ist somit gleichzusetzen mit dem der rahmenden Bedeutungskonstruktion oder der rahmenden Idee.

bung von Ideen auch solche mit vorrangig orientierendem Charakter - also Rahmungen - finden?

Es sei an dieser Stelle darauf hingewiesen, dass bei Benutzung des Wortes „situativ" in Verbindung mit Bedeutungskonstruktionen nicht gemeint ist, nachfolgende Bedeutungskonstruktionen seien unabhängig voneinander. Vielmehr werden nachfolgende Bedeutungskonstruktionen von vorhergehenden beeinflusst, da immer ein Teil der vorangegangenen in die folgende mit einbezogen wird. Pöppel (1997) drückt dies in Zusammenhang mit der Diskretheit des 3-Sekundenfensters einzelner Bedeutungskonstruktionen und unserem Empfinden einer kontinuierlich verstreichenden Zeit folgendermaßen aus:

> Was jeweils ins Bewußtsein gelangt, ist nicht unabhängig von den vorhergegangenen Bewußtseinsinhalten, d.h. aufeinanderfolgende Bewußtseinssegmente enthalten voneinander abhängige Bewußtseinsinhalte. Entscheidend für unser zeitliches Erleben ist die inhaltliche Vernetzung aufeinanderfolgender Bewußtseinsinhalte. Der subjektive Eindruck einer zeitlichen Kontinuität ist also eine Illusion. Die Grundlage unseres Erlebens ist zeitlich zerstückelt; nur weil wir über die zeitlichen Grenzen von 3 Sekunden hinaus dieselben oder ähnliche Inhalte verarbeiten, kommt es zum Eindruck einer kontinuierlichen Zeit. (Pöppel 1997, 94)

Die Zuschreibung einer Rahmung kann einmal direkt aus der zu einer (Sprech-)Handlung zugewiesenen Idee gewonnen werden. Eine entsprechende Äußerung wäre: „Ich will herausfinden, wie ..." In den Analyseteilen kommt ein solcher Fall dadurch zum Ausdruck, dass der entsprechenden Rahmung eine Zeitmarke zugeordnet wird. Zum anderen kommt der Fall vor, dass zunächst die Zuschreibung einer oder mehrerer Ideen erfolgt. Diese erweckt oder erwecken dann den Eindruck, es ließe sich eine rahmende Idee voranstellen, die in Bezug auf die zugeschriebene/n Idee/n Sinn macht. In diesem Fall wird entweder im Analyseteil keine Zeitmarke aufgeführt, oder die angenommene Zeit wird in Klammern gesetzt. Bei den Analysen gibt es darüber hinaus Passagen, in denen Janca keine Rahmung zu konstruieren scheint. Dies kommt beispielsweise vor, wenn der Lehrer Fragen an sie stellt und sie nicht zu verstehen scheint, worauf er hinaus will. Dann kann es vorkommen, dass sie seine Fragen beantwortet und keine eigenen stellt.

Im Zuge der Anfertigung der Ideenlisten werden bei den Analysen auch die Rahmungen zugeschrieben. Bis auf den zuletzt geschilderten Fall lassen sich in den analysierten Handlungsabschnitten die von Haller (1999) eingeführten Arten von Rahmungen - aufgaben- bzw. problembezogene Rahmungen und wegbezogene Rahmungen - stets schlüssig zuschreiben (eine Untersuchung im Hinblick auf die von Haller weiter postulierte übergeordnete Rahmung wurde nicht durchgeführt). Aufgaben- bzw. problembezogene Rahmung beziehen sich auf die Frage: „Was will ich erreichen?" Auf eine solche Rahmung folgen eine oder mehrere wegbezogene Rahmungen der Art: „Wie will ich es erreichen?"

7.3.4.2 Zur Unterscheidung von problem- und aufgabenbezogener Rahmung

Nun wird genauer auf den Unterschied zwischen aufgabenbezogener und problembezogener Rahmung und die Relevanz dieser Unterscheidung für diese Arbeit eingegangen. Zunächst sei ganz allgemein davon ausgegangen, dass sich für Janca im Unterrichtsverlauf eine Frage stellt. Dies kann eine vom Lehrer vorgegebene Frage sein oder eine, die etwa im Verlauf einer Diskussion in der Tischgruppe aufgeworfen wird. Mit dem Inventar der benutzten Analysemethode sind verschiedene Szenarien denkbar, wie Janca die Klärung der Frage angehen könnte (siehe auch Abschnitt 4.4.1.3):

1. Janca gibt die Antwort auf die Frage spontan, d.h. sie konstruiert eine Lösung innerhalb einer Bedeutungskonstruktion oder innerhalb einer aus wenigen Bedeutungskonstruktionen bestehenden Bedeutungsentwicklung[3]. In diesem Fall gilt der entsprechende Kontext als gelernt bzw. sicheres Wissen (siehe auch Abschnitt 4.4).
2. Janca konstruiert zu der Frage eine aufgabenbezogene Rahmung. Darauf folgen einer oder mehrere wegbezogene Rahmungen, die ein schrittweises, sequentielles „Abarbeiten" erkennen lassen. Janca zerlegt damit die Frage in Teilfragen, die aufeinanderfolgend angegangen werden, bis nach der letzten die gesamte Frage beantwortet ist. Erst wenn im Zuge der Analyse für die/den Beobachter/in ersichtlich ist, dass die Bearbeitung der Frage in dieser Weise und nicht anders erfolgt ist, kann sie/er die anfängliche Rahmung als aufgabenbezogen zuschreiben. Aus der Frage an sich geht dies nicht hervor (aus diesem Grund wurde das „neutrale" Wort Frage benutzt, das eine missverständliche Tendenz in eine der Richtungen Aufgabe oder Problem vermeiden soll) (siehe auch Haller 1999, 140).
3. Janca konstruiert zu der Frage eine problembezogene Rahmung. Auch auf diese folgen wegbezogene Rahmungen. Mit letzteren wird jedoch deutlich, dass die Frage ein Problem darstellt, das aus verschiedenen Richtungen anzugehen versucht wird („trial and error"). Wird kein erfolgversprechender Weg gefunden, so wird die Frage (das Problem) – zumindest zunächst – verworfen. Eventuell wird sie zu einem späteren Zeitpunkt noch einmal aufgegriffen. Wird jedoch durch „zufälliges Entdecken" ein brauchbarer Lösungsweg gefunden, so wird dieser Lösungsweg beim wiederholten Bearbeiten der Fragestellung mit gewisser Wahrscheinlichkeit „erinnert". Bei hinreichend oftmaliger Wiederholung wird die Frage als Aufgabe bearbeitet. Die entsprechenden wegbezogenen Rahmungen lassen eine Systematik (sequentielles Abarbeiten) erkennen.

Eine vierte Möglichkeit ist Hilfe von außen, im allgemeinen durch den Lehrer. In diesem Fall kann es auch vorkommen, dass eine problembezogene Rahmung zugeschrieben wird, obwohl der Handlungsabschnitt, der von dieser gestartet wird, kürzer als eine Minute ist. Es ist dann durchaus möglich, dass die entsprechende problembezogene Rahmung nur einmalig zuge-

[3] Angenommen Janca soll die Frage nach dem Regelmechanismus der DWS zur Aufrechterhaltung des Druckunterschieds beantworten. Wenn sie diesen Kontext gelernt hat und sicher erzeugen kann, muss sie dennoch mehrere Bedeutungen konstruieren, um sämtliche Facetten der Fragestellung einzubeziehen. Dies gelingt nicht innerhalb einer einzigen Bedeutungskonstruktion.

schrieben wird. Die Legitimation, beim Analysieren dennoch die Rahmung als problembezogen zuzuschreiben, kann sich somit auch daraus ergeben, dass der angestrebte Lösungsweg keinen Erfolg bringen und „zurück" zur problembezogenen Rahmung „führen" würde (diese müsste dann wiederum erneut mit Hilfe anderer wegbezogener Rahmungen angegangen werden), wenn z.B. der Lehrer nicht vorher eingegriffen hätte. Die Annahme eines weiteren möglichen Handlungsverlaufs (also die Antwort auf die Frage: Was wäre passiert, wenn der Lehrer nicht eingegriffen hätte?) ist freilich hypothetisch und muss von der analysierenden Person als ExpertIn im Rahmen der interpretatorischen Freiheit mit entsprechender Sorgfalt beurteilt werden. Diese interpretatorische Freiheit wird jedoch im allgemeinen nicht überstrapaziert, da die vorhergesagten Handlungsabläufe nicht übermäßig detailliert sein müssen. Vielmehr ist lediglich ein Urteil darüber zu fällen, ob der gegenwärtig von Janca gewählte Lösungsweg erfolgversprechend scheint.

Unter den Handlungsabschnitten, die unter problembezogenen Rahmungen ablaufen, wird im weiteren denen eine besondere Beachtung zugemessen, in denen Janca zu klären versucht, was eigentlich die Fragestellung ist oder sein kann. Solche Handlungsabschnitte werden beispielsweise dann beobachtet, wenn der Lehrer einen Arbeitsauftrag gibt, Janca aber keine Vorstellung zu haben scheint, worauf er hinaus will. Im Sinne der Definitionen der Komplexitätsebenen ausgedrückt hieße dies, dass im Falle einer intendierten Antwort auf Operationsebene oder höher (Definition von „Operation": Systematische Variation von Objekten im Hinblick auf Objektmerkmale") für Janca erst geklärt werden muss, welche überhaupt die wesentlichen Objektmerkmale sind. Problembezogene Rahmungen dieser Art beziehen sich auf Fragen wie: „Was ist überhaupt die Fragestellung? Worauf muss ich achten?" Die solchen Rahmungen folgenden Handlungsabschnitte werden in dieser Arbeit Problemfindungsphasen genannt. Es wird dabei also nach dem im Sinne des Unterrichtskonzepts intendierten Verständnis der Fragestellung gesucht. Ist diese Fragestellung gefunden, könnte sie wiederum als Problem wahrgenommen werden, zu dem eine entsprechende Rahmung und im Anschluss wegbezogene Rahmungen konstruiert werden könnten. Insofern wäre eine mögliche, die Problemfindungsphase einleitende Fragestellung auch: „Was ist eigentlich das Problem?"

Betont sei nochmals, dass einer Fragestellung a priori nicht anzusehen ist, ob es sich dabei um eine Aufgabe oder um ein Problem handelt oder ob eine Erfassung dieser Frage als Problem erst in einer Problemfindungsphase gefunden werden muss. Auf Seiten der/des Beobachters/in wird dies durch verschiedene Möglichkeiten bei der weiteren Herangehensweise des/der Lernenden deutlich. Die wegbezogenen Rahmungen können auf ein eventuell mühsames Finden des geeigneten Lösungsweges (unter mehreren) hindeuten, wobei eine Wiederholung der problembezogenen Rahmung - vielleicht abgewandelt - vorkommt. Ein sequentielles Abarbeiten ist möglich, oder die Frage wird spontan beantwortet - in letzterem Fall muss überhaupt keine Rahmung erzeugt werden. Unter den obigen drei Punkten sollte die Entwicklung von 3. nach 1. isomorph zu jener in einem Lernprozess sein, in dem Lernende beispielsweise im Verlauf einer Unterrichtseinheit wieder und wieder mit der gleichen oder einer ähnlichen Frage konfrontiert werden.

Die Übergänge zwischen den Möglichkeiten sind fließend. Etwa können (zwischen 3. und 2.) im Verlauf des Lernprozesses zu der Frage zunächst problembezogene Rahmungen konstruiert werden, deren Anzahl und die Dauer bis zur erfolgreichen Klärung aber immer geringer wird. Innerhalb der zweiten Möglichkeit können immer weniger und qualitativ höherwertige, d.h. im Sinne einer Lösungsfindung effektivere wegbezogene Rahmungen konstruiert werden. Dann kann das Ergebnis immer schneller gefunden werden, bis schließlich die Antwort spontan gegeben werden kann. Dies entspricht Fall 1.

Warum ist die Unterscheidung zwischen aufgaben- und problembezogenen Rahmungen (hierunter sollen auch Problemfindungsphasen einleitende Rahmungen fallen) für die Darstellungen in dieser Arbeit von Wichtigkeit? Der Grund ist, dass damit ein wesentliches Kriterium geschaffen wird, mit dem eine Beurteilung über einen Lernfortschritt zwischen Handlungsabschnitten möglich ist, in denen ähnlichen Fragestellungen zu verschiedenen Zeitpunkten der Unterrichtseinheit nachgegangen wird. Doch auch bei der Betrachtung isolierter Handlungsabschnitte, in denen sich Lernende mit einer Fragestellung beschäftigen, sind Aussagen über einen bereits stattgefundenen Lernprozess möglich. Bearbeiten sie etwa die Frage zügig unter einer aufgabenbezogenen Rahmung, so kann davon ausgegangen werden, dass bereits zu einem vorherigen Zeitpunkt Bedeutungen zur entsprechenden Thematik erzeugt wurden.

Insbesondere von Interesse ist in dieser Arbeit in Bezug auf analogiegeleitete Lernprozesse, inwieweit das im Basisbereich Gelernte für die Herangehensweise an Fragestellungen im Zielbereich genutzt wird. An den Analysen im Hinblick auf Rahmungen lässt sich erkennen, ob Lernende ihr Basisbereichwissen nutzen, um Fragestellungen im Zielbereich strukturiert nachzugehen. Damit ist gemeint, dass - obwohl beispielsweise im Zielbereich zuvor noch keine Betrachtungen zu Parallelkreisregeln angestellt wurden und die Erklärungen im Vorinterview auf eine Konstantstromquellenvorstellung schließen lassen - dennoch spontan eine „physikalisch adäquate“ aufgabenbezogene Rahmung konstruiert wird, die unter entsprechenden wegbezogenen Rahmungen bearbeitet wird. Der Blick auf die Rahmungen erlaubt somit eine Aussage über mittels Analogienutzung ermöglichte Lernzuwächse, indem betrachtet wird, wie Lernende die Herangehensweise an Fragestellungen in Basis- und Zielbereich organisieren.

7.3.4.3 Beispiele

Zur Illustration und Verdeutlichung werden nun zum Abschluss dieses Methodenteils Beispiele zu den verschiedenen Arten von Rahmungen gegeben. Die einzelnen Ideen werden nicht berücksichtigt, sondern nur die problem- bzw. aufgabenbezogenen Rahmungen und die entsprechenden wegbezogenen Rahmungen. Die Beispiele entstammen aus den Darstellungen zur fünften Doppelstunde und können teilweise den in den Abschnitten 7.2 und 7.3 zu Ideenlisten und zur Komplexitätseinordnung gegebenen zugeordnet werden.

1. Beispiel - Problemfindungsphase

Die SchülerInnen bekommen einen Fragenzettel ausgeteilt, anhand dessen sie Regeln zu Reihenwasserstromkreisschaltungen formulieren sollen. Die erste Frage zielt auf „Beobachtungen an den Wasserkreiseln" ab. Im Sinne des Unterrichtskonzepts sollen hier Regeln formuliert werden, die einmal eine Aussage zu den Kreisel-Drehgeschwindigkeiten in Abhängigkeit ihrer Anzahl und zum anderen eine vergleichende Aussage zu den Drehgeschwindigkeiten der Kreisel innerhalb einer Schaltung machen.

Die Problemfindungsphase umfasst den Handlungsabschnitt unter den folgenden Rahmungen:

Zeit	Ideen Janca	Komplexität
(10:57)	**5.1.1 Rahmung (prob.bez.):** Ich will herausfinden, was ich machen soll.	Op.
11:03	**5.1.3 Rahmung (wegbez.):** Vielleicht sollen wir Sätze formulieren: Je mehr Kreisel da sind, desto.	Op.
(11:13)	**5.1.6 Rahmung (wegbez.):** Ich möchte herausfinden, wie die Je-desto-Sätze aussehen sollen.	Op.
11:26	**5.1.8 Rahmung (wegbez.):** Ich meine, wir sollen Unterschiede formulieren von der Schaltung mit einem Kreisel zu der mit zwei, mit drei und so weiter.	Op.
11:51	**5.1.11 Rahmung (wegbez.):** Ich will vom Lehrer wissen, ob wir schreiben sollen: Je mehr Kreisel da sind, dann passiert was.	Op.
(12:07)	**5.1.13 Rahmung (wegbez.):** Ich will verstehen, was das bedeutet „Beobachtung, die die drei betrifft".	Op.

2. Beispiel - problembezogene Rahmung

An die Problemfindungsphase schließt sich ein Handlungsabschnitt an, in dem die SchülerInnen Beobachtungen und Überlegungen dazu anstellen, ob sich die drei Kreisel in einer Reihenschaltung untereinander gleich schnell drehen. Obwohl dies normalerweise der Fall sein müsste, dreht einer aus unbeabsichtigten technischen Gründen schneller. Die folgenden Rahmungen beziehen sich auf die beiden Handlungsabschnitte, die bei den Beispielen zur Ideenformulierung und zur Komplexitätseinordnung bereits benutzt wurden.

Zeit	Ideen Janca	Komplexität
(12:37)	**5.1.16 Rahmung (prob.bez.):** Ich will herausfinden, ob alle Kreisel in der Schaltung gleich schnell drehen.	Op.
12:40	**5.1.17 Rahmung (wegbez.):** Ich beobachte die Kreisel in der Schaltung.	Op.
(13:00)	**5.1.20 Rahmung (wegbez.):** Wir können durch Zählen herausfinden, ob sich die Kreisel gleich schnell drehen.	Op.
(14:10)	**5.1.26 Rahmung (prob.bez.):** Ich möchte herausfinden, warum gerade der letzte [Kreisel] am schnellsten dreht - eigentlich würde ich erwarten, dass sie gleich schnell drehen.	Op.

(14:12)	**5.1.28 Rahmung (wegbez.):** Ich will die anderen davon überzeugen, dass der schnellste Kreisel der letzte ist.	Op.
14:17	**5.1.30 Rahmung (wegbez.):** Ich will von Kati wissen, ob sie sich sicher ist, dass das Wasser von links kommt.	Op.
(14:56)	**5.1.33 Rahmung (prob. bez.):** Ich will wissen, ob es - gegen meine Erwartung - richtig ist, dass die Kreisel ungleich schnell drehen. Und wenn ja - warum.	Eig.

Zu beachten ist, dass drei problembezogene Rahmungen auftreten, die sich auf die Drehgeschwindigkeit der Kreisel beziehen. Die ungleichen Kreiseldrehgeschwindigkeiten werden als Problem konstruiert, und entsprechende (wenn auch modifizierte) Rahmungen können dreimal zugeschrieben werden.

3. Beispiel - aufgabenbezogene Rahmung

Der entsprechende Handlungsabschnitt streckt sich über eine spätere Stelle in der fünften Doppelstunde. Die SchülerInnen wollen die Frage auf dem Zettel „Konsequenzen für die Wasserstromstärke" beantworten.

Zeit	Ideen Janca	Komplexität
18:24	**5.2.1 Rahmung (aufg.bez.):** Ich möchte herausfinden, was die Konsequenz für die Wasserstromstärke ist.	Er.
18:27	**5.2.2 Rahmung (wegbez.):** Die Kreiseldrehgeschwindigkeiten zeigen mir die Wasserstromstärke an.	Eig.
19:06	**5.2.7 Rahmung (wegbez.):** Je mehr Kreisel in Reihe geschaltet sind, desto geringer wird die Wasserstromstärke. Diesen Satz können wir aufschreiben.	Er.

8 Auswahl der Daten für die Analysen

8.1 Zur Auswahl der Schülerin Janca

Die Analysen konzentrieren sich in diesem wie auch im zweiten empirischen Teil auf die Schülerin Janca. Grundsätzlich sind die beiden Mädchen der videogefilmten Vierertischgruppe für die Untersuchungen geeigneter als die Jungen. Die wesentliche Begründung ist, dass mit letzteren kein Vorinterview durchgeführt wurde, somit also keine Belege bezüglich des Vorwissens vorliegen, das sie zum Themenbereich Elektrizitätslehre in den Unterricht mitbringen. Dies würde Aussagen darüber erschweren, inwieweit im Zielteil des Unterrichts konstruierte Bedeutungen analogiebasiert sind. Michael scheidet ferner deswegen aus, weil er in Gruppenarbeitsphasen meist am wenigsten aktiv ist bzw. kaum das Vorgehen der Gruppe leitend bestimmt.

Äußerungen und Verhalten von Marcus erwecken immer wieder den Eindruck, dass er eine gewisse „elektrische Kompetenz" durchaus für sich beanspruchen würde. Entsprechend genießt er des öfteren die Rolle einer „Tischautorität". Sein elektrisches Vorwissen scheint sich jedoch vor allem auf Fachbegriffe zu konzentrieren (z.B. spricht er in der ersten Doppelstunde von Hochspannung und Transformator, in der 14. Doppelstunde wirft er den Begriff Ampère ein). Dass Marcus über einen mit Vorkenntnissen begründbaren wesentlichen Vorteil bezüglich der im Unterricht zu vermittelnden „systemischen Sichtweise" von Stromkreisschaltungen verfügt, zeigt sich kaum. Bereits oberflächliche Analysen ergaben, dass Marcus sich nicht in dem Maße wie Kati und Janca auf das Unterrichtskonzept „einlässt", was eben mit seiner Vorwissenseinschätzung, aber auch bzw. damit einhergehend mit seiner Persönlichkeit insgesamt begründbar sein mag. Die eingehendere Betrachtung seiner Bedeutungskonstruktionen und -entwicklungen wäre im Rahmen eines Forschungsanliegens interessant, in dem die Akzeptanz analogiebasierter Unterrichtskonzeptionen in Abhängigkeit des Vorwissens von Lernenden untersucht würde.

Am geeignetsten für die Untersuchungen sind Kati und Janca, die gleichermaßen in Frage kämen. Da die detaillierten Mikroanalysen von Bedeutungskonstruktionen und -entwicklungen ein sehr zeit- und arbeitsaufwendiges Unterfangen sind, erfolgte eine Beschränkung auf Janca. Ohne expliziter darauf einzugehen, sei jedoch angemerkt, dass die Zusammenarbeit insbesondere der beiden Mädchen untereinander häufig sehr effektiv ist. Sie ergänzen sich so zu sagen, und es kommt kaum vor, dass in Dialogen über Sachfragen eine der beiden die andere „abhängt". Nach dem Ermessen des Autors würden sich die bei Kati herausstellenden Analyseergebnisse im Hinblick auf die Forschungsfragen nicht wesentlich von denen unterscheiden, die aus Jancas (Sprech-)Handlungen gewonnen wurden. Angefertigte Ideenlisten und Komplexitätsanalysen zu den Handlungen beider Mädchen von in dieser Arbeit nicht dargestellten Handlungsabschnitten erhärten diesen Eindruck.

8.2 Untersuchte Handlungsabschnitte

8.2.1 Bedingungen für die Auswahl der Abschnitte

Zur Auswahl der in Frage kommenden Handlungsabschnitte wurde zunächst die Erfüllung der beiden folgenden Bedingungen als wichtig erachtet:

1. Es ist vorteilhaft, Gruppenarbeitsphasen für die Analysen auszuwählen und von Frontalunterrichtsphasen abzusehen. In letzteren entsteht zum einen das Problem, dass Janca meist zu wenige Redebeiträge liefert, um eine Bedeutungsentwicklung rekonstruieren zu können. Zum anderen - und dies hängt teilweise mit dem ersten Punkt zusammen - lassen sich zu selten von Janca konstruierte Rahmungen mit nachfolgenden Bedeutungskonstruktionen ausmachen. Zusätzlich wird der Verlauf von Diskussionen in Frontalphasen in zu geringem Maße von Janca aktiv bestimmt.

   Um Aussagen über Bedeutungsentwicklungsprozesse machen zu können, sind Handlungsabschnitte zu wählen, in denen Janca umfangreich spricht und agiert. Dann werden Rahmungen und darunter verlaufende Bedeutungsentwicklungen rekonstruierbar. Es sollten also möglichst lediglich Fragestellungen vorgegeben sein, so dass Janca bei der Herangehensweise an die Fragen und auf den Wegen bis zu deren Beantwortungen eine aktive gestalterische Rolle zukommt. In Gruppenarbeitsphasen lassen sich solche Prozesse am ehesten finden.

   Eine Frontalphase wurde lediglich bei den Betrachtungen der 14. Doppelstunde genauer untersucht. Dabei wurde über die Person Jancas hinaus die gesamt Klasse in die Analyse einbezogen. In Abschnitt 11.1.1 wird auf die Gründe für diese „Ausweitung“ der Analyse eingegangen.

2. Um die Unterschiede bezüglich der Dynamiken von Bedeutungsentwicklungsprozessen in Basis- und Zielbereich des Unterrichts aufzeigen zu können, sind Handlungsabschnitte aus den beiden Bereichen zu wählen, die einander vergleichend gegenüber gestellt werden können. Das heißt für die in dieser Arbeit darzustellenden Handlungsabschnitte aus Basis- und Zielteil der Unterrichtseinheit wurden solche ausgesucht und analysiert, in denen die Fragestellungen, denen Janca jeweils nachgeht, Kriterien der analogen Vergleichbarkeit genügen. Diese Kriterien sind erfüllt, wenn:
   - die Beschäftigung mit einer analogen Fragestellung oder allgemein einer analog zu erschließenden inhaltlichen Thematik zum ersten mal im Basis- bzw. im Zielbereich erfolgt und/oder

- die Handlungsabschnitte bezüglich deren vorangegangenen Beschäftigungsdauer mit dem jeweiligen Unterrichtsteil vergleichbar sind, also ganz naiv ähnliche „Fortgeschrittenheitsgrade“ im jeweiligen Analogbereich angenommen werden könnten.

8.2.2 Zu den analysierten Handlungsabschnitten im konkreten

Im folgenden wird in knapper Form aufgezeigt, welche Handlungsabschnitte für die Analysen ausgewählt wurden. Dabei liegt hier die Betonung insbesondere auf der analogen Vergleichbarkeit. Detailliertere Ausführungen - auch über die Einbettungen der Abschnitte in den jeweiligen Unterrichtskontext - finden sich in den entsprechenden Kapiteln 10 und 11.

Zu den Handlungsabschnitten aus der 1. und der 14. Doppelstunde
In diesen beiden Doppelstunden finden die ersten Berührungen mit dem jeweiligen Bereich statt. Aus der ersten Doppelstunde wurde ein ca. 50minütiger und aus der 14. Doppelstunde ein ca. 10minütiger Abschnitt ausgewählt. Die Kern-Untersuchungsfrage lautet hier:
Welche spezifischen Aussagen sind - im Hinblick auf die Hypothesen (siehe Kapitel 5) - zu Bedeutungskonstruktionen und -entwicklungen bei den ersten Konfrontationen mit dem Basis- bzw. mit dem Zielbereich zu gewinnen?

Die Darstellungen der Handlungsverläufe und Analysen finden sich in den Abschnitten 10.1 und 11.1 – jeweils mit Unterabschnitten.

Zu den Handlungsabschnitten aus der 5./6. und der 16. Doppelstunde
In diesen Doppelstunden geht es um die erstmalige systematische Erarbeitung der Reihen- und Parallelkreisregeln im Bereich Wasser- bzw. elektrische Stromkreislehre. In der fünften Doppelstunde erfolgt die Betrachtung von Wasser-Reihenkreisen. Hier wurde ein ca. 20minütiger Abschnitt analysiert. Aus der sechsten Doppelstunde, in der entsprechend Wasser-Parallelkreisregeln erarbeitet werden, wurden etwa 30 Minuten detailliert untersucht. Der untersuchte Handlungsabschnitt, in dem Janca erste Bedeutungen zu elektrischen Stromkreisregeln in der 16. Doppelstunde konstruiert, umfasst eine Zeitspanne von 16 Minuten. Die Darstellungen der Handlungsverläufe und Analysen finden sich in den Abschnitten 10.2, 10.3 und 11.2 – jeweils mit Unterabschnitten.

Neben einem grundsätzlichen Vergleich der Herangehensweisen an die Thematik im jeweiligen Unterrichtsteil wurden einzelne kürzere Szenen (von ca. zwei bis zehn Minuten Dauer) gefunden, in denen Janca mit analogen (Teil-)Aufgaben- bzw. (Teil-)Problemstellungen konfrontiert war - z.B. trat durch unbeabsichtigte technische Gegebenheiten in der 5. bzw. der 16. Doppelstunde der Fehler auf, dass die in Reihe geschalteten Kreisel bzw. Lämpchen ungleich schnell drehten bzw. ungleich hell leuchteten. Die vergleichende Gegenüberstellung von Jancas Bedeutungsentwicklungen in solchen „Szenen-Paaren“ wird in Abschnitt 12.2.4 dargestellt.

Zum Vorinterview

Aus einem ca. 45minütigen Vorinterview, das der Lehrer mit Kati und Janca gemeinsam vor Beginn der Unterrichtseinheit durchgeführt hatte, wurde Jancas Vorwissensstand zur elektrischen Stromkreislehre erhoben. Dies ist unerlässlich, um Aussagen über die Analogiebasiertheit von Bedeutungskonstruktionen und -entwicklungen im Zielteil der Unterrichtseinheit zu rechtfertigen (siehe Abschnitt 11.1.3). Das in diesem Vorinterview erhobene Vorwissen Jancas ist Gegenstand des anschließenden Kapitels 9.

Anhand der folgenden Abbildung 8.1 seien die Überlegungen zur Auswahl der vergleichend gegenüberzustellenden Handlungsabschnitte überblickartig verdeutlicht.

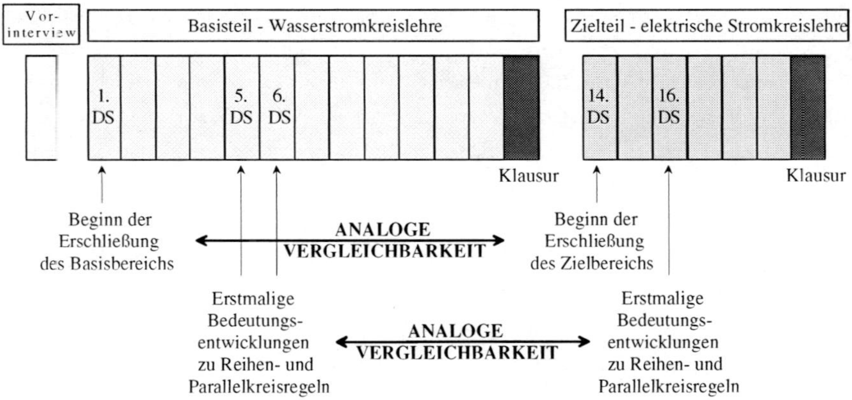

Abb. 8.1: Übersicht über die Unterrichtseinheit und die analysierten, vergleichend gegenübergestellten Handlungsabschnitte

Nach den nun folgenden Darstellungen zu Jancas Vorwissen (Kapitel 9) werden in den Kapiteln 10 und 11 die Beschreibungen der einzelnen Handlungsabschnitte und die jeweils dazu gewonnen Analyseergebnisse samt Diskussionen separat dargestellt. Die aus der Gesamtheit der Analysen gewonnenen Ergebnisse mit Fokus auf die vergleichende Gegenüberstellung von Jancas Bedeutungsentwicklungen in Basis- und Zielbereich erfolgt anschließend in Kapitel 12.

9 Vorinterview

9.1 Vorbemerkung - Begriffsklärung

Mit den Ausführungen in diesem Abschnitt wird dargestellt, welche Bedeutungen Janca vor Beginn der Unterrichtseinheit im Zusammenhang mit elektrischen Stromkreisen erzeugen kann. Mit dem in Abschnitt 2.3 dargestellten begrifflichen Inventar ausgedrückt soll also Jancas „elektrisches Vorwissen" aufgezeigt werden.

Es handelt sich hier nicht um Wissen im Sinne von elaboriertem Regelwissen. Die Bedeutungen werden zumindest zum Teil ad hoc und flexibel konstruiert und sind aus physikalischer Sichtweise in weiten Teilen als falsch zu erachten. Aus diesem Grund wird im folgenden nicht von Jancas Vorwissen, sondern von Vorverständnis oder Vorstellungen gesprochen (siehe auch die Darstellungen zu vorunterrichtlichen mentalen Strukturen in Abschnitt 3.3.1.1 über Analogieeinsatz und Konzeptwechsel). Die Vorstellungen werden vom Beobachter aus den rekonstruierbaren Bedeutungen erschlossen, die Janca im Interview „vorstellt", wobei teilweise interpretatorische Ergänzungen vorgenommen werden, um Jancas Argumentationsfolge zu einer Art „Gesamtbild" zusammenzufügen.

9.2 Zum Vorinterview

Die SchülerInnen, die an der Unterrichtseinheit „Wasser und Strom" teilnahmen, wurden in diesem Rahmen nicht zum ersten mal mit der Thematik Elektrizität bzw. elektrische Stromkreise konfrontiert. Aufgrund des vorherigen Unterrichts zur Elektrizitätslehre in der Orientierungsstufe und der achten Klasse, sowie aufgrund außerschulischer Beschäftigung mit dem Thema Elektrizität (etwa im Alltag) waren die SchülerInnen bereits in der Lage, Bedeutungen im Zusammenhang mit elektrischen Stromkreisen zu erzeugen. Sie verfügen somit über ein „elektrisches Vorverständnis".

Wenn die SchülerInnen also in der 14. Doppelstunde beginnen, sich mit elektrischen Bauteilen und elektrischer Stromkreislehre zu beschäftigen, können sie prinzipiell neben dem im Zusammenhang mit der Physik der Wasserstromkreise Gelernten auf dieses elektrische Vorverständnis zurückgreifen. Sollen also im Rahmen der empirischen Untersuchungen ab der 14. Doppelstunde Aussagen über Bedeutungskonstruktionen zu elektrischen Stromkreisen und darüber, wann und inwieweit diese analogiegeleitet sein können, gemacht werden, ist es unabdingbar, das Vorverständnis, das eingangs in den Unterricht „mitgebracht" wird, mit einzubeziehen.

Zur Erhebung von Jancas elektrischem Vorverständnis führte der unterrichtende Lehrer mit ihr und Kati gemeinsam ein ca. 45minütiges Interview durch. Die daraus gewonnenen, im Sinne des Unterrichtskonzepts relevanten Bedeutungskonstruktionen Jancas werden nun anhand der folgenden Inhalte in den nächsten (Unter-)Abschnitten dargestellt:

- Vorstellungen im Zusammenhang mit elektrischen Stromkreisen allgemein und der einfachen Schaltung im besonderen (Abschnitt 9.2.1)
- Vorstellungen von Strom und Teilchen (Abschnitt 9.2.2)
- Vorstellungen von der Batterie (Abschnitt 9.2.3)
- Vorstellungen von Parallelschaltungen (Abschnitt 9.2.4)
- Vorstellungen von Reihenschaltungen (Abschnitt 9.2.5)

Anschließend werden die Vorverständniselemente Jancas zusammengefasst (Abschnitt 9.2.6).

9.2.1 Jancas Vorstellungen im Zusammenhang mit einfachen elektrischen Stromkreisen

- Janca benennt in korrekter Weise die Bestandteile von Stromkreisen: Batterie, Lampen und diese verbindende Kabel.
- Den Begriff Reihenschaltung kann sie spontan nennen. Auf Parallelschaltung kommt sie erst, als der Lehrer dies erwähnt.
- Mathematische Berechnungen zu Stromkreisen wurden in Jancas vorherigem Unterricht nicht durchgenommen.
- Der Aufforderung, eine einfache Schaltung zu bauen (mit einem Lämpchen), setzt Janca problemlos um. Sie erklärt, „das muss immer 'n ganzer Kreis sein [...] Irgendwas mit plus und minus." Sie weiß also, dass der Stromkreis geschlossen sein muss.

Auf die Frage, wie der Strom in der Schaltung fließe (das Wort Strom greift der Lehrer nach dessen Erwähnung durch Kati ohne weitere Erklärung auf), fährt Janca jeweils mit dem Finger die Strecke von den beiden Polen zur Lampe hin (siehe Abbildung 9.1) - „So und so - beide male zur Lampe hin".

- Nach Jancas Auffassung kommt der Strom gegenläufig aus beiden Polen der Batterie.

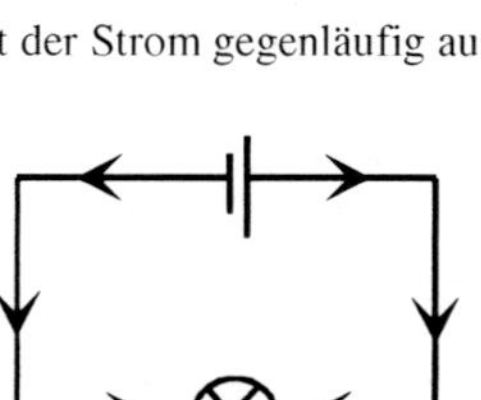

Abb. 9.1: Zu Jancas Vorverständnis zum Stromfluss in der einfachen Schaltung

Kati argumentiert während des gesamten weiteren Interviews anders. Nach ihrer Auffassung „fließt" der „Strom" (die Anführungszeichen sollen andeuten, dass an dieser Stelle nicht klar ist, was laut Kati und Janca unter Strom oder Stromfluss zu verstehen ist) aus dem einen Pol der Batterie, durch das Kabel und die Lampe zum anderen Pol hinein. Im folgenden ist der Lehrer bemüht, Diskussions- und Erklärungsversuche - u.a. zu Lampenhelligkeiten in Reihen- und Parallelschaltungen - stets auf den Grundlagen der beiden Modellannahmen zu unternehmen.

Nach Kati soll Janca beschreiben, wie die Schaltung nach ihrer Auffassung funktioniert bzw. wie sie das Leuchten des Lämpchens erklärt.

- Der Strom ist in der Batterie gespeichert. Er geht dann von beiden Seiten in die Lampe.
- „Durch den Glühdraht" entsteht Wärme und Licht. Der Strom, der von beiden Seiten zur Lampe kommt, „ist gleich".

Zur weiterführenden Frage, warum der Stromkreis geschlossen sein müsse, begründet Janca:

- Die Umwandlung [in der Lampe] kann nur passieren, wenn die Teilchen von beiden Seiten aufeinander treffen.

9.2.2 Jancas Vorstellungen von Strom und Teilchen

Zur Frage des Lehrers, was Strom eigentlich sei und was damit bei der Lampe passiere, lassen sich die Ideen zuschreiben:

- Strom bedeutet Teilchen oder Energieteilchen, die wandern. An der Lampe werden die Teilchen verbraucht. Sie wandeln sich in Licht und Wärme um und sind dann nicht mehr da.
- Stromteilchen sind das gleiche wie Energieteilchen.
- Der Strom ist auch „da", wenn der Stromkreis nicht geschlossen ist. Er kann dann jedoch „nichts machen". „Richtiger Strom" ist nur, „wenn das ein Stromkreis ist, der Strom auch was machen kann".

9.2.3 Jancas Vorstellungen von der Batterie

- In der Batterie ist nur der Strom gespeichert, und der wird abgegeben.
- Die explizite Frage, ob die Batterie Strom enthalte, wird jedoch von Janca verneint.
- Beide Pole geben den gleichen - konstanten - Strom ab („Strom ist Strom für mich").
- Der Vorrat an Strom bei der Batterie ist irgendwann erschöpft.
- Zur Angabe „4,5 V" auf der Batterie kann Janca keine Bedeutung erzeugen. Ihr fällt jedoch der Begriff Stromstärke ein.

9.2.4 Jancas Vorstellungen von Parallelschaltungen

- Janca ist spontan in der Lage, auf Aufforderung des Lehrers eine Parallelschaltung aufzubauen.

Dass beide Lämpchen gleich hell und genau so hell wie das in der einfachen Schaltung leuchten, hatte Janca ihrer Aussage nach erwartet. Die Funktionsweise der Schaltung erklärt Janca mit ihrem „Zwei-Seiten-Strommodell“:

- Der Strom fließt von beiden Seiten der Batterie los. Dann fließen immer abwechselnd Stromteilchen - eins da (x) und eins da (y). Deshalb leuchten beide.
- Durch beide [Zweige] fließt der gleiche Strom, deshalb leuchten beide gleich hell.

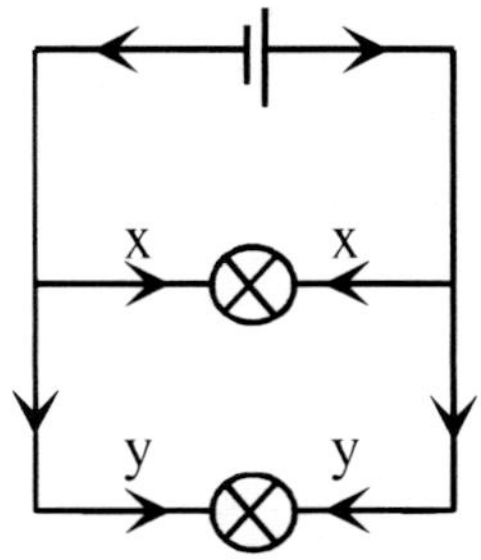

Abb. 9.2: Zu Jancas Vorverständnis zum Stromfluss in der einfachen Schaltung (Dudeck 1997, 145)

Nach Jancas weiterer Argumentation ist die Anzahl der aus der Batterie kommenden Stromteilchen gleich – unabhängig davon, ob ein Lämpchen oder zwei parallel angeschlossen sind. Auf die Frage des Lehrers, wie es trotzdem sein könne, dass zwei parallele Lämpchen genau so hell wie eins allein leuchten, antwortet Janca zunächst, zwei Lämpchen würden vielleicht nicht so lange leuchten wie eins allein. Erst nach längerer Diskussion, in welcher der Lehrer nochmals die Problematik erläutert, sieht Janca den Widerspruch und vermutet: „Vielleicht schickt die Batterie die Teilchen einmal schneller los.“ Die Rückfrage des Lehrers, ob schneller gleichzeitig mehr heiße, bejaht Janca widerwillig. Dies bedeutet für sie, dass die Batterie wissen müsse, wie viele Lämpchen angeschlossen seien, was nicht sein könne.

9.2.5 Jancas Vorstellungen von Reihenschaltungen

- Janca erinnert sich zunächst nicht daran, wie eine Reihenschaltung mit zwei Lämpchen aufzubauen ist - mit Katis Anweisungen gelingt der Schaltungsbau schließlich.
- Bevor der Schaltkreis geschlossen ist, äußert Janca die Hypothese, dass die Lämpchen unterschiedlich hell leuchten müssten.

Die Beobachtung, dass die Lämpchen untereinander gleich, aber insgesamt weniger hell leuchten als ein Lämpchen in der einfachen Schaltung bzw. zwei Lämpchen in der Parallelschaltung, begründet Janca:

- Von beiden Seiten der Batterie werden wieder Teilchen losgeschickt. In jeder Lampe stehen nur die Hälfte der von einem Batteriepol kommenden Teilchen für Zusammenstöße zur

Verfügung. Der Rest „geht durch“. Da sich die Stromteilchen auf zwei Lampen aufteilen müssen, leuchten beide weniger hell.

Als eine weitere Lampe in Reihe hinzugeschaltet wird, erklärt Janca analog mit dem gegenläufigen, kollidierenden, immer gleichen Strom.

9.2.6 Zusammenfassung von Jancas Vorverständniselementen

Janca verfügt über elementare Kenntnisse über elektrische Schaltungen. Sie kennt die Bestandteile und weiß, dass Stromkreise geschlossen sein müssen. Rechnungen im Zusammenhang mit Stromkreisen hat sie bisher nicht durchgeführt, und Begriffe wie Spannung, Stromstärke und Widerstand kommen - bis auf eine vages Aussprechen des Wortes Stromstärke ohne weitere Ausführungen - nicht vor.

Der Strombegriff ist vage und wird von Energie (die sie nicht explizit benennt) kaum unterschieden. Aus jedem Pol der Batterie kommen „Stromteilchen“ und treffen im Lämpchen aufeinander, wo sie sich in Licht und Wärme umwandeln. Janca nimmt hier eine clashing-current-Vorstellung ein (Driver et al. 1994).

Die Strommenge, die aus der Batterie kommt, ist immer gleich - zunächst auch bei der Parallelschaltung, bei der zwei Lämpchen so hell leuchten wie eines allein in der einfachen Schaltung.

Auch die Reihenschaltung mit zwei Lämpchen, an die Janca sich zunächst nicht erinnert, wird von gegenläufigem Konstantstrom durchlaufen. In beiden Lämpchen wandelt sich dabei jeweils die Hälfte der ankommenden Teilchen in Licht und Wärme um. Die Konstantstromvorstellung kann hier mit dem weniger hellen Leuchten der Lämpchen (im Gegensatz zur einfachen oder Parallelschaltung) vereinbart werden.

10 Darstellung der Handlungsverläufe und Analysen - Basisbereich

10.1 Zur 1. Doppelstunde

10.1.1 Vorbemerkungen

Für eine aus ExpertInnensicht angemessene Konzeptualisierung der Physik der Wasserstromkreise sind u.a. zwei Aspekte von zentraler Wichtigkeit:

1. Das Vorhandensein eines Druckunterschieds ist notwendig für die Erzeugung eines Wasserflusses bzw. für die Einstellung einer Wasserstromstärke. Der Druckunterschied soll als Antrieb für einen Wasserstrom - in klarer Abgrenzung zum Begriff der Wasserstromstärke als Menge des fließenden Wassers pro Zeit - verstanden werden.
2. Wesentlich in Analogie zur Batterie und deren Spannungskonstanz ist die Eigenschaft, dass die Doppelwassersäule als ein Gerät verstanden wird, das einen konstanten Druckunterschied aufrecht erhält. Dies geschieht unabhängig vom angeschlossenen äußeren Stromkreis.

Der Satz „Die DWS macht nichts anderes als einen konstanten Druckunterschied aufrecht zu erhalten" wird in dieser oder abgewandelter Form über den gesamten Teil der Unterrichtseinheit zu Wasserstromkreisen vom Lehrer immer wieder betont. Erklärtes Ziel muss also sein, dass die SchülerInnen „längerfristig" die DWS auf Eigenschaftsebene wahrnehmen und schließlich die entsprechende Bedeutung spontan - sozusagen in Fleisch und Blut übergegangen - erzeugen können.

In den folgenden Analyse-Ergebnissen aus der ersten Doppelstunde konstruieren die SchülerInnen erste Bedeutungen zum Inhaltsbereich „DWS" bzw. zu einigen Teilinhaltsbereichen auf Hauptebene I. Eine Bedeutungskonstruktion wie die obige auf Hauptebene II wird hier (noch) nicht beobachtet, ist allerdings auch nicht direkt durch den Fragenkatalog intendiert, der den SchülerInnen zur Bearbeitung vorgelegt wird. Diese Fragen sind vielmehr so angelegt, dass die SchülerInnen (tischgruppenweise) mit der DWS als gänzlich neuem Inhaltsbereich operieren und herausfinden sollen, aus welchen Bestandteilen sie besteht. Am Ende der Bearbeitung sollen sie die Funktionsweise der DWS in einer Schaltung - also das Zusammenspiel der einzelnen Bauteile und den Regelmechanismus zur Aufrechterhaltung eines konstanten Druckunterschieds - erklären können.

Im folgenden wird die Analyse der Experimentierphase in der ersten Doppelstunde (Phase 4 in der im Anhang aufgeführten skizzenhaften Verlaufsdarstellung) wiedergegeben. Den Leitfaden bilden die Ideenzuweisungen zu Jancas Bedeutungskonstruktionen. Da in diesem Abschnitt inhaltliche Aspekte im Vordergrund stehen und Erkenntnisse zur Entwicklung des Inhaltsbereichs „DWS" gewonnen werden sollen, sind neben den Ideenzuweisungen zu Jancas Bedeutungskonstruktionen die darin enthaltenen Inhaltsbereiche erfasst. Zum ersten mal auftretende Inhaltsbereiche werden fett markiert.

Bei der Darstellung der Analysen im folgenden Abschnitt 10.1.2 werden – wie auch im Zuge der weiteren aufgeführten Analysen in diesem ersten empirischen Teil - Zeitmarken, rahmende Ideen (inklusive deren Ebenen) und Komplexitäten miterfasst. Wegbezogene Rahmungen sind mitsamt der unter diese fallenden Ideen eingerückt. Ergänzungen in den Ideen, die nicht direkt aus Jancas Äußerungen hervorgehen, also einer „größeren" interpretatorischen Freiheit entstammen, sind in eckige Klammern gesetzt (siehe Abschnitt 7.2). Diese Ergänzungen können des weiteren Gestiken Jancas zum Ursprung haben - z.B. wenn sie auf einen Gegenstand zeigt, wird dies(er) in eckigen Klammern in der entsprechenden Idee mit erfasst. Die übrigen Handlungsbeschreibungen (inklusive Sprechhandlungen von anderen SchülerInnen und vom Lehrer) zwischen den tabellarisch dargestellten Ideenlisten zu Jancas erfassten Bedeutungskonstruktionen sollen die Sinnzusammenhänge, aus denen Jancas Ideen hervorgehen, klar machen und im wesentlichen ein Verständnis des Geschehens für die LeserInnenschaft ermöglichen.

10.1.2 Inhalts- und Komplexitäts-Zeitanalyse der Experimentierphase

Die ausgedehnte Experimentierphase erstreckt sich über einen Zeitraum von ca. 60 Minuten. Während dieser Zeit beschäftigen sich die SchülerInnen tischgruppenweise mit der DWS. Der Lehrer geht von Tisch zu Tisch und gibt gelegentlich Hilfen bzw. diskutiert mit den SchülerInnen. Die SchülerInnen orientieren sich an folgendem Fragenzettel (Abbildung 10.1), der per OH-Projektor neben der Tafel an der Wand zu sehen ist:

Erste Fragen zur Doppelwassersäule

1. Was macht die DWS, wenn z.B. ein Kreisel angeschlossen ist?
2. In welche Richtung fließt der Wasserstrom?
3. Was macht die DWS, wenn alle Hähne geschlossen sind?
4. Welches „Bestreben" hat die DWS mit oder ohne angeschlossenem Kreisel?
5. Was passiert, wenn Du der DWS beim Betreiben einer Schaltung die elektrische Energiezufuhr unterbrichst?
6. Aus welchen Hauptbestandteilen besteht die DWS, und wie wirken diese Teile zusammen?
7. Versuche zu beschreiben, wie die Wasserniveausteuerung im Prinzip funktioniert.

Abb. 10.1: Im Rahmen der Experimentierphase zu bearbeitender Fragenzettel zur DWS

Die SchülerInnen am videogefilmten Tisch bearbeiten sequentiell die Fragen - Reihenfolge: 3, 1, 2, 4, 5, im Zuge der Beantwortung von Frage 6 werden die Antworten zu Frage 2 und 4 korrigiert. Frage 7 wird nur angerissen und durch Frage 6 mit beantwortet erachtet. Entsprechend der Bearbeitung der Fragen sind auch die folgenden Analyse-Darstellungen in Szenen gegliedert.

Unter einer Szene soll hier – wie bei den weiteren Analysen - der Handlungsabschnitt beginnend mit der ersten Einführung einer Aufgabe oder dem ersten Aufkommen eines Problems bis zur erfolgreichen (sprich Janca zufrieden stellenden) Beendigung oder bis zur Verwerfung der Aufgabe oder des Problems verstanden werden (siehe Abschnitt 7.3.3). Hierbei steht die zweite Zahl bei der Nummerierung der Ideen für die jeweilige Szene, die erste (hier immer eine „1") steht für „erste Doppelstunde". Mit der dritten Zahl sind die Ideen in der jeweiligen Szene durchnummeriert. Also z.B.: „1.6.31" bedeutet die 31. Idee in der 6. Szene in der ersten Doppelstunde.

1. Szene - zu Frage 3

Nachdem die DWS in der vom Lehrer vorgegebenen Weise von Marcus befüllt wurde (die Hähne müssen geschlossen sein, und das Wasser muss in Säule B eingefüllt werden), plädiert Janca für die Bearbeitung von Frage 3. Der Trafo wird angestellt, und die Pumpe beginnt ihre Tätigkeit. Als Konsequenz wird die Veränderung der Wasserstände beobachtet. Bevor Säule A überlaufen kann, stellt Marcus die Pumpe ab und fragt den Lehrer, ob ein Überlaufen möglich wäre. Als dies verneint wird, knipst Marcus den Schalter wieder an. Der Wasserstand von Säule A steigt nicht weiter. Janca liest noch einmal Frage 3 laut vor. Auf Katis Frage, warum Janca gerade Frage 3 zuerst beantworten wolle, meint Janca, diese hätte sie nun mal gerade als erste gesehen, und außerdem seien die Hähne auch gerade geschlossen.

Zeit	Ideen Janca	Inhaltsbereiche	Ko.
17:50	**1.1.1 Rahmung (aufg.bez.)**: Ich möchte die Frage „Was macht die DWS, wenn alle Hähne geschlossen sind?" beantworten.	**DWS, Hähne**	Op.
18:14	**1.1.2 Rahmung (wegbez.):** Ich will durchgehen, was ich beobachtet habe.		Fok.
18:19	1.1.3 Das Wasser hat gewechselt.	**„Wechseln", Wasser**	Fok.
18:22	1.1.4 Das [Säule A] ist jetzt hoch und das [Säule B] niedrig.	„Wechseln", Wasser	Fok.
18:25	**1.1.5 Rahmung (wegbez.)**: [auf Säule B zeigend] Ich möchte wissen, ob das Säule B ist.	**Säule B**	Obj.
18:29	1.1.6 Das Wasser wechselt von Säule B in Säule A, wenn alle Hähne geschlossen sind.	„Wechseln", Wasser, Säule B, **Säule A**, Hähne	Op.

Während Janca beginnt, den Satz „Das Wasser wechselt von Säule B in Säule A, wenn alle Hähne geschlossen sind" aufzuschreiben, regt Marcus zu der Überlegung an, ob vielleicht eine Pumpe unten im Sockel der DWS sei.

Janca möchte von Kati wissen, ob der Schalter auf „an" sei.

Zeit	Ideen Janca	Inhaltsbereiche	Ko.
19:50	**1.1.7 Rahmung (wegbez.):** Ich möchte wissen, ob das [der Trafo] an oder aus ist (sie erhält „an" als Antwort)	**Schalterstellung (Trafo)**	Fok.
19:52	1.1.8 Es passiert jetzt aber nichts.	Schalterstellung Trafo, [„Wechseln", Wasser]	Fok. [Op.]

Michael ruft den Lehrer an den Tisch und fragt, ob man schreiben könne, „dass das Wasser durch den Strom von Säule B in Säule A geführt wird". Der Lehrer zögert, eventuell versteht er Michaels Formulierung nicht sofort. Er fragt nach, ob Michael die elektrische Energiezufuhr meine, was bejaht wird. Der Lehrer führt dann selbst die Pumpe ein und sagt, man könne auch sagen „durch die Pumpe, die durch elektrischen Strom angetrieben werde". Diese - die Pumpe - würde die eigentliche Tätigkeit übernehmen. Dieser folgende Satz wird aufgeschrieben.

Zeit	Idee Janca	Inhaltsbereiche	Ko.
20:30	1.1.9 Wir können schreiben: Die Pumpe, die durch Strom angetrieben wird, pumpt das Wasser von Säule B in Säule A.	**Pumpe**, Wasser, Säule B, Säule A	Op.

Nachdem die Gruppe den Antwortsatz aufgeschrieben hat, räumt Janca ein, dass noch eine Ergänzung nötig sei. Wenn man den Satz so lassen würde, hieße dies, dass die Pumpe nicht mit ihrer Tätigkeit aufhören und das Wasser überlaufen würde.

Zeit	Ideen Janca	Inhaltsbereiche	Ko.
(21: 21)	**1.1.10 Rahmung (aufg.bez.):** Ich will erklären, warum das Wasser nicht überläuft.	Wasser	Op.
21:24	**1.1.11 Rahmung (wegbez.):** Nach dem, was wir jetzt gesagt haben, müsste das Wasser überlaufen.	Wasser	Op.
21:30	1.1.12 Es [die Pumpe] würde immer weiter pumpen.	Pumpe	Op.
21:36	1.1.13 Wir müssen aufschreiben, dass es [das Wasser] nicht überläuft.	Wasser	Op.

Michael geht offensichtlich davon aus, dass jemand den Schalter des Trafos auf „aus" gestellt hat und dass die Pumpe weiter arbeiten würde, wenn das nicht passiert wäre.

Zeit	Ideen Janca	Inhaltsbereiche	Ko.
21:40	1.1.14 Ich weiß, dass der Schalter auf „ein" steht.	Schalterstellung	Fok.
21:44	**1.1.15 Rahmung (wegbez):** Ich will den Schalter aus- und anstellen und überprüfen, dass sich nichts ändert [also die Pumpe nicht pumpt].	Schalter, [Pumpe]	Op.
21:48	1.1.16 Es ändert sich nichts, wenn man an- oder ausstellt.	Schalter, [Pumpe]	Op.

Marcus zeigt ans obere Ende von Säule A und sagt, dass dort Kontakte seien. Sobald die berührt würden, sei „Schluss“.

Zeit	Ideen Janca	Inhaltsbereiche	Ko.
21:56	**1.1.17 Rahmung (wegbez.):** Ich will wissen, was die Kabel bedeuten.	**Kabel**	Op.
22:02	1.1.18 Ich sehe hier [Säule A] Kabel.	Kabel, Säule A	Fok.
22:06	1.1.19 Dort [Säule B] sind keine Kabel.	Kabel, Säule B	Fok.

Michael gibt sich damit zufrieden, dass das Stoppen der Pumpe mit den Kontakten - und nicht der Schalterstellung - zusammenhängt. Er will einen Satz formulieren. Janca beginnt mit einer Formulierung, akzeptiert jedoch, bevor sie ihren Satz zu Ende geführt hat, den von Kati.

Zeit	Ideen Janca	Inhaltsbereiche	Ko.
22:19	1.1.20 Die Kontaktstellen sind mit der Pumpe verbunden.	**Kontakte,** Pumpe	Fok.
22:26	1.1.21 Ich schreibe Katis Satz „Weil in Säule A Kontakte sind, kann das Wasser nicht überlaufen“.	Säule A, Kontakte, Pumpe, Wasser	Op.

2. Szene - zu Frage 1

Anschließend liest Janca Frage 1 vor und konstruiert dazu eine aufgabenbezogene Rahmung. Unter einer wegbezogenen Rahmung wird eine entsprechende Schaltung aufgebaut und in Betrieb genommen.

Zeit	Ideen Janca	Inhaltsbereiche	Ko.
23:22	**1.2.1 Rahmung (aufg.bez.):** Ich will die nächste Frage „Was macht die DWS, wenn z.B. ein Kreisel angeschlossen ist“ bearbeiten.	DWS, Kreisel	Op.
23:26	**1.2.2 Rahmung (wegbez.):** Wir müssen den Aufbau verändern.		Op.
23:34	1.2.3 Wir müssen Schläuche und einen Kreisel anschließen.	**Schläuche, Kreisel**	Op.
24:20	1.2.4 Wir müssen die Hähne öffnen.	**Hähne**	Op.

Die SchülerInnen stehen nun um den Aufbau herum und beobachten, was passiert. Die Schalterstellung des Trafos ist „aus“, und das Wasser läuft über den Kreisel von Säule A so lange nach Säule B, bis sich die Stände ausgeglichen haben. Kati äußert, dass das Wasser „wieder zurückläuft, wahrscheinlich wird wieder ein Gleichstand erreicht“. Die SchülerInnen beobachten weiter, und Michael fragt den vorbei kommenden Lehrer, ob jetzt ein Druckausgleich erreicht sei, was bestätigt wird.

Zeit	Ideen Janca	Inhaltsbereiche	Ko.
24:39	**1.2.5 Rahmung (wegbez.):** Ich will beobachten, was passiert.		Fok.
25:06	1.2.6 Es passiert jetzt nichts mehr.		Fok.

25:50	**1.2.7 Rahmung (wegbez.):** Ich will eine Antwort formulieren.		Op.
26:44	1.2.8 Der Wasserpegel von A sinkt so lange, und der Wasserspiegel von B steigt so lange, bis ein Druckausgleich entsteht.	**Wasserpegel**, Säule A, Säule B, Wasser, **Druckausgleich**	Op.
26:50	1.2.9 Die Säule A lässt nur soviel Wasser zu Säule B fließen, bis ein Druckausgleich entsteht.	Säule A, Säule B, **fließen**, Wasser, Druckausgleich	Op.

3. Szene - zu Frage 2

Anschließend schreiben die SchülerInnen die zweite Frage „In welche Richtung fließt der Wasserstrom?" von der Projektionswand ab. Marcus beginnt mit der Anregung „von der höheren zur niedrigeren Säule". Michael fragt, ob man nicht einfach schreiben könne: „Von A nach B". Er wird jedoch von Janca und Kati korrigiert. Sie behaupten, dass es allgemeiner von der volleren in die leerere fließen würde.

Zeit	Ideen Janca	Inhaltsbereiche	Ko.
28:24	**1.3.1 Rahmung (aufg.bez.):** Ich will eine Antwort zu Frage zwei „in welche Richtung fließt der Wasserstrom" finden.	**Fließrichtung**	Op.
28:30	**1.3.2 Rahmung (wegbez.):** Ich überlege, von welcher Säule das Wasser in welche fließt.	Fließrichtung	Fok.
28:48	1.3.3 Wenn in A viel [Wasser] ist, geht es nach B.	Säule A, Säule B, Fließrichtung, Wasser	Op.
28:55	1.3.4 Ich will aufschreiben: Das Wasser fließt immer von der Säule, die mehr Wasser führt, zur anderen.	**höhere Säule, niedrigere Säule,** Fließrichtung, Wasser	Op.

4. Szene - zu Frage 4

Danach liest Janca Frage 4 vor.

Zeit	Ideen Janca	Inhaltsbereiche	Ko.
29:29	**1.4.1 Rahmung (aufg.bez.):** Jetzt kommt die Frage „welches Bestreben hat die DWS mit oder ohne angeschlossenem Kreisel".	DWS, Kreisel	Op.
29:35	**1.4.2 Rahmung (wegbez.):** Ich möchte wissen, ob das zwei Fragen sind - mit und ohne Kreisel.	Kreisel	Fok.

Marcus behauptet, das Bestreben der DWS sei generell, einen völligen Druckausgleich herzustellen. Das sei unabhängig davon, ob ein Kreisel angeschlossen sei oder nicht. Das will Janca überprüfen.

Zeit	Ideen Janca	Inhaltsbereiche	Ko.
29:57	**1.4.3 Rahmung (wegbez.):** Ich will überprüfen, wie das Bestreben der DWS ohne Kreisel ist.	DWS, Kreisel	Op.
30:01	**1.4.4 Rahmung (wegbez.):** Dazu müssen wir den Kreisel ausbauen.	Kreisel	Op.

Die Apparatur wird nun dahingehend umgebaut, dass der Kreisel entfernt wird. Dazu werden die Hähne geschlossen und ein Schlauchstück samt Kreisel entfernt. Kati stellt den Trafo kurz an, und die Pumpe sorgt für ein geringfügiges Wasserstände-Ungleichgewicht in der DWS. Anschließend werden die Hähne geöffnet und Marcus kommentiert mit einem „voila", dass seine Behauptung richtig war.

Zeit	Ideen Janca	Inhaltsbereiche	Ko.
32:07	1.4.5 Ich beobachte, dass sich die Stände ausgleichen.	Wasserstände	Fok.
32:30	1.4.6 Die DWS versucht immer, einen völligen Druckausgleich herzustellen.	DWS, Druckausgleich	Op.
32:40	1.4.7 Das können wir aufschreiben.		Op.

5. Szene - zu Frage 5

Die Ausgangssituation ist wieder der vorliegende abgeschaltete Trafo und gleiche Stände der DWS. Nachdem Marcus die Frage „was passiert, wenn Du der DWS beim Betreiben einer Schaltung die elektrische Energiezufuhr unterbrichst?" vorgelesen hat, ist Katis spontane Antwort: „Das hört auf, das pumpt nicht mehr." Marcus vermutet: „Vielleicht geht's auch wieder zurück", womit vermutlich gemeint ist, dass sich (etwaige) unterschiedliche Niveaus der Wasserstände in den Säulen wieder ausgleichen.

Zeit	Ideen Janca	Inhaltsbereiche	Ko.
33:46	**1.5.1 Rahmung (prob.bez.):** Ich will Frage 5 beantworten „was passiert, wenn Du der DWS beim Betreiben einer Schaltung die elektrische Energiezufuhr unterbrichst?	DWS, **Schaltung, elektrische Engergiezu-fuhr**	Op.
34:05	**1.5.2 Rahmung (wegbez.):** Ich will herausfinden, was passiert, wenn man die Pumpe an- und wieder abstellt.	Pumpe	Op.
34:08	1.5.3 Wir müssen die Hähne öffnen.	Hähne	Op.
34:16	1.5.4 Ich will wissen, was passiert, wenn man jetzt die Pumpe anstellt.	Pumpe	Op.

Kati stellt die Pumpe kurz an, und ein Ungleichgewicht der Stände beginnt sich einzustellen. Beim Abstellen direkt danach beginnen die Stände, sich wieder auszugleichen.

Zeit	Idee Janca	Inhaltsbereiche	Ko.
34:20	1.5.5 Ich sehe, dass es [das Wasser] zurück geht.	Wasser, fließen	Op.

Kati bemerkt, dass sich vorher ein anderes Verhalten gezeigt hätte. Zu Beginn, bei der Bearbeitung von Frage 3, blieb nämlich das einmal eingestellte Ungleichgewicht erhalten. Marcus sieht den Unterschied zu Frage 3 darin, dass dort die Hähne geschlossen waren (also praktisch kein äußerer Kreis vorhanden war). Er schließt daraufhin die Hähne und stellt den Trafo erneut an. Die Pumpe erzeugt ein Ungleichgewicht, das nach Abschalten erhalten bleibt.

Zeit	Ideen Janca	Inhaltsbereiche	Ko.
34:33	**1.5.6 Rahmung (wegbez.):** Ich will wissen, warum der Höhenunterschied bei Frage 3 erhalten blieb.	Wasserpegel	Op.
34:40	1.5.7 Wir hatten vorhin die Hähne geschlossen. Das war etwas anderes.	Hähne	Op.
34:44	1.5.8 Das [Wasser] fließt nicht im Schlauch, sondern nur innerhalb.	fließen, Wasser, **Schlauch, innerhalb**	Op.

Michael will daraufhin wissen, was denn nun in dieser Aufgabe zu machen sei - also ob die Frage mit geöffneten oder geschlossenen Hähnen zu beantworten sei. Janca liest erneut laut die Frage vor.

Zeit	Ideen Janca	Inhaltsbereiche	Ko.
34:53	**1.5.9 Rahmung (prob.bez.):** Ich will herausfinden, wie wir die Aufgaben nun beantworten sollen.		Op.
35:00	**1.5.10 Rahmung (wegbez.):** Da steht „beim Betreiben einer Schaltung". Ich will wissen, was das heißt.	**Schaltung**	Fok.
35:03	1.5.11 Das bedeutet, dass man etwas mit dem Schlauch macht.	Schlauch = Schaltung	Op.
35:07	1.5.12 Das andere passiert nur innerhalb der Säule.	innerhalb, DWS	Op.
35:10	1.5.13 Ich glaube, die Schaltung ist das, was man außen anbaut.	Schaltung	Op.
35:15	1.5.14 Wir können also sagen: Wenn man die Stromzufuhr unterbricht, entsteht wieder ein Druckausgleich.	elektrische Engergiezufuhr, Druckausgleich	Op.

6. Szene - zu Frage 6 (und 7)

Janca liest darauf Frage 6 vor und schließt sofort an, dass sie das nicht könne.

Zeit	Ideen Janca	Inhaltsbereiche	Ko.
37:21	**1.6.1 Rahmung (prob.bez.):** Die nächste Frage ist „aus welchen Hauptbestandteilen besteht die DWS, und wie wirken sie zusammen".	DWS	Obj., Op.
37:25	1.6.2 Das kann ich nicht.		

Kati zählt auf: „Wasser, Pumpe, Säulen, Schläuche." Marcus erklärt darauf, dass er nun verstanden habe, was mit Niveausteuerung gemeint sei - das Heben und Senken der Wasserspiegel.

Janca beginnt daraufhin noch einmal aufzuzählen, welche Teile bis jetzt als Hauptbestandteile bekannt sind.

Zeit	Ideen Janca	Inhaltsbereiche	Ko.
(38: 11)	**1.6.3 Rahmung (wegbez.):** Ich will die Hauptbestanteile sammeln.		Fok.
38:13	1.6.4 Es gibt zwei Säulen.	Säulen	Obj.

38:18	1.6.5 Es gibt eine Pumpe, Hähne und Schläuche.	Pumpe, Hähne, Schläuche	Obj.
39:23	**1.6.6 Rahmung (wegbez.):** Ich will wissen, wie Säule A und B verbunden sind.	Säule A, Säule B	Fok.
39:27	1.6.7 Ich schaue nach, ob man einen Schlauch sehen kann, der Säule A und B durch den Kasten verbindet.	Säule A, Säule B, **(interner) Schlauch**	Fok.
39:33	1.6.8 Der Schlauch geht zur Pumpe.	(interner) Schlauch, Pumpe	Fok.
39:40	1.6.9 Es gibt also noch einen Schlauch, der Säule A und B durch die Pumpe verbindet.	(interner) Schlauch, Säule A, Säule B, Pumpe	Fok.
39:43	1.6.10 Das können wir aufschreiben.		Op.
40:00	**1.6.11 Rahmung (prob.bez.):** Jetzt müssen wir sagen, wie die Teile zusammenwirken.		Op.
40:05	**1.6.12 Rahmung (wegbez.):** Wir haben schon gesagt, wie die Pumpe und die Schläuche zusammenwirken.	Pumpe, (interner) Schlauch	Fok.
40:45	**1.6.13 Rahmung (wegbez.):** Wir haben die Kontakte vergessen.	Kontakte	Fok.
40:58	1.6.14 Die Kontakte sind wichtig, weil die das stoppen.	Kontakte	Fok.
41:04	**1.6.15 Rahmung (prob.bez.):** Ich möchte wissen, was wir noch schreiben müssen.		Op.
41:09	**1.6.16 Rahmung (wegbez.):** Ich überlege, ob wir noch sagen müssen, dass die Kontakte mit der Pumpe verbunden sind.	Kontakte, Pumpe	Fok.
41:12	**1.6.17 Rahmung (wegbez.):** Ich überlege, ob die Säulen durch die Pumpe angetrieben werden.	Säulen, Pumpe	Fok.
41:17	1.6.18 Das Wasser und nicht die Säulen werden angetrieben.	Wasser, Säulen	Fok.
41:22	**1.6.19 Rahmung (wegbez.):** Ich frage mich, ob das Wasser ein Bestandteil ist.	Wasser	Fok.

Die Gruppe kann sich nicht einigen, ob das Wasser auch Bestandteil der DWS ist. Aus diesem Grund ruft Michael den Lehrer herbei. Dieser meint, man könne das Wasser ruhig hinzunehmen. Michael fragt weiter, wie die Teile zusammenwirken würden - die anderen und er verstünden nicht, wie das gemeint sei. Der Lehrer sagt zunächst, dass mit „Zusammenwirken" eine Art Regelmechanismus gemeint sei.

Dann fragt er die SchülerInnen, ob es vielleicht noch ein Bauteil geben könnte, das sie noch nicht entdeckt hätten (und will auf das Ventil hinaus). Er baut den Kreisel in den äußeren Schaltungsteil ein und stellt durch Einschalten des Trafos bei geschlossenen Hähnen ein Ungleichgewicht der Wasserstände her. Die Pumpe arbeitet, bis die Kontakte an Säule A erreicht sind und stoppt automatisch. Der Lehrer macht darauf aufmerksam, dass das Ungleichgewicht erhalten bleibe - unabhängig davon, ob man den Trafo nun ausstelle oder nicht. Er fragt, ob diese Erhaltung des Ungleichgewichts die SchülerInnen nicht verwundere.

Marcus antwortet, die Hähne seien ja geschlossen und öffnet sie daraufhin. Zum ersten mal in dieser Experimentierphase ist nun eine Schaltung mit angestelltem Trafo in Betrieb. Die Pumpe schaltet sich also an und aus, und das durch den äußeren Schlauch von A nach B abfließende Wasser wird schubweise intern zurückgepumpt.

Kati versucht eine Erklärung dahingehend, dass die Kontakte mit der Pumpe verbunden seien und dass die Pumpe stoppen würde, wenn die Kontakte erreicht seien. Der Lehrer bestätigt dies, er diskutiert den Gedanken jedoch nicht weiter. Vermutlich ist ihm wichtiger, dass die SchülerInnen das Ventil als Bestandteil fordern. Er schließt wieder die Hähne, das Ungleichgewicht bleibt erhalten, und die Pumpe stoppt. Er fragt noch einmal, ob es nicht verwunderlich sei, dass - auch wenn man jetzt den Trafo abstellen würde - das Ungleichgewicht erhalten bleibe und ob es vielleicht noch ein Bauteil geben könnte, das die SchülerInnen bis jetzt noch nicht entdeckt hätten. Marcus behauptet, das Wasser könne nicht abfließen, denn die Pumpe sei dicht. Der Lehrer wird in diesem Moment zu einem anderen Tisch gerufen, regt jedoch im Gehen noch an nachzusehen, ob es ein Teil zu entdecken gäbe, das die Dichtheit der Pumpe bewirke.

Am Tisch herrscht ca. fünf Sekunden Stille, dann sagt Marcus, dass ein Ventil vorhanden sein müsse. In dem Moment beginnt eine fünfminütige Pause, und Marcus' Vorschlag wird zunächst nicht weiter aufgegriffen.

Als die SchülerInnen nach der Pause die Plätze wieder einnehmen, kommt der Lehrer wieder an den Tisch und erkundigt sich nach den Erkenntnissen der SchülerInnen. Marcus verkündet, dass ein Ventil eingebaut sein müsse, was der Lehrer bestätigt.

Kati scheint nicht klar zu sein, wozu das Ventil nötig ist. Wenn die Kontakte erreicht seien, würde die Pumpe eben stoppen und das Wasser stehen bleiben. Es entsteht ein Gespräch zwischen Kati und Janca.

Zeit	Ideen Janca	Inhaltsbereiche	Ko.
54:27	**1.6.20 Rahmung (wegbez.):** Ich will Kati erklären, wie ein Ventil funktioniert.	**Ventil**	Eig.
54:29	1.6.21 Das mit dem Ventil hatten wir im Biologie-Unterricht.	Ventil	
54:32	1.6.22 Ein Ventil ist wie eine Klappe.	Ventil	Eig.
54:45	1.6.23 Es [das Wasser] fließt durch, aber es kann nicht zurückfließen.	Wasser, Ventil	Eig.
54:55	1.6.24 Es fließt in eine Richtung, aber es kann nicht zurück, weil es dagegen klappt.	Wasser, Ventil	Eig.
55:05	1.6.25 Das ist genau so wie beim Herzen.		

Kati scheint diese Erklärung zu akzeptieren, und Kati und Janca lenken ihre Aufmerksamkeit wieder Michael und Marcus zu. Kati regt an, Frage 7 zu beantworten. Janca meint, zuerst müsse Frage 6 beantwortet werden, akzeptiert jedoch Katis Vorschlag, zunächst Frage 6 und dann Frage 7 zu bearbeiten.

Marcus regt daraufhin an nachzusehen, ob wirklich ein Ventil im Kasten unter den Säulen sei.

Zeit	Ideen Janca	Inhaltsbereiche	Ko.
55:22	**1.6.26 Rahmung (prob.bez.):** Wir müssen erst Frage 6 beantworten.		Op.
55:26	**1.6.27 Rahmung (prob.bez.):** Wir können auch zuerst Frage 7 bearbeiten.		Op.
55:35	**1.6.28 Rahmung (wegbez.):** Ich will wissen, ob da [in der DWS] wirklich ein Ventil ist.	Ventil, DWS	Op.
55:38	1.6.29 Um zu gucken, ob da ein Ventil ist, müssen wir die DWS hochheben.	Ventil, DWS	Op.

Das Vorhaben, nach dem Ventil zu sehen, wird durch den Lehrer unterbrochen, der den SchülerInnen ein Ventil auf den Tisch legt.

Zeit	Ideen Janca	Inhaltsbereiche	Ko.
56:17	**1.6.30 Rahmung (wegbez.):** Ich will vom Lehrer wissen, ob man sehen kann, was in diesem Ventil passiert.	Ventil	Op.
56:24	1.6.31 Ich puste in das Ventil und merke, wie es funktioniert.	Ventil	Op.

Als Michael nachfragt, wie das Ventil eingebaut sein könnte, fertigt Marcus eine Zeichnung an. Auch Janca erklärt nochmals die - allerdings wieder allgemeine - Funktionsweise. Dabei hält sie das Ventil des Lehrers seitlich neben den Kasten unten an der DWS, um eine mögliche Einbauweise zu verdeutlichen.

Zeit	Ideen Janca	Inhaltsbereiche	Ko.
57:00	**1.6.32 Rahmung (wegbez.):** Ich will Michael erklären, wie das Ventil funktioniert.	Ventil	Op.
57:15	1.6.33 Wenn das Ventil z.B. so eingebaut ist, kann das Wasser in diese Richtung fließen, aber nicht zurück.	Ventil, Fließrichtung	Op.
57:28	1.6.34 In Marcus' Zeichnung drückt das Wasser die Klappe, und das drückt sie zu. Das ist ganz logisch.	Wasser, Ventil	Op.
57:34	1.6.35 Aber ich glaube, Michael meint etwas anderes.		
(57: 36)	**1.6.36 Rahmung (wegbez.):** Ich will herausfinden, wie das Ventil eingebaut ist.	Ventil	Op.
57:38	1.6.37 Wenn das Ventil so eingebaut ist, kann das Wasser von der Säule [A] in die Säule [B] laufen, aber nicht umgekehrt.	Ventil, Wasser, Säule A, Säule B	Op.
(57: 41)	**1.6.38 Rahmung (prob.bez.):** Ich will wissen, in welche Richtung das Wasser fließt.	Fließrichtung, Wasser	Op.

57:43	**1.6.39 Rahmung (wegbez.):** Ich verstehe nicht, dass das Wasser manchmal auch von der Säule [A] in die Säule [B] fließen kann.	Säule A, Säule B, Fließrichtung, Wasser	Fok.

Marcus zeigt auf den äußeren Schlauch und meint, das (der Fluss von Säule A in Säule B) ginge nur dort entlang.

Zeit	Idee Janca	Inhaltsbereiche	Ko.
57:51	1.6.40 Ich will von Marcus wissen, ob das [Wasser] [intern] nur in diese eine Richtung [von Säule B nach A] geht.	Fließrichtung, Säule A, Säule B, Wasser,	Op.

Dies bestätigt Marcus. Er sagt, durch die Pumpe ginge das Wasser nur von B nach A.

Zeit	Ideen Janca	Inhaltsbereiche	Ko.
(57:55)	**1.6.41 Rahmung (wegbez.):** Wir müssen unsere Antwort zu Aufgabe 2 korrigieren.	Fließrichtung, Wasser	Op.
57:57	1.6.42 Dann haben wir das [bei Frage 2] falsch geschrieben bei „in welche Richtung fließt der Wasserstrom".	Fließrichtung, Wasser	Op.
58:01	1.6.43 Wir haben vorhin geschrieben, dass das Wasser immer von der volleren in die leerere Säule fließen würde.	Wasser, vollere Säule, leerere Säule	Op.
58:04	1.6.44 Jetzt haben wir aber festgestellt, dass das Wasser immer in eine Richtung fließen müsste, weil es sonst mit dem Ventil nicht geht.	Fließrichtung, Wasser, Ventil	Op.

Michael sagt daraufhin, dass das Wasser ja auch in die andere Richtung flösse - nämlich durch den Schlauch. Janca scheint irritiert und fragt den Lehrer.

Zeit	Idee Janca	Inhaltsbereiche	Ko.
58:11	**1.6.45 Rahmung (prob.bez.):** Ich verstehe nicht, was nun mit [Fließ-]Richtung gemeint ist.	Fließrichtung	Op.

Der Lehrer regt an, den Trafo anzuschalten und gemeinsam zu überlegen. Die Schaltung wird in Betrieb genommen

Zeit	Ideen Janca	Inhaltsbereiche	Ko.
58:40	**1.6.46 Rahmung (wegbez.):** Ich will beobachten, was passiert, wenn man den Trafo anstellt.	Schalter	Op.
58:44	1.6.47 Ich sehe, dass das Wasser da [Säule B] runter geht und da [Säule A] hoch.	Säule B, Säule A, Wasser	Fok.
58:54	**1.6.48 Rahmung (wegbez.):** Ich möchte wissen, was jetzt passiert [nachdem die Kontakte erreicht sind].	Kontakte	Op.

Marcus meint, das Wasser flösse jetzt nur über den Schlauch. Kati bemerkt, dass die Pumpe aber auch einsetzen würde, was Janca offenbar nicht versteht.

Zeit	Idee Janca	Inhaltsbereiche	Ko.
59:21	**1.6.49 Rahmung (wegbez.):** Ich verstehe nicht, warum die Pumpe jetzt arbeitet.	Pumpe	Op.

Marcus antwortet, dass das Wasser „oben" nicht hoch genug sei. Die Pumpe würde erst ausgehen, wenn die Kontakte ausgelöst würden.

Zeit	Idee Janca	Inhaltsbereiche	Ko.
59:35	1.6.50 Ich will wissen, ob die Pumpe also nur pumpt, wenn oben noch nicht genug Wasser ist.	Pumpe, Kontakte, Wasser	Op.

Marcus schaltet daraufhin den Trafo ab und zeigt sich offenbar in seiner Erwartung bestätigt, dass sich die Stände ausgleichen.

Zeit	Ideen Janca	Inhaltsbereiche	Ko.
(59: 49)	**1.6.51 Rahmung (prob.bez.):** Ich verstehe das mit der Fließrichtung nicht.	Fließrichtung	Op.
59:55	**1.6.52 Rahmung (wegbez.):** Wenn das Ventil so herum eingebaut ist [B->A], dann kann das Wasser nicht hochlaufen [A->B].	Ventil, Fließrichtung, Wasser	Op.

Marcus meint, die Fließrichtung von Säule A nach B ginge durch den äußeren Schlauch. Janca hat offenbar ein Aha-Erlebnis und reagiert mit einem lauten „ach so".

Zeit	Ideen Janca	Inhaltsbereiche	Ko.
60:01	1.6.53 Jetzt verstehe ich es. Das Wasser läuft da [A] heraus, durch den Schlauch, und da [B] rein.	Säule A, Säule B, Schaltung = Schlauch, Fließrichtung	Op.
63:05	**1.6.54 Rahmung (prob.bez.):** Ich habe immer noch nicht verstanden, was mit Stromrichtung gemeint ist.	Fließrichtung	Op.
63:09	**1.6.55 Rahmung (wegbez.):** Ich möchte wissen, ob es so ist, dass das Wasser von B nach A fließt.	Fließrichtung, Säule A, Säule B	Op.

Marcus antwortet, dass es wohl durch die Pumpe von B nach A fließen würde. Aber es könne eben zurückfließen, wenn man es außen (durch den Schlauch) herumleiten würde.

Zeit	Idee Janca	Inhaltsbereiche	Ko.
63:17	**1.6.56 Rahmung (prob.bez.):** Ich möchte wissen, was man da [zu Frage 2 zu Fließrichtung] nun antworten soll.	Fließrichtung	Op.

Der Lehrer sagt, die Frage sei nicht einfach zu beantworten. Man könne von einem äußeren Kreis - das sei der mit dem Kreisel - sprechen, durch den das Wasser von A nach B fließen würde. Janca ergänzt.

Zeit	Ideen Janca	Inhaltsbereiche	Ko.
(63: 30)	**1.6.57 Rahmung (wegbez.):** Wir müssen zwei Wege unterscheiden [durch die Pumpe, äußerer Kreislaufteil = Schaltung].	Pumpe, Schaltung, Fließrichtung	Op.

63:33	1.6.58 Durch die Pumpe fließt das Wasser von B nach A.	Pumpe, Säule A, Säule B, Wasser, Fließrichtung	Op.
(64:19)	**1.6.59 Rahmung (wegbez.):** Ich will die Antwort zu Frage 2 korrigieren.	Fließrichtung	Op.
64:21	1.6.60 Durch die Pumpe fließt das Wasser von B nach A.	Pumpe, Säule A, Säule B, Fließrichtung, Wasser	Op.
65:15	**1.6.61 Rahmung (wegbez.):** Ich will wissen, wie man das [den äußeren Kreislaufteil] nennen soll. [Marcus antwortet „Schaltung"]	Schaltung	Fok.
65:19	1.6.62 In der Schaltung fließt es von A nach B, also von der vollen Säule in die leere.	Schaltung, Wasser, Fließrichtung, Säule A, Säule B	Op.
66:10	**1.6.63 Rahmung (aufg.bez.):** Ich will auch die Antwort zu Frage 4 ändern.		Op.
(66:17)	**1.6.64 Rahmung (wegbez.):** Wir haben geschrieben, das Bestreben der DWS sei, einen Druckausgleich herzustellen. Das ist aber falsch.	DWS, Druckausgleich	Op.
66:20	1.6.65 Die will keinen Druckausgleich herstellen, sondern sie versucht, die Säule A möglichst vollzupumpen.	DWS, Säule A, Pumpe	Op.
66:24	1.6.66 Sie pumpt so lange voll, bis der Kontakt erreicht ist.	Kontakt, Säule A, Pumpe	Op.
67:44	1.6.67 Wir können schreiben: Sie versucht, das Wasserniveau in A zu halten, d.h. dass das Wasser immer die Kontakte berühren muss.	Wasserpegel, Säule A, Kontakte, Wasser	Op.
69:06	**1.6.68 Rahmung (aufg.bez.):** Wir haben zu Frage 6 immer noch nicht mehr aufgeschrieben.		Op.
69:09	1.6.69 Wir können sagen, dass da noch ein Ventil ist.	Ventil	Fok.
69:20	**1.6.70 Rahmung (wegbez.):** Wir müssen jetzt das Zusammenspiel formulieren.		Op.
69:23	1.6.71 Das Ventil verhindert den Rückfluss des Wassers aus A.	Ventil, Säule A, Fließrichtung	Op.
69:41	1.6.72 Die Kontakte melden der Pumpe, ob genügend Wasser da [in Säule A] ist.	Pumpe, Kontakte, Wasser, Säule A	Op.
70:14	1.6.73 Wir können schreiben: Die Pumpe pumpt das Wasser von B nach A, bis die Kontakte von Säule A geschlossen sind.	Pumpe, Wasser, Säule A, Säule B, Kontakte, Fließrichtung	Op.
71:13	1.6.74 Das Rückschlagventil vor der Pumpe verhindert, dass das Wasser von A nach B zurücklaufen kann.	Ventil, Pumpe, Wasser, Säule A, Säule B, Fließrichtung	Op.
72:23	1.6.75 Ich glaube, Frage 7 haben wir hiermit auch beantwortet.		Op.

10.1.3 Zusammenfassung der Analyseergebnisse

Die dargestellte Analyse zeigt, wie Janca den Inhaltsbereich „DWS“ erschließt und schließlich den Regelmechanismus formuliert, durch den die beiden verschiedenen Fließrichtungen zwischen den Säulen - einmal innerhalb der DWS mit Hilfe der Pumpe und der Kontakte und einmal durch eine äußere Schaltung - bedingt werden.

Die Erschließung des Inhaltsbereichs erfolgt, indem die relevanten Objekte bedeutungsmäßig erfasst werden und in diesem Zuge Bedeutungen zu Teilinhaltsbereichen konstruiert werden. In Form funktionaler Verknüpfungen der Objekte werden Operationen verschiedener (tendenziell zunehmender) Ausdifferenziertheitsgrade hergestellt.

So werden in der ersten Szene erste Bedeutungen zu den Säulen A und B, dem Fließen des Wassers zwischen den Säulen (dies wird hier noch mit „wechseln“ formuliert) und der Pumpe konstruiert. Eine erste Bedeutungskonstruktion auf Operationsebene erfolgt, indem die erfassten Inhaltsbereiche verknüpft werden (Idee 1.1.6). Schließlich wird auch die Pumpe als weiterer Inhaltsbereich eingebunden. Unter einer neuen aufgabenbezogenen Rahmung (1.1.10) werden Bedeutungen zu den Kontakten und den Kabeln an Säule A konstruiert (1.1.18, 1.1.20). Als Ergebnis wird auf Operationsebene festgehalten, dass das Berühren der Kontakte durch das Wasser an Säule A die Pumpe stoppt (1.1.21).

In der zweiten Szene werden vor allem erste Bedeutungen zu den Inhaltsbereichen „Wasserspiegel“ und „Druckausgleich“ konstruiert. Dass der Ausgleich der Wasserstände in den Säulen vom ersten Auftreten an mit dem Begriff Druckausgleich durch Michael benannt wird, ist bemerkenswert (1.2.8). Aussagen darüber, wie elaboriert Michaels Bedeutungskonstruktion zum Druckbegriff ist, sind hier nicht möglich. Jedenfalls wird der Begriff Druckausgleich für einen Ausgleich der Wasserstände in den Säulen im weiteren auch von den anderen SchülerInnen stets verwendet. Das Ergebnis der zweiten Szene ist eine Bedeutungskonstruktion auf Operationsebene, in der die Inhaltsbereiche „Säule A“, „Säule B“, „fließen“, „Wasser“ und „Druckausgleich“ im Sinne von „Das Wasser fließt von Säule A nach Säule B, bis ein Druckausgleich entsteht“ (1.2.8, 1.2.9) miteinander verknüpft werden.

Weitere Bedeutungen zum Inhaltsbereich „Fließrichtung“ werden in der dritten Szene konstruiert. Zur Frage nach der Fließrichtung des Wasserstroms wird festgehalten, dass das Wasser immer von der volleren Säule zur weniger vollen Säule flösse. Bis zu diesem Zeitpunkt konnte Janca sämtliche Fragen innerhalb aufgabenbezogener Rahmungen beantworten.

Im Zuge der Beantwortung der vierten Frage wird kein neuer Inhaltsbereich erschlossen.

Bei der Behandlung von Frage fünf werden dagegen erste Bedeutungen zu den Inhaltsbereichen „innerhalb“ (der DWS) und „Schlauch“ bzw. „Schaltung“ konstruiert (die letzten beiden werden bei Rahmung 1.5.11 als gleichwertig erachtet). Mit der Idee 1.5.8 wird erstmals eine Verknüpfung von „fließen“, „Schlauch“ und „innerhalb“ konstruiert und damit gesagt, dass es zwei Wege gibt, über die das Wasser zwischen den Säulen fließen könne (diese Bedeutung im Zuge der Bearbeitung der sechsten Aufgabe wieder zu konstruieren, gelingt Janca erst nach erheblicher Zeit).

Für die Bearbeitung der sechsten Frage benötigen die SchülerInnen mit Abstand die längste Zeit. Die bis zu diesem Zeitpunkt bekannten Bestandteile sind jedoch schnell gesammelt. Auch ein interner Schlauch, der die Säulen über die Pumpe verbindet, wird entdeckt (Rahmung 1.6.6 und 1.6.9). Die Frage nach dem Zusammenwirken und damit letztendlich nach dem Regelmechanismus der DWS gestaltet sich komplizierter, und sie wird zunächst als problembezogene Rahmung erzeugt, die zweimal in veränderter Form wieder konstruiert wird (1.6.1, 1.6.11, 1.6.16).

Schließlich wird der Inhaltsbereich „Ventil" als bisher nicht erkannter Bestandteil der DWS erschlossen. Ein Ventil ist Janca - offensichtlich aus dem Biologieunterricht in Zusammenhang mit dem Herzen - bekannt, und sie kann spontan dessen Funktionsweise auf Eigenschaftsebene beschreiben. Kognitiv aufwendiger gestaltet sich jedoch die Verknüpfung des Inhaltsbereich „Ventil" mit den bereits erschlossenen Inhaltsbereichen. Unter der Rahmung 1.6.36 sucht Janca nach einer Möglichkeit, wie das Ventil in die DWS eingebaut sein könnte. Als Konsequenz ergibt sich die Frage, wie die Fließrichtung des Wassers zwischen den Säulen ist, die als problembezogene Rahmung insgesamt fünfmal vorkommt (1.6.38, 1.6.45, 1.6.51, 1.6.54, 1.6.56). Die ersten drei dieser Rahmungen beziehen sich dabei wörtlich auf die Frage, in welche Richtung das Wasser fließt. Dabei „fehlt" Janca eine Einbeziehung des Inhaltsbereiches „Schaltung" in ihre Argumentation. Sie konstruiert die Durchlassrichtung des Ventils als einzige Möglichkeit des Wasserflusses zwischen den Säulen.

Die Richtigkeit dieser Fließrichtung wird durch die Ideen unter Rahmung 1.6.46 (1.6.46 - 1.6.50) gestärkt. Hierbei wird eine Verknüpfung der Inhaltsbereiche „Pumpe", „Kontakte" und „Wasser" konstruiert. Diese Inhaltsbereiche wurden bereits bei der Bearbeitung von Frage 3 (1.1.21) verknüpft, jedoch weniger ausdifferenziert (als nun). Im Zuge von Idee 1.1.21 wurde erkannt, dass die Pumpe stoppt, wenn die Kontakte an Säule A erreicht sind. Eine weitere Ausdifferenzierung erfolgt nun dahingehend, dass die Pumpe eben auch wieder einsetzt, wenn die Kontakte nicht mehr erreicht sind.

Janca hat jedoch offenbar neben der Fließrichtung zwischen den Säulen durch das Ventil erfahren, dass eine Fließrichtung auch in die andere Richtung möglich ist, was einen kognitiven Konflikt auslöst. Dieser zeigt sich in den Ideen 1.6.39, 1.6.44 und 1.6.52. Die Ausdifferenzierung hinsichtlich der Einbeziehung des Inhaltsbereichs „Schaltung" gelingt ihr mit der Bedeutungskonstruktion, der Idee 1.6.53 zugeschrieben wird.

Die beiden problembezogenen Rahmungen 1.6.54 und 1.6.56 beziehen sich im Anschluss darauf, was im Sinne des Fragenblatts vom Lehrer mit Fließrichtung gemeint ist - also vermutlich fragt sich Janca, ob der Begriff Fließrichtung den Fluss innerhalb der DWS oder durch die Schaltung bezeichnet. Nachdem mit Rahmung 1.6.57 der Begriff geklärt ist, werden die Antworten zu den Fragen 2 und 4 korrigiert, und die Frage nach dem Zusammenspiel der Bestandteile der DWS kann nun unter einer aufgabenbezogenen Rahmung abgearbeitet werden (Ideen unter Rahmung 1.6.70).

10.2 Zur 5. Doppelstunde

10.2.1 Vorbemerkungen

In der fünften und sechsten Doppelstunde sollen die SchülerInnen in Tischgruppen anhand zweier strukturgleicher Fragenkataloge die Reihen- und Parallelkreisregeln erstmalig strukturiert erarbeiten und formulieren. In Abschnitt 8.2 bzw. 8.2.2 wurde erläutert, dass diese Handlungsabschnitte für die Analysen geeignet sind, da in der 16. Doppelsunde die Reihen- und Parallelkreisregeln im Zielbereich - ebenfalls erstmals strukturiert und in Tischgruppen - erarbeitet bzw. überprüft werden. Die SchülerInnen befassen sich also mit analogen Inhaltsbereichen in Basis- und Zielbereich in ähnlichen Fortgeschrittenheitsstadien bezogen auf den jeweiligen Analogbereich.

Im Rahmen der Analyseabschnitte zur 5., 6. und 16. Doppelstunde werden somit Handlungsverläufe betrachtet, in denen physikalisch gleichen bzw. analogen Fragestellungen nachgegangen wird. Insofern wird bei den Untersuchungen zu unterschiedlichen Dynamiken hinsichtlich Bedeutungsentwicklungen in Basis- und Zielbereich ein fester Inhalt „Reihen-" bzw. „Parallelkreisregeln" betrachtet. Bei den Analysen wurde entsprechend zunächst davon ausgegangen, dass weniger die Aspekte der inhaltlichen Dimension detailliert untersucht werden müssten, sondern dass vielmehr die Komplexitäts-Zeit-Dynamiken von Bedeutungsentwicklungen und Rahmungen ausschlaggebend seien. Im Zuge der Untersuchungen zum Handlungsabschnitt der 6. Doppelstunde stellte sich allerdings eine explizitere Fokussierung auf die inhaltlichen Aspekte als unerlässlich heraus. Die Gründe werden in Abschnitt 10.3.1 erläutert.

Die folgenden Darstellungen beziehen sich auf die Phase 4 der skizzenhaften Verlaufsübersicht der fünften Doppelstunde (siehe Anhang). Die SchülerInnen sollen in dieser Phase anhand des in Abbildung 10.2 dargestellten Fragenkatalogs das Regelwerk von Reihenschaltungen formulieren.

Beobachtungen, Regeln, Erklärungen zu Wasserstromkreisen - Reihenschaltungen	
Schaltung / Experiment	Reihenschaltung 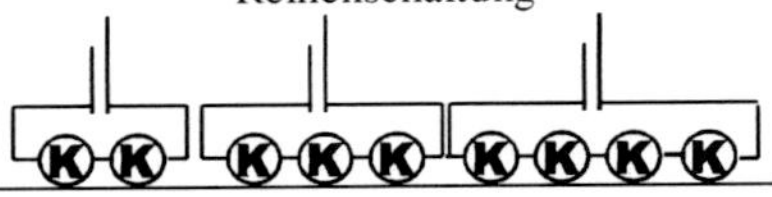
1. Beobachtung an den Wasserkreiseln	
2. Konsequenzen für die Wasserstromstärke	
3. Konsequenzen für den Widerstand der Schaltung	
4. Beobachtungen an der DWS	
5. Konsequenzen für Stromerzeugung und Arbeit der DWS	
6. Konsequenzen für die Arbeit an den Kreiseln	

Abbildung 10.2: Fragenzettel zum Thema Reihenkreisschaltungen

Bevor die SchülerInnen mit der Bearbeitung des Fragenzettels beginnen, stellt der Lehrer das Experiment vor, das vorn auf dem Lehrerpult aufgebaut ist. Es handelt sich um eine Reihenschaltung mit insgesamt vier Kreiseln. Parallel zu zwei Kreiseln ist je ein Schlauch mit einem Hahn geschaltet. Damit kann der entsprechende Kreisel überbrückt werden (der Kreisel dreht sich also nicht mehr, da das gesamte Wasser durch den Überbrückungsschlauch fließt), und während des Betriebs der Schaltung kann die Zahl der in Reihe geschalteten Kreisel zwischen zwei und vier variiert werden. Bevor der Lehrer den Trafo der DWS einschaltet und damit die Schaltung in Betrieb nimmt, erklärt er kurz den Aufbau und geht auf die in Reihe geschalteten Kreisel und die Überbrückungen ein (Phase 2 in der skizzenhaften Verlaufsübersicht – siehe Anhang). Die Überbrückung kam bereits an vorheriger Stelle vor und wird vom Lehrer als „bekanntes Phänomen" bezeichnet, das ihm an dieser Stelle weniger wichtig ist. Wichtiger ist ihm vielmehr, dass während des Schaltungsbetriebes Kreisel „ein- und ausgebaut" werden können und dass die SchülerInnen beobachten und Überlegungen anstellen, welche Konsequenzen mit dieser Variation der Kreiselzahl verbunden sind.

Anschließend stellt der Lehrer den Trafo an und nimmt die Reihenschaltung mit zwei Kreiseln in Betrieb (Phase 3 in der skizzenhaften Verlaufsübersicht – siehe Anhang). Er öffnet einen Hahn und schließlich auch den anderen. Danach dreht er die Hähne nacheinander wieder zu und wiederholt das Experiment. Schließlich belässt er es in einer Anordnung, in der drei Kreisel in Reihe geschaltet sind - siehe Abbildung 10.3.

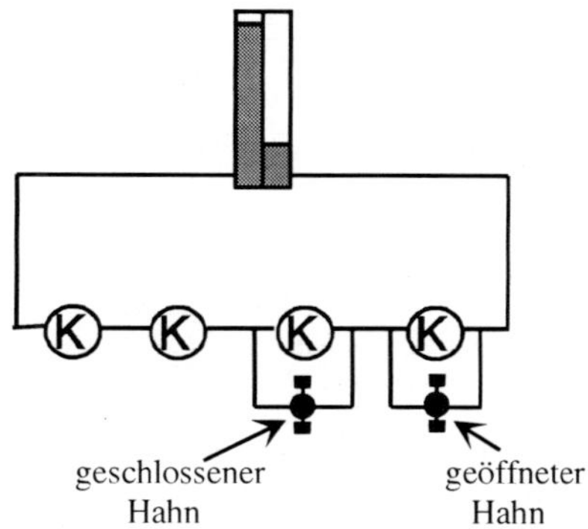

Abb. 10.3: Schaltungskonstellation bei Beginn der Bearbeitung des Fragenzettels

Die SchülerInnen sollen nun tischgruppenweise mit der Bearbeitung des Zettels beginnen. Der Lehrer bietet an, dass sie dabei jederzeit nach vorn kommen und selbst experimentieren könnten. Außerdem will er herumgehen und helfen, wenn Fragen aufkämen.

Die SchülerInnen bearbeiten sequentiell die Fragen auf dem Zettel. Die folgende Analyse bezieht sich im wesentlichen auf die Fragen 1 - 3. Auf Frage 4 wird nur kurz eingegangen, da die SchülerInnen im Verlauf der Bearbeitung dieser Frage lange am Lehrerpult stehen und dort diskutieren, was nicht von der Videokamera erfasst wurde. Die Szenen sind in gleicher Weise nummeriert wie die Fragen.

10.2.2 Komplexitäts-Zeitanalyse des Handlungsabschnitts

1. Szene - zu Frage 1

Nachdem der Lehrer die SchülerInnen aufgefordert hat, nun in Tischgruppen mit der Bearbeitung des Zettels zu beginnen, ist Janca noch nicht klar, was nun eigentlich zu tun ist. Zunächst diskutiert sie mit Kati, dann ruft sie den Lehrer hinzu. Diese Problemfindungsphase dauert 1:40 Minuten. Während dieser Zeit konstruiert Janca drei problembezogene Rahmungen.

Zeit	Ideen Janca	Komplexität
(10:56)	**5.1.1 Rahmung (prob.bez.):** Ich will herausfinden, was ich machen soll.	Op.
10:59	5.1.2 Ich verstehe nicht, wie ich die Fragen beantworten soll.	Fok.
11:03	**5.1.3 Rahmung (wegbez.):** Vielleicht sollen wir Sätze formulieren: Je mehr Kreisel da sind, desto.	Op.
11:05	5.1.4 Ich will von Kati wissen, ob wir solche Sätze formulieren sollen.	Op.

Kati bestätigt Jancas Frage. Sie hätte die Anweisung so verstanden, dass Je-desto-Sätze gebildet werden sollten.

Zeit	Ideen Janca	Komplexität
11:07	5.1.5 Nun weiß ich, dass wir Sätze formulieren sollen: Je mehr Kreisel da sind, desto.	Op.
(11:12)	**5.1.6 Rahmung (wegbez.):** Ich möchte herausfinden, wie die Je-desto-Sätze aussehen sollen.	Op.
11:15	5.1.7 Ich verstehe nicht, wie die Je-desto-Sätze aussehen sollen.	Fok.
11:26	**5.1.8 Rahmung (wegbez.):** Ich meine, wir sollen Unterschiede formulieren von der Schaltung mit einem Kreisel zu der mit zwei, mit drei und so weiter.	Op.
11:27	5.1.9 Ich verstehe das Experiment nicht.	Fok.
11:30	5.1.10 Ich will den Lehrer um Rat fragen.	Op.
11:51	**5.1.11 Rahmung (wegbez.):** Ich will vom Lehrer wissen, ob wir schreiben sollen: Je mehr Kreisel da sind, dann passiert was.	Op.

Der Lehrer bejaht Jancas Frage. Er sagt, man könne einmal Regeln finden, die „die drei" betreffen würden, und zum anderen ließen sich aber auch Regeln finden, die jede „einzelne" Schaltung betreffen würden. Wie im weiteren Verlauf klar wird, sind mit ersterem Regeln gemeint, die Veränderungen z.B. der Kreiseldrehgeschwindigkeiten, Wasserstromstärke etc. in Abhängigkeit der verschiedenen Kreiselzahlen (zwei, drei und vier) betreffen. Mit der zweiten Art Regeln sollen Aussagen beispielsweise dazu aufgestellt werden, wie sich die Kreiseldrehgeschwindigkeiten innerhalb einer Schaltung verhalten.

Aus der knappen Äußerung des Lehrers „Ja also einmal eine Regel, die die drei betrifft, aber einmal auch 'ne Regel, die jede einzelne Schaltung betrifft" wird für Janca an dieser Stelle noch nicht klar, worin die Aufgabe besteht, und die Unterhaltung mit dem Lehrer wird fortgesetzt.

Zeit	Ideen Janca	Komplexität
11:58	5.1.12 Ach so, wir sollen also solche Sätze formulieren: Je mehr Kreisel da sind, dann passiert etwas.	Op
(12:07)	**5.1.13 Rahmung (wegbez.):** Ich will verstehen, was das bedeutet „Beobachtung, die die drei betrifft".	Op.
12:09	5.1.14 Ich verstehe nicht, was gemeint ist mit „die drei betrifft".	Fok.

Der Lehrer setzt zu einer Erklärung zu Jancas Frage an, doch Kati unterbricht ihn und antwortet „Du kannst sagen, je mehr Kreisel da sind, desto langsamer wird es".

Zum zweiten Punkt expliziert der Lehrer seine Ausführungen dahingehend, dass „auch an der oder der Schaltung (also z.B. eine Schaltung mit zwei und eine mit drei Kreiseln für sich betrachtet) schon allein eine Beobachtung" möglich sei. Wie aus der späteren erneuten Problemfindungsphase klar wird, hat Janca hier noch nicht verstanden, was der Lehrer damit meint.

Zeit	Idee Janca	Komplexität
12:20	5.1.15 Ich soll neben den Je-desto-Sätzen auch Sätze finden, die eine einzelne Schaltung betreffen.	Op.

Michael fragt daraufhin den Lehrer, ob es richtig sei, dass in einer Schaltung der letzte Kreisel am langsamsten drehe, „weil da immer mehr Reibungsflächen" kämen. Hier ist anzumerken, dass sich die Kreisel unbeabsichtigt nicht wirklich identisch verhalten und einer minimal schneller dreht als die anderen. Janca reagiert auf Michaels Frage und konstruiert die erste im Sinne der Aufgabenstellungen des Fragenzettels beabsichtigte Rahmung.

Zeit	Ideen Janca	Komplexität
(12:38)	**5.1.16 Rahmung (prob.bez.):** Ich will herausfinden, ob alle Kreisel in der Schaltung gleich schnell drehen.	Op.
12:40	**5.1.17 Rahmung (wegbez.):** Ich beobachte die Kreisel in der Schaltung.	Op.
12:42	5.1.18 Ich finde nicht, dass sich die Kreisel unterschiedlich schnell drehen, aber ich bin nicht sicher.	Op.
12:51	5.1.19 Ich bin sicher, dass zwei [der drei Kreisel] auf jeden Fall gleich schnell drehen.	Op.

Janca konstruiert eine weitere lösungswegbezogene Rahmung zur Überprüfung, ob die Kreisel gleich oder ungleich schnell drehen.

Zeit	Ideen Janca	Komplexität
(12:58)	**5.1.20 Rahmung (wegbez.):** Wir können durch Zählen herausfinden, ob sich die Kreisel gleich schnell drehen.	Op.
13:00	5.1.21 Ich will, dass wir zählen gehen.	Op.
13:02	5.1.22 Ich will, dass Michael auch zählt.	Op.
13:10	5.1.23 Ich beobachte, dass, wenn wir unterschiedlich viele Kreisel einbauen, diese unterschiedlich schnell drehen.	Op.
13:20	5.1.24 Ich beobachte, dass die Kreisel [in der Schaltung mit drei Kreiseln in Reihe] unterschiedlich schnell drehen.	Op.
14:00	5.1.25 Ich habe meine Hausaufgabe falsch. Dort habe ich geschrieben, dass alle Kreisel gleich schnell drehen.	Op.

Die ungleichen Drehgeschwindigkeiten stellen ein Problem dar. An dieser Stelle beginnt darüber hinaus ein Diskurs über die Fragen, ob der schnellere Kreisel der erste oder letzte in der Schaltung ist und damit verbunden, in welche Richtung das Wasser fließt.

Zeit	Ideen Janca	Komplexität
(14:10)	**5.1.26 Rahmung (prob.bez.):** Ich möchte herausfinden, warum gerade der letzte [Kreisel] am schnellsten dreht - eigentlich würde ich erwarten, dass sie gleich schnell drehen.	Op.
14:12	5.1.27 Ich verstehe nicht, warum gerade der letzte [Kreisel] am schnellsten dreht.	Op.
(14:13)	**5.1.28 Rahmung (wegbez.):** Ich will die anderen davon überzeugen, dass der schnellste Kreisel der letzte ist.	Op.
14:14	5.1.29 Ich bin sicher, der schnellste Kreisel ist der letzte.	Op.

Kati erwidert, das Wasser käme doch „von links" - also so, dass der besagte schnellere Kreisel der erste, nicht der letzte in Fließrichtung sei.

Zeit	Ideen Janca	Komplexität
14:17	**5.1.30 Rahmung (wegbez.):** Ich will von Kati wissen, ob sie sich sicher ist, dass das Wasser von links kommt.	Op.
14:20	5.1.31 Das Wasser kann doch gar nicht von links kommen. Ich bin sicher, dass es von rechts kommt.	Op.

Michael wirft ein, das Wasser käme doch „von der Pumpe da“.

Zeit	Idee Janca	Komplexität
14:30	5.1.32 Ich weiß nicht, wo die Pumpe sitzt, also nützt mir das nichts für die Fließrichtung des Wassers.	Op.

In diesem Moment kommt der Lehrer vorbei und fragt, ob die Gruppe zurecht käme. Michael fragt, ob die Erkenntnis richtig sei, dass der erste Kreisel am schnellsten drehe. Der Lehrer fragt, ob die SchülerInnen das wirklich gesehen hätten und sich sicher seien.

Zeit	Ideen Janca	Komplexität
(14: 56)	**5.1.33 Rahmung (prob. bez.):** Ich will wissen, ob es - gegen meine Erwartung - richtig ist, dass die Kreisel ungleich schnell drehen. Und wenn ja - warum.	Eig.
14:58	5.1.34 Wir haben alle gesehen, dass dieser eine Kreisel am schnellsten dreht.	Op.

Der Lehrer fragt rück, ob die SchülerInnen den linken meinten. Über die Frage, an welcher Säule dieser Kreisel angeschlossen sei, versucht er offenbar, den SchülerInnen zu der Einsicht zu verhelfen, dass der schnellere Kreisel der letzte in Fließrichtung sei.

Zeit	Ideen Janca	Komplexität
15:06	5.1.35 Wir haben beobachtet, dass der ganz linke Kreisel am schnellsten dreht.	Op.
15:10	5.1.36 Der linke Kreisel sitzt an der niedrigen Säule	Op.

Der Lehrer sagt, er hätte den schnelleren Kreisel gegen einen anderen austauschen sollen. Dieser würde prinzipiell etwas schneller drehen als die anderen, da er weniger reiben würde. Janca beschäftigt offensichtlich noch die Frage, von welcher Seite das Wasser kommt, und sie konstruiert eine diesbezügliche Rahmung. Den Hinweis des Lehrers - „Ja, guck doch!“ - kann Janca nicht nutzen. Also fragt er als zusätzliche Hilfe weiter, wo bzw. in welcher Säule das Wasser hoch und in welcher Säule es niedrig stünde.

Zeit	Ideen Janca	Komplexität
(15: 17)	**5.1.37 Rahmung (wegbez.):** Ich will vom Lehrer erklärt bekommen, in welche Richtung das Wasser fließt.	Eig.
15:19	5.1.38 Ich will wissen, von welcher Seite das Wasser kommt.	Op.
15:22	5.1.39 Durch Beobachten kann ich nicht herausfinden, in welche Richtung das Wasser fließt.	Op.
15:28	5.1.40 Ich sehe, dass das Wasser [in der DWS] rechts hoch und links niedrig steht.	Op.

Der Lehrer zeigt daraufhin die Fließrichtung des Wassers auf - aus der Säule mit dem höheren Wasserstand kommend, durch die drei Kreisel und in die Niedrigwassersäule zurückfließend. Außerdem betont er noch einmal wiederholend, dass der linke (also in Fließrichtung der letzte) Kreisel leider (unbeabsichtigt) die Eigenschaft hätte, ein wenig schneller zu drehen.

Zeit	Idee Janca	Komplexität
15:40	**5.1.41 Rahmung (wegbez.):** Ich will vom Lehrer bestätigt bekommen, dass sich die Kreisel normalerweise gleich schnell drehen würden.	Eig.

Der Lehrer bestätigt, dass die Kreisel normalerweise gleich schnell drehen würden.

Michael fragt den Lehrer, ob man die Aussage machen könne: Je mehr Kreisel die Schaltung enthielte, desto langsamer würden sich alle drehen. Dieser stimmt zu und meint, das sei doch ein Satz, den man festhalten könne.

Zeit	Ideen Janca	Komplexität
16:00	**5.1.42 Rahmung (wegbez.):** Den Satz „Je mehr Kreisel in Reihe geschaltet sind, desto langsamer drehen sie alle“ können wir als Antwort zu eins [„Beobachtung an den Wasserkreiseln“] aufschreiben.	Er.
16:20	5.1.43 Ich will aufschreiben: Je mehr Kreisel in Reihe geschaltet sind, desto langsamer drehen sich alle.	Er.

Nachdem die SchülerInnen den Satz fertig aufgeschrieben haben, fragt Michael, ob das alles zu Frage 1 gewesen sei. Der Lehrer kommt antwortend wieder auf den Punkt (siehe Jancas Idee 5.1.15), dass man vielleicht noch eine andere Beobachtung machen könne, wenn man jede Schaltung für sich - etwa die „Dreierschaltung“ oder die „Zweierschaltung“ - betrachte. Zu dieser Anregung konstruiert Janca wieder eine problembezogene Rahmung. In der folgenden 30 Sekunden währenden Problemfindungsphase will Janca im Diskurs mit Kati und dem Lehrer herausfinden, welche zusätzlichen Beobachtungen gemeint sind.

Zeit	Ideen Janca	Komplexität
(16:58)	**5.1.44 Rahmung (prob.bez.):** Ich will verstehen, was der Lehrer mit „weitere Beobachtung“ meint.	Op.
17:00	5.1.45 Ich verstehe nicht, was der Lehrer mit „weitere Beobachtung“ meint.	Fok.
17:02	**5.1.46 Rahmung (wegbez.):** Ich will wissen, ob wir erst die Zweier- und dann die Dreier-Schaltung angucken sollen.	Op.
17:14	5.1.47 Ich kann keine weitere Beobachtung machen.	Fok.
17:15	5.1.48 Ich weiß nicht, was ich noch über die Kreisel sagen könnte.	Fok.

Der Lehrer geht zum Experiment nach vorn und öffnet einen Überbrückungshahn, so dass nun nur noch zwei Kreisel in Reihe geschaltet sind. Kati sagt, die würden sich nun schneller drehen als in der Dreierschaltung. Auf die Frage des Lehrers, wie sie sich untereinander drehen würden, antwortet Kati: „Beide gleich schnell.“ Der Lehrer betont diese Aussage als wesentliche und nicht banale Beobachtung. Auf Michaels Einwand, dass die SchülerInnen dies bereits an vorheriger Stelle erkannt und erwähnt hätten, meint der Lehrer, es müsse aber noch notiert werden und wendet sich anschließend einer anderen Gruppe zu.

Zeit	Ideen Janca	Komplexität
17:33	5.1.49 Es ist also wichtig, dass wir noch sagen, dass sich die Kreisel in einer Schaltung gleich schnell drehen.	Eig.
17:49	5.1.50 Wir können aufschreiben: In der Reihenschaltung drehen sich alle Kreisel gleich schnell.	Eig.
17:57	5.1.51 Ich finde das ganz logisch.	Eig.

2. Szene - zu Frage 2

Kati liest die nächste Frage „Konsequenzen für die Wasserstromstärke" vor.

Zeit	Ideen Janca	Komplexität
18:24	**5.2.1 Rahmung (aufg.bez.):** Ich möchte herausfinden, was die Konsequenz für die Wasserstromstärke ist.	Er.
18:27	**5.2.2 Rahmung (wegbez.):** Die Kreiseldrehgeschwindigkeiten zeigen mir die Wasserstromstärke an.	Eig.
18:30	5.2.3 Die [Wasserstromstärke] müsste eigentlich abnehmen.	Eig.
18:33	5.2.4 Die Kreisel werden langsamer.	Eig.
18:42	5.2.5 Je mehr Kreisel da sind, desto kleiner wird die Wasserstromstärke.	Er.
18:52	5.2.6 Ich meine, das müsste stimmen - wenn die Kreisel immer langsamer werden, ist die Wasserstromstärke geringer.	Er.
19:06	**5.2.7 Rahmung (wegbez.):** Je mehr Kreisel in Reihe geschaltet sind, desto geringer wird die Wasserstromstärke. Diesen Satz können wir aufschreiben.	Er.

Nachdem Janca den Satz aufgeschrieben hat, wirft sie die Frage in den Raum, ob man auch hier eine Aussage zu jeder einzelnen Schaltung machen könne. Kati und Michael antworten zunächst nicht, da sie noch mit Schreiben beschäftigt sind. Janca konstruiert selbst als Bedeutung, dass die Wasserstromstärke überall gleich sei, was völlig logisch sei - „das muss ja so sein" (Idee 5.2.9). Janca meint, man müsse das nicht extra aufschreiben (Idee/Rahmung 5.2.10), doch Kati hält es für wesentlich, dies zu notieren, was die beiden im Folgenden ausdiskutieren.

Zeit	Ideen Janca	Komplexität
20:05	**5.2.8 Rahmung (aufg.bez.):** Ich will herausfinden, ob man da [bei „Konsequenzen für die Wasserstromstärke"] auch eine Regel für eine einzelne Schaltung formulieren kann.	Eig.
20:16	5.2.9 Ich glaube, man kann da [bei „Konsequenzen für die Wasserstromstärke"] keine Regel für eine einzelne Schaltung aufstellen.	Op.
20:58	**5.2.10 Rahmung (wegbez.):** Ich will von den anderen wissen, ob man da [bei „Konsequenzen für die Wasserstromstärke"] einen Satz zu	Op.

	einer einzelnen Schaltung finden kann.	
21:08	5.2.11 Ich glaube, man kann keine Regel finden. Dass die Wasserstromstärke überall gleich ist, ist logisch - das muss ja so sein.	Eig.
(21: 10)	**5.2.12 Rahmung (wegbez.):** Dass die Wasserstromstärke überall gleich ist, finde ich banal. Ich will Kati davon überzeugen, dass wir das nicht extra aufschreiben müssen.	Eig.
21:14	5.2.13 Die Wasserstromstärke muss überall [in der Reihenschaltung] gleich sein.	Eig.
21:20	5.2.14 Je mehr Kreisel geschaltet sind, desto geringer wird die gesamte Wasserstromstärke.	Er.
21:30	5.2.15 Dass die Wasserstromstärke von Kreisel zu Kreisel gleich bleibt, finde ich banal. Das würde ich nicht aufschreiben.	Eig.
21:34	5.2.16 Wasserstromstärke bedeutet für mich gerade, dass sie überall in der Schaltung gleich ist.	Eig.
21:40	5.2.17 Ich könnte die Wasserstromstärke am ersten und am letzten Kreisel messen, und sie wäre überall gleich.	Eig.
21:47	5.2.18 Ich glaube nicht, dass man das aufschreiben muss.	Eig.
21:51	5.2.19 Ich könnte mir vorstellen, dass sich die Kreisel unterschiedlich schnell drehen.	Eig.
21:53	5.2.20 Aber die Wasserstromstärke muss überall gleich sein. Sonst hieße das nicht Wasserstromstärke.	Eig.

Schließlich gibt Janca aber doch gegenüber Kati nach, die vehement behauptet, man müsse den Satz, dass die Wasserstromstärke innerhalb einer Schaltung überall gleich sei, aufschreiben.

Zeit	Idee Janca	Komplexität
22:00	5.2.21 Ich kann schreiben: Die Wasserstromstärke ist in allen Kreiseln gleich.	Eig.

3. Szene - zu Frage 3

Anschließend liest Janca den nächsten Punkt „Konsequenzen für den Widerstand der Schaltung" vor. Während Kati prompt formuliert „je mehr Kreisel da sind, desto größer wird der Widerstand", vermutet Janca offenbar, dass bei dieser Frage eine andere Antwort erwartet wird.

Zeit	Ideen Janca	Komplexität
22:31	**5.3.1 Rahmung (aufg.bez.):** Ich will eine Regel zu „Konsequenzen für den Widerstand der Schaltung" finden.	Er.
22:34	**5.3.2 Rahmung (wegbez.):** Ich will verstehen, wie die Frage gemeint ist.	Op.
22:37	5.3.3 Ich verstehe nicht, was die Konsequenz davon [vom Widerstand] ist.	Op.
23:00	5.3.4 Dass der Wiederstand größer wird, je mehr Kreisel da sind, ist für mich keine Konsequenz.	Er.
23:08	**5.3.5 Rahmung (wegbez.):** Ich glaube, hier ist etwas mit Reibung gemeint.	Op.

Kati sagt, das sei „dasselbe wie Wasserstromstärke, bloß dass das halt größer wird". Wenn die Wasserstromstärke abnehme, würde der Widerstand wachsen. Janca akzeptiert Katis Argumentation.

Zeit	Ideen Janca	Komplexität
23:25	5.3.6 Der Widerstand wächst [wenn mehr Kreisel da sind].	Eig.
23:28	5.3.7 Ich schreibe auf: Je mehr Kreisel in Reihe geschaltet sind, desto größer wird der Widerstand.	Er.

4. Szene - zu Frage 4

Janca, Kati und Michael verweilen in dieser vierten Szene einige Zeit (ca. vier Minuten) am Lehrerpult und experimentieren dort. Diese Passage wurde nicht videogefilmt. Auf die wenigen erfassten Bedeutungskonstruktionen Jancas soll dennoch eingegangen werden. Im Rahmen der zusammenfassenden Darstellung der Analyseergebnisse im nächsten Abschnitt wird diese vierte Szene aufgrund der während der fehlenden Zeit nicht nachvollziehbaren Bedeutungskonstruktionen Jancas jedoch nicht mit einbezogen.

Janca konstruiert zunächst eine problembezogene Rahmung und geht allein nach vorne:

Zeit	Ideen Janca	Komplexität
24:47	**5.4.1 Rahmung (prob.bez.):** Ich will wissen, was an der DWS zu beobachten ist.	Op.
24:50	5.4.2 Ich glaube, die DWS macht immer das gleiche Geräusch [egal wie viele Kreisel angeschlossen sind].	Op.
24:59	**5.4.3 Rahmung (wegbez.):** Ich will nach vorne gehen und beobachten, was die DWS macht.	Op.
25:28	5.4.4 Ich meine, die DWS macht immer das gleiche Geräusch.	Op.

Kati ruft den Lehrer und fragt, ob die Beobachtung richtig sei, dass die DWS immer gleich viel arbeite. Dieser ermuntert die SchülerInnen, nach vorn zu gehen und zu experimentieren. Als Janca sagt, sie wäre gerade schon vorn gewesen, meint der Lehrer, sie sollten es ruhig noch einmal probieren und „differenziert" beobachten.

Zeit	Idee Janca	Komplexität
25:40	**5.4.5 Rahmung (wegbez.):** Ich will nach vorn gehen und noch mal beobachten.	Op.

An dieser Stelle gehen die SchülerInnen nach vorn, experimentieren an der Schaltung und diskutieren mit dem Lehrer. Schließlich kommen sie zurück.

Zeit	Ideen Janca	Komplexität
29:39	5.4.6 Wir können schreiben: Je mehr Kreisel in Reihe geschaltet sind, desto kürzer sind die Pumpzeiten.	Er.
29:41	5.4.7 Das heißt, dass das Wasser langsamer absinkt.	Er.
30:54	5.4.8 Dass die Pumpe dann [wenn mehr Kreisel angeschlossen sind]	Er.

	auch weniger arbeiten muss, gehört schon zu „Konsequenzen für die Arbeit".	

10.2.3 Zusammenfassung der Analyse-Ergebnisse

Die dargestellte Analyse zeigt als Ideen rekonstruierte Bedeutungen, die Janca bei der Erschließung der Reihenkreisregeln im Basisbereich der Physik der Wasserstromkreise erzeugt. Die Analyse ist Teil des Vergleichs, der die Vorgehensweisen Jancas in Basis- und Zielbereich bei der - erstmals im jeweiligen Bereich systematischen - Beschäftigung mit Reihen- und Parallelkreisregeln gegenüberstellt. Die Betrachtungen bei den Vergleichen beziehen sich hier nicht auf die inhaltlichen Dynamiken, sondern vielmehr auf die Dynamiken hinsichtlich Komplexitäten und Rahmungen. Die diesbezüglichen Ergebnisse werden im Folgenden szenenweise zusammengefasst:

Zur Szene 1 - Frage 1: „Beobachtungen an den Wasserkreiseln"
Janca und ihre Tischgruppe benötigen insgesamt sieben Minuten für die Bearbeitung dieser ersten Frage. Der Konstruktion einer ersten Rahmung, die sich in der vom Fragenzettel intendierten Art auf das Verhalten der Wasserkreisel bezieht, geht eine Problemfindungsphase von der Dauer 1:41 Minuten voraus.
Während dieser Problemfindungsphase konstruiert Janca eine problembezogene Rahmung (5.1.1), die sich darauf bezieht herauszufinden, was überhaupt gemacht werden soll bzw. was die Fragestellung ist. Zur Klärung werden fünf wegbezogene Rahmungen, die sich auf Handlungsabschnitte der Dauer zwischen 11 und 25 Sekunden beziehen, konstruiert. Unter den ersten drei Rahmungen wird eine zunehmende Präzisierung von Jancas Fragestellung erreicht: 5.1.3: „Vielleicht sollen wir Sätze formulieren: Je mehr Kreisel da sind, desto", 5.1.6: „Ich möchte herausfinden, wie die Je-desto-Sätze aussehen sollen", 5.1.8: „Ich meine, wir sollen Unterschiede formulieren von der Schaltung mit einem Kreisel zu der mit zwei, mit drei und so weiter". Mit dem Ergebnis sieht sich Janca aber dennoch nicht in der Lage, die Beantwortung der Frage anzugehen und will den Lehrer um Rat fragen (Rahmung 5.1.11). In Reaktion auf die Erklärung des Lehrers konstruiert Janca eine weitere wegbezogene Rahmung (5.1.13), die immer noch auf ein Verständnis der Fragestellung abzielt.

Die anschließende Antwort Katis und insbesondere Michaels Frage an den Lehrer (ob es richtig sei, dass der letzte Kreisel am langsamsten drehe) bewirken, dass sich Janca mit der Konstruktion einer problembezogenen Rahmung einer neuen - nämlich der durch Michael initiierten - Fragestellung zuwendet. Sie nimmt damit erstmalig in dieser Szene in der von der Fragestellung intendierten Weise auf das Experiment Bezug und konstruiert Rahmung 5.1.16: „Ich will herausfinden, ob alle Kreisel in der Schaltung gleich schnell drehen". Die Klärung dieses Problems dauert drei Minuten (bis Rahmung 5.1.41). Die diesbezügliche problembezogene Rahmung wird in abgewandelter Form zweimal wiederholt (5.1.26 und 5.1.33).

Zunächst werden zwei wegbezogene Rahmungen konstruiert, die sich direkt auf die Klärung der Frage beziehen, ob sich die Kreisel untereinander gleich schnell drehen. Beide wegbezogene Rahmungen beziehen sich auf Handlungsabschnitte der Dauer 20 Sekunden. Unter der zweiten wegbezogenen Rahmung erfolgt eine Messung (die SchülerInnen zählten Kreiseldrehungen), die ungleiche Kreiseldrehgeschwindigkeiten ergibt.

Dieses Ergebnis bewirkt bei Janca einen kognitiven Konflikt. Sie hatte erwartet, dass die Kreisel gleich schnell drehen würden und will im Folgenden die Frage klären, warum die Kreisel dies nicht tun. Die entsprechende problembezogene Rahmung 5.1.26 („Ich möchte herausfinden, warum gerade der letzte [Kreisel] am schnellsten dreht - eigentlich würde ich erwarten, dass sie gleich schnell drehen") ist nach 3:15 Minuten Beschäftigung mit dem Fragenzettel die erste zugeschriebene Idee auf Eigenschaftsebene.

Die folgenden beiden untergeordneten wegbezogenen Rahmungen auf Operationsebene tragen nicht direkt zur Klärung der Frage bei, sondern gehen inhaltlich in eine andere Richtung. Sie beziehen sich nämlich auf die Frage, ob der schnellere Kreisel der erste oder der letzte in der Schaltung ist. Während Janca annimmt, der besagte Kreisel sei der letzte, behaupten Kati und Michael, er sei der erste. Keine der beiden Parteien kann Argumente vorweisen, die die andere überzeugen. Sowohl die problembezogene Rahmung 5.1.26 als auch die wegbezogenen Rahmungen 5.1.28 und 5.1.30 bleiben damit als offene Fragen stehen.

Schließlich wird der Lehrer um Rat gefragt, und Janca konstruiert wieder eine problembezogene Rahmung auf Eigenschaftsebene - Rahmung 5.1.33: „Ich will wissen, ob es - gegen meine Erwartung - richtig ist, dass die Kreisel ungleich schnell drehen. Und wenn ja - warum". Eine wegbezogene Rahmung lässt sich zunächst (21 Sekunden) nicht zuschreiben - Janca beantwortet direkt bezugnehmend auf die Fragen des Lehrers. Dieser sagt schließlich, der eine Kreisel würde unbeabsichtigt schneller drehen.

Nun fragt Janca von sich aus nach der Fließrichtung des Wassers und konstruiert die entsprechende wegbezogene Rahmung 5.1.37 auf Eigenschaftsebene. Mit Hilfe des Lehrers wird die Lösung gefunden, und Janca konstruiert nach 21 Sekunden eine weiteren wegbezogenen Rahmung (5.1.41) - „Ich will vom Lehrer bestätigt bekommen, dass sich die Kreisel normalerweise gleich schnell drehen würden". Damit ist das Problem, das erstmals mit Rahmung 5.1.16 thematisiert wurde, geklärt und die erste Bedeutung auf Eigenschaftsebene konstruiert. Seit Rahmung 5.1.16, dem ersten Vorkommen der Frage, ob sich die Kreisel gleich schnell drehen, sind drei Minuten vergangen. Insgesamt beschäftigen sich die SchülerInnen 4:41 Minuten mit dem Fragezettel bis zu diesem Zeitpunkt.

Initiiert durch die anschließende Anregung des Lehrers, dass man noch eine weitere Beobachtung machen könne, durchläuft Janca eine weitere 33sekundige Problemfindungsphase unter der Rahmung 5.1.44: „Ich will verstehen, was der Lehrer mit 'weitere Beobachtung' meint." Erst als der Lehrer direkt nach einem Vergleich der Kreiseldrehgeschwindigkeiten innerhalb einer Schaltung fragt, antwortet Kati: „Beide gleich schnell." Als diese Erkenntnis vom Lehrer für wichtig erachtet wird, konstruiert Janca eine entsprechende Bedeutung (5.1.49).

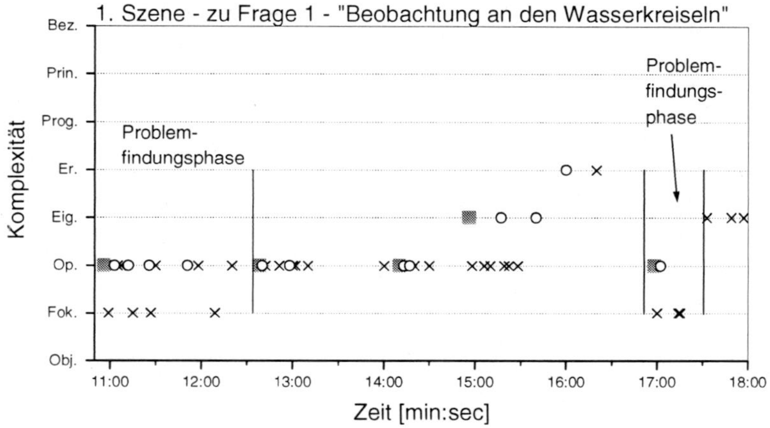

Abb. 10.4: Darstellung der Ideen zu Szene 1 im Komplexitäts-Zeit-Diagramm (graues ausgefülltes Quadrat: problembezogene Rahmung, offener Kreis: wegbezogene Rahmung, Kreuz: Idee)

Abbildung 10.4 stellt die Komplexitätsebene jeder Idee aus der Analyse der ersten Szene als Punkt im Komplexitäts-Zeit-Diagramm dar. Problembezogene Rahmungen sind mit ausgefüllten Quadraten gekennzeichnet, wegbezogene Rahmungen mit offenen Kreisen und die Komplexitätsniveaus der nicht als Rahmungen eingestuften Ideen werden durch Kreuze erfasst. Eingezeichnet sind auch die Problemfindungsphasen von Minute 10:59 bis 12:40 und von Minute 16:58 bis Minute 17:33.

In der Phase zwischen Minute 12:40 und Minute 16:58 ist zu erkennen, dass zunächst auf Operationsebene gerahmt wird und dass auch Bedeutungskonstruktionen auf dieser Ebene erfolgen. Schließlich erfolgen Rahmungen auf Eigenschaftsniveau, doch zunächst verbleiben die Bedeutungskonstruktionen noch auf der Operationsebene. Erst bei Minute 15:40 wird das Eigenschaftsniveau der Rahmung auch mit einer Idee erreicht. Die anschließende Verknüpfung mit einer weiteren Eigenschaft (der Anzahl der Kreisel) und damit eine Bedeutungskonstruktion auf Ereignisebene gelingt spontan.

Als Ergebnisse sind also festzuhalten:

- Die Bedeutungsentwicklungen verlaufen tendenziell bottom-up, d.h. die Komplexitätsniveaus der aufeinanderfolgenden Bedeutungskonstruktionen steigen allmählich oder verharren auf gleichem Niveau (dies ist die Aussage von Hypothese B-1).
- Die bottom-up-Tendenz zeigt sich auch in den Komplexitätsniveaus der Rahmungen (siehe Hypothese B-2).

- Von den sieben Minuten, die sich die Gruppe mit dieser Frage 1 des Fragenzettels beschäftigt, werden insgesamt gut zwei Minuten durch Problemfindungsphasen eingenommen (Hypothese B-3).
- Es werden insgesamt fünf problembezogene Rahmungen und 13 wegbezogene Rahmungen im Zuge der Bearbeitung der ersten Frage konstruiert (aufgabenbezogene Rahmungen kommen nicht vor).

Zur Szene 2 - Frage 2: „Konsequenzen für die Wasserstromstärke"

Für die Beantwortung der Frage 2 nach den Konsequenzen für die Wasserstromstärke benötigt die Tischgruppe 3:36 Minuten. Zunächst gelingt es Janca, eine aufgabenbezogene Rahmung (5.2.1) auf Ereignisebene zu dieser Frage 2 zu konstruieren, die unter einer wegbezogenen Rahmung (5.2.2) innerhalb von 42 Sekunden beantwortet wird. Janca konstruiert in dieser Zeit Bedeutungen ausschließlich auf Eigenschafts- und Ereignisebene. Als Ergebnis wird ein Satz festgehalten, der eine Aussage zur Änderung der Wasserstromstärke in Abhängigkeit der Kreiselzahl macht (5.2.7).

Nachdem die SchülerInnen diesen Ergebnissatz aufgeschrieben haben, konstruiert Janca auf Eigenschaftsebene eine weitere aufgabenbezogene Rahmung (5.2.8). Bezugnehmend auf die gefundenen Antworten zu Frage 1 möchte sie wissen, ob auch hier ein weiterer Satz gefunden werden solle, der sich auf eine einzelne Schaltung bezieht. Ein aus der Beschäftigung mit Frage 1 hervorgegangener Lernerfolg ist also, dass Janca eine Strategie entwickelt hat, wie die Antworten zu den Fragen des Zettels „auszusehen" haben, nämlich dass eventuell zwei Sätze zu formulieren sind - einer, der vergleichende Aussagen zu Schaltungen mit unterschiedlichen Kreiselzahlen macht, und einer, der sich auf eine einzelne Schaltung bezieht.
Die weiteren Bedeutungskonstruktionen Jancas beziehen sich nun nicht darauf, einen weiteren Satz bedeutungsmäßig zu entwickeln, sondern vielmehr darauf zu hinterfragen, ob es nötig sei, einen weiteren Satz aufzuschreiben (5.2.11 bis 5.2.20). Die Erkenntnis, dass die Wasserstromstärke überall in der Reihenschaltung gleich ist, muss hier nicht mehr entwickelt werden. Die Aussagen „dass die Wasserstromstärke überall gleich ist, ist ja logisch - das muss ja so sein" (Idee 5.2.11) sowie „Dass die Wasserstromstärke von Kreisel zu Kreisel gleich bleibt, finde ich banal. Das würde ich nicht aufschreiben" (Idee 5.2.15) bestätigen, dass Janca die Konstanz der Wasserstromstärke überall in der Reihenschaltung an dieser Stelle bereits bedeutungsmäßig erzeugt hat und jetzt spontan konstruieren kann.

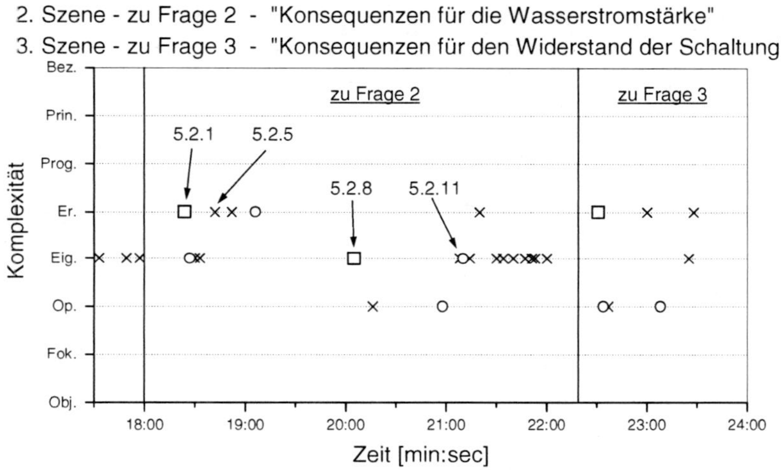

Abb. 10.5: Darstellung der Ideen zu Szenen 2 und 3 im Komplexitäts-Zeit-Diagramm (offenes Quadrat: aufgabenbezogene Rahmung, offener Kreis: wegbezogene Rahmung, Kreuz: Idee)

Abbildung 10.5 zeigt die Komplexitätsniveaus der Ideen Jancas (inklusive rahmender Ideen) in dieser zweiten und in der dritten Szene. Aufgabenbezogene Rahmungen sind durch offene Quadrate symbolisiert. Das Diagramm illustriert bezüglich der zweiten Szene folgende Ergebnisse:

- Nach der aufgabenbezogenen Rahmung 5.2.1 auf Ereignisebene sind eine wegbezogene Rahmung und zwei Ideen auf Eigenschaftsebene zu sehen. Anschließend wird wieder die Ereignisebene erreicht. Eine Idee (5.2.5), die als Antwort auf Rahmung 5.2.1 zu bezeichnen ist, erfolgt lediglich 18 Sekunden nach Konstruktion der Rahmung.
- Unter Rahmung 5.2.8 werden hauptsächlich Ideen auf Eigenschaftsebene konstruiert. Ein Anstieg hinsichtlich der Komplexität ist lediglich zwischen Idee 5.2.10 und Idee 5.2.11 (Übergang von Operations- zur Eigenschaftsebene) zu sehen. Mit den anschließenden Ideen auf Eigenschaftsebene wird keine neue Bedeutung erzeugt, sondern im wesentlichen wird Idee 5.2.11 wiederholt.
- Im Vergleich zu den Ideen zu Frage 1 ist das Komplexitätsniveau im Mittel gestiegen - Ideen werden hauptsächlich auf Eigenschafts- oder Ereignisebene konstruiert.
- Im Zuge der Bearbeitung der zweiten Frage werden insgesamt fünf Rahmungen (zwei aufgabenbezogene und drei wegbezogene) konstruiert.

Zur Szene 3 - Frage 3: „Konsequenzen für den Widerstand der Schaltung“

Für die Bearbeitung von Frage 3 benötigt Janca lediglich 57 Sekunden. Sie konstruiert eine aufgabenbezogene Rahmung (5.3.1) auf Ereignisebene und zwei wegbezogene Rahmungen.

Beide wegbezogene Rahmungen beziehen sich auf eine Präzisierung der Fragestellung. Der Satz von Kati „Je mehr Kreisel da sind, desto größer wird der Widerstand" überzeugt Janca zunächst nicht. Als Ergebnis des Handlungsabschnitts unter der ersten wegbezogenen Rahmung (5.3.2) kommt Janca nach 34 Sekunden zu dem Ergebnis, dass „hier etwas mit Reibung gemeint" sein müsse (5.3.5). Die Frage, wie der Aspekt der Reibung in die Antwort einfließen könnte, wird mit Rahmung 5.3.5 formuliert. Weitere Bedeutungskonstruktionen dazu erfolgen aber nicht mehr. Janca lässt sich statt dessen an dieser Stelle von Kati überzeugen.

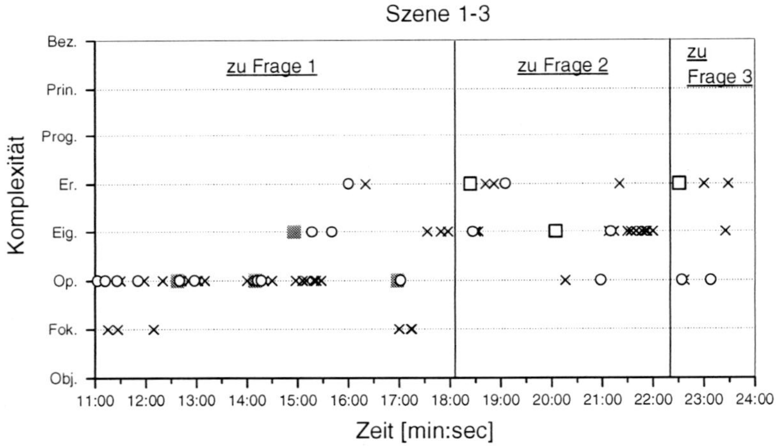

Abb. 10.6: Komplexitäts-Zeit-Diagramm zu den Szenen 1 bis 3 (graues ausgefülltes Quadrat: problembezogene Rahmung, offenes Quadrat: aufgabenbezogene Rahmung, offener Kreis: wegbezogene Rahmung, Kreuz: Idee)

Ergebnisse aus dem Komplexitäts-Zeit-Diagramm zur dritten Szene (Abbildung 10.6):

- Mit der dritten Frage beschäftigt sich die Gruppe nur 57 Sekunden. Allerdings wird hier - im Gegensatz zu den Fragen 1 und 2 lediglich ein Antwortsatz formuliert.
- Es lässt sich eine aufgabenbezogene Rahmung und zwei wegbezogene Rahmungen zuschreiben. Die erste wegbezogene Rahmung bezieht sich auf einen Handlungsabschnitt von 34 Sekunden. Die zweite wegbezogene Rahmung wird abgebrochen.

Abbildung 10.6 stellt die Komplexitätsniveaus der in der obigen Analyse dargestellten Ideen Jancas zu den Fragen 1 bis 3 in einem Diagramm zusammen. Es zeigt sich der mittlere Anstieg der Komplexitätsniveaus (sowohl der Ideen als auch der rahmenden Ideen) im Zuge der Bearbeitung der Fragen. Während bei der Beschäftigung mit Frage 1 noch einige Fokussierungen und Operationen zu beobachten sind, kommen bei Frage 2 und 3 hauptsächlich Ideen auf Eigenschafts- und Ereignisebene vor. Außerdem konstruiert Janca in der ersten Szene (noch) keine aufgabenbezogene Rahmung, in den Szenen 2 und 3 kommt keine problembezogene Rahmung (mehr) vor. Deutlich zeigt sich in dieser Darstellung auch die abnehmende Dauer der Beschäftigung mit den Fragen.

10.3 Zur 6. Doppelstunde

10.3.1 Zur Notwendigkeit der Zuschreibung von Inhaltsbereichen im betrachteten Handlungsabschnitt

Wie in Abschnitt 10.2 angekündigt, werden in die Betrachtungen zum Handlungsabschnitt aus der 6. Doppelstunde neben den Komplexitätsniveaus zu Jancas Ideen auch die einbezogenen Inhaltsbereiche erfasst. Der Grund dafür besteht darin, dass die komplexitätsbezogene Darstellung hier für die Beschreibung von Jancas kognitiver Entwicklung nicht ausreicht.

So konstruiert sie zwar zahlreiche Bedeutungen auf Ereignisebene, diese sind aber aus ExpertInnensicht häufig ungenau oder physikalisch nicht angemessen. Das „Problem“ kommt hier - bei der Beschäftigung mit den Parallelkreisschaltungen - im Zusammenhang mit den Betrachtungen des Aspekts der Stromstärke auf. Während in Reihenschaltungen die Stromstärke an jeder Stelle im Kreis gleich ist (dies entspricht einer Bedeutungskonstruktion auf Eigenschaftsebene), muss eine entsprechende Bedeutungskonstruktion im Zusammenhang mit Parallelschaltungen weiter ausdifferenziert werden, wenn adäquate Beschreibungen zum Stromstärkeaspekt in diesem Schaltungstypus vorgenommen werden sollen. Es kann hier nicht mehr von „der“ Stromstärke gesprochen werden, sondern es muss unterschieden werden, an welcher Stelle die Stromstärke betrachtet wird - nämlich die Stromstärke in Teilzweigen oder die im Hauptzweig. Janca konstruiert nun häufig Bedeutung zur Stromstärke auf Eigenschaftsebene ohne die besagten Ausdifferenzierungen - sie spricht einfach von „der Stromstärke“. Diese verknüpft sie mit anderen Eigenschaften, was insgesamt Bedeutungskonstruktionen auf Ereignisebene ergeben, die den Sachverhalt jedoch nicht „ausreichend“ beschreiben. Somit wird für wichtig befunden, die inhaltliche Entwicklung von Jancas Bedeutungskonstruktionen in den betrachteten Abschnitten dieser sechsten Doppelstunde in den Fokus der Detailanalysen mit einzubeziehen.

10.3.2 Zur Aufschlüsselung der Inhaltsbereiche

Die Zuordnung von Inhaltsbereichen erfolgt also auch hier (wie in den Untersuchungen zur ersten Doppelstunde) zu jeder als Idee erfassten Bedeutungskonstruktion Jancas. Auf einen Unterschied bei der Zuweisung der Inhaltsbereiche - im Vergleich zur Analyse zur ersten Doppelstunde - sei nun hingewiesen. Die Unterscheidung lässt sich zunächst mit dem Vokabular der in Abschnitt 3.1.3.2 formulierten Definitionen zu Repräsentationskonstrukten treffen.

Aus den Ideen der ersten Doppelstunden wurden Inhaltsbereiche in Form von Entitäten aufgeschlüsselt. Wenn also die Idee „Weil in Säule A Kontakte sind, kann das Wasser nicht überlaufen“ zugeordnet wurde, wurden als Inhaltsbereiche „Säule A, Kontakte, Pumpe, Wasser“ zugeschrieben. Im Rahmen der Untersuchungen in diesem Abschnitt werden häufig einstellige Prädikate (also Attribute) als Inhaltsbereiche aufgeführt. Wenn beispielsweise die Idee „Die Kreisel drehen unabhängig von der Anzahl gleich schnell“ zugeschrieben wird, werden als Inhaltsbereiche „Anzahl (Kreisel)“ (das bedeutet die Anzahl der Kreisel) und „Geschwindigkeit (Kreisel)“ (also die Geschwindigkeit der Kreisel) erfasst. Warum werden hier nicht auch einzelne Entitäten - also „Anzahl“, „Geschwindigkeit“ und „Kreisel“ - aufgeschlüsselt, sondern Verknüpfungen von „Anzahl“ und „Geschwindigkeit“ mit Kreisel? Eine Antwort ist, dass es hier nicht das Ziel ist, auf eine möglichst konsistente Darstellung im Sinne einer formalen Nomenklatur zu achten und in diesem Rahmen eine Beschreibung von Bedeutungsentwicklungsprozessen zu bewerkstelligen. Vielmehr soll für die Analyse von Bedeutungsentwicklungsschritten im Vordergrund stehen, *wie* Lernende - in diesem Falle Janca - Inhaltssegmente zusammenfügen und so im Laufe der Beschäftigung mit einem Themenbereich zunehmend physikalisch angemessene Bedeutungen erzeugen. Dazu müssen diese Inhaltssegmente (für die Beschreibung) „passend“ gewählt sein. Damit ist gemeint, dass selbstverständlich die entsprechenden Inhalte in den Bedeutungskonstruktionen bzw. den zugewiesenen Ideen enthalten sein müssen. Dazu könnte man aber häufig - wie im obigen Beispiel - sowohl Entitäten als auch Attribute oder Relationen zuschreiben. Die Inhaltsbereiche müssen jedoch auch im Sinne des aus ExpertInnenmeinung ersichtlichen Ergebnisses einer Fragestellung so gewählt sein, dass sich Aussagen zur inhaltlichen Erschließung eines/einer Lernenden bis zu diesem Ergebnis machen lassen. Damit sei auf das obiges Beispiel zurückgekommen. Um zu dem Ergebnis „Die Kreisel drehen unabhängig von der Anzahl gleich schnell“ zu kommen, müssen (aus ExpertInnensicht) die „Anzahl der Kreisel“ mit der „Geschwindigkeit der Kreisel“ als mit Werten belegte Eigenschaften der Objektklassen „Parallelschaltungen“ in Beziehung gesetzt werden, was für die gewählte inhaltliche Aufschlüsselung spricht. Der Sinn einer „feineren“ Zerlegung tut sich nicht auf.

In der ersten Doppelstunde dagegen war es wesentlich, die Bestandteile (in diesem Falle der DWS) sämtlich inhaltlich zu erfassen und ausdifferenzierte Operationen zu konstruieren. Also erschien die Aufschlüsselung in die einzelnen Bestandteile als Inhaltsbereiche sinnvoll für die Beschreibungen.

Wie in den Ausführungen zum Stromstärkeaspekt bei Parallelschaltungen in Abschnitt 10.3.1 angedeutet, ist ein Problem in dieser Doppelstunde, die aus physikalischer Sicht angemessenen Eigenschaften zu Ereignissen zu verknüpfen. Häufig sind die Inhaltsbereiche, die zu Ideen auf Eigenschaftsebene angegeben werden, äquivalent zu diesen konstruierten Eigenschaften (z.B. „Anzahl der Kreisel“ als Eigenschaft der Parallelschaltung). Bei Ideen auf Ereignisebene entsprechen die Inhaltsbereiche häufig den zum Ereignis verknüpften Eigenschaften (z.B. werden in obigem Beispiel die Eigenschafen „Anzahl der Kreisel“ und „Geschwindigkeit der Kreisel“ zum Ereignis verknüpft). Durch die Erfassung von Eigenschaften als Inhaltsbereiche lässt sich sehen, inwiefern Eigenschaften mit Werten belegt werden, wie viele (Werte annehmende) Eigenschaften zum Ereignis verknüpft werden und wie weit diese Eigenschaften ausdifferenziert bzw. physikalisch angemessen sind (dies ist wie gesagt wichtig bei den den Aspekt der Wasserstromstärke betreffenden Eigenschaften).

In der folgenden Tabelle 10.1 sind einige der benutzten Abkürzungen samt Erklärungen dargestellt.

Abkürzung	Erklärung
TZ	Teilzweig/e
HZ	Hauptzweig/e
Anzahl (Kreisel)	die Anzahl der Kreisel
V (Kreisel)	die Geschwindigkeit eines (bestimmten) Kreisels - oder: die Geschwindigkeiten mehrerer (evt. aller) Kreisel
I (insgesamt)	die Stromstärke „insgesamt“ Diese entspricht bei den Betrachtungen hier der Stromstärke im Hauptzweig.
I (Kreisel)	die Stromstärke in den (einzelnen) Kreiseln Diese entspricht bei den Betrachtungen hier der Stromstärke in den Teilzweigen.
I (?)	die Stromstärke ohne weitere erkennbare Ausdifferenzierung
R (insgesamt)	der Widerstand „insgesamt“ Dieser entspricht bei den Betrachtungen hier dem Widerstand der ganzen Schaltung.
R (Kreisel)	der Widerstand der (bestimmter) Kreisel Diese entspricht bei den Betrachtungen hier dem Widerstand in den Teilzweigen.
R (?)	der Widerstand ohne weitere erkennbare Ausdifferenzierung
Pumpt. (DWS)	die Pumptätigkeit der DWS

Tabelle 10.1: Auflistung der in den Analysen aufgeschlüsselten Inhaltsbereiche samt Abkürzungen

„Wer.“ steht hinter einem Inhaltsbereich, wenn dieser mindestens als „variabel“ im Sinne von „nimmt verschiedene Werte an“ in der entsprechenden Idee zugeschrieben wird. Dies heißt nicht, dass eine Eigenschaft im Sinne der Definition von Programmebene als kontinuierlich veränderlich gedacht werden muss, sondern es können auch verschiedene, aber jeweils feste Werte angenommen werden.

10.3.3 Einbettung der untersuchten Szenen in den Unterrichtskontext

Das von Seiten des Lehrangebots intendierte Vorgehen ist analog zu dem in der fünften Doppelstunde: Der Lehrer führt vorn am Pult ein Experiment vor. Bei einer Parallelschaltung können durch Auf- und Zudrehen von Hähnen Parallelzweige hinzugenommen und wieder weggeschaltet werden, während die Schaltung in Betrieb ist. Der Lehrer animiert die Klasse, während seiner Versuchsvorführung nicht nur eine „Stelle“ der Schaltung (z.B. ausschließlich einen Kreisel) zu beobachten, sondern möglichst viele Aspekte einzubeziehen (z.B. auch die Tätigkeit der DWS) und damit zunehmend eine „Gesamtbetrachtung“ zu den Wasserkreisschaltungen zu gewinnen.

Des Weiteren projiziert der Lehrer einen Fragenkatalog „Beobachtungen, Regeln, Erklärungen zu Wasserstromkreisen - Parallelschaltungen“ (siehe Abbildung 10.7) analog zu dem zum Thema Reihenkreisschaltungen in der fünften Doppelstunde als OH-Folie an die Wand und teilt entsprechend gleiche Zettel aus. Die Zettel sollen tischgruppenweise bearbeitet werden, wobei die SchülerInnen wieder - ebenfalls wie in der fünften Doppelstunde - jederzeit nach vorne kommen und selbst experimentieren und beobachten dürfen.

Beobachtungen, Regeln, Erklärungen zu Wasserstromkreisen - Parallelschaltungen	
Schaltung / Experiment	Parallelschaltung mit gleichen Teilzweigen 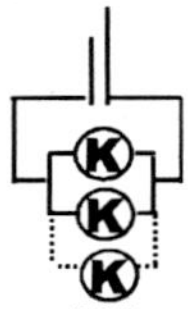 usw. mit ungleichen Teilzweigen 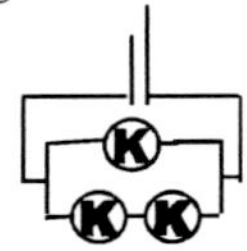
1. Beobachtung an den Wasserkreiseln	
2. Konsequenzen für die Wasserstromstärke	
3. Konsequenzen für den Widerstand der Schaltung	
4. Beobachtungen an der DWS	
5. Konsequenzen für Stromerzeugung und Arbeit der DWS	
6. Konsequenzen für die Arbeit an den Kreiseln	

Abbildung 10.7: Fragenzettel zum Thema Parallelkreisschaltungen

Die nachfolgende Analyse bezieht sich auf Teile der Phasen vier und fünf der skizzenhaften Verlaufsübersicht der sechsten Doppelstunde (siehe die skizzenhaften Verläufe der einzelnen Unterrichtsstunden im Anhang).

10.3.4 Inhalts- und Komplexitäts-Zeit-Analyse der betrachteten Szenen

Mit der Analyse wird an der Stelle begonnen, an der der Lehrer die Schaltung bereits in Betrieb genommen hat. Zunächst ist nur ein Teilzweig angeschlossen, und der Lehrer öffnet einen Hahn, so dass zwei Parallelzweige betrieben werden. Anschließend wird ein weiterer

Zweig hinzugenommen. Danach schließt der Lehrer die Hähne wieder. Nach jedem Eingriff wird einen Moment gewartet, so dass die SchülerInnen Gelegenheit zur Beobachtung haben. Der Lehrer wiederholt anschließend das Experiment.

Zu diesem Zeitpunkt liegen den SchülerInnenn die Fragen noch nicht vor - sie haben weder den Zettel, noch sind die Fragen an die Wand projiziert.

1. Szene

Janca beschäftigt zunächst die Frage, ob sich die Drehgeschwindigkeit des ersten Kreisels (also des Kreisels, der zunächst einzeln betrieben wurde) ändert, wenn weitere Kreisel hinzukommen.

Zeit	Ideen Janca	Inhaltsbereiche	Ko.
20:10	**6.1.1 Rahmung (prob.bez.):** Ich will herausfinden, ob sich der eine [erste] Kreisel, der immer drinbleibt, anders dreht, wenn ein weiterer dazukommt.	Anzahl (Kreisel) wer. V (Kreisel)	Op.
20:13	**6.1.2 Rahmung (wegbez.):** Ich beobachte den [ersten] Kreisel, wenn ein anderer zu- und weggeschaltet wird.	Anzahl (Kreisel) wer. V (Kreisel)	Op.
20:40	6.1.3 Ich überlege, ob der eine [erste] Kreisel schneller geworden ist, als der andere zugedreht wurde.	Anzahl (Kreisel) wer. V (Kreisel)	Op.
20:50	**6.1.4 Rahmung (wegbez.):** Ich beobachte nochmal, um zu sehen, ob sich die Kreiselgeschwindigkeit ändert.	Anzahl (Kreisel) wer. V (Kreisel)	Op.
20:55	**6.1.5 Rahmung (wegbez.):** Ich bin immer noch nicht sicher und will von Kati wissen, ob sich der erste Kreisel langsamer dreht, wenn einer dazukommt.	Anzahl (Kreisel) wer. V (Kreisel)	Op.

Kati antwortet, dass sie es auch nicht sagen könne. Janca schlägt daraufhin vor, nach vorne zu gehen, was sie und Kati auch tun. Was vorn passiert, wird von der Kamera nicht erfasst und kann nicht rekonstruiert werden. Als sie jedoch zurückkommen, sind sie zu dem Ergebnis gekommen, dass sich die Drehgeschwindigkeit des ersten Kreisels nicht ändert, wenn ein weiterer dazukommt. Es werden die beiden folgenden Ideen zugeschrieben:

Zeit	Ideen Janca	Inhaltsbereiche	Ko.
21:10	**6.1.6 Rahmung (wegbez.):** Um besser beobachten zu können, will ich nach vorne ans Lehrerpult gehen.		Op.
21:40	6.1.7 Ich habe gesehen, dass der sich gleich schnell dreht [der erste Kreisel, wenn andere hinzu- bzw. weggeschaltet werden].	Anzahl (Kreisel) wer. V (Kreisel)	Op.

2. Szene

Während Kati und Janca vorn am Schaltungsexperiment waren, hat der Lehrer die Fragenzettel ausgeteilt. Kati und Janca nehmen ihre Plätze ein und beginnen, sich den Zettel anzusehen.

Zeit	Ideen Janca	Inhaltsbereiche	Ko.
21:48	**6.2.1 Rahmung (aufg.bez.):** Ich will herausfinden, wie wir den Zettel bearbeiten sollen.		Op.
21:50	**6.2.2 Rahmung (wegbez.):** Ich will mir den Zettel durchlesen.		Fok.
22:00	6.2.3 Ich finde das sehr schwer.		-
22:05	**6.2.4 Rahmung (wegbez.):** Ich möchte von den anderen wissen, ob wird das getrennt bearbeiten müssen, wenn unten zwei [Kreisel] oder keine zwei Kreisel [mit gleichen oder ungleichen Teilzweigen] sind.	Teilzweige	Op.
22:10	6.2.4 Ich glaube, das sind unterschiedliche Sachen.		Op.

Auf diese Frage erhält Janca keine Antwort. Kati wirft die Frage in den Raum, ob man vielleicht eine Zeichnung machen sollte, was ebenfalls unkommentiert bleibt. Janca betrachtet daraufhin wieder den Zettel und fragt nach einer Stelle, die sie nicht lesen kann - es geht um den oberen rechten Teil, in dem es „Parallelschaltung mit gleichen/ungleichen Teilzweigen" heißt. Nachdem der Lehrer, der gerade an den Tisch kommt, es vorliest, fragt Janca nach dem Wort „Teilzweige", das ihr offenbar nicht geläufig ist.

Zeit	Ideen Janca	Inhaltsbereiche	Ko.
22:26	**6.2.5 Rahmung (wegbez.):** Ich kann nicht alles lesen, was auf dem Zettel steht und will es von dem Lehrer vorgelesen bekommen.		Op.
22:35	6.2.6 Ich habe verstanden, dass es gleiche und ungleiche Teilzweige heißt.	Teilzweige	Op.
22:44	**6.2.7 Rahmung (wegbez.):** Ich verstehe nicht, was das bedeutet und will vom Lehrer erklärt bekommen, was Teilzweige sind.	Teilzweige	Eig. [4]

Die Antwort des Lehrers, dass Teilzweige vom Hauptzweig abgingen, akzeptiert Janca. Sie fragt daraufhin weiter, was der Unterschied zwischen gleichen und ungleichen Teilzweigen sei und stellt selbst eine Vermutung an. Die folgenden Ideen werden zugeschrieben:

Zeit	Ideen Janca	Inhaltsbereiche	Ko.
23:00	6.2.8 Ich habe verstanden, was Teilzweige sind [Abzweigungen vom Hauptzweig].	Teilzweige, [Hauptzweig]	Eig.
23:04	**6.2.9 Rahmung (wegbez.):** Ich will verstehen, was der Unterschied zwischen gleichen und	Teilzweige	Eig.

[4] An dieser Stelle geht es Janca darum, Bedeutungen zu der *allgemeinen* Eigenschaft von Schaltungen zu erzeugen, Teilzweige enthalten zu können.

	ungleichen Teilzweigen ist.		
23:09	6.2.10 Ich vermute, dass es bedeutet, dass einmal ein Kreisel und einmal zwei Kreisel abgehen.	Teilzweige	Eig.

Der Lehrer bestätigt Jancas Vermutung und sagt außerdem, der linke Fall (also der mit gleichen Teilzweigen – siehe Abbildung 10.7) sei momentan der interessantere. Diesen sollen die SchülerInnen also primär bearbeiten (auf den anderen mit ungleichen Teilzweigen wird in dieser Doppelstunde nicht mehr eingegangen).

Der Lehrer verlässt anschließend den Tisch. Die SchülerInnen beginnen eine Privatunterhaltung über die am selben Vormittag anstehende Erdkunde-Klausur. Schließlich – nach ca. 2:30 Minuten - kommt Janca zur Physik zurück.

3. Szene

Zeit	Ideen Janca	Inhaltsbereiche	Ko.
25:57	**6.3.1 Rahmung (aufg.bez.):** Ich will eine Antwort zur Frage „Beobachtung an den Wasserkreiseln" finden.	Kreisel	Eig./ Er. [5]
26:00	6.3.2 Ich fand das letzte Woche einfacher.		-
26:13	**6.3.3 Rahmung (wegbez.):** Wir betrachten jetzt also nur den linken Fall [gleiche Teilzweige]. Den anderen lassen wir weg.		Op.

Kati regt an aufzuschreiben „in einer Parallelschaltung drehen alle Kreisel gleich schnell". Marcus gibt zu bedenken, dass ein Kreisel immer noch gleich schnell drehen würde, wenn ein weiterer dazukäme. Marcus regt weiter an, dies schon mal aufzuschreiben. Doch Kati sagt, sie wolle wissen, warum das so sei - „da steht doch Konsequenz". Marcus erwidert, als Beobachtung könne man das so zunächst einmal schreiben. Janca äußert sich an dieser Stelle und konstruiert eine wegbezogene Rahmung dazu, wie ein Antwortsatz zu formulieren sei. Ihre Strategie besteht darin, in ihren Unterlagen nachzusehen, auf welche Art die Antwortsätze in der letzten (fünften) Doppelstunde zu den Reihenkreisschaltungen formuliert wurden, und hier entsprechend analoge Sätze zu finden.

Zeit	Ideen Janca	Inhaltsbereiche	Ko.
27:21	**6.3.4 Rahmung (wegbez.):** Ich will in meinem Heft nachsehen, wie wir die Antworten letzte Stunde formuliert haben.		Op.
27:26	6.3.5 Dort haben wir geschrieben: Je mehr Kreisel in Reihe geschaltet sind, desto	Anzahl (Kreisel) wer. V (Kreisel) wer.	Op.

[5] Es werden hier zwei verschiedene Komplexitätsniveaus zugeschrieben, da von Seiten des Unterrichtskonzepts zwei Antworten bzw. aufzustellende Regeln vorgesehen sind: Eine dahingehend, dass die Kreisel in einer Schaltung untereinander gleich schnell drehen – dies entspricht einer Bedeutungskonstruktion auf Eigenschaftsebene. Mit der zweiten Antwort wird ausgesagt, dass die Kreisel sich unabhängig von deren Anzahl gleich schnell – und zwar genau so schnell wie ein Kreisel allein – drehen, was einer Bedeutungskonstruktion auf Ereignisebene entspricht.

	langsamer laufen sie.		
27:30	6.3.6 [Wir haben auch geschrieben:] Innerhalb einer Reihenschaltung laufen alle Kreisel gleich schnell.	V (Kreisel)	Op.
27:35	**6.3.7 Rahmung (wegbez.):** Einen solchen Satz will ich hier auch aufstellen.		Op.
27:40	6.3.8 Wir können sagen: In einer Parallelschaltung laufen alle Kreisel gleich schnell.	V (Kreisel)	Eig.
27:45	6.3.9 Wie in der letzten Stunde denke ich, wir sollten dazu sagen, dass ein Kreisel allein auch immer noch dieselbe Geschwindigkeit hat.	Anzahl (Kreisel) wer. V (Kreisel)	Er. [6]
27:49	6.3.10 Ich finde es eigentlich ganz logisch, dass ein Kreisel allein auch immer noch die gleiche Geschwindigkeit hat.	Anzahl (Kreisel) wer. V (Kreisel)	Er.
27:52	**6.3.11 Rahmung (prob.bez.):** Ich will wissen, warum er [der eine Kreisel allein] denn schneller werden sollte.	Anzahl (Kreisel) wer. V (Kreisel) wer.	Er.

Marcus antwortet auf Jancas Frage. Nach seiner Auffassung verteilt sich die gleiche „Wassermenge", die in einer einfachen Schaltung durch einen Kreisel fließt, auf zwei Kreisel, wenn ein Parallelzweig hinzukommt. Janca scheint Marcus' Argumentation nachzuvollziehen.

Zeit	Ideen Janca	Inhaltsbereiche	Ko.
28:13	6.3.12 Ich verstehe Marcus' Argument, dass sich bei zwei Kreiseln die gleiche Wassermenge [wie bei der Schaltung mit einem Kreisel] auf diese beiden verteilt und sie dann langsamer drehen müssten.	Anzahl (Kreisel) wer. V (Kreisel) wer. I (?)	Er.
28:20	**6.3.13 Rahmung (wegbez.):** Ich will wissen, ob Marcus sicher ist, dass das so ist [dass sich die gleiche Wassermenge bei Hinzunahme eines Kreisels auf zwei Kreisel aufteilt].	Anzahl (Kreisel) wer. V (Kreisel) wer. I (?)	Er.

Als Marcus bekundet, dass er das so sehen würde, konstruiert Janca eine problembezogene Rahmung dahingehend, dass sie herausfinden möchte, warum der erste Kreisel nicht langsamer wird bei Hinzunahme weiterer Parallelkreisel bzw. warum er nicht schneller wird beim Wegschalten von Parallel-Kreiseln.

Zeit	Ideen Janca	Inhaltsbereiche	Ko.
28:27	**6.3.14 Rahmung (prob.bez.):** Ich will herausfinden, warum ein Kreisel allein nicht schneller wird [wenn also Parallelzweige weggeschaltet werden].	V (Kreisel) wer.	Er.
28:33	**6.3.15 Rahmung (wegbez.):** Vielleicht wird es [das Wasser] schneller [bei mehr Kreiseln].	[Anzahl (Kreisel) wer.] I (?) wer.	Er.[7]

[6] Diese Idee wird auf Ereignisebene eingestuft, da – im Gegensatz zur vorherigen Idee 6.3.8 – eine Wertezuschreibung zu den Kreiseln dahingehend erfolgt, dass deren Anzahl in die Überlegungen einbezogen werden.

Auf die Aussage Jancas, der die Rahmung 6.3.15 zugeschrieben wurde - „Vielleicht wird das eben schneller" - geht Michael ein. Bei der Formulierung dieser wegbezogenen Rahmung 6.3.15 wurde interpretativ davon ausgegangen, dass Janca mit „das" das Wasser meint. Hätte sie den Kreisel gemeint, so hätte sie vermutlich das männliche Pronomen „der" (für „der" Kreisel) verwendet. Michael nimmt jedoch dahingehend auf Jancas Äußerung bezug, indem er „schneller" auf die Kreiseldrehgeschwindigkeiten zu beziehen scheint. So antwortet er: „Der wird ja eben nicht schneller." Janca erwidert nichts und unternimmt keine Anstrengung, sich präziser auszudrücken. Sie verfolgt Rahmung 6.3.15 also nicht weiter. Statt dessen konstruiert sie weitere Bedeutungen dazu, dass das Wasser schneller fließen könnte.

Zeit	Ideen Janca	Inhaltsbereiche	Ko.
28:40	6.3.16 Wenn das Wasser schneller fließt, müsste es wissen, wie viele Kreisel in der Schaltung sind.	Anzahl (Kreisel) wer. I (?) wer.	Op.[8]
28:43	6.3.17 Das kann nicht sein.		-
29:00	**6.3.18 Rahmung (wegbez.):** Ich versuche, mir vorzustellen, wie das Wasser da so lang fließt.	I (?)	Op.
29:05	6.3.19 Das bringt mich nicht weiter - ich hab keine Lust mehr.		-

Kati sagt, sie hätte auch keine Lust mehr. Offensichtlich sind die beiden frustriert und beginnen eine Privatunterhaltung. Schließlich will Kati zum Thema zurückkommen. Marcus formuliert die bisherige Erkenntnis noch einmal: „Die Kreisel drehen sich unabhängig von der Anzahl gleich schnell."

Zeit	Ideen Janca	Inhaltsbereiche	Ko.
29:30	6.3.20 Dass die Kreisel sich unabhängig von der Anzahl gleich schnell drehen, wussten wir eben schon.	Anzahl (Kreisel) wer. V (Kreisel)	Er.
29:39	**6.3.21 Rahmung (prob.bez.):** Wir wissen aber nicht, warum das so ist.	Anzahl (Kreisel) wer. V (Kreisel)	Er.

Kati formuliert „Je mehr Kreisel da sind, umso gleicher drehen sie". Janca, Michael und Marcus lachen über diesen Satz. Schließlich schlägt Janca vor, einen Satz aufzuschreiben.

Zeit	Ideen Janca	Inhaltsbereiche	Ko.
29:45	6.3.22 Ich finde Katis Aussage „je mehr Kreisel da sind, umso gleicher drehen sie" lustig.		
30:00	**6.3.23 Rahmung (wegbez.):** Wir können schon mal aufschreiben: In einer Parallelschaltung drehen	V (Kreisel)	Eig.

[7] Janca startet hier einen (erfolglosen) Lösungsversuch, indem sie der Geschwindigkeit des „fließenden Wasser" Werte zuschreibt.

[8] Die Interpretation erfolgt hier dahingehend, dass Jancas Überlegungen die konkreten Schaltung betreffen. Sie bezieht zwar die Kreiselanzahl und die Fließgeschwindigkeit des Wassers ein, die „fehlende" Unterscheidung zwischen Teil- und Gesamtstromstärke hindert sie jedoch daran, die physikalisch angemessene Verknüpfung auf Ereignisebene herzustellen.

	alle Kreisel gleich schnell.		
31:05	6.3.24 Wir können noch ergänzen: Die Kreisel drehen gleich schnell, unabhängig davon, wie viele es sind.	Anzahl (Kreisel) wer. V (Kreisel)	Er.

Die erste Frage scheint damit für die SchülerInnen zunächst fertig bearbeitet zu sein, und Marcus liest die nächste vor.

4. Szene

Zeit	Ideen Janca	Inhaltsbereiche	Ko.
31:35	**6.4.1 Rahmung (prob.bez.):** Ich möchte eine Antwort zu „Konsequenzen für die Wasserstromstärke" finden.	I (?)	Eig./ Er.
31:41	6.4.2 Ich denke, die Wasserstromstärke muss auch gleich bleiben.	I (?)	Eig.
31:47	6.4.3 Die Wasserstromstärke ist auch unabhängig von der Anzahl der Kreisel.	Anzahl (Kreisel) wer. I (?)	Er.
31:55	**6.4.4 Rahmung (wegbez.):** Das können wir aufschreiben: Die Wasserstromstärke ist auch unabhängig von der Anzahl der Kreisel.	Anzahl (Kreisel) wer. I (?)	Er.
32:10	6.4.5 Ich finde das nicht besonders einfallsreich.		-

Kati beginnt daraufhin wieder eine Privatunterhaltung und liest schließlich den nächsten Punkt vor. Die SchülerInnen fallen während der Bearbeitung dieser Frage immer wieder in die Privatunterhaltung zurück.

5. Szene

Zeit	Ideen Janca	Inhaltsbereiche	Ko.
33:06	**6.5.1 Rahmung (prob.bez.):** Ich möchte eine Antwort zu „Konsequenzen für den Widerstand der Schaltung" finden.	R (Schaltung)	Eig./ Er.
33:10	6.5.2 Ich hab keine Lust mehr.		
33:33	6.5.3 Ich weiß nicht, was mit dem Widerstand ist.	R (?)	Eig.[9]
33:35	6.5.4 Ich finde es doof, überall bleibt gleich, bleibt gleich zu schreiben.		

Kati schlägt vor, nach vorne zu gehen, doch niemand der anderen geht darauf ein. Marcus meint, der Widerstand würde nicht gleich bleiben, worauf Janca und Kati reagieren.

Zeit	Idee Janca	Inhaltsbereiche	Ko.
33:45	**6.5.5 Rahmung (wegbez.):** Ich möchte wissen, was Marcus damit meint, dass der Widerstand nicht gleich bleibt.	R (?)	Eig./ Er.

[9] Bei der Einstufung dieser Idee wird davon ausgegangen, dass Janca die Eigenschaft von Schaltungen, Widerstände zu haben, erzeugt.

Marcus beginnt eine eher vage Erklärung. Er sagt, die Zweige seien nicht identisch, da in einem ein Hahn (der zum Hinzunehmen und Wegschalten des Zweiges) sei, im anderen dagegen nicht. Dieser Hahn könne vielleicht einen zusätzlichen Widerstand bewirken. Als Kati, Janca und Michael nicht darauf reagieren, argumentiert Marcus allerdings nicht weiter. Möglicherweise ist er selbst skeptisch ob seiner Erklärung.

Janca konstruiert schließlich eine Bedeutung dahingehend, dass der Widerstand auch gleich bleiben müsse, wenn die Wasserstromstärke gleich bleibe.

Zeit	Ideen Janca	Inhaltsbereiche	Ko.
33:55	6.5.6 Marcus' Erklärung bringt mich nicht weiter.		
34:02	**6.5.7 Rahmung (wegbez.):** Wenn die Wasserstromstärke gleich bleibt, muss der Widerstand doch auch gleich bleiben.	I (?) R (?)	Er.

Kati stimmt dieser Aussage von Janca zu. Sie sagt, sie fände das „voll logisch".

Zeit	Idee Janca	Inhaltsbereiche	Ko.
34:11	6.5.8 Ich finde das zwar nicht logisch, aber das macht nichts.		

Michael wiederholt, dass wenn die Wasserstromstärke gleich bleibe, der Widerstand auch gleich bleiben müsse. Kati stimmt dem zu. Das wäre immer so - „das geht doch gar nicht anders".

Zeit	Idee Janca	Inhaltsbereiche	Ko.
34:18	6.5.9 Ich verstehe, dass ein gleicher Widerstand aus einer gleichen Wasserstromstärke folgt.	I (?) R (?)	Er.

6. Szene

Zeit	Idee Janca	Inhaltsbereiche	Ko.
34:22	**6.6.1 Rahmung (prob.bez.):** Aber ich verstehe nicht, warum die Wasserstromstärke gleich bleibt [unabhängig von der Kreiselzahl].	[Anzahl (Kreisel)] I (?)	Er.

Dass die Wasserstromstärke gleich bleibt, führt Marcus darauf zurück, „dass die Parallelkreisel alle gleich schnell drehen". Janca sagt, sie verstünde eben auch nicht, warum das so sei. Schließlich beginnt sie wieder, in ihrem Heft nachzuschlagen und nach den in der letzten Doppelstunde gefundenen Antworten zu Reihenkreisregeln zu blättern.

Zeit	Ideen Janca	Inhaltsbereiche	Ko.
34:30	**6.6.2 Rahmung (prob.bez.):** Ich verstehe nicht, warum die Parallelkreisel gleich schnell drehen [unabhängig von der Kreiselzahl].	[Anzahl (Kreisel)] V (Kreisel)	Er.
34:36	**6.6.3 Rahmung (wegbez.):** Ich will nachsehen, wie		Op.

	die Antworten in der letzten Stunde aussahen.		
34:39	6.6.4 Wir haben dort geschrieben: Je mehr Kreisel in Reihe geschaltet sind, desto geringer wird die Wasserstromstärke, desto größer wird der Widerstand.	Anzahl (Kreisel) wer. I (Schaltung) wer. R (Schaltung) wer.	Op.

Kati und Michael stimmen dem zu. Aber da hier die Kreisel gleich schnell seien, müssten auch Wasserstromstärke und Widerstand gleich bleiben, meint Kati. Janca sieht dies ein und kündigt an, „überall bleibt gleich" schreiben zu wollen, was sie aber nicht tut. Statt dessen beginnt sie eine Privatunterhaltung (zwischen der wegbezogenen Rahmung 6.6.5 und Idee 6.6.6). Anschließend kommt sie - offenbar frustriert - zum Thema zurück.

Zeit	Ideen Janca	Inhaltsbereiche	Ko.
34:48	**6.6.5 Rahmung (wegbez.):** Dann müssen wir wohl überall „bleibt gleich" eintragen.		Op.
35:30	6.6.6. Ich frage mich, ob das alles irgend einen Sinn hat und will nicht überall „bleibt gleich" reinschreiben.		-
35:33	6.6.7 Ich finde das doof, das kann ich mir schenken.		-

Michael ruft an dieser Stelle den Lehrer an den Tisch und fragt, ob er schreiben solle: „die Wasserstromstärke bleibt gleich, der Widerstand bleibt gleich". Der Lehrer unterbricht ihn und fragt, wo die Wasserstromstärke denn gleich bliebe. Alle vier SchülerInnen antworten, sie bleibe überall gleich.

Zeit	Idee Janca	Inhaltsbereiche	Ko.
35:50	6.6.8 Die Wasserstromstärke bleibt überall gleich.	I (?)	Eig.

Der Lehrer möchte offenbar die SchülerInnen anregen zu erkennen, dass die Wasserstromstärke an verschiedenen Stellen im Kreis unterschiedliche Werte annimmt und fragt noch einmal, ob man prinzipiell sagen könne, die Wasserstromstärke bliebe überall gleich.

Janca reagiert auf die Frage (allerdings nicht in der vom Lehrer intendierten Weise), indem sie noch einmal erklärt, dass nur die „linke" Schaltung (mit gleichen Teilzweigen) betrachtet würde.

Zeit	Idee Janca	Inhaltsbereiche	Ko.
36:38	6.6.9 Wir betrachten nur den Fall mit den gleichen Teilzweigen.	Teilzweige	Op.

Der Lehrer bejaht dies und versucht anschließend noch einmal, den SchülerInnen bei der Beantwortung ihrer Frage zu helfen. Er erklärt, dass bei einer einfachen Schaltung der Kreisel mit einer gewissen Geschwindigkeit drehen würde. Nimmt man einen weiteren Kreisel hinzu, dreht der erste mit der gleichen Geschwindigkeit weiter und der hinzugeschaltete beginnt, mit dieser selben Geschwindigkeit zu drehen.

Janca geht auf diese Hinweise nicht ein. Sie konstruiert wieder eine problembezogene Rahmung bezüglich der Konsequenz für die Wasserstromstärke und unterbricht den Lehrer mit einer Frage.

Zeit	Idee Janca	Inhaltsbereiche	Ko.
37:20	**6.6.10 Rahmung (prob.bez.):** Ich möchte vom Lehrer erklärt bekommen, was denn nun die Konsequenz für die Wasserstromstärke ist.	I (?)	Er.

Der Lehrer antwortet, dass die Wasserstromstärke in jedem Kreisel gleich bliebe. Als er zu weiteren Erklärungen ansetzt, wird er durch L2, die in dieser Stunde anwesend ist, unterbrochen. L2 meint, die SchülerInnen hätten doch vorher - als der Lehrer mit Hinzu- und Wegnehmen von Kreiseln das Experiment vorgeführt hat - aufmerksam gelauscht. Janca kann diese Hinweise (wieder) nicht nutzen (Idee 6.6.11), und der Lehrer empfiehlt, noch einmal nach vorn zu gehen und sich das Experiment noch einmal zu betrachten. L2 regt an, beim Experimentieren auf die Pumpe zu achten.

Zeit	Ideen Janca	Inhaltsbereiche	Ko.
37:31	6.6.11 Ich habe vorhin nicht aufmerksam zugehört.		Fok.
37:34	6.6.12 Ich weiß nicht, was der Lehrer und L2 meinen.		Fok.
37:45	**6.6.13 Rahmung (wegbez.):** Ich will nach vorn zum Experiment gehen.		Op.
37:48	**6.6.14 Rahmung (aufg.bez.):** Ich will den Zusammenhang zwischen Kreiselzahl und Pumpgeräusch untersuchen.	Anzahl (Kreisel) Pumpt. (DWS)	Op.[10]

Während sich der Lehrer einer anderen Gruppe zuwendet, geht L2 mit Kati, Janca, Michael und Marcus nach vorn. Sie ist offenbar bestrebt, die SchülerInnen für das Pumpgeräusch zu sensibilisieren. So sollen sich die vier zunächst umdrehen bzw. sich so hinstellen, dass sie das Experiment nicht sehen können. L2 stellt an den Hähnen und nimmt somit Parallelzweige hinzu und wieder weg. Die SchülerInnen regt sie an, Aussagen zu machen, wie sich das Pumpgeräusch ändert, und außerdem fragt sie, ob die SchülerInnen sagen könnten, wie viele Kreisel („wann da einer und wann da zwei drin sind?") geschaltet seien.

Zeit	Ideen Janca	Inhaltsbereiche	Ko.
37:57	**6.6.15 Rahmung (wegbez.):** Ich will auf das Pumpgeräusch achten.	Pumpt. (DWS)	Op.
38:07	6.6.16 Jetzt wird es [der Pumprhythmus] langsamer.	Pumpt. (DWS) wer.	Op.

[10] Die Idee wird „nur" auf Operationsebene eingestuft, da Janca hier den Anweisungen von L2 folgt. Janca will folglich (operierend) auf die Pumpe achten. Wenn sie auf den sich verändernden Rhythmus in Abhängigkeit der Kreiselzahl achten will, bezieht sie sich hier zunächst auf die konkrete Schaltung. Der Wunsch, eine allgemeine Beziehung (auf Ereignisebene) herstellen zu wollen, ist hier (noch) nicht ersichtlich.

38:12	6.6.17 Das Pumpgeräusch verändert sich - einmal ist es schneller, einmal langsamer.	Pumpt. (DWS)	Op.[11]

L2 entfernt sich an dieser Stelle, und zunächst diskutieren Kati und Janca untereinander. Michael und Marcus halten sich vorerst heraus.

Zeit	Ideen Janca	Inhaltsbereiche	Ko.
38:25	6.6.18 Wenn mehr Wasser fließt, ist auch die Wasserstromstärke anders.	Menge (Wasser) wer. I (?) wer.	Eig.[12]
38:27	**6.6.19 Rahmung (aufg.bez.):** Ich will mir klarmachen, wie der Zusammenhang zwischen Kreiselzahl und Pumptätigkeit ist.	Anzahl (Kreisel) wer. Pumpt. (DWS) wer.	Er.
38:29	**6.6.20 Rahmung (wegbez.):** Ich stelle wieder einen Kreisel ab und wieder an und achte auf die Pumpe.	Anzahl (Kreisel) wer.	Op.
38:35	6.6.21 Wenn mehr Wasser fließt, muss die Pumpe mehr pumpen.	Menge (Wasser) wer. Pumpt. (DWS) wer.	Er.
38:44	6.6.22 Ja, aber da [in den einzelnen Kreiseln] bleibt sie [die Wasserstromstärke] gleich.	**I (Kreisel)** [13]	Eig.
38:56	6.6.23 Ich glaube, dann [wenn mehr Kreisel da sind] pumpt sie [die Pumpe] mehr.	Anzahl (Kreisel) wer. Pumpt. (DWS) wer.	Er.

Kati fragt, woher die Pumpe denn wisse, dass sie mehr pumpen müsse, [wenn Parallelzweige hinzukämen]. Sie argumentiert, dass die Pumpe ja wissen müsse, dass der Weg [durch die zusätzlichen Parallelzweige] länger wird. Janca geht zunächst nicht darauf ein und stellt eine andere Frage.

Zeit	Idee Janca	Inhaltsbereiche	Ko.
39:05	**6.6.24 Rahmung (wegbez.):** Ich möchte wissen, ob die Pumpe langsamer pumpt, wenn ich einen Kreisel wieder herausnehme.	Anzahl (Kreisel) wer. Pumpt. (DWS) wer.	Er.

Michael und Marcus stimmen dem zu. Janca führt den Versuch durch.

Zeit	Ideen Janca	Inhaltsbereiche	Ko.
39:10	6.6.25 Ich drehe den Hahn zu und nehme damit einen Kreisel heraus.	Anzahl (Kreisel) wer.	Op.
39:16	6.6.26 Wenn ich den Kreisel wieder hereinnehme, ist es logisch, dass die Kreisel gleich schnell laufen, wenn die Pumpe mehr pumpt.	Anzahl (Kreisel) wer. V (Kreisel) Pumpt. (DWS) wer.	Er.

Kati fragt noch einmal, woher die Pumpe denn wisse, dass sie dann - wenn der Kreisel wieder hereingenommen werde - mehr pumpen müsse. Janca antwortet zwar, dass sie das auch nicht

[11] Janca achtet hier (lediglich) auf die (konkrete) Pumpe.

[12] Hier wird davon ausgegangen, dass Janca eine Bedeutung bezüglich einer Eigenschaft der Wasserstromstärke konstruiert, ein Maß für die Geschwindigkeit fließenden Wassers zu sein.

[13] Indem sie hier eine Bedeutung zur Stromstärke an einer *bestimmten Stelle* – nämlich „in den einzelnen Kreiseln" – konstruiert, zieht Janca erstmals die Möglichkeit „verschiedener" Stromstärken in Betracht.

wisse. Sie konstruiert jedoch keine Rahmung derart, dass sie dieser Frage auf den Grund gehen möchte. Dies zeigt sich im Folgenden, wenn Kati ihren Gedanken weiter verfolgt, Janca aber Katis Denkweise nicht zu erfassen - eventuell auch nicht zu interessieren - scheint.

Zeit	Idee Janca	Inhaltsbereiche	Ko.
39:22	6.6.27 Ich weiß nicht, woher die Pumpe weiß, dass sie mehr pumpen muss.	Pumpt. (DWS) wer.	Op.

Michael zeigt auf ein y-Stück und sagt, das Wasser würde sich hier teilen. Janca geht darauf ein.

Zeit	Ideen Janca	Inhaltsbereiche	Ko.
39:33	6.6.28 An diesen Stellen teilt sich das Wasser auf.	Aufteilen (Wasser)	Op.
39:36	6.6.29 Und wenn die Pumpe schneller pumpt, fließt mehr Wasser.	Pumpt. (DWS) wer. Menge (Wasser) wer.	Er.

Kati scheint nach wie vor ihrer Frage nachzugehen. Sie meint, die Pumpe müsse doch „wenigstens beim ersten Mal, wenn das Wasser sich da teilt" langsamer werden. Katis Aussage lässt sich so interpretieren, dass sie gedanklich mit einem Wasserteilchen „mitreist". Dies kommt von der Hochwassersäule und fließt durch den Schlauch. Es „weiß noch nicht", dass irgendwo eine Verzweigung kommt, und folglich pumpt die DWS in einem bestimmten Rhythmus. Erst bei Erreichen der Verzweigung kann die DWS „merken", dass hier zwei Parallelwege sind und die Pumpe folglich stärker pumpen muss.

Janca scheint - wie oben gesagt - Katis Gedankengang nicht zu folgen.

Zeit	Ideen Janca	Inhaltsbereiche	Ko.
39:45	6.6.30 Ich verstehe nicht, was Kati meint. Die [Pumpe] pumpt mehr, und wenn mehr [Zweige/Kreisel] da sind, kommt auch mehr [Wasser] durch.	Pumpt. (DWS) wer. [Anzahl (Zweige/Kreisel) wer.] I (insgesamt) wer.	Er.
39:49	6.6.31 Da es [das Wasser] sich teilt, bleibt es [die Wassermenge durch jeden Zweig/Kreisel] gleich.	Teilen (Wasser) Menge (Wasser, Zweig)	Er.

Kati stimmt Janca zu. Damit ist aber ihre Frage nicht beantwortet, und sie fragt zum dritten mal, woher die Pumpe wisse, dass sie mehr pumpen müsse. Janca antwortet: „Das weiß sie doch."

Zeit	Idee Janca	Inhaltsbereiche	Ko.
40:10	6.6.32 Die Pumpe weiß, dass sie mehr pumpen muss.	Pumpt. (DWS) wer.	Eig.

Kati ruft schließlich den Lehrer hinzu und stellt ihre Frage an diesen. Der Lehrer beginnt eine Erklärung, indem er zunächst auf die Säulen A zeigt und sagt, hier sei ein hoher Druck, und an Säule B sei ein niedriger Druck. Wenn man nun einen Zweig hinzu nehme, würde der hohe

Druck von Säule A diesen bzw. das Wasser darin sofort in Bewegung setzen. Das aus Säule A abfließende Wasser würde sofort zurückgepumpt. Der Lehrer betont noch einmal, dass ihm deswegen die eingehende Diskussion der Druckunterschiedaufrechterhaltung in den ersten Doppelstunden so wichtig gewesen sei. Er schließt seine Erklärung mit: „Also sie [die Pumpe in der DWS] weiß es [dass sie mehr pumpen muss] letztlich dadurch, dass hier [aus Säule A] mehr Wasser abfließt, das sie mehr zurückpumpen muss."

Kati fragt darauf „aber die Wasserstromstärke bleibt gleich", worauf wiederum Janca reagiert.

Zeit	Idee Janca	Inhaltsbereiche	Ko.
41:10	6.6.33 Nein, die Wasserstromstärke wird größer [bei mehr Parallelzweigen].	I (insgesamt) wer. [Anzahl (Zweige) wer.]	Er.

Der Lehrer geht nicht auf Janca ein, sondern er fragt Kati, *wo* sie meine, dass die Wasserstromstärke gleich bleibe. Kati zeigt auf zwei Parallelschläuche. Sie sagt, dass in diesen beiden die Wasserstromstärke gleich sei, und ergänzt, dass die Wasserstromstärke insgesamt größer würde, „weil hier zwei sind". Der Lehrer fragt, um wie viel die Wasserstromstärke denn größer würde. Janca und Kati antworten gleichzeitig.

Zeit	Idee Janca	Inhaltsbereiche	Ko.
41:24	6.6.34 Die Wasserstromstärke wird bei zwei Kreiseln doppelt so viel.	Anzahl (Kreisel) wer. I (insgesamt) wer.	Er.

Offensichtlich erleichtert, die SchülerInnen zu diesem Ergebnis gebracht zu haben, sagt der Lehrer „ja, das war's." Kati und Janca haben anscheinend ein Aha-Erlebnis und geben je ein „aaaah!" von sich. Die SchülerInnen kehren zu ihrem Platz zurück und beginnen mit der Formulierung eines Antwortsatzes.

Zeit	Ideen Janca	Inhaltsbereiche	Ko.
41:54	**6.6.35 Rahmung (wegbez.):** Wir können schreiben: Die Wasserstromstärke in den einzelnen Kreiseln bleibt gleich.	I (Kreisel)	Eig.
41:56	6.6.36 Die Wasserstromstärke ist auch unabhängig von der Anzahl der Kreisel [oder der Parallelzweige.	Anzahl (Kreisel) wer. I (Kreisel)	Er.
42:00	6.6.37 Weiter können wir schreiben: Die gesamte Wasserstromstärke wird größer.	I (insgesamt) wer.	Er.
42:28	6.6.38 Wenn noch ein Zweig dazu geschaltet wird, wird sie [die Wasserstromstärke] doppelt so groß, bei zwei zugeschalteten drei Mal so groß.	Anzahl (Kreisel) wer. I (insgesamt) wer.	Er.

Nachdem die SchülerInnen fertig geschrieben haben, schließt sich die Pause zwischen den beiden Unterrichtsstunden an.

7. Szene

Als die zweite Hälfte der Doppelstunde bereits begonnen hat, kommt Janca zurück zum Thema - „Jetzt muss ich Physik machen". Die SchülerInnen gehen, ohne noch am Tisch zu diskutieren, vor zum Experiment und wenden sich dort gleich an den Lehrer.

Zeit	Ideen Janca	Inhaltsbereiche	Ko.
51:11	**6.7.1 Rahmung (aufg.bez.):** Ich will die Frage nach dem Widerstand bearbeiten.	R (?)	Eig./ Er.
51:20	**6.7.2 Rahmung (wegbez.):** Ich will nach vorne gehen und mir vom Lehrer helfen lassen.		Op.

Der Lehrer regt an, die Argumentation im Zusammenhang mit der Wasserstromstärke auch hier anzuwenden. Er meint, man könne „das Ganze" als einen Widerstand ansehen. Es würde ja mehr Strom fließen bei mehr Teilzweigen. Die Frage sei nun, „wenn mehr Strom fließt, hab ich dann mehr oder weniger Widerstand?", worauf Janca antwortet.

Zeit	Idee Janca	Inhaltsbereiche	Ko.
52:25	6.7.3 Wenn mehr Strom fließt, dann ist der Widerstand kleiner.	I (?) wer. R (?) wer.	Er.

Marcus fügt hinzu, der Widerstand würde in den einzelnen Teilzweigen gleich bleiben. Janca bestätigt dies und ergänzt, dass der Widerstand jedoch insgesamt „weniger" würde.

Zeit	Ideen Janca	Inhaltsbereiche	Ko.
52:32	6.7.4 In Schaltung zwei [in den Teilzweigen] ist der Widerstand gleich groß.	R (TZ)	Eig.
52:37	6.7.5 Insgesamt wird der Widerstand weniger.	R (insgesamt)	Er.

Der Lehrer bestätigt dies und setzt zu einer Erklärung an. Im Wesentlichen kritisiert er das Wort Widerstand. Er regt an, einen Widerstand als Engstelle anzusehen. Mit jedem Zweig würde man eine weitere Engstelle hinzunehmen und somit die gesamte Öffnung für den Wasserfluss vergrößern. Mit zwei Zweigen hätte man also zwei Engstellen, aber auch zwei Öffnungen. Janca fragt an dieser Stelle nach.

Zeit	Idee Janca	Inhaltsbereiche	Ko.
53:27	**6.7.6 Rahmung (wegbez.):** Ich verstehe nicht, was der Lehrer mit Öffnung meint.	Öffnung	Op.

Auch Michael fragt nach. Er meint, vorher (bei den Reihenkreisen) wären die Widerstände nur als Engstellen, und nicht als Öffnungen bezeichnet worden. Der Lehrer weist auf den Unterschied hin, dass bei den Reihenkreisen nacheinander durch die Kreisel „hindurchgedrückt" werden müsse. Janca folgt dieser Unterscheidung.

Zeit	Idee Janca	Inhaltsbereiche	Ko.
54:17	6.7.7 Ich glaube, der Unterschied ist, dass sich das [Wasser] hier teilt.	Aufteilen (Wasser)	Op.

Der Lehrer stimmt Janca zu und ergänzt, dass „ganze viele Engstellen praktisch eine Riesenöffnung“ ergeben würden. Die SchülerInnen verlassen das Lehrerpult und nehmen ihre Plätze ein, um einen Antwortsatz zu formulieren.

Zeit	Ideen Janca	Inhaltsbereiche	Ko.
54:58	6.7.8 Wir können sagen: In den einzelnen Zweigen ist der Widerstand gleich groß.	R (TZ)	Eig.
55:22	6.7.9 Der Widerstand wird kleiner, je mehr Zweige man dazu schaltet.	Anzahl (TZ) wer. R (TZ) wer.	Er.

10.3.5 Zusammenfassung der Analyseergebnisse

Zu den Szenen 1 bis 3

In der ersten Szene konstruiert Janca zum vorn durch den Lehrer vorgeführten Experiment eine aufgabenbezogene Rahmung (6.1.1) auf Operationsebene. Zu einem Ergebnis kommt sie innerhalb von 1:30 Minuten. Während Janca in der fünften Doppelstunde noch eine Problemfindungsphase von 1:40 Minuten durchlief um herauszufinden, dass Kreiseldrehgeschwindigkeiten untersucht und verglichen werden sollen, wird hier ohne Zögern eine aufgabenbezogene Rahmung erzeugt, in der Janca ihren Fokus auf die wesentlichen Objekte (die Kreisel) und deren Merkmale (die Drehgeschwindigkeiten) lenkt. Damit ist das erste Ergebnis also gefunden, nämlich dass in diesem Experiment (in der Parallelschaltung mit unterschiedlich vielen Kreiseln) die Drehgeschwindigkeiten der Kreisel, die geschaltet sind, unabhängig von deren Anzahl sind.

In der zweiten Szene strukturiert Janca über 1:20 Minuten die Aufgabe. Unter der aufgabenbezogenen Rahmung (6.2.1) „Ich will herausfinden, wie wir den Zettel bearbeiten sollen“ lassen sich fünf wegbezogene Rahmungen zuordnen, die jeweils zügig abgearbeitet werden. Im Zuge dieser Bearbeitung wird unter anderem eine Begrifflichkeit geklärt - nämlich was unter einem Teilzweig zu verstehen ist (6.2.7 - 6.2.10).

In der dritten Szene konstruiert Janca auf Eigenschafts- bzw. Ereignisebene die erste aufgabenbezogene Rahmung (6.3.1), die sich direkt auf eine Frage auf dem Zettel bezieht. Es geht ihr um die Formulierung von Regeln zu „Beobachtung an den Wasserkreiseln“. Drei wegbezogene Rahmungen wurden zugeschrieben. Die erste beinhaltet nochmals eine Strukturierungsmaßnahme. Janca betont noch einmal, dass nur der Fall mit gleichen Teilzweigen beachtet werden soll (6.3.4). Anschließend verfolgt sie eine Strategie, die ihr die Bearbeitung der Frage erleichtert. Sie schlägt in ihrem Heft nach um zu sehen, wie die Antworten zu den Fragen zu Reihenkreisregeln in der letzten Stunde formuliert sind und will hier entsprechende Sätze finden (Rahmungen 6.3.4 und 6.3.7). So sind nach 1:48 Minuten Antwortsätze auf Eigenschafts- und Ereignisebene zur ersten Frage aufgestellt (6.3.8 und 6.3.9). Bezüglich der Inhaltsbereiche wurden Bedeutungen zur Anzahl der Kreisel und zu den Geschwindigkeiten der Kreisel konstruiert und erfolgreich miteinander verknüpft.

Gleich anschließend wirft Janca die Frage auf, warum ein Kreisel allein schneller werden sollte (problembezogene Rahmung 6.3.11). Während ihr das beobachtete Phänomen der gleichen - also von der Anzahl unabhängigen - Kreiseldrehgeschwindigkeiten zunächst „logisch" erschien (6.3.10), wird für sie durch Marcus' Ausführungen ein Problem aufgeworfen (dem zu folge teilt sich eine konstante Wassermenge unter unterschiedlich vielen Kreisel auf, die dann mit zunehmender Anzahl langsamer drehen müssten). Um die Frage nach der Ursache für die anzahl-unabhängigen gleichen Kreiseldrehgeschwindigkeiten zu beantworten, sollte eine Verknüpfung mit dem Inhaltsbereich Stromstärke erfolgen. Von Janca wird dieser auch in Bedeutungskonstruktionen einbezogen (siehe Ideen 6.3.12, 6.3.13, 6.3.15 und 6.3.16). Es fehlt jedoch die Ausdifferenzierung hinsichtlich einer klaren Unterscheidung der Wasserstromstärken an verschiedenen Stellen in den Schaltungen - nämlich im Hauptzweig und in den Teilzweigen. Die problembezogene Rahmung zur Ursache für die gleichen Kreiseldrehgeschwindigkeiten kommt in dieser Szene insgesamt dreimal (6.3.11, 6.3.14 und 6.3.21) und in der sechsten Szene ein weiteres mal vor (6.6.2). Lösungsversuche in dieser dritten Szene (wegbezogene Rahmungen 6.3.15 und 6.3.18) werden abgebrochen. Somit werden die Bemühungen um die Klärung dieser Frage zunächst - nach 1:47 Minuten Beschäftigung - erfolglos beendet. Statt dessen wird die erkannte Regel zu den Kreiseldrehgeschwindigkeiten, über die sich die SchülerInnen einig sind, nochmals formuliert und aufgeschrieben (6.3.23 und 6.3.24).

Die folgende Abbildung 10.8 stellt den Komplexitäts-Zeit-Verlauf von Jancas Ideen zur ersten Frage dar (um sämtliche Ideen zu erfassen, wurde ein anderer Maßstab gewählt als bei den Plots zur fünften Doppelstunde - Abbildungen 10.4 bis 10.6).

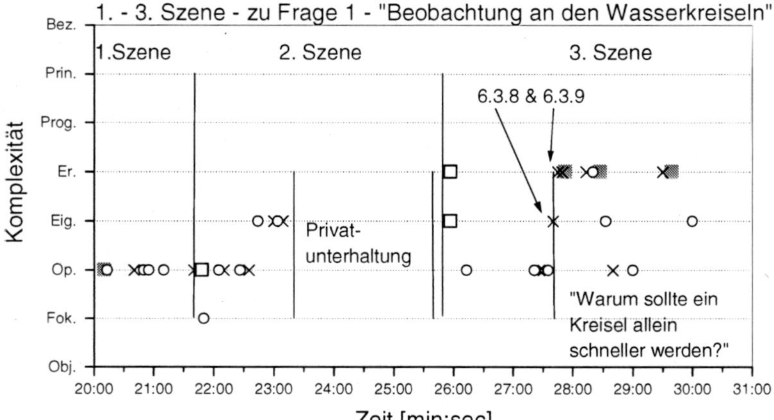

Abb. 10.8: Komplexitäts-Zeit-Diagramm zu den Szenen 1 bis 3 (graues ausgefülltes Quadrat: problembezogene Rahmung, offenes Quadrat: aufgabenbezogene Rahmung, offener Kreis: wegbezogene Rahmung, Kreuz: Idee)

Als Ergebnisse sind zusammenfassend festzuhalten:

- Es zeigt sich eine bottom-up-Charakteristik der Ideen. Direkt zu Beginn der ersten Szene werden die Kreiseldrehgeschwindigkeiten als wesentliches Merkmal identifiziert, und nach 1:30 Minuten kommt Janca auf Operationsebene zu einem Ergebnis (6.1.7). Hierzu wurde eine aufgabenbezogene und vier wegbezogene Rahmungen konstruiert.
- Janca unternimmt zwei Strukturierungsmaßnahmen für die Bearbeitung der Fragen. Sie klärt unter einer aufgabenbezogenen Rahmung, welche Schaltungen untersucht werden sollen (nämlich die mit gleichen Teilzweigen) und dass die Antwortsätze analog zu denen zu Reihenkreisschaltungen zu formulieren sind.
- Aus der Beobachtung wird (nach der Privatunterhaltung) eine allgemeine - also für alle Parallelkreisschaltungen gültige - Regel auf Eigenschafts- bzw. Ereignisebene abgeleitet. Nach 7:30 Minuten ist damit die erste Frage beantwortet inklusive einer knapp 3minütigen Privatunterhaltung - ohne die Privatunterhaltung hätte die Dauer 4:40 Minuten betragen.
- Ohne explizite Aufforderung durch den Lehrer oder den Aufgabenzettel versucht Janca, die Frage zu klären, warum die Kreisel gleich schnell drehen (unabhängig von der Anzahl). Die diesbezügliche problembezogene Rahmung kommt in Szene eins bis drei dreimal vor.
- Es werden insgesamt drei aufgabenbezogene Rahmungen und 12 wegbezogene Rahmungen bis zu den Ideen 6.3.8 und 6.3.9, mit denen Frage 1 beantwortet ist, konstruiert.
- Die problembezogene Rahmung bezüglich der Ursache für das gleich schnelle Drehen der Kreisel kommt dreimal vor. Es werden drei wegbezogene Rahmungen als Lösungsversuche konstruiert und erfolglos verworfen.
- Problemfindungsphasen kommen nicht vor.

Zur 4. und 5. Szene

Die Frage nach den Konsequenzen für die Wasserstromstärke wird in 35 Sekunden beantwortet. Eine wegbezogene Rahmung ist nicht zu erkennen. Aus den gleichen - von der Anzahl der Kreisel unabhängigen - Drehgeschwindigkeiten wird gefolgert, dass die Wasserstromstärke auch unabhängig von der Anzahl der Kreisel ist (6.4.3). Hier zeigt sich die eingangs erwähnte unzureichende Aussagekraft der Beschreibung durch Komplexitätszuweisungen in dieser Analyse. In der vierten Szene werden ausschließlich Ideen auf Eigenschafts- und Ereignisebene zugeschrieben, die jedoch physikalisch nicht ausreichend präzise sind. Die Inhaltsbereiche betrachtend wird zwar der Stromstärkeaspekt einbezogen, jedoch ohne weitere Ausdifferenzierung dahingehend, welche Stromstärke an welcher Stelle der Schaltung gemeint sein könnte. Es wird immer nur von *der* Stromstärke gesprochen.

Ein ähnliches Resümee lässt sich aus der 5. Szene ziehen, für die ebenfalls 35 Sekunden aufgebracht werden. Janca scheint sich über den Zusammenhang von Stromstärke und Widerstand im klaren zu sein - nämlich dass aus gleicher Stromstärke gleicher Widerstand folgt (auf Ereignisebene). Sie verkündet jedoch bereits Unzufriedenheit mit dem Ergebnis (Ideen 6.5.2, 6.5.4 und 6.5.8).

Zusammenfassend bleibt zur 4. und 5. Szene festzuhalten:

- Zu den Fragen 2 und 3 („Konsequenzen für die Wasserstromstärke und den Widerstand der Schaltung“) wird jeweils eine problembezogene Rahmung und eine bzw. zwei wegbezogene Rahmung/en konstruiert.
- Es lassen sich zumeist Ideen auf Eigenschafts- oder Ereignisebene zuschreiben. Bedeutungsentwicklungen im Sinne von bottom-up-Prozessen zeigen sich nicht.
- Die zusätzliche Analyse der einbezogenen Inhaltsbereiche zeigt, dass sowohl zur Wasserstromstärke als auch zum Widerstand eine Ausdifferenzierung dahingehend fehlt, dass diese an verschiedenen Stellen im Schaltkreis unterschiedliche Beträge annehmen.

Zur 6. Szene

Gegenstand der 6. Szene ist die Klärung der Frage nach der Konsequenz für die Wasserstromstärke. Dadurch, dass dieser Frage noch einmal vertieft nachgegangen wird, zeigt sich erneut, dass die bisher gefundene Lösung nicht zufriedenstellend für Janca ist. Sie konstruiert also eine problembezogene Rahmung zum Verhalten der Wasserstromstärke (6.6.1). Diese ist gleichzusetzen mit der Frage nach der Ursache für das gleich schnelle Drehen der Parallelkreisel, was durch die folgende vierte Wiederholung der diesbezüglichen problembezogenen Rahmung (6.6.2) deutlich wird. Grundsätzlich scheint Janca also in der Lage zu sein, Beziehungen zwischen Kreiseldrehgeschwindigkeiten, Stromstärke und Widerstand herzustellen. Janca verfolgt zunächst zwei wegbezogene Rahmungen. So sieht sie nochmals in ihrem Heft nach den Antworten zu Reihenkreisen, kommt aber zu keinen neuen Erkenntnissen.

Zu den Fragen des Lehrers, der anschließend von Michael gerufen wird, konstruiert Janca keine Bedeutungen, die ihr weiterhelfen. Also unterbricht sie seine Hilfestellungsversuche und wiederholt ihre problembezogene Rahmung zur Konsequenz für die Wasserstromstärke als Frage an den Lehrer (6.6.10).

Zu der Anregung, nach vorn zu gehen und auf die Pumpe zu achten, konstruiert Janca eine aufgabenbezogene Rahmung auf Operationsebene (6.6.14). Unter Konstruktion einer wegbezogenen Rahmung erfasst Janca den Zusammenhang von Kreiselanzahl und Pumptätigkeit auf Operationsebene. Diesen will sie anschließend auf Ereignisebene konstruieren, wozu die aufgabenbezogene Rahmung 6.6.19 und die wegbezogene Rahmung 6.6.20 zugeschrieben wird. Unter letzterer kommt mit Idee 6.6.22 zum ersten mal der Inhaltsbereich „I (Kreisel)“ vor - das heißt Janca konstruiert eine Ausdifferenzierung hinsichtlich der Stromstärke in den Kreiseln. Unter zwei weiteren wegbezogenen Rahmungen konstruiert Janca in einer Bedeutungsentwicklung systematisch Wertezuschreibungen zu den Inhaltsbereichen „Kreiselanzahl“ und „-geschwindigkeit“, „Pumptätigkeit“ und „Wasserstromstärke“ und setzt diese gesamten Inhalte zueinander in Beziehung. Hinsichtlich des Inhaltsbereiches „Wasserstromstärke“ erfasst sie dabei die Unterscheidung zwischen Teil- und Gesamtstromstärke. Mit Idee 6.6.29 hat Janca ihre Bedeutungsentwicklung beendet. Seit Rahmung 6.6.10 sind 2:16 Minuten vergangen. Der Komplexitäts-Zeit-Plot (Abbildung 10.9) zeigt einen bottom-up-Verlauf in dieser Sequenz.

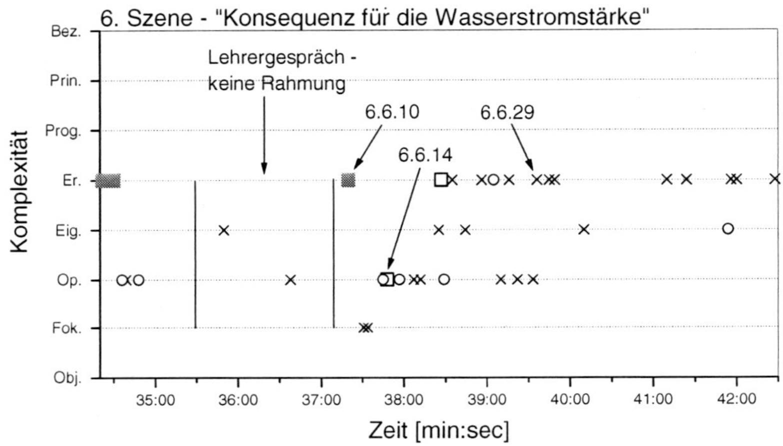

Abb. 10.9: Komplexitäts-Zeit-Diagramm zur 6. Szene (graues ausgefülltes Quadrat: problembezogene Rahmung, offenes Quadrat: aufgabenbezogene Rahmung, offener Kreis: wegbezogene Rahmung, Kreuz: Idee)

Anschließend konstruiert Janca keine Rahmung mehr. Die nachfolgenden Ideen beziehen sich auf Fragen von Kati, auf die Janca lediglich antwortet. Erst mit Rahmung 6.6.35 regt Janca an, die gefundenen Regeln schriftlich zu formulieren.

Zusammenfassung der Ergebnisse zur 6. Szene:

- zur Klärung der Frage nach der Konsequenz für die Wasserstromstärke (Rahmung 6.6.1) kann zunächst keine wegbezogene Rahmung konstruiert werden, die zu einer erfolgreichen Beantwortung der Frage führt. Dies geschieht erst nach ca. 6:20 Minuten mit Rahmung 6.6.14.
- Anschließend werden in einem bottom-up-Prozess über 2:16 Minuten den Inhaltsbereichen „Kreiselanzahl" und „-geschwindigkeit", „Pumptätigkeit" und „Wasserstromstärke" Werte zugeschrieben und Beziehungen zwischen diesen Inhalten hergestellt. Hinsichtlich des Inhaltsbereiches „Wasserstromstärke" erfolgt die Unterscheidung zwischen Teil- und Gesamtstromstärke.

Zur 7. Szene

Zur Frage nach den Konsequenzen für den Widerstand der Schaltung konstruiert Janca nun eine aufgabenbezogene Rahmung (6.7.1). Ihr Vorgehen besteht darin, ohne weitere Diskussion mit den MitschülerInnen nach vorn zu gehen und sich vom Lehrer helfen zu lassen (wegbezogene Rahmung 6.7.2). Zu dessen Anregung, von der Stromstärke auf den Widerstand zu schließen, konstruiert Janca Bedeutungen (6.7.3, 6.7.8 und 6.7.9). Es werden ca. 4:10 Minuten für die erfolgreiche Beantwortung der Frage benötigt.

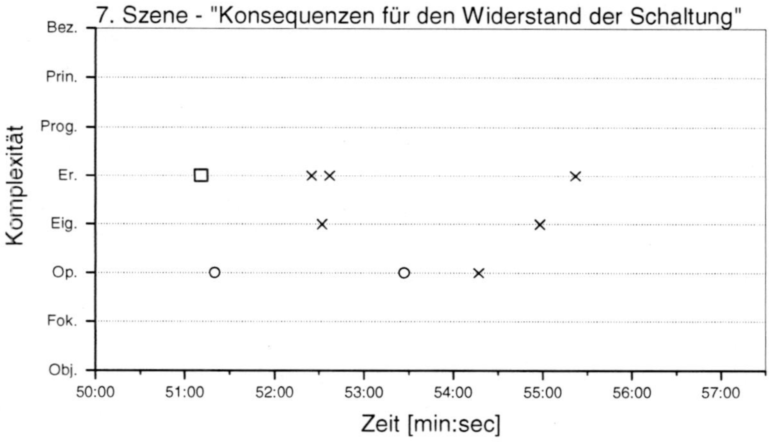

Abb. 10.10: Komplexitäts-Zeit-Diagramm zur 7. Szene
(offenes Quadrat: aufgabenbezogene Rahmung, offener Kreis: wegbezogene Rahmung, Kreuz: Idee)

11 Darstellungen der Handlungsverläufe und Analysen - Zielbereich

11.1 Zur 14. Doppelstunde

11.1.1 Vorbemerkungen

In der 14. Doppelstunde wird zum Zielbereich elektrische Stromkreislehre übergeleitet. Im Rahmen des Unterrichtskonzepts werden die SchülerInnen also erstmals explizit aufgefordert, Bedeutungen zu diesem Inhaltsbereich zu konstruieren. Im Hinblick auf die Frage nach den Unterschieden zwischen Lernen ohne und mit analogem Vorwissen sind die hier zu gewinnenden empirischen Ergebnisse denen aus der ersten Doppelstunde gegenüber zu stellen. In beiden Doppelstunden finden „erste Berührungen" mit dem jeweils neuen Themenbereich statt, die Erschließung beider Bereiche befindet sich jeweils in der Anfangsphase. Wenn die SchülerInnen in der ersten Doppelstunde mit der DWS konfrontiert werden, wurde davon ausgegangen, dass diese einen a priori neuen bzw. unbekannten Inhaltsbereich darstellt. Zu Beginn der Erschließung des Basisbereichs „Wasserstromkreislehre" konnte somit nicht auf analoges Vorwissen zurückgegriffen werden. In der 14. Doppelstunde besteht dagegen grundsätzlich die Möglichkeit, analogiegeleitet vorzugehen.

Der Handlungsabschnitt, in dem diese ersten Bedeutungskonstruktionen zum Bereich elektrische Stromkreislehre zu beobachten sind, fällt in eine Frontalunterricht-Phase. Der Lehrer fordert die SchülerInnen ausdrücklich zu einer analogiegeleiteten Hypothesensammlung auf. Die von den SchülerInnen geäußerten Vorschläge werden vom Lehrer - stets mit Fragezeichen versehen - für alle sichtbar auf einer OH-Folie niedergeschrieben. Im betrachteten Unterrichtsabschnitt finden sich kaum Bedeutungs*entwicklungen*, sondern eher „isolierte" Bedeutungskonstruktionen. Entwicklungen sind - bedingt durch die Aufforderung, im brainstorming Hypothesen zu sammeln - auch eher selten zu erwarten.

Die Beschränkung der Betrachtungen auf die Schülerin Janca macht in diesem Abschnitt wenig Sinn, da ihre Äußerungen nur einen Bruchteil der gesammelten Hypothesen ausmachen. Sie macht während der gesamten Zeit einen konzentrierten Eindruck, gibt aber nicht zu sämtlichen von MitschülerInnen geäußerten Hypothesen Kommentare ab. Mit diesen Einschränkungen ist eine Art der Analyse, wie sie in den anderen Abschnitten dieses empirischen Teils gegeben wird, nicht durchführbar. Dennoch sind Ideenzuschreibungen zu einigen SchülerInnenäußerungen möglich, die im weiteren hinsichtlich Komplexitäts- und inhaltlicher Aspekte ausgewertet werden. Die in Bezug auf die Analogiebasiertheit der Bedeutungskonstruktionen zu erkennende einheitliche Linie der SchülerInnenäußerungen rechtfertigt die Analyse und stellt keine wesentliche Einschränkung der gewonnenen Ergebnisse für dieses „erste Stadium" der Befassung mit dem Zielbereich dar.

11.1.2 Zur Analogiebasiertheit der Bedeutungskonstruktionen

Um Aussagen über das Vorgehen von Lernenden in der Anfangsphase der Beschäftigung mit einem per analogiam zu erschließenden Zielbereich machen zu können, muss die Frage beantwortet sein, ob davon ausgegangen werden kann, dass die Lernenden ihr analoges Vorwissen überhaupt nutzen. Diese Frage kann durch die Untersuchungen von Dudeck (1997) bereits als positiv beantwortet angesehen werden. Seine Analyse (168-177) dieses ca. 15minütigen Unterrichtsabschnitts führt er genau im Hinblick auf die Frage durch, ob die SchülerInnen sich grundsätzlich darauf einlassen, ihr Wissen über Wasserstromkreise als analoges Basisbereichwissen zu nutzen. Im positiven Fall fragt er weiter, inwieweit das Basiswissen im neuen Kontext des Analogiebildens als „fruchtbare Operationsbasis" genutzt wird. Außerdem wird die Rolle des bereits vorhandenen elektrischen Vorwissens für die Akzeptanz der Analogie untersucht. Zur Klärung dieser Fragen betrachtet Dudeck sämtliche SchülerInnen-Äußerungen, die im Rahmen des betrachteten Unterrichtsabschnitts auszumachen waren. Eine Einordnung geschieht dahingehend, ob sie analogiegeleitet oder auf elektrisches Vorwissen zurückzuführen waren. Im Rahmen einer weiteren Kategorisierung wurde unterschieden, ob die Äußerungen eher als vage bzw. als Fragen formuliert sind, oder ob sie mit einer Sicherheit geäußert werden, die auf entsprechendes Wissen schließen lassen. Dudecks Ergebnisse seien im folgenden zusammengefasst.

Ein wesentliches Ergebnis ist, dass „unabhängig davon, ob die Analogie kritisch oder zustimmend gesehen wird, [...] alle SchülerInnen aufgrund ihres Vorwissens in bezug auf Wasserstromkreise diese als Bezugspunkt für ihre Überlegungen [wählen]" (Dudeck 1997, 175). Insgesamt werden 41 SchülerInnenäußerungen ausgemacht. 27 davon sind Analogiekonstruktionen mit Hilfe der Wasseranalogie, von denen wiederum 13 als spekulativ und 14 als fundiert einzustufen sind. Einige Analogiekonstruktionen wiederholen sich. Die übrigen Äußerungen sind unterschiedlicher Art: U.a. beklagen einige mangelndes eigenes elektrisches Vorwissen, einige betreffen eher grundsätzliche Aspekte zur Verwendbarkeit der Wasseranalogie als Basisbereich. Drei Äußerungen widersprechen den zuvor von MitschülerInnen geäußerten Hypothesen aufgrund von Widersprüchen mit eigenem elektrischen Vorwissen. Zudem findet sich eine nicht-analogiebasierte Wissensdemonstration über den Zielbereich.

In einer weiteren, im Rahmen der vorliegenden Arbeit durchgeführten Analyse wurden die gefundenen hypothetischen Basis-Ziel-Übereinstimmungen genauer betrachtet und auf die inhaltlichen und komplexitätsabhängigen Aspekte hin untersucht.

11.1.3 Anmerkungen zu Jancas Vorgehen im Zielbereich im Hinblick auf die Ergebnisse aus dem Vorinterview

Für die weiteren Untersuchungen - auch im Rahmen der Betrachtungen des Abschnitts aus der 16. Doppelstunde - ist darzulegen, dass insbesondere Janca die Wasseranalogie und ihre bei der Beschäftigung mit diesem Inhaltsbereich gebildeten Fähigkeiten nutzt, um in Auseinandersetzung mit dem Zielbereich Bedeutungen zu konstruieren bzw. zu entwickeln. Was die im folgenden dargestellte Analyse des Abschnitts der 14. Doppelstunde betrifft, so stellen Jancas Äußerungen einen Teil der Grundlagen zu den von Dudeck gefundenen Ergebnissen dar. Das heißt auch sie wählt wie die gesamte Klasse ihr Vorwissen über Wasserstromkreise als Bezugspunkt für ihre Überlegungen. Wenn ihr also etwa in der 14. Doppelstunde noch nicht klar ist, wie die Batterie einen Druckunterschied herstellen sollte (siehe Idee 14.1.22), so impliziert dies, dass Janca eine Ähnlichkeit zwischen den Stromkreistypen im Basis- und Zielbereich zumindest sucht, sich also auf die Wasseranalogie „einlässt".

Im Vorinterview hatte sie geäußert, dass aus beiden Polen der Batterie „Stromteilchen" kämen, die an der Lampe aufeinander träfen (siehe Abschnitt 9.2.2). Dieses Vorverständniselement zeigt Janca in den folgenden Untersuchungen an keiner Stelle. Auch eine Konstantstromquellenvorstellung und die damit im Vorinterview verbundene Verwunderung darüber, dass zwei Lämpchen in einer Reihenschaltung weniger hell leuchten als eines allein, zeigt sich in keinster Weise (Abschnitt 9.2.5).

Es sei damit festgehalten, dass das Vorgehen Jancas in der 14. und in den folgenden Doppelstunde/n in weiten Teilen als analogiebasiert zu betrachten ist.

11.1.4 Beschreibung und Analyse des Handlungsabschnitts mit Fokus auf Analogiekonstruktionen

Der Lehrer kündigt als Devise für das weitere Vorgehen an herauszufinden, inwieweit das vorhandene Wasserstromkreis-Wissen für die Annäherung an den Inhaltsbereich Elektrizitätslehre von Nutzen sein kann. Er führt diesen Ansatz zum einen auf den Physiker Cavendish zurück, dem ebenfalls hydrodynamische Modellannahmen erfolgreiches Vorgehen in Fragen zur Elektrizität ermöglichten. Weiter wird die Sinnesunzugänglichkeit der Elektrizitätslehre erwähnt: nur noch durch indirekte Wirkungen, z.B. Lampenhelligkeiten, können Rückschlüsse über die diese verursachenden Mechanismen gezogen werden.
Der Lehrer hat am Pult eine einfache Wasserstromkreisschaltung und eine einfache elektrische Schaltung aufgebaut. Außerdem ist die folgende Abbildung 11.1 in Form einer OH-Folie an die Wand projiziert.

Zur Analogie zwischen Wasserstromkreisen und elektrischen Stromkreisen

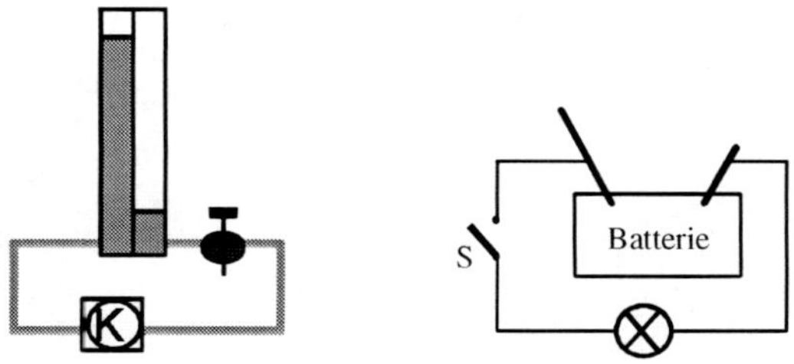

-> Versuche, mit Deinen Vorkenntnissen über Wasserstromkreiese elektrische Stromkreise zu verstehen

-> Was nützt die Wasseranalogie?

-> Wo sind die Grenzen?

Abb. 11.1: OH-Projektion zu Beginn der Sammlung hypothetischer Basis-Ziel-Beziehungen (Dudeck 1997, 169)

Auf dieser Folie werden die Analogie-Hypothesen der SchülerInnen - stets mit Fragezeichen versehen - niedergeschrieben.

Der Lehrer schlägt bei den Vergleichen zwischen den Bereichen Wasserstromkreise und elektrische Stromkreise vor, zunächst Hypothesen bezüglich der Bestandteile beider Bereiche aufzustellen. Erst anschließend soll „ins Detail" gegangen werden - sprich Vermutungen über analoge Entsprechungen etwa zu den Systemgrößen oder Eigenschaften von Drähten, der Batterie etc. angestellt werden. Der Lehrer ist bemüht, hier eine Strukturierung herbeizuführen, was nur bedingt möglich ist. Vielmehr äußern die SchülerInnen - ohne erkennbare Reihenfolge - engagiert Vermutungen über verschiedenste Aspekte der Stromkreise.

Die Vorgabe des Lehrers, die hypothetischen Zuordnungen zunächst als in den Raum gestellte offene Fragen zu sehen, muss mehrmals wiederholt werden. Die SchülerInnen wollen häufig sofort eine Antwort dazu, ob die Annahmen stimmen (insbesondere bei den Fragen, ob das Lämpchen einen Widerstand habe und die Batterie einen Druckunterschied erzeuge), und lassen sich teilweise nur widerwillig auf die Aussicht ein, diese erst in den nächsten Stunden bestätigen oder widerlegen zu können.

Die folgende Frontalphasen-Analyse fokussiert auf die Äußerungen, die Analogiekonstruktionen beinhalten. Diesen Äußerungen sowie einigen direkten Reaktionen darauf - insbesondere von Janca - werden Ideen zugeschrieben. Namen werden nur den Ideen von Jancas Tischgruppe zugeordnet. Sämtliche anderen SchülerInnen werden als „S" bezeichnet. Die Beschreibungen „zwischen" den Ideen sollen wieder zur Lesbarkeit beitragen und den Handlungsverlauf nachvollziehbarer werden lassen. Die Darstellungen verkürzen oder sparen Teile bewusst aus, deren Inhalte zu weit vom Fokus auf die Analogiekonstruktionen abweichen. Eine inhaltlichen Analyse der Ideen wurde dann vorgenommen, wenn sie als analogiegeleitete Hypothese zu deuten war. Die Inhalte sind dann in der Spalte „analoge Entsprechungen" aufgezeigt.

Die erste Äußerung einer Schülerin unterbindet bereits den Wunsch des Lehrers, zunächst Hypothesen über analoge Entsprechungen der Stromkreisbestandteile zu formulieren.

Zeit	S - Idee *(Komp.)*	analoge Entsprechung
55:29	14.1.1 Ich möchte wissen, ob es bei den elektrischen Stromkreisen einen Druckunterschied gibt. *(Eig.)*	Δp (DWS) - ?

Der Lehrer antwortet, es könnte möglich sein, dass so etwas wie ein Druckunterschied auch im Bereich der Elektrizitätslehre existiert. Daraufhin wiederholt er seinen Vorschlag, zunächst bei den Bestandteilen anzufangen. Anschließend nimmt er die beiden Schaltungen in Betrieb.

Zeit	Michael - Ideen *(Komp.)*	analoge Entsprechung
56:48	14.1.2 Ich würde die Batterie und die DWS als gleich ansehen. *(Op.)*	Batterie - DWS
56:52	14.1.3 Ich würde den Kreisel und die Glühbirne als gleich ansehen. *(Op.)*	Kreisel - Glühbirne
56:56	14.1.4 Ich würde die Schläuche und die Kabel als gleich ansehen. *(Op.)*	Schläuche - Kabel
57:02	14.1.5 Ich würde den Hahn und den Schalter als gleich ansehen. *(Op.)*	Hahn - Schalter

Zu Michaels Hypothese der analogen Entsprechung von Kreisel und Glühbirne nehmen zwei Schülerinnen Bezug.

Zeit	S - Idee *(Komp.)*	analoge Entsprechung
57:10	14.1.6 Ich weiß nicht, ob man Kreisel und Glühbirne tatsächlich als gleich ansehen kann, weil die Birne Strom verbraucht und der Kreisel nicht. *(Er.)*	Kreisel - Glühbirne? kein Stromverbrauch (Kreisel) - Stromverbrauch (Glühbirne)

Zeit	S - Ideen *(Komp.)*	analoge Entsprechung
57:46	14.1.7 Kreisel und Glühbirne könnten doch als gleich angesehen werden, weil der Kreisel auch durch Strom angetrieben wird. *(Er.)*	Kreisel - Glühbirne Antrieb durch Strom (Kreisel) - Antrieb durch Strom (Glühbirne)
58:00	14.1.8 Andererseits wird der Kreisel durch eine Kraft angetrieben, vielleicht ist das bei der Birne auch so. *(Er.)*	Antrieb durch Kraft (Kreisel) - Antrieb durch Kraft (Glühbirne)?

Der Lehrer unterbindet hier eine weitere Diskussion darüber, ob ein Lämpchen Strom verbraucht oder nicht und stellt die Frage als später zu klärend hin. Außerdem regt er erneut an, zunächst „grob" zu arbeiten, also Vermutungen über weitere Analogiebeziehungen bezüglich der Stromkreisbestandteile anzustellen, und die „Feinfragen" aufzuschieben.

Zeit	Michael - Idee *(Komp.)*	analoge Entsprechung
59:33	14.1.9 Ich denke, dass die DWS und die Batterie als gleich anzusehen sind. *(Op.)*	DWS - Batterie

Zeit	S - Idee *(Komp.)*	analoge Entsprechung
59:40	14.1.10 Ich möchte wissen, ob - so wie bei Wasserkreisen Wasser fließt - bei elektrischen Stromkreisen Strom fließt. *(Op.)*	fließen (Wasser) - fließen (Strom)?

Zeit	S - Idee *(Komp.)*	analoge Entsprechung
59:47	14.1.11 Ich möchte wissen, ob Drähte einen Widerstand null haben, so wie Schläuche einen Widerstand null haben. *(Er.)*[14]	R_W (Schläuche) = 0 - R_{el} (Drähte) = 0?

Der Lehrer versucht wieder zu strukturieren. Er sagt, jetzt stünden ja schon Detailfragen zur Debatte und will den Begriff Widerstand aufgreifen. Seine Bemühung, hier eine Analogiehypothese aufzustellen, wird durch die Äußerung einer Schülerin unterbrochen.

Zeit	S - Ideen *(Komp.)*	analoge Entsprechung
60:03	14.1.12 Ich will wissen, wie man den [elektrischen] Widerstand berechnen soll. *(Eig.)*	
60:05	14.1.13 Bei der Batterie haben wir ja keine Millibar. *(Eig.)*	

Auf diese Äußerung nimmt Marcus bezug.

Zeit	Marcus - Idee *(Komp.)*	analoge Entsprechung
60:09	14.1.14 Bei der Batterie haben wir Volt. *(Eig.)*	Millibar (DWS) - Volt (Batterie)

Eine Schülerin greift die Frage nach dem Widerstand auf.

Zeit	S - Ideen *(Komp.)*	analoge Entsprechung
60:23	14.1.15 Ich weiß, dass bei den Wasserstromkreisen der Kreisel ein Widerstand ist. *(Eig.)*	
60:25	14.1.16 Ich möchte wissen, ob die Lampe ebenfalls ein Widerstand ist. *(Eig.)*	R_W (Kreisel) - R_{el} (Lämpchen)?
60:27	14.1.17 Ich denke, eigentlich gibt es keinen elektrischen Widerstand. *(Eig.)*	

Der Lehrer schlägt wieder vor, momentan auf diesen Aspekt nicht weiter einzugehen, sondern als Frage festzuhalten, ob das Lämpchen einen Widerstand darstelle, ebenso wie der Kreisel einen Widerstand bewirkt.

Zeit	Marcus - Idee *(Komp.)*	analoge Entsprechung
60:47	14.1.18 Ebenso wie das Wasser fließt, damit der Kreisel sich dreht, fließt Strom, damit das Lämpchen leuchtet. *(Er.)*[15]	bewirkt (fließen (Wasser), drehen (Kreisel)) - bewirkt (fließen (Strom), leuchten

[14] Diese Idee wird auf Ereignisebene eingestuft, da allgemein von „Drähten“ (nicht von einem bestimmten Draht) gesprochen wird. Den „Drähten“ wird eine Eigenschaft zugeschrieben, nämlich einen Widerstand zu haben. Für diesen wiederum wird ein Wert angenommen: null.

		(Lämpchen)

Wieder wird die Frage nach dem Widerstand des Lämpchens aufgegriffen - diesmal von Michael.

Zeit	Michael - Ideen *(Komp.)*	analoge Entsprechung
61:02	14.1.19 Ich denke, das Lämpchen muss ein Widerstand sein. *(Eig.)*	R_W(Kreisel) ungleich 0 - R_{el} (Lämpchen) ungleich 0
61:05	14.1.20 Wenn das Lämpchen kein Widerstand wäre, würde es einen Kurzschluss geben. *(Er.)*	Rechtfertigung durch Kurzschluss

Der Lehrer beharrt darauf, die Frage nach dem Widerstand des Lämpchens jetzt als offene festzuhalten und erst später zu überprüfen. Marcus wird aufgerufen.

Zeit	Marcus - Idee *(Komp.)*	analoge Entsprechung
61:25	14.1.21 Ich möchte wissen, ob die Batterie einen Druckunterschied herstellt. *(Eig.)*	Δp (DWS) - Δp (Batterie)?

Janca äußert sich überrascht gegenüber Marcus' Frage.

Zeit	Janca - Idee *(Komp.)*	analoge Entsprechung
61:29	14.1.22 Ich möchte wissen, ob die Batterie wirklich einen Druckunterschied herstellt und wie sie das machen soll. *(Eig.)*	

Marcus antwortet, seine Äußerung solle als Frage verstanden werden - er wisse es auch nicht. Janca geht nicht weiter darauf ein.

Der Lehrer schreibt die Frage, ob die Batterie - wie die DWS - einen Druckunterschied herstelle, an. Ein Schüler sieht sie insofern bereits als positiv beantwortet, dass die beiden Pole der Batterie mit dem Druckunterschied in Verbindung zu setzen seien.

Zeit	S - Idee *(Komp.)*	analoge Entsprechung
61:41	14.1.23 Mit Plus- und Minuspol stellt die Batterie einen Druckunterschied her. *(Eig.)*	

Der Lehrer geht nicht weiter darauf ein, sondern kommt auf den Aspekt „Fließen" zu sprechen.

Zeit	Marcus - Idee *(Komp.)*	analoge Entsprechung
61:56	14.1.24 Wie bei den Wasserstromkreisen Wasser fließt, so fließt bei elektrischen Stromkreisen Strom. *(Eig.)*	fließen (Wasser) - fließen (Strom)

Kati greift Marcus' Vermutung auf.

Zeit	Kati - Idee *(Komp.)*	analoge Entsprechung
61:58	14.1.25 Ich möchte wissen, ob der [elektrische] Strom	

[15] Hier wird eine Hypothese bezüglich einer Ursachen-Wirkung konstruiert. Die Eigenschaft von Wasser zu fließen wird mit dem Drehen als Eigenschaft von Kreiseln verknüpft.

	mit Widerstand fließt oder nicht [stellt das Lämpchen einen Widerstand dar oder nicht]. *(Eig.)*	

Der Lehrer scheint unzufrieden mit der Bezeichnung, dass bei elektrischen Stromkreisen Strom fließe. Offensichtlich möchte er eine andere Vokabel hören. Er zeigt auf die Wasserstromkreisschaltung: „Hier fließt auch ein Strom - ein Wasserstrom." Er wendet sich der elektrischen Schaltung zu: „Was fließt hier für einer?"

Zeit	Kati/Michael - Idee *(Komp.)*	analoge Entsprechung
62:07	14.1.26 Da [beim elektrischen Stromkreis] fließt ein elektrischer [Strom]. *(Eig.)*	fließen (Wasserstrom) - fließen (elektrischer Strom)

Kati kommt wieder auf den Widerstandsaspekt:

Zeit	Kati - Idee *(Komp.)*	analoge Entsprechung
62:17	14.1.27 Ich möchte wissen, ob in der [elektrischen] Leitung auch ein Widerstand ist. *(Eig.)*	

Der Lehrer greift Katis Frage auf. Er fragt, welchen Widerstand der Draht haben müsse, wenn er als analog zum Schlauch mit Wasserwiderstand null anzusehen sei.

Zeit	S - Idee *(Komp.)*	analoge Entsprechung
62:33	14.1.28 Der Draht müsste den Widerstand null haben. *(Er.)*[16]	R_W (Schlauch) = 0 - R_{el} (Draht) = 0

Kati geht darauf ein.

Zeit	Kati - Idee *(Komp.)*	analoge Entsprechung
62:47	14.1.29 Ich möchte wissen, wie man das [ob der Draht Widerstand null hat] herausfinden soll. *(Op.)*[17]	

Der Lehrer geht nicht weiter auf Kati ein, sondern regt Analogiezuordnungen zu weiteren Begriffen an. Auf die Skizze bezug nehmend fragt er, welche Begriffe noch zu betrachten seien.

Zeit	Marcus - Idee *(Komp.)*	analoge Entsprechung
63:01	14.1.30 Die Wasserstromstärke fehlt noch. *(Op.)*	

Der Lehrer greift Marcus' Vorschlag auf und fragt nach genaueren Erläuterungen zur Wasserstromstärke. Kati antwortet.

Zeit	Kati - Idee *(Komp.)*	analoge Entsprechung
63:08	14.1.31 Die [Wasserstromstärke] ist überall gleich. *(Eig.)*	

[16] Siehe Idee 14.1.11.

[17] Hier wird nach einer Messvorschrift im Sinne einer wegbezogenen Rahmung gesucht. Die Frage wäre: „Was muss ich tun (welche Operationen muss ich durchführen), damit ich die Hypothese, dass Drähte einen Widerstand null haben, am konkreten Experiment nachprüfen kann?"

Dem Lehrer scheint es jedoch um eine Vermutung hinsichtlich einer physikalischen Definition der elektrischen Stromstärke zu gehen. So fragt er, wie die Wasserstromstärke definiert sei.

Zeit	Marcus - Idee *(Komp.)*	analoge Entsprechung
63:13	14.1.32 [Wasserstromstärke ist] Milliliter pro Sekunde. *(Er.)*	

Der Lehrer bestätigt dies als Maßeinheit, fragt aber weiter nach einer Definition.

Zeit	S - Idee *(Komp.)*	analoge Entsprechung
63:20	14.1.33 [Wasserstromstärke ist definiert als] Wasservolumen pro Zeit. *(Er.)*	

Der Lehrer möchte eine analoge Vermutung anschreiben und fragt nach einer Formulierung: „Was ist hier, wenn es einen elektrischen Strom gibt? I ist gleich?" Marcus ergänzt:

Zeit	Marcus - Idee *(Komp.)*	analoge Entsprechung
63:30	14.1.34 Der elektrische Strom entspricht Ampère. *(Eig.)*[18]	

Kati reagiert erbost auf Marcus' Wissensbekundung und fragt, woher er das wissen wolle. Auch der Lehrer fordert Marcus auf, sein elektrisches Vorwissen zurückzuhalten und den eingeschlagenen „Analogie-Kurs" beizubehalten.

Das Bestreben, eine mögliche Definition der elektrischen Stromstärke aufzustellen, wird nicht weiter verfolgt. Statt dessen äußert eine Schülerin eine Analogie-Hypothese bezüglich der Batteriepole und der Hoch- und Niedrigdrucksäule der DWS.

Zeit	S - Idee *(Komp.)*	analoge Entsprechung
63:56	14.1.35 Wenn die DWS der Batterie entspricht, müsste die hohe Säule dem Pluspol und die niedrige Säule dem Minuspol entsprechen. *(Er.)*	Hochdrucksäule (DWS) - Pluspol (Batterie) Niedrigdrucksäule (DWS) - Minuspol (Batterie)

Kati äußert sich dazu:

Zeit	Kati - Ideen *(Komp.)*	analoge Entsprechung
64:04	14.1.36 Es könnte aber auch anders herum sein. *(Er.)*	
64:10	14.1.37 Ich habe früher gelernt, dass es egal ist, welcher der Plus- und welcher der Minuspol ist. *(Eig.)*[19]	

[18] „Ampère" als Eigenschaft des „Stroms".

[19] Diese Idee wird im Gegensatz zur vorherigen „nur" auf Eigenschaftsebene eingestuft, da den Polen als Eigenschaft der Batterie hier keine sonstigen Eigenschaften unterstellt werden – Plus- und Minuspol zeichnen sich nicht durch weitere diese unterscheidende Besonderheiten aus (bis auf die unterschiedliche Namensgebung).

Der Lehrer antwortet, dies sei nicht egal, wendet sich dann aber wieder der Frage nach einem Analogon zum Druckunterschied zu, das noch nicht auf der Skizze vermerkt ist. Er ruft Marcus auf, der jedoch eine andere Frage äußert.

Zeit	Marcus - Idee *(Komp.)*	analoge Entsprechung
65:23	14.1.38 Ich möchte wissen, ob die Schaltungsregeln von Reihen- und Parallelschaltung [bei elektrischen Stromkreisen] gelten. *(Eig.)*[20]	Gültigkeit (Schaltungsregeln (Wasserstromkreise)) - Gültigkeit (Schaltungsregeln (elektrische Stromkreise))

Janca kommt auf ihr bereits an vorheriger Stelle gestelltes Problem zurück, sich einen Druck bei der Batterie vorzustellen.

Zeit	Janca - Idee *(Komp.)*	analoge Entsprechung
65:36	14.1.39 Mir macht am meisten Probleme, dass da [bei der Batterie] ein Druck sein soll. *(Op.)*	

Der Lehrer nimmt Marcus' Frage nach dem Analogon zu den Schaltungsregeln auf und darüber eine weitere Äußerung als festzuhaltende Hypothesen.

Zeit	S - Idee *(Komp.)*	analoge Entsprechung
65:38	14.1.40 Ich möchte wissen, ob es einen Druckunterschied [bei den elektrischen Stromkreisen] gibt. *(Eig.)*	Δp (DWS) - Δp (Batterie)?

Im Lauf des dargestellten Unterrichtsabschnitts ist auf der Projektionsleinwand folgende Skizze entstanden – Abbildung 11.2:

[20] Die Gültigkeit von Schaltungsregeln wird hier als Eigenschaft von elektrischen Stromkreisen konstruiert. Auch wenn Marcus die einzelnen Schaltungsregeln vermutlich komplexer „denken" könnte, hat dies keinen Einfluss auf die aktuelle Bedeutungskonstruktion, aus der Idee 14.1.38 gewonnen wurde. Zur Erinnerung sei darauf hingewiesen, dass mit dem in diesem empirischen Teil benutzten Analyseverfahren untersucht wird, was Lernende aktuell „zeigen" und nicht, was sie konstruieren *könnten* (siehe hierzu Abschnitt 7.3.2).

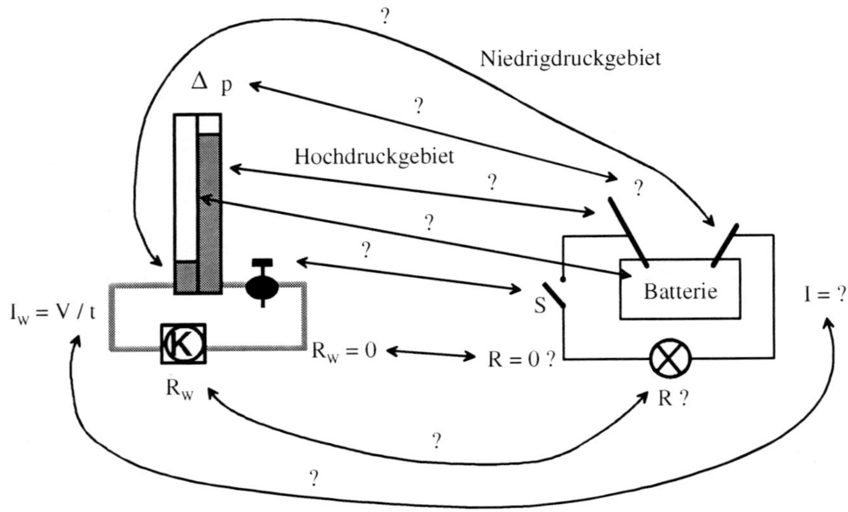

Abb. 11.2: OH-Projektion nach der Sammlung hypothetischer Basis-Ziel-Beziehungen (Dudeck 1997, 174)

11.1.5 Zusammenfassung der Ergebnisse hinsichtlich komplexitätsabhängiger und inhaltlicher Aspekte der Ideen

Aus den Bedeutungen, welche die SchülerInnen bei ihrer ersten Konfrontation mit dem zu erlernenden Zielbereich konstruierten, lässt sich zum komplexitätsabhängigen und zum inhaltlichen Aspekt jeweils ein wesentliches Ergebnis festhalten:

Zum komplexitätsabhängigen Aspekt

Von den 40 zugeschriebenen Ideen wurden 31 auf Hauptebene II (12 auf Ereignisebene und 19 auf Eigenschaftsebene) eingeordnet. 9 Ideen wurden auf Hauptebene I (Operation) eingestuft. Die SchülerInnen beziehen sich bei ihren Basis-Ziel-Vergleichen also größtenteils nicht auf Objekte aus konkreten Schaltungen (obwohl diese auf dem Lehrerpult aufgebaut sind). Vielmehr werden bereits vermehrt Bedeutungen konstruiert, mit denen von den allgemeinen zur Klasse der Wasserstromkreisschaltungen gebildeten Eigenschaften und Verknüpfungen von Eigenschaften ausgegangen wird.

Zum inhaltlichen Aspekt

Inhaltlich weist die Summe der Ideen einen hohen Ausdifferenzierungsgrad auf. Neben den Bestandteilen beider Schaltungsarten (DWS - Batterie, Kreisel - Glühbirne etc. - Ideen 14.1.2 bis 14.1.5, 14.1.9, außerdem die Säulen der DWS bzw. die Pole der Batterie - Idee 14.1.35) kommen sämtliche Systembegriffe (Druckunterschied, Stromstärke und Widerstand) vor. Verknüpfungen von Widerstand mit Schläuchen bzw. Drähten, sowie vermehrt von Kreiseln bzw. Lämpchen lassen sich finden. Außerdem wird vom Antrieb der Kreisel durch das Fließen des Wassers und einem möglichen Analogon (14.1.18) und den Schaltkreisregeln gesprochen.

Die in Abschnitt 5.8 aufgestellte Hypothese Z-8, der zu Folge Bedeutungen dahingehend konstruiert werden, dass die Batterie möglicherweise eine Art Druckunterschied herstellt, findet sich bestätigt. Bereits mit der ersten Äußerung im betrachteten Handlungsabschnitt (Idee 14.1.1) wird gefragt, ob es bei elektrischen Stromkreisen einen Druckunterschied gäbe. Durch die Marcus zugeschriebene Idee 14.1.21 wird die Frage nach dem Druckunterschied direkt mit der Batterie in Verbindung gesetzt. Bedeutungen zu etwaigen Teilinhaltsbereichen der Batterie wurden bis zu diesem Zeitpunkt nicht konstruiert. Erst mit Idee 14.1.23 kommen Plus- und Minuspol erstmalig zur Sprache. Die Frage nach einem Druckunterschied bei elektrischen Stromkreisen wird am Ende (Idee 14.1.40) noch einmal wiederholt.

Die Analyseergebnisse lassen vermuten, dass die SchülerInnen zu Beginn ihrer Zielbereichsbetrachtungen bemüht sind, von möglichst vielen Teilinhaltsbereichen ihres Wasserstromkreiswissens auszugehen und darauf aufbauend den Zielbereich zu organisieren.

Die inhaltlichen Aspekte der Analogiekonstruktionen in der 14. Doppelstunde werden im zweiten empirischen Teil noch einmal aufgegriffen, wenn die Ideen auf der Folie der Gentnerschen Strukturabbildungstheorie diskutiert werden.

11.2 Zur 16. Doppelstunde

11.2.1 Vorbemerkung

Die folgenden Analysen beziehen sich auf Bedeutungskonstruktionen Jancas in der neunten Phase der 16. Doppelstunde (siehe die „Skizzenhaften Verläufe der einzelnen Unterrichtsstunden“ im Anhang). Die SchülerInnen erhalten in dieser Phase erstmals die Gelegenheit, mit elektrischen Bauteilen zu experimentieren. Die Arbeitsanweisung ist hier insbesondere im Vergleich mit den Fragenzetteln zu Reihen- und Parallelkreisregeln in der fünften und sechsten Doppelstunde außerordentlich offen gehalten. Der folgende Text wird als OH-Folie über die gesamte Experimentierphase an die Wand projiziert:

- Baut und untersucht elektrische Stromkreise, die Euch interessieren.
- Vergleicht sie jeweils mit Euren Kenntnissen über Wasserstromkreise.

Obwohl dieser Arbeitsauftrag den Handlungen der SchülerInnen nur geringe strukturelle Vorgaben auferlegt, zeigt sich eine eindeutige Systematik und Stringenz im Vorgehen der Gruppe - zumindest in den ersten ca. 16 Minuten der Experimentierphase, die hier von Interesse sind. Bei den Betrachtungen steht wieder die Komplexitäts-Zeit-Dynamik von Jancas Ideen im

Vordergrund. Die entsprechenden Analysen werden im nächsten Abschnitt dargestellt. Aus den Analyseergebnissen lässt sich eine den fünf untersuchten Szenen gemeinsame Charakteristik hinsichtlich der Dynamik von Jancas Bedeutungsentwicklungen feststellen, die aufgezeigt und diskutiert wird (Abschnitt 11.2.4). Ein Vergleich mit den Vorhersagen der in Abschnitt 3.2.4 (inklusive Unterabschnitten) eingeführten Theorie zum analogen Verstehen mit der heuristischen bzw. Post-festum-Nutzung von Analogien wird ebenfalls vorgenommen (in Abschnitt 11.2.6 inklusive Unterabschnitten).

11.2.2 Komplexitäts-Zeit-Analyse des Handlungsabschnitts

1. Szene: Einstieg in das elektrische Experimentieren

Nachdem Kati, Michael und Marcus die Experimentiermaterialien zum Tisch gebracht haben (Janca hat an ihrem Platz gewartet), ergreift Kati die Initiative und beginnt, eine Schaltung zu bauen. Auf Jancas Frage, was Kati machen wolle, antwortet diese, sie wolle eine einfache Schaltung bauen. Marcus ergänzt „mit einer Glühbirne" (siehe Abbildung 11.3). Nach Katis Antwort hilft Janca beim Bau der Schaltung.

Zeit	Ideen Janca	Komplexität
50:46	**16.1.1 Rahmung (aufg.bez.):** Ich überlege, womit wir beginnen könnten, und will wissen, was Kati bauen möchte.	Op.
50:49	**16.1.2 Rahmung (weg.bez.):** Ich will mich am Bau der einfachen Schaltung beteiligen.	Op.

Als die Schaltung aufgebaut ist, stellt Kati fest, dass die Glühbirne nun „ganz hell" leuchten würde.

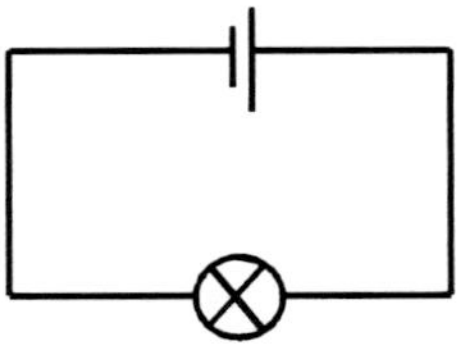

Abb. 11.3: Einfache Schaltung

Wieder fragt Janca, was jetzt käme. Kati beginnt, die Schaltung wieder auseinander zu bauen, und kündigt an, jetzt eine Reihenschaltung bauen zu wollen. Während Janca sie unterstützt, findet Marcus den Schaltungsbau „doof" und läuft weg, um ein Schaltungsbrett zu holen. Michael beteiligt sich nicht am Aufbau der Schaltung.

Zeit	Ideen Janca	Komplexität
51:20	**16.1.3 Rahmung (aufg.bez.):** Ich will wissen, was wir als nächstes machen könnten.	Op.
51:30	**16.1.4 Rahmung (wegbez.):** Ich will mich am Bau einer Reihenschaltung beteiligen.	Op.

51:33	16.1.5 Ich brauche ein langes Kabel.	Op.

Als die Schaltung fertiggestellt ist, kommt der Lehrer zum Tisch. Kati verkündet, dass die Gruppe nun eine Reihenschaltung vorliegen hätte und formuliert ihre Erkenntnis: „Wir haben festgestellt, dass zwei Lämpchen hintereinander in einer Schaltung weniger leuchten als eine alleine".

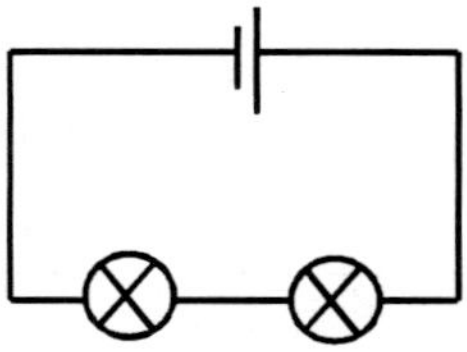

Abb. 11.4: Reihenschaltung mit zwei Lämpchen

Der Lehrer merkt scherzhaft-ironisch an, dies sei „ja 'ne ganz neue Erkenntnis". Marcus kommt in dem Moment mit dem Schaltbrett zurück und bemerkt beim Blick auf die Schaltung, dass ein Lämpchen heller leuchten würde als das andere. Janca stimmt dem zu und sagt, dass dies nicht sein dürfe. Der Lehrer wiederholt Jancas Äußerung - dies dürfe eigentlich nicht sein - und meint, die Lämpchen seien vielleicht ein bisschen verschieden. Die SchülerInnen sollten andere Lämpchen probieren. Diesen Vorschlag greift Janca auf. Sie probiert verschiedene Lämpchen durch.

Zeit	Ideen Janca	Komplexität
51:57	16.1.6 Ich sehe auch, dass das eine Lämpchen heller brennt als das andere.	Op.
51:59	**16.1.7 Rahmung (aufg.bez.):** Die Lämpchen [in der Reihenschaltung] müssen normalerweise gleich hell leuchten, also sollte sich das auch hier zeigen.	Eig.
52:06	**16.1.8 Rahmung (wegbez.):** Um den Fehler zu beheben, will ich andere Lämpchen ausprobieren, bis ich zwei gefunden habe, die gleich hell leuchten.	Op.

Marcus versucht an dieser Stelle, das Schaltungsbrett einzubringen und breitet es auf dem Tisch aus. Janca und Kati weisen es erbost zurück, und auch der Lehrer empfiehlt, es zunächst außen vor zu lassen. Im Moment solle das Selbstbauen im Vordergrund stehen. Anschließend entfernt sich der Lehrer vom Tisch.

Zeit	Ideen Janca	Komplexität
52:14	16.1.9 Ich will mich jetzt nicht mit dem Schaltungsbrett beschäftigen.	Op.
52:22	**16.1.10 Rahmung (wegbez.):** Ich tausche das eine Lämpchen aus.	Op.
52:25	16.1.11 Ich sehe, dass die Lämpchen immer noch nicht gleich hell leuchten.	Op.

52:30	16.1.12 Ich will, dass Kati auch sieht, dass die Lämpchen ungleich hell sind.	Op.
52:34	**16.1.13 Rahmung (wegbez.):** Vielleicht müssen wir das andere Lämpchen austauschen.	Op.

Kati tauscht daraufhin das andere Lämpchen aus. Es sind hier nur Kati und Janca, die Hand an die Schaltung legen. Marcus schlägt vor, mit einem Spannungsmesser nachzumessen, „ob da wirklich verschiedene Spannung ist", worauf aber niemand von den anderen eingeht. Als Kati das andere Lämpchen ersetzt hat, scheinen zwei gleich helle gefunden zu sein. Janca setzt zu einer Freudensbekundung an, hält jedoch inne, als die Lämpchen plötzlich ausgehen. Der Grund dafür ist, dass das eine nicht richtig eingeschraubt war, was Janca schnell einsieht.

Zeit	Ideen Janca	Komplexität
52:45	16.1.14 Ich habe zwei Lämpchen gefunden, die gleich hell leuchten.	Op.
52:49	**16.1.15 Rahmung (wegbez.):** Ich will wissen, warum die Lämpchen jetzt ausgegangen sind.	Op.
52:51	16.1.16 Ich weiß, warum sie ausgegangen sind - ich hatte sie nicht richtig eingeschraubt.	Op.
52:53	16.1.17 Damit habe ich bestätigt, dass die Lämpchen in einer Reihenschaltung untereinander gleich hell leuchten.	Eig.

An dieser Stelle beginnt Kati eine kurze Privatunterhaltung, an der sich Janca, Michael und Marcus beteiligen. Während dessen positioniert Kati die Batterie, die Lämpchen und die Kabel so um, dass die Reihenschaltung an Übersichtlichkeit gewinnt.

2. Szene: Strommessen in der Reihenschaltung

Schließlich kommt Kati zur Physik zurück. Sie fragt, womit jetzt gemessen werden müsse. Marcus zeigt auf ein Ampèremeter und sagt, damit könne man Strom messen. Janca geht darauf ein.

Zeit	Ideen Janca	Komplexität
(53: 24)	**16.2.1 Rahmung (aufg.bez.):** Ich will Messungen zur Stromstärke in der Reihenschaltung durchführen.	Op.
53:26	**16.2.2 Rahmung (wegbez.):** Ich denke, dass man einen Stromstärkemesser an einer beliebigen Stelle im Kreis einbauen kann.	Eig.

Marcus bejaht Jancas Feststellung, ebenso wie Katis Frage, ob „der" [das Messgerät] nur Stromstärke messen könne. Außerdem meint Marcus, es sollten zwei Stromstärkemesser eingebaut werden.

Zeit	Ideen Janca	Komplexität
53:29	**16.2.3 Rahmung (wegbez.):** Ich will wissen, warum Marcus zwei [Stromstärkemesser] einbauen will.	Op.

Michael antwortet „damit wir wissen, ob die [Stromstärke] überall gleich ist“. Kati zeigt auf zwei Stellen in der Schaltung, an denen man messen könne (die Stellen A und B in Abbildung 11.5) und fragt, ob man hier messen solle, was von Marcus mit „genau“ bestätigt wird.

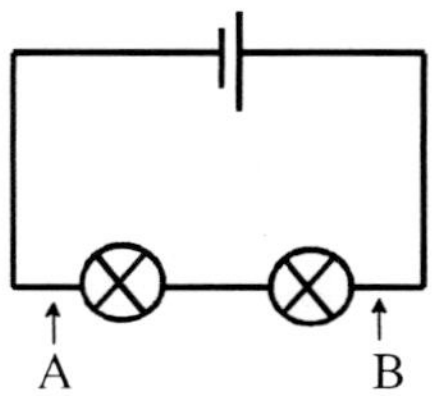

Abb. 11.5: Reihenschaltung mit den Stromstärkemessstellen A und B

Diese Vorgaben scheinen Janca als Erklärung und Motivation für ein Messziel auszureichen, denn ohne weiter zu fragen beginnt sie damit, den Kreis an einer der beiden Stellen (A bzw. B) zu öffnen.

Zeit	Ideen Janca	Komplexität
53:37	**16.2.4 Rahmung (aufg.bez.):** Ich will nachprüfen, ob die Stromstärke überall in der Reihenschaltung gleich ist.	Eig.
53:40	**16.2.5 Rahmung (wegbez.):** Ich glaube, man muss den Stromstärkemesser so einbauen, dass der Strom durchfließt [in Reihe].	Eig.

Kati beginnt, das andere Ampèremeter einzubauen. Ebenso wie Janca will sie das Ampèremeter in Reihe schalten. Marcus erhebt sich daraufhin von seinem Platz und meint in etwas lehrerhaftem Ton: „Jetzt wollen wir erst mal nachsehen, ob die Dinger leiten.“ Er unterbricht Kati in ihrem Bauvorhaben, entnimmt ihr die Bauteile, mit denen sie beschäftigt war, und behauptet: „Normalerweise werden die so angeschlossen.“ Mit Marcus’ Vorschlag würde folgende Schaltung entstehen, die jedoch noch nicht umgesetzt wird:

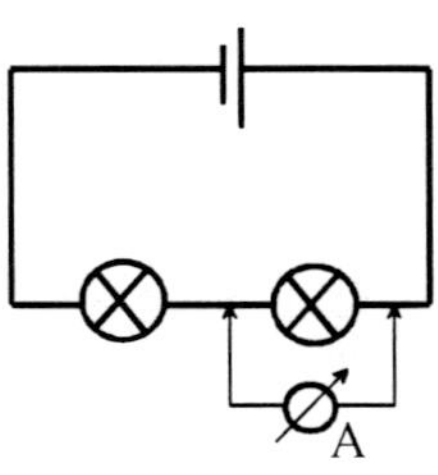

Abb. 11.6: Stromstärkemessvorschlag nach Marcus

Zeit	Ideen Janca	Komplexität
53:55	**16.2.6 Rahmung (wegbez.):** Ich möchte wissen, warum Marcus die	Op.

	Geräte so [parallel] einbauen will.	
54:00	16.2.7 Ich würde die [Stromstärkemesser] lieber dazwischen setzen.	Op.

Marcus antwortet Janca, man könne sie [die Ampèremeter] auch dazwischensetzen, „aber dann müssen die ja leiten". Das wüsste die Gruppe bis jetzt aber nicht. Darauf geht Janca ein.

Zeit	Idee Janca	Komplexität
54:06	16.2.8 Ich denke, die [Stromstärkemesser] werden schon leiten.	Eig.

Marcus meint daraufhin, dass bei den Wasserstromkreisen auch Abzweigungen gemacht wurden und dass der Stromkreis so - also mit parallel geschalteten Stromstärkemessern - ja „weiter geht". Janca scheint überzeugt zu sein und fragt nach der Polung.

Zeit	Ideen Janca	Komplexität
54:11	**16.2.9 Rahmung (wegbez.):** Ich will das Gerät jetzt so einbauen, wie Marcus gesagt hat [parallel].	Op.
54:14	**16.2.10 Rahmung (wegbez.):** Ich möchte wissen, wie herum ich das Gerät anschließen muss.	Op.
54:16	16.2.11 Ich glaube, zuerst kommt grün [der grüne Anschluss].	Op.

Kati, die das andere Gerät anschließt, ist auch nicht sicher ob der Polung und bittet, jemand aus der Gruppe solle nach einem Ausschlag am Gerät sehen. Das Erlöschen von Katis überbrückter Lampe wird offenbar von niemandem zur Kenntnis genommen, zumindest nicht kommentiert. Folgende Schaltung ist jetzt aufgebaut:

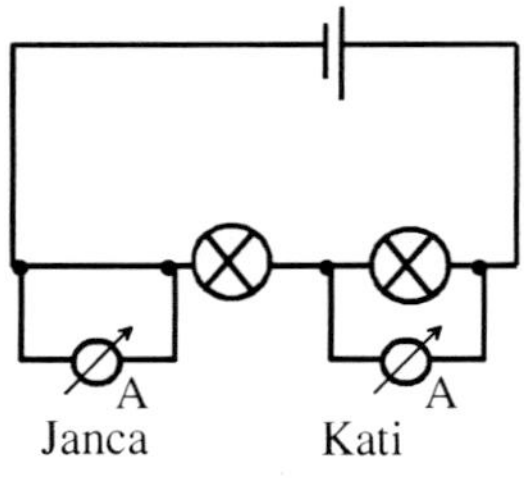

Abb. 11.7: Jancas und Katis Einbauweisen der Ampèremeter

Janca stellt einen Ausschlag bei Katis Gerät fest.

Zeit	Ideen Janca	Komplexität
(54:24)	**16.2.12 Rahmung (wegbez.):** Ich will die Ausschläge der Messgeräte ablesen.	Op.
54:26	16.2.13 Ich sehe, dass Katis Gerät ausschlägt.	Op.

54:33	16.2.14 Mein Gerät schlägt nicht aus.	Op.
(54: 35)	**16.2.15 Rahmung (prob.bez.):** Ich will verstehen, warum Katis Gerät ausschlägt und meines nicht.	Eig.[21]
54:37	**16.2.16 Rahmung (wegbez.):** Ich will wissen, wie Kati das gemacht hat.	Op.

In dem Moment kommt der Lehrer an den Tisch und fragt, ob die Gruppe zurecht käme. Kati verkündet stolz, sie würde hundert messen, was der Lehrer mit „tadellos" kommentiert. Der Lehrer ist nun kurz von der Schaltung durch Marcus abgelenkt, den er bittet, sich anders an den Tisch zu stellen (momentan steht Marcus so, dass er die Möglichkeit der Erfassung des Geschehens am Tisch durch die Videokamera verhindert).

Während der Lehrer mit Marcus beschäftigt ist, geht Kati auf Jancas Frage ein, wie sie (Kati) den Ausschlag des Messgerätes hinbekommen hätte. Kati erkennt, dass Jancas Ampèremeter anders angeschlossen ist (nämlich parallel zu einem Kabelstück) als ihres, das sie parallel zu einer Lampe angeklemmt hat. Zu Janca sagt sie: „Du hast den ja an denselben angeschlossen." Janca sieht nun offenbar den Unterschied zwischen den Anschlussweisen und rechtfertigt ihre Version: „Das geht nicht, weil da nicht mehr Platz ist." Kati scheint jedoch eine Lösung parat zu haben, und Janca akzeptiert mit dem Kommentar „Oh Gott, wie umständlich", dass auch das zweite Lämpchen überbrückt werden muss.

Zeit	Ideen Janca	Komplexität
54:48	16.2.17 Ich sehe den Unterschied zwischen Katis Anschlussweise und meiner.	Op.
54:50	16.2.18 Ich hatte es anders angeschlossen, weil kein Platz war.	Op.
54:53	16.2.19 Ich finde es umständlich, das Gerät so, wie Kati es sagt, anzuschließen [parallel zu dem anderen Lämpchen].	Op.
54:55	**16.2.20 Rahmung (wegbez.):** Ich will das Messgerät so einbauen wie Kati [parallel zum Lämpchen].	Op.

Janca beginnt, die Anschlussweise ihres Messgeräts zu ändern. Kati, Michael, Marcus und der Lehrer sehen ihr zu. Kurz bevor auch die zweite Lampe überbrückt ist, spricht der Lehrer eine Warnung aus und nennt das Vorhaben „gefährlich". Kati fragt „warum", und auch Janca stoppt ihr Bauvorhaben und sieht den Lehrer an.

Zeit	Idee Janca	Komplexität
55:03	**16.2.21 Rahmung (wegbez.):** Ich möchte wissen, warum die Anschlussweise gefährlich sein soll.	Op.

Die vom Lehrer begonnene Erklärung unterbrechen Kati und Marcus, die nun das Erlöschen des einen - von Kati überbrückten - Lämpchens bemerken. Kati fragt, ob das Lämpchen durchgebrannt sei, worauf niemand antwortet. Auf den Satz des Lehrers, dass der Strom durch

[21] Hier wird die Komplexität „Eigenschaft" zugeschrieben, weil das Problem die *grundsätzliche* Anschlussweise der Klasse *aller* Ampèremeter betrifft.

das Ampèremeter durchfließen müsse, reagiert Janca prompt und in erbostem Ton gegenüber Marcus - „Siehste Du Blödie, ich wollt' das so machen".

Zeit	Ideen Janca	Komplexität
55:18	16.2.22 Ich hatte vorhin gesagt, man muss die Stromstärkemesser so anschließen, dass der Strom durchfließt [in Reihe].	Op.
55:21	16.2.23 Ich finde Marcus doof.	-
55:22	**16.2.24 Rahmung (wegbez.):** Ich will das Messgerät jetzt richtig [in Reihe] anschließen.	Op.

Während Marcus vom Lehrer eine Erklärung dazu erfragt, warum man das Ampèremeter nicht so anschließen könne, wie er dachte, beginnt auch Kati damit, ihr Ampèremeter anders einzubauen. Auch sie äußert sich jetzt ungehalten gegenüber Marcus: „Wir wollten's richtig machen."

Die sich anschließende Unterhaltung findet im wesentlichen zwischen dem Lehrer und Marcus statt. Michael wirft nur eine Äußerung ein. Separiert davon sind Kati und Janca mit dem Umbau der Schaltung beschäftigt. Der Lehrer führt aus, man solle das Ampèremeter auffassen wie einen Wasserkreisel mit Widerstand null. Marcus argumentiert, bei den Wasserkreisen seien die „Wassermesser auch angehängt" worden, was von Michael unterstützt wird - da entstünde doch ein Druckunterschied. Der Lehrer betont noch einmal, dass hier die „Wasserstromstärke" gemessen würde. Marcus scheint seinen Fehler einzusehen und zeigt auf das Voltmeter. Dieses sei das Messgerät, das man seinem Vorschlag entsprechend einbauen müsse.

Während die Unterhaltung noch im Gange ist, haben Kati und Janca den Einbau der Ampèremeter beinahe zeitgleich fertiggestellt. Janca sieht auf ihre Anzeige und wundert sich, dass kein Ausschlag erkennbar ist. Die Lämpchen leuchten nicht.

Zeit	Ideen Janca	Komplexität
(55:34)	**16.2.25 Rahmung (wegbez.):** Ich bin mit dem Einbau des Messgerätes fertig und will den Ausschlag ablesen.	Op.
55:36	16.2.26 Ich sehe keinen Ausschlag.	Op.
55:38	**16.2.27 Rahmung (wegbez.):** Ich verstehe nicht, warum kein Ausschlag zu sehen ist und frage mich, was ich falsch gemacht habe.	Op.
55:40	16.2.28 Ich sehe, dass die Lämpchen nicht leuchten.	Op.
55:42	16.2.29 Ich drehe an dem einen Lämpchen und sehe, dass beide jetzt leuchten.	Op.
(55:43)	**16.2.30 Rahmung (wegbez.):** Ich will noch einmal überprüfen, ob die Messwerte übereinstimmen.	Op.
55:44	16.2.31 Jetzt sehe ich, dass das Messgerät etwas anzeigt.	Op.
55:46	16.2.32 Ich messe 100.	Op.
55:48	16.2.33 Ich will wissen, ob Kati auch 100 misst.	Op.

Kati antwortet Janca, dass ihr Messgerät „90 - vielleicht sogar ein bisschen weniger“ anzeigen würde. Nun ist auch die Unterhaltung zwischen dem Lehrer, Marcus und Michael beendet, und sie richten ihre Aufmerksamkeit auf die Schaltung. Als Reaktion auf Katis kleineren Messwert (als 100) sieht Janca noch einmal intensiv auf ihr Messgerät. Anschließend sieht sie selbst auf Katis Messgerät und vergleicht die beiden Ausschläge miteinander.

Zeit	Ideen Janca	Komplexität
55:54	16.2 34 Ich lese noch einmal meinen Ausschlag ab und gucke, ob er kleiner als 100 ist.	Op.
55:56	16.2.35 Ich sehe mir auch Katis Ausschlag an und vergleiche die beiden miteinander.	Op.
55:58	16.2.36 Die Werte stimmen nicht genau überein.	Op.

Der Lehrer richtet nun zunächst die Frage an die ganze Gruppe, was man hier messen würde. Dies wird von Kati mit „Stromstärke“ beantwortet. Auf die weitere Frage, was man hier zeigen könne, antwortet Janca:

Zeit	Idee Janca	Komplexität
56:07	16.2.37 Wir können mit dieser Schaltung zeigen, dass die Stromstärke überall [in der Schaltung] gleich ist.	Eig.

Kati ergänzt „dass überall gleich viele Teilchen in derselben Zeit fließen“. Janca kommt auf die unterschiedlichen Messwerte an den Ampèremetern zurück und äußert die Vermutung, eine falsche Einstellung an einem der Geräte sei die Ursache. Der Lehrer regt im Weggehen an, die Geräte zu vertauschen: „Dann könnt Ihr sehen, ob die falsch eingestellt sind, oder ob vielleicht doch irgendwas nicht stimmt“.

Zeit	Ideen Janca	Komplexität
56:10	16.2.38 Ich glaube, eines der beiden Geräte ist falsch eingestellt, da die Werte nicht genau gleich sind.	Eig.
56:17	**16.2.39 Rahmung (wegbez.):** Wir können die beiden Strommesser zur Kontrolle vertauschen.	Op.

Kati und Janca tauschen die Messgeräte aus. Marcus und Michael sind nach wie vor nicht am Schaltungsbau beteiligt. Janca äußert sich während des Umsteckens noch einmal mürrisch gegenüber Marcus und dessen falschen Einbauvorschlag bezüglich der Ampèremeter. Auf Marcus' Aussage, er hätte die Stromstärkemesser „mit dem Ding da“ verwechselt - dabei zeigt er auf ein Voltmeter - erwidert Janca ironisch „sehr lustig“.

Zeit	Ideen Janca	Komplexität
56:43	16.2.40 Ich sehe, dass nun das Gerät an der anderen Stelle mehr anzeigt.	Op.
56:47	16.2.41 Der Fehler liegt also wirklich nur an den Messgeräten.	Eig.

Kati eröffnet eine Privatunterhaltung, in die die MitschülerInnen einsteigen.

3. Szene: Spannungsmessung in der Reihenschaltung

Anschließend kommt ebenfalls Kati zur Physik zurück und schlägt zunächst vor: „Jetzt machen wir 'ne Parallelschaltung." Sie selbst ändert kurz darauf ihre Meinung: „Oder wir messen jetzt was mit dem Ding", wobei sie auf ein Voltmeter zeigt. Janca scheint einverstanden zu sein und beginnt, das von ihr angeschlossene Ampèremeter aus dem Schaltkreis zu entfernen.

Zeit	Ideen Janca	Komplexität
(57: 16)	**16.3.1 Rahmung (aufg.bez.):** Ich möchte [Spannungs-]Messungen mit dem Ding [Voltmeter] durchführen.	Op.
57:18	**16.3.2 Rahmung (wegbez.):** Um mit dem [Voltmeter] messen zu können, möchte ich die Schaltung auseinander bauen.	Op.

Marcus schlägt vor, die Ampèremeter in der Schaltung zu belassen. In diesen Vorschlag stimmt auch Michael ein. Doch Kati und Janca setzen sich über die beiden Jungen hinweg.

Zeit	Ideen Janca	Komplexität
57:28	**16.3.3 Rahmung (wegbez.):** Ich will die [Ampèremeter] herausnehmen.	Op.

Michaels nochmalige Bekundung, er wolle sämtliche Messgeräte in der Schaltung belassen, wird ein weiteres mal von Kati und Janca entkräftet. Die beiden sind es auch wiederum ausschließlich, die den Schaltungsbau durchführen. Janca stellt eine als Frage formulierte Hypothese über die Anschlussweise des Voltmeters auf.

Zeit	Ideen Janca	Komplexität
57:32	16.3.4 Ich will, dass der Strommesser entfernt wird.	Op.
57:38	**16.3.5 Rahmung (wegbez.):** Ich glaube, man muss das [Voltmeter] so [parallel zu einem Lämpchen] anschließen.	Op.

Janca zeigt mit den beiden Anschlusskabelenden des Voltmeters zunächst auf die eine (1), dann auf die zweite (2) Lampenzuleitung (siehe Abbildung 11.8).

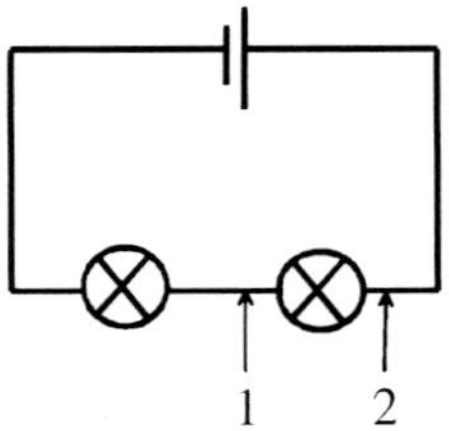

Abb. 11.8: Jancas Vorschlag zur Anschlussweise des Voltmeters

Der offensichtlich frustrierte Marcus reagiert trotzig auf Jancas Frage: „Jetzt bin ich ruhig. Ihr könnt das doch."

Auf die in dieser Experimentierphase ablaufenden gruppendynamischen Prozesse, die nur indirekt mit Jancas Bedeutungsentwicklungen in Verbindung stehen, soll hier nicht weiter eingegangen werden, da sie nicht Gegenstand dieser Arbeit sind. Dennoch ist zu erwähnen, dass Marcus bisher als derjenige in der Gruppe galt, der elektrische Vorkenntnisse besitzt und dem deshalb eine gewisse Expertenrolle zugebilligt wurde. Zudem finden sich auch Experimentierphasen in den vorherigen Unterrichtsstunden, in denen Marcus dominierend die Vorgehensweise bestimmte - etwa in der 4. Doppelstunde, als die Arbeitsanweisung „Baut Wasserkreise, die Euch interessieren" lautete. Dass Marcus nun vom Schaltungsbau ausgegliedert ist und dass sein Irrtum bezüglich der Anschlussweise des Ampèremeters Kati und Janca dazu bringen, sich gegenüber der einstigen Autorität Marcus zu emanzipieren, ärgert ihn vermutlich und bewirkt seine beleidigte Haltung.

Kati und Janca reagieren amüsiert über Marcus' Trotz.

Zeit	Ideen Janca	Komplexität
57:45	16.3.6 Ich möchte es mit Kati einfach ausprobieren, wenn Marcus nicht helfen will.	Op.
57:48	16.3.7 Marcus kann auch ruhig weggehen. Wir brauchen ihn nicht.	-
57:52	**16.3.8 Rahmung (wegbez.):** Ich möchte noch ein zweites Messgerät benutzen um nachzuprüfen, ob wir an beiden Lämpchen dasselbe messen.	Op.

Janca zeigt dabei mit jeweils zwei Fingern gleichzeitig erst auf die Zuleitung von Lämpchen L1 und dann auf die von L2 (siehe Abbildung 11.9).

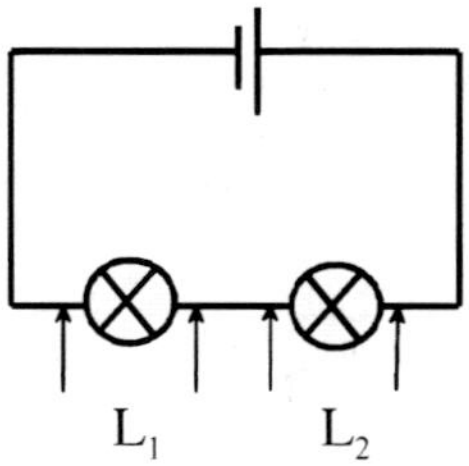

Abb. 11.9: Jancas Messvorschlag zur Überprüfung der Hypothese, ob an beiden Lämpchen die gleiche Spannung liegt

Kati schlägt vor, lieber mit einem Voltmeter allein zunächst an dem einen Lämpchen und dann an dem anderen zu messen. Janca ist einverstanden und sagt anschließend Michael, er solle „mal zusammen machen". Damit meint sie offensichtlich, er solle den Stromkreis schließen. Bisher war ein Draht nicht mit der Batterie verbunden. Michael kommt Jancas Anordnung nach, und die Lämpchen leuchten. Kati und Janca führen gemeinsam die Messungen durch.

Zeit	Ideen Janca	Komplexität
58:00	16.3.9 Wir können auch mit einem Messgerät nacheinander an beiden Lämpchen messen.	Op.
58:03	**16.3.10 Rahmung (wegbez.):** Ich will, dass Michael den Stromkreis schließt.	Op.
58:08	**16.3.11 Rahmung (wegbez.):** Ich will das Messgerät an dem einen Lämpchen anschließen.	Op.
58:12	16.3.12 Ich messe zwei.	Op.
58:15	**16.3.13 Rahmung (wegbez.):** Ich will das Messgerät an dem anderen Lämpchen anschließen - dort müsste auch zwei herauskommen.	Op.
58:19	16.3.14 Ich messe auch zwei, wie ich erwartet hatte.	Op.
58:21	16.3.15 Wir können das auch ohne Marcus.	-

Als Janca beim zweiten Lämpchen auch zwei misst, hebt sie kurzzeitig triumphierend und erfreut die Hände hoch und zeigt mit ihrer anschließenden Äußerung gegenüber Marcus - „Wir können das auch ohne Dich!" - noch einmal die entstandene angespannte Stimmung Marcus gegenüber.

Kati fragt daraufhin Janca: „Die Spannung ist jetzt der Unterschied - ist Druckdifferenz?" Dies wird von Janca spontan bestätigt. Direkt danach stellt Janca mit überzeugtem Ton eine weitere Hypothese bezüglich des zu erwartenden Messwertes an der Batterie auf.

Zeit	Ideen Janca	Komplexität
58:23	16.3.16 Die Spannung entspricht dem Druckunterschied.	Eig.
(58: 25)	**16.3.17 Rahmung (aufg.bez.):** Ich will überprüfen, ob sich die Messwerte an den Lämpchen [Teilspannungen] zu dem an der Batterie [Gesamtspannung] addieren.	Er. [22]
58:26	**16.3.18 Rahmung (wegbez.):** Ich erwarte, dass wir an der Batterie vier messen würden und will es nachprüfen.	Op.[23]

Marcus unterbricht Jancas Bestreben, die Spannung an der Batterie zu messen und fragt statt dessen fordernd nach der Einheit - „Nenn mir mal die Einheit!"

Zeit	Ideen Janca	Komplexität
58:35	16.3.19 Ich weiß nicht, wie die Einheit ist.	Op.
58:37	**16.3.20 Rahmung (wegbez.):** Ich will unter dem Messgerät nachsehen, um die Einheit herauszubekommen.	Op.
58:39	16.3.21 Die Einheit ist Volt.	Op.
58:42	16.3.22 Ich sehe, dass da „V" steht.	Op.
58:45	**16.3.23 Rahmung (wegbez.):** Ich will jetzt ausprobieren, ob wir an der Batterie vier messen.	Op.
58:47	16.3.24 Dazu will ich das Messgerät am Lämpchen ab- und an der Batterie anklemmen.	Op.

[22] Zur Eigenschaft „Spannung" (siehe Idee 16.3.16) werden Werte zugeschrieben.
[23] Diese Rahmung bezieht sich auf eine konkrete Messung.

Kati wiederholt noch einmal, dass an der Batterie also vier gemessen werden müsse. Marcus äußert „4,5!“ Janca stoppt ihren Umbau und fragt offenbar irritiert nach.

Zeit	Idee Janca	Komplexität
58:50	16.3.25 Ich will wissen, wieso Marcus meint, man müsse an der Batterie 4,5 messen.	Op.

Marcus gibt keine Begründung, sondern äußert nur „Wetten, wetten?“ Kati sieht sich die Batterie genauer an und meint dann auch, 4,5 müsse gemessen werden, weil dieser Wert der Batterieaufschrift zu entnehmen sei. Daraufhin beginnt Janca, die Spannungen an den Lämpchen noch einmal genauer nachzumessen.

Zeit	Ideen Janca	Komplexität
58:59	**16.3.26 Rahmung (wegbez.):** Dann [wenn an der Batterie 4,5 zu messen sind] müsste hier [an dem einen Lämpchen] ein bisschen mehr als zwei zu messen sein.	Op.[24]
59:01	16.3.27 Ich will die Messung noch einmal überprüfen und schließe das Messgerät an dem einen Lämpchen an.	Op.
59:03	16.3.28 Ich messe ein bisschen mehr als zwei und will, dass Kati den Messwert auch ansieht.	Op.

Janca, Kati und auch Michael lesen noch einmal den Messwert ab. Während Kati schon jeden möglichen Widerspruch beseitigt sieht („Naja gut, dann ist das halt richtig“), äußert Michael, dass „das grad mal 2,05“ sei, was abzulesen sei, und dass dann als Summe nur 4,1 und nicht 4,5 herauskommen würde. Janca scheint - wie Kati - nicht an der mit Rahmung 16.3.17 einhergehenden Aussage zu zweifeln (dass sich die Messwerte an den Lämpchen zu dem an der Batterie addieren) und sieht im Voltmeter eine mögliche Fehlerquelle.

Zeit	Ideen Janca	Komplexität
59:16	16.3.29 Vielleicht geht das Ding [Voltmeter] nicht ganz genau.	Op.
59:18	16.3.30 Oder vielleicht steht was Falsches auf der Batterie.	Op.
59:20	**16.3.31 Rahmung (wegbez.):** Ich will das prüfen und jetzt an der Batterie messen.	Op.
59:25	**16.3.32 Rahmung (wegbez.):** Mir ist ein Stecker vom Kabel abgegangen. Ich muss ihn wieder befestigen.	Op.
59:37	16.3.33 Ich bekomme es nicht zusammen.	Op.

Michael hilft Janca, den Draht wieder mit dem Stecker zu befestigen. Marcus meint ironisch: „Alles kaputtmachen - ich sag's ja!“ Janca reagiert schroff: „Lass Du mich mal in Ruhe.“ Während Michael das defekte Kabel repariert, halten Kati und Janca eine kurze belustigte Privatunterhaltung. Als Michael fertig ist, nimmt Janca ihm das Kabel samt Stecker aus der Hand und schließt es an der Batterie an. Den anderen Anschluss des Voltmeters hatte Kati bereits zuvor mit der Batterie verbunden.

[24] Auch diese Rahmung bezieht sich auf eine konkrete Messung und wird – obwohl Janca Werte zuschreibt – auf Operationsebene eingestuft.

Zeit	Ideen Janca	Komplexität
59:56	**16.3.34 Rahmung (wegbez.):** Ich will jetzt das Voltmeter an die Batterie anschließen.	Op.
60:00	16.3.35 Ich sehe, dass der 4,3 anzeigt.	Op.
60:03	16.3.36 Ich gucke genauer und sehe 4,2.	Op.
60:05	16.3.37 Unsere Messungen sind also ganz richtig.	Er.[25]

Die Äußerungen, denen die Ideen 16.3.35 bis 16.3.37 zugeordnet wurden, richtet Janca in erster Linie an Marcus (zu Idee 16.3.35: „Siehste, der zeigt auch nur 4,3 an!"). Michael schließt an: „Marcus hat das wieder alles falsch erzählt." Marcus wird ungehalten und meint, die an der Batterie gemessenen 4,2 [Volt] würden nicht zu den - zunächst gemessenen - 2 [Volt] an den Lämpchen passen. Janca korrigiert:

Zeit	Idee Janca	Komplexität
60:10	16.3.38 An den Lämpchen haben wir 2,1 gemessen.	Op.

Marcus erwidert, er sei mit den „2" nicht einverstanden und wisse nicht, warum an der Batterie nur 4,2 [Volt] gemessen würden. Janca geht darauf ein.

Zeit	Idee Janca	Komplexität
60:22	16.3.39 Ich vermute, dass [an der Batterie] weniger gemessen wird, weil sie schon ein bisschen verbraucht ist.	Eig.

Marcus macht daraufhin eine applaudierende Geste in Jancas Richtung, worauf sie antwortet: „Siehste, ich bin gar nicht so doof für wie Du mich immer hältst." In diesem Moment kommt der Lehrer an den Tisch und bestätigt Janca scherzend. Als Kati zum Lehrer meint „Wir sind schlauer als Marcus, wir können das viel besser als Marcus", beklagt Marcus sich beim Lehrer über die Diskriminierung seiner Person. Als er anschließt, er dürfe nichts tun, antwortet Janca, dass er ja nichts tun wolle.

4. Szene: Spannungsmessung in der Parallelschaltung

Kati regt an, eine Parallelschaltung zu bauen. Janca hilft dabei mit. Währenddessen unterhält sich Michael mit dem Lehrer über einen möglichen Verbrauch der „Batteriechemie" als Ursache für den zu kleinen dort gemessenen Spannungswert. Der Lehrer meint, die Batterie könne nicht mehr den vollen Ladungsdichteunterschied herstellen.

Zeit	Ideen Janca	Komplexität
	16.4.1 Rahmung (aufg.bez.): Ich will jetzt überprüfen, ob an jedem Lämpchen der gleiche Druckunterschied/die gleiche Spannung wie an der Batterie liegt.	Er.[26]
60:47	**16.4.2 Rahmung (wegbez.):** Ich will mit Kati eine Parallelschaltung	Op.

[25] Diese Idee wird auf Ereignisebene eingestuft, da durch sie die Bestätigung zur mit Rahmung 16.3.17 implizierten Hypothese, dass sich die Messwerte an den Lämpchen zu dem an der Batterie addieren – dass also die Summe der Teilspannungen gleich der Gesamtspannung ist.

[26] Janca setzt hier den „Druckunterschied" als Eigenschaft der Lämpchen zum „Druckunterschied" als Eigenschaft der Batterie zueinander in Beziehung. Folglich wird die Idee auf Ereignisebene eingestuft.

	aufbauen.	

Nach 35 Sekunden ist die Schaltung fertig aufgebaut (siehe Abbildung 11.10).

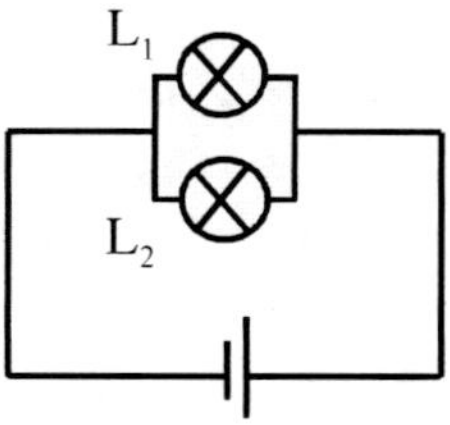

Abb. 11.10: Parallelschaltung mit zwei Lämpchen

Kati äußert gleich eine Beobachtung: „Das leuchtet jetzt viel heller als zwei hintereinander." Janca äußert eine Hypothese bezüglich zu messender Spannungen.

Zeit	Idee Janca	Komplexität
61:28	**16.4.3 Rahmung (wegbez.):** Wir müssten an beiden Lämpchen 4,5 Volt messen.	Op.[27]

Der Lehrer bittet, genau zu zeigen, wo dieser Wert gemessen würde. Daraufhin zeigt Janca mit den Fingern genau, wo das Messgerät jeweils anzuschließen ist - zwischen 1 und 2 bzw. zwischen 3 und 4 (siehe Abbildung 11.11).

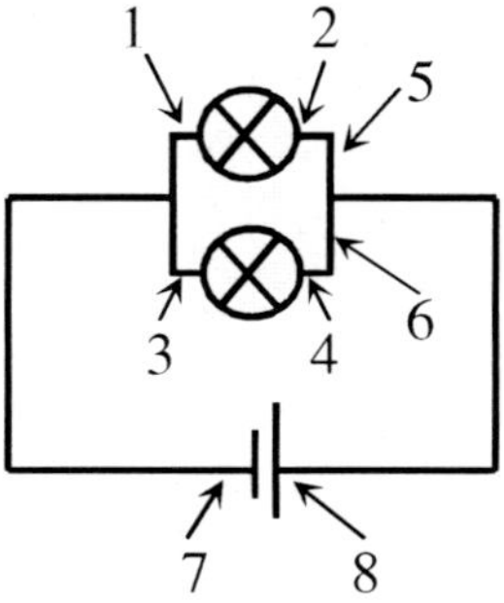

Abb. 11.11: Parallelschaltung mit verschiedenen Messpunkten

Zeit	Ideen Janca	Komplexität
61:31	16.4.4 Wir müssten zwischen vor und hinter dem einen Lämpchen 4,5 Volt messen.	Op.
61:38	16.4.5 Eigentlich müssen es nur 4,2 sein, weil wir das an der	Op.

[27] Diese Rahmung bezieht sich wieder auf eine konkrete Messung und wird entsprechend auf Operationsebene eingeordnet.

	Batterie gemessen haben.	
61:41	16.4.6 Und zwischen vor und hinter dem anderen Lämpchen müssen 4,2 Volt gemessen werden.	Op.

Dem stimmt der Lehrer zu. Während nun Kati mit dem Lehrer eine Diskussion führt (es geht darum, welche Größe in den Teilzweigen sich zu welcher im Hauptzweig addiert - Kati ist sich nicht sicher und gerät auf die Frage des Lehrers nach Präzisierung ins Stocken), richtet sich Michael mit einer Frage an Janca. Er will wissen, ob „wenn wir hier jetzt den Druckunterschiedmesser dranmachen, [...] da null rauskommt?" Er zeigt dabei auf die Stellen 5 und 6 in der Abbildung 11.11. Janca nickt, folgt aber Michaels Wunsch, es nachzumessen. Der mit null gemessene Wert scheint sowohl für Janca als auch für Michael klar zu sein und wird nicht weiter diskutiert.

Zeit	Ideen Janca	Komplexität
61:48	**16.4.7 Rahmung (wegbez.):** Ich will mit dem Messgerät nachprüfen, ob zwischen den Stellen, die Michael meint, null herauskommt.	Op.
61:55	16.4.8 Ich lese null ab.	Op.

Michael möchte, dass Janca eine weitere Messung macht. Sie soll den „Druckunterschied" zwischen den Stellen 2 und 8 (Abbildung 11.11) messen. Dem kommt Janca jedoch nicht nach, sondern sie misst zwischen 1 und 2 bzw. an den Verzweigungsstellen. Es ergibt sich ein kleinerer Wert als 4 Volt.

Zeit	Ideen Janca	Komplexität
62:01	**16.4.9 Rahmung (wegbez.):** Ich möchte an einem Lämpchen messen.	Op.
62:03	16.4.10 Das stimmt nicht [es kommt weniger als 4,2 heraus].	Op.

Der Lehrer und auch Kati richten ihre Aufmerksamkeit wieder auf die Schaltung. Der Lehrer fragt nach, was laut Janca nicht stimme.

Zeit	Ideen Janca	Komplexität
	16.4.11 Rahmung (prob.bez.): Ich will wissen, warum die Messwerte an den Lämpchen und an der Batterie nicht übereinstimmen.	Eig.
62:06	16.4.12 Das Messgerät zeigt nicht einmal vier an.	Op.
62:10	16.4.13 Es sind nur 3,85.	Op.

Der Lehrer fordert Janca auf, direkt am Lämpchen zu messen. Janca kommt dieser Aufforderung nach. Michael meint, da müsse ja das gleiche herauskommen. Der Lehrer äußert, einen „schlimmen Verdacht" zu haben.

Zeit	Idee Janca	Komplexität
62:17	**16.4.14 Rahmung (wegbez.):** Ich messe direkt am Lämpchen, wie der Lehrer sagt.	Op.

Die Messung ergibt den gleichen - zu niedrigen - Wert, was Michael verkündet. Der Lehrer fordert weiter auf, auch an der Batterie zu messen. Janca meint, dass dort 4,2 gemessen würde, führt die Messung aber nochmals durch.

Zeit	Ideen Janca	Komplexität
62:23	16.4.15 An der Batterie zeigt das Messgerät 4,2 an.	Op.
62:27	**16.4.16 Rahmung (wegbez.):** Ich führe die Messung an der Batterie noch mal durch.	Op.

Marcus und Kati äußern die Vermutung, dass jetzt an der Batterie auch weniger als die vorherigen 4,2 Volt zu messen seien. Doch der Spannungswert ist hier höher - nämlich nach wie vor 4,2 Volt.

Zeit	Idee Janca	Komplexität
62:32	16.4.17 Hier [an der Batterie] zeigt das Messgerät mehr an.	Op.

Der Lehrer setzt zur Erklärung an, als Marcus ihn unterbricht: „Das heißt, die Kabel haben einen Widerstand." Der Lehrer fährt unbeirrt fort und erklärt, „dass die Kabel also nicht ideale Kabel" seien. Jetzt ergänzen auch Kati, Janca und Michael fast zeitgleich den Satz des Lehrers: „Sondern einen Widerstand haben." Der Lehrer fragt daraufhin, wie viel der Widerstand ausmache.

Zeit	Ideen Janca	Komplexität
62:44	16.4.18 Die Kabel haben einen Widerstand.	Eig.

62:48	16.4.19 Der Unterschied macht ungefähr 0,1 [Volt] aus.	Er.[28]
	16.4.20 Rahmung (wegbez.): Ich will genau nachmessen, wie groß der durch den Widerstand der Kabel verursachte [Spannungs-] Unterschied ist.	Op.
62:50	16.4.21 Hier [an der Batterie] sind es 4 [Volt].	Op.
62:57	16.4.22 Und hier [an den Lämpchen] sind es 3,85 [Volt].	Op.
63:03	16.4.23 Also ist der Unterschied 0,15 [Volt].	Op.

Der Lehrer setzt seine Erklärung fort und meint, es gäbe mehrere Ursachen. Eine sei, wie die SchülerInnen schon „prima" bemerkt hätten, ein Widerstand des Kabels. Als wesentlicher bezeichnet er jedoch den Effekt, der von den Kontaktstellen herrühre. Diese seien ein wenig korrodiert. Kati wirft ein: „Springen die Teilchen jetzt nicht so gut über oder wie?" Der Lehrer bestätigt dies und erwähnt die Wasseranalogie. Dort würde der (Wasser-) Strom bei Verbindungsstücken problemlos weitergeleitet. Aber „hier" (bei elektrischen Stromkreisen) gäbe es das Problem der Kontaktverluste. Man könne dies umgehen, indem man die Kontakte blank reiben würde.

[28] Der Eigenschaft der Kabel, einen Widerstand zu haben (Idee 16.4.18), wird ein Wert zugeschrieben.

Kati kommt auf die Thematik zurück, über die sie an vorheriger Stelle - als Janca und Michael Messtätigkeiten nachgingen - bereits mit dem Lehrer diskutierte. Kati war sich nicht im klaren, welche Größe in den Teilzweigen sich zur gesamten im Hauptzweig addiert. Nun fragt Kati zum gegenwärtigen Messversuch nach: „Also das ist jetzt der Unterschied, die Druckdifferenz, ja?“ Als dies vom Lehrer bestätig wird, äußert Kati die Hypothese, dass eine Messung mit dem Ampèremeter ergeben müsse: „das (x) und das (y) müsste sich doch zu dem (z) addieren.“ Sie zeigt dabei mit dem Finger jeweils auf die entsprechend bezeichneten Schaltungsstellen in Abbildung 11.12.

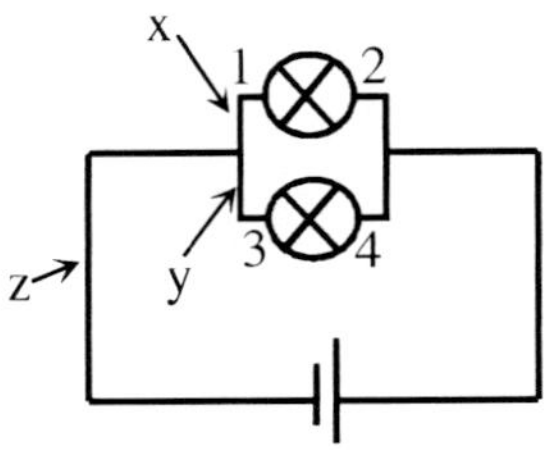

Abb. 11.12: Katis Hypothese zur Addition der Teilspannungen zur Gesamtspannung in der Parallelschaltung

Auf die Nachfrage des Lehrers, was sie dann messen würde, antworten erst Michael und dann Kati: „Die Stromstärke.“ Der Lehrer stimmt zu und regt an, durch eine Messung Katis Hypothese zu überprüfen.

5. Szene: Stromstärkemessen in der Parallelschaltung

Kati beginnt, das Voltmeter aus der Schaltung zu entfernen. Janca hat die Unterhaltung über die Addition der Teilstromstärken zur Gesamtstromstärke offenbar nicht verfolgt. Jetzt fragt sie Kati, was sie machen wolle.

Zeit	Idee Janca	Komplexität
64:02	16.5.1 Ich möchte wissen, was Kati jetzt machen will [bzw. Ich will wissen, welcher Fragestellung wir nun nachgehen sollen.]	Op.

Kati antwortet, sie wolle die Stromstärke messen. Der Lehrer ergänzt, Kati wolle nachmessen, ob sich die Stromstärken wirklich addieren würden. Michaels Einwand, die Stromstärke sei doch bereits gemessen worden, wird von Kati korrigiert: „Nein, das haben wir in der Reihenschaltung gemacht.“ Zunächst baut nur Kati an der Schaltung. Janca und Michael sehen ihr zu, wobei Janca noch eine Bemerkung bezüglich der zu beachtenden richtigen Polung des Ampèremeters macht.

Zeit	Idee Janca	Komplexität
64:12	16.5.2 Es ist wichtig, das Messgerät [Ampèremeter] richtig herum anzuschließen.	Op.

Marcus unterhält sich mit dem Lehrer darüber, ob die Gerätschaften aus der Universität stammen würden. Der Lehrer bejaht und betont den Nutzen separater Messgeräte für Stromstärke und Spannung für die Förderung der Begriffsunterscheidungen. In diesem Zusammenhang kritisiert er Vielfachmessgeräte: „Da kapiert kein Mensch, der keine Ahnung hat vorher, was man da eigentlich wirklich misst.“

Als Kati das Ampèremeter in einen Teilzweig integriert hat und der Stromkreis geschlossen ist (Abbildung 11.13 zeigt die jetzt aufgebaute Schaltung), wird Janca aktiv. Der Lehrer weist darauf hin, beim Schaltungsbau auf Übersichtlichkeit zu achten.

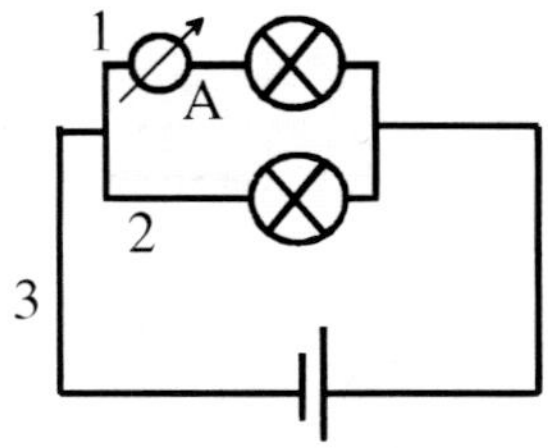

Abb. 11.13: Zur Stromstärkemessung im Teilzweig

Janca greift nach dem Ampèremeter und dreht es so, dass sie die Anzeige lesen kann. Dabei ist nicht klar, ob ihr das gelingt, denn sie richtet eine Frage nach dem Messwert an Kati. Offenbar hat sie ohnehin bereits eine Erwartung an den zu messenden Wert.

Zeit	Ideen Janca	Komplexität
64:23	**16.5.3 Rahmung (aufg.bez.):** Ich will überprüfen, ob sich die Stromstärken in den Teilzweigen zur Gesamtstromstärke addieren.	Er.
64:25	**16.5.4 Rahmung (wegbez.):** Ich erwarte, [im Teilzweig] 100 zu messen.	Op.
64:27	16.5.5 Ich will von Kati wissen, ob sie hundert misst.	Op.

Kati bestätigt Jancas Vorhersage und setzt an, eine Hypothese bezüglich des zu erwartenden Messwerts im anderen Teilzweig aufzustellen - „Also sind da logischerweise...“ - und will dort das zweite Ampèremeter einbauen. Janca unterbricht sie jedoch. Sie will das zweite Ampèremeter nicht im anderen Teilzweig, sondern im Hauptzweig einbauen.

Zeit	Ideen Janca	Komplexität
64:31	**16.5.6 Rahmung (wegbez.):** Ich will das zweite Messgerät im Hauptzweig einbauen.	Op.
64:35	16.5.7 Das andere Messgerät kann im Teilzweig bleiben.	Op.

Kati baut das sich im Teilzweig befindende Ampèremeter trotz Jancas Aufforderung, es dort zu belassen, aus. Janca scheint diese Maßnahme Katis zunächst zu entgehen. Während Janca das Ampèremeter im Hauptzweig einbaut, möchte sich der Lehrer mit einer nochmaligen Aufforderung, auf Übersichtlichkeit beim Bauen zu achten, vom Tisch entfernen. Kati verwickelt ihn jedoch in einen Dialog über ein mögliches Analogon zum „Druck“ in elektrischen Stromkreisen. Dieser Dialog wird hier nicht weiter thematisiert, da Janca sich nicht daran beteiligt und Katis Anliegen auch in der übrigen Tischgruppe nicht weiter verfolgt und auch später nicht noch einmal aufgegriffen wird. Während der Unterhaltung ist Janca damit beschäftigt, die Schaltung wie folgt umzubauen (siehe Abbildung 11.14):

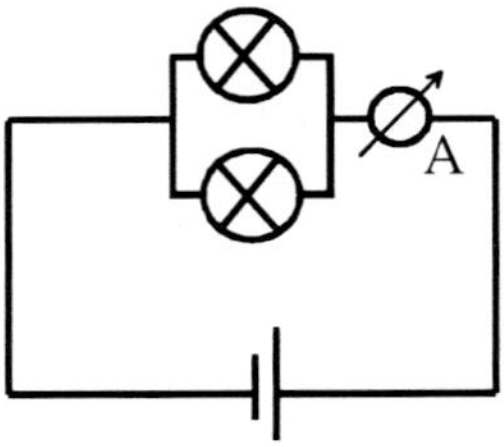

Abb. 11.14: Zur Stromstärkemessung im Teilzweig

Marcus und Michael sind weitgehend unbeteiligt. Als Janca fertig ist - die Unterhaltung zwischen Kati und dem Lehrer ist immer noch im Gange - und der Stromkreis geschlossen ist, bittet sie Marcus, den Wert des Ampèremeters abzulesen. Marcus antwortet: „2,4“.

Zeit	Ideen Janca	Komplexität
65:08	**16.5.8 Rahmung (wegbez.):** Ich will wissen, was das Ampèremeter [im Hauptzweig] anzeigt.	Op.
65:12	16.5.9 Ich will den Wert, den Marcus sagte, noch einmal selbst nachsehen.	Op.

Erst jetzt registriert Janca in aufgebrachtem Ton, dass das andere Ampèremeter im Teilzweig von Kati entfernt wurde.

Zeit	Ideen Janca	Komplexität
65:15	16.5.10 Ich sehe, dass Kati das andere Ampèremeter wieder rausgebaut hat.	Op.
65:17	16.5.11 Das finde ich nicht gut.	-

An dieser Stelle ist die Unterhaltung zwischen dem Lehrer und Kati beendet, und er wendet sich wieder der Schaltung zu. Er ordnet die Schaltungsteile und sorgt damit für Übersichtlichkeit. Dann fragt er, welche Stromstärke nun gemessen würde. Marcus antwortet: „Jetzt sind's nur noch 2,35. Eben waren's 2,4.“ Der Lehrer korrigiert: „Also 220 Milliampère, wenn ich das richtig sehe, oder 230 Milliampère.“ Janca möchte, dass das zweite Ampèremeter wieder in einen Teilzweig eingebaut wird.

Zeit	Idee Janca	Komplexität
65:38	**16.5.12 Rahmung (wegbez.):** Ich will, dass Kati das andere Ampèremeter noch mal in den Teilzweig setzt.	Op.

Kati meint, dort - also im Teilzweig - wären ungefähr 100 gemessen worden. Sie kommt Jancas Wunsch nach und baut das zweite Ampèremeter dort wieder ein. Die Schaltung, die jetzt aufgebaut ist, zeigt Abbildung 11.15.

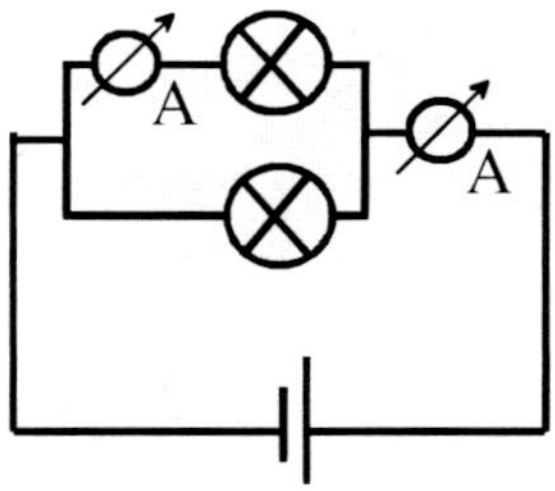

Abb. 11.15: Zur Summierung der Teilstromstärken zur Gesamtstromstärke

Zeit	Ideen Janca	Komplexität
65:45	**16.5.13 Rahmung (wegbez.):** Ich will Kati beim Einbau des Ampèremeters helfen.	Op.
65:50	16.5.14 Ich will ablesen, was das Ampèremeter anzeigt.	Op.

Der Lehrer wird von einer anderen Gruppe gerufen und verlässt den Tisch. Marcus meint, ohne auf das Messgerät zu gucken: „100,15." Janca äußert spontan, dass sich die Vorhersagen dann ja bestätigt hätten, ohne auf den fehlerhaft von Marcus angegebenen Wert einzugehen - eigentlich wären 115 Milliampère abzulesen.

Zeit	Ideen Janca	Komplexität
65:52	16.5.15 Dann stimmt es, dass sich die Stromstärken in den Teilzweigen zur Gesamtstromstärke addieren.	Er.
65:57	16.5.16 Was könnten wir jetzt noch machen?	Fok.

Auch Kati äußert eine Bestätigung ihrer Erwartung - „dann stimmt's". Anschließend sagt sie, sie wolle noch etwas „mit dem Druckunterschied" wissen, und beginnt, die Schaltung auseinander zu bauen. Sie kündigt an, eine Reihenschaltung bauen zu wollen und beginnt, eine solche zusammenzustecken. Michael fragt sie, was sie vorhätte, was mit „der Druckunterschied - ob der immer weniger wird" beantwortet wird.

Janca scheint Michaels Frage und Katis Antwort nicht mitzubekommen. Sie rekapituliert währenddessen noch einmal ihre Erkenntnisse über Lampenhelligkeiten in verschiedenen Schaltungstypen und lässt sie sich jeweils von Marcus bestätigen. Schließlich lenkt sie ihre Aufmerksamkeit auf Katis Bauvorhaben.

Zeit	Ideen Janca	Komplexität
(66: 10)	**16.5.17 Rahmung (wegbez.):** Ich will noch mal wiederholen, was ich über die Lampenhelligkeiten in der Reihen- und der Parallelschaltung weiß.	Er.

66:12	16.5.18 Ich möchte noch einmal von den anderen bestätigt haben, dass gilt: Je mehr Lämpchen in einer Reihenschaltung sind, desto weniger hell leuchten alle.	Er.
66:21	16.5.19 Auch will ich wiederholen: Wenn ich die Lämpchen parallel schalte, leuchten sie unabhängig von der Anzahl gleich hell - genauso hell wie die erste.	Er.
66:32	16.5.20 Ich will wissen, was Kati vorhat.	Op.

Kati ist fertig mit der Reihenschaltung und antwortet, sie wolle den Druckunterschied von „da (1) nach da (2) und von da (3) ....“ - siehe Abbildung 11.16. Dann hält sie kurz inne.

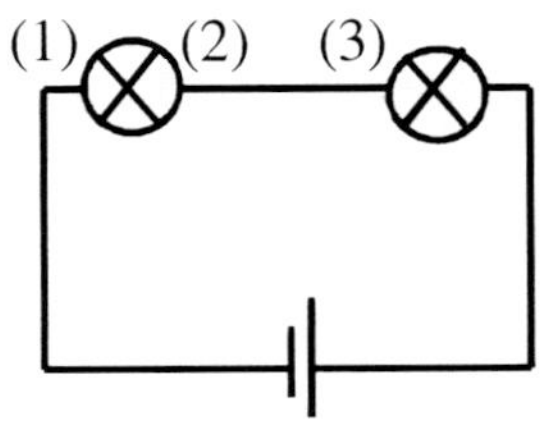

Abb. 11.16: Zu Katis Messidee zur Addition der „Teildruckunterschiede“ zum „Gesamtdruckunterschied“

Zeit	Ideen Janca	Komplexität
66:37	16.5.21 Die Druckunterschiede an den Lämpchen haben wir doch schon gemessen.	Op.
66:39	16.5.22 Der [Druckunterschied] war jedes Mal 2.	Op.

Kati stimmt Janca zu - „Hatten wir ja schon - stimmt“ und baut ihre Schaltung wieder ab.

11.2.3 Zusammenfassende Darstellung und Interpretation der Analyseergebnisse

Zur 1. Szene - Einstieg in das elektrische Experimentieren

Die erste Szene umfasst einen Handlungsabschnitt von ca. zwei Minuten. In dieser Szene ist es Kati, die durch ihre Anregungen, zunächst eine einfache und dann eine Reihenschaltung zu bauen, eine Struktur vorgibt. Janca konstruiert zunächst aus der sehr offenen durch den Lehrer vorgegebenen Arbeitsanweisung keine konkrete Fragestellung in Form einer aufgabenbezogenen Rahmung. So wie sie in der 5. Doppelstunde eine Problemfindungsphase durchlief, die sich mit der rahmenden Idee „Ich will herausfinden, was ich machen soll“ überschrieben ließ, so sucht sie jetzt auch eine Fragestellung. Allerdings kann hier nicht von einer Problemfindung, sondern vielmehr von einer <u>Aufgabenfindung</u> gesprochen werden. Die entsprechende Rahmung lautet hier (16.1.1 und 16.1.3) „Ich überlege, womit wir beginnen können und will wissen, was Kati bauen möchte“ bzw. „Ich will wissen, was wir als nächstes machen könnten“. Auch kann hier nicht von einer Findungs*phase* gesprochen werden, da Janca Katis jeweilige Antwort unmittelbar aufgreifen und über jeweils eine wegbezogene Rahmung bearbeiten kann. Katis Antworten, zunächst eine einfache und dann eine Reihenschaltung bauen zu wollen, scheinen also für Janca in Bezug auf die Arbeitsanweisung des Lehrers Sinn zu machen, elektrische Stromkreise zu untersuchen.

Als die Reihenschaltung aufgebaut ist, scheint Janca zunächst nicht zu bemerken, dass die Lämpchen ungleich hell leuchten. Es liegt nahe anzunehmen, dass Janca keine Rahmung der Art „Ich will überprüfen, ob die Lämpchen gleich hell leuchten" konstruiert, weil für sie keinerlei Zweifel daran besteht. Dies wird auch durch ihre Reaktion auf Marcus' Beobachtung der ungleichen Helligkeiten deutlich („das darf doch gar nicht"). Es lässt sich eine aufgabenbezogene Rahmung auf Eigenschaftsebene (16.1.7) zuordnen, mit der eine Interpretation dahingehend möglich wird, dass die Fehlerhaftigkeit der am Experiment gemachten Beobachtung auf eine allgemeine Regel zurückgeführt wird: „Die Lämpchen [in der Reihenschaltung] müssen normalerweise gleich hell leuchten, also sollte sich das auch hier zeigen." Innerhalb von ca. einer Minute stellt Janca über vier wegbezogene Rahmungen den erwarteten Zustand - dass die Lämpchen gleich hell leuchten - durch Ausprobieren verschiedener Lämpchen her (eine wegbezogene Rahmung (16.1.15) bezieht sich darauf, dass beide Lämpchen plötzlich erloschen sind, was jedoch schnell damit begründet wird, dass ein Lämpchen nicht fest genug in die Fassung gedreht wurde). Die Stringenz, mit der Janca durch Austausch der Lämpchen eine Übereinstimmung ihrer Theorie mit der Beobachtung am Experiment herstellt, zeigt, dass die zunächst ungleich hellen Lämpchen kein Problem darstellen, dass diesbezüglich also keine problembezogene Rahmung konstruiert wird. Als Fehlerquelle wird nicht Jancas Forderung bezüglich der (gleichen) Lampenhelligkeiten in der Reihenschaltung angezweifelt, sondern der Fehler wird ausschließlich auf die Lämpchen zurückgeführt. Und dieser Fehler wird konsequent beseitigt.

In Abbildung 11.17 sind die Komplexitätsniveaus der zu Jancas (Sprech-)Handlungen zugewiesenen Ideen in ihrem zeitlichen Verlauf dargestellt. Hervorzuheben ist der Komplexitäts-Zeit-Verlauf zwischen Rahmung 16.1.6 und 16.1.17. Mit dem Diagramm wird noch einmal deutlich, wie auf die Beobachtung am konkreten Experiment (16.1.6: „Ich sehe auch, dass das eine Lämpchen heller brennt als das andere") auf Operationsebene eine aufgabenbezogene Rahmung auf Eigenschaftsebene folgt. Das Experiment wird über mehrere wegbezogene Rahmungen auf Operationsebene umgebaut, bis die Theorie - wieder auf Eigenschaftsebene - bestätigt wird. Der Komplexitätsverlauf zwischen Rahmung 16.1.7 und Idee 16.1.17 wird als „Wannenstruktur" bezeichnet.

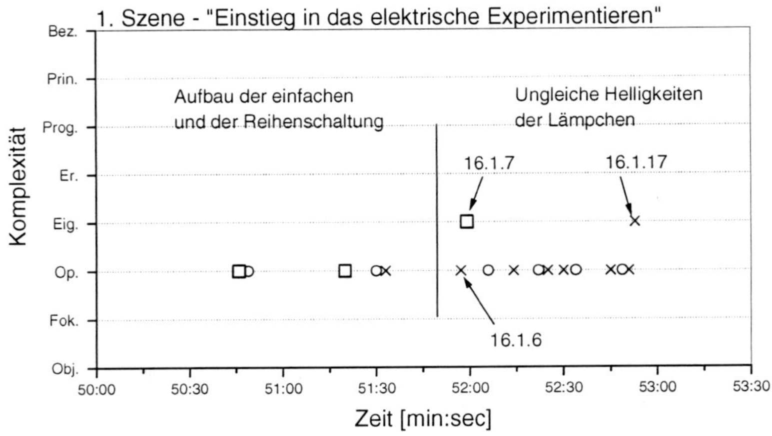

Abb. 11.17: Darstellung der Ideen zu Szene 1 im Komplexitäts-Zeit-Diagramm (offenes Quadrat: aufgabenbezogene Rahmung, offener Kreis: wegbezogene Rahmung, Kreuz: Idee)

Zur 2. Szene - Strommessen in der Reihenschaltung

Im Gegensatz zum Beginn der ersten Szene ist Janca zu Anfang der zweiten eher Initiative ergreifend und bekundet, Stromstärkemessungen in der Reihenschaltung durchführen zu wollen - entsprechend lässt sich die aufgabenbezogene Rahmung 16.2.1 auf Operationsebene zuordnen. Mit der anschließenden wegbezogenen Rahmung 16.2.2 „Ich denke, dass man einen Stromstärkemesser an einer beliebigen Stelle im Kreis einbauen kann“ wird mit der Umsetzung begonnen. Im Hinblick auf die folgende aufgabenbezogene Rahmung (16.2.4) kann angenommen werden, dass Janca die Beliebigkeit der Einbaustelle des Stromstärkemessers damit begründen könnte, dass die Stromstärke an jeder Stelle in der Schaltung gleich sein muss. Mit der aufgabenbezogenen Rahmung 16.2.4 wird die erste (16.2.1) präzisiert. Aus dem allgemeineren „Messungen durchführen“ wird nach 1:15 Minuten „Ich will nachprüfen, ob die Stromstärke überall in der Schaltung gleich ist“ auf Eigenschaftsebene. Die entsprechende Bedeutungskonstruktion geht offenbar mit einer analogiegeleiteten Hypothese einher. Janca konstruiert anschließend eine wegbezogene Rahmung (16.2.5) zum Einbau des Ampèremeters, das sie richtig anzuschließen vorhat - nämlich in Reihe. Marcus, der das Ampèremeter parallel einbauen will, widerspricht Janca zunächst - Idee 16.2.8 „Ich denke, die [Stromstärkemesser] werden schon leiten“. Sie lässt sich dann aber doch überreden, das Ampèremeter auf Marcus’ Art einzubauen.

Die Ideen zwischen 16.2.6 und 16.2.23 (insgesamt 1:25 Minuten) stehen im Kontext der von Marcus angeregten fehlerhaften Einbauweise der Ampèremeter. Zur Beobachtung, dass Katis Messgerät einen Wert anzeigt und ihres nicht, konstruiert Janca eine problembezogene Rahmung. Es folgen zwei wegbezogene Rahmungen, bevor der Lehrer eingreift und Jancas eingangs (Rahmung 16.2.5 sowie Ideen 16.2.7 und 16.2.8) angestrebte Einbauweise der Ampèremeter als die richtige betont.

Nun baut Janca innerhalb von 20 Sekunden das Messgerät richtig ein. Die Ursache dafür, dass sie zunächst keinen Ausschlag abliest, findet und behebt sie unter einer wegbezogenen Rahmung (16.2.27) innerhalb vier Sekunden (die Lämpchen waren nicht richtig eingeschraubt). Die aufgabenbezogene Rahmung 16.2.4 auf Eigenschaftsebene „Ich will nachprüfen, ob die Stromstärke überall in der Reihenschaltung gleich ist", findet sich nun auf Operationsebene als wegbezogene Rahmung 16.2.30 wieder „Ich will noch einmal überprüfen, ob die Messwerte übereinstimmen". Zur Beobachtung (15 Sekunden später), dass die Messwerte nicht exakt übereinstimmen (16.2.36), konstruiert Janca keine Rahmung dahingehend, dass sie ihre Hypothese bezüglich der überall gleichen Stromstärke in der Reihenschaltung anzweifelt. Wie in der ersten Szene, als die Ursache für die ungleich hellen Lämpchen an den Lämpchen und nicht an Jancas theoretischer Vorhersage gesucht wurde, so scheint auch hier keinerlei Zweifel daran zu bestehen, dass es die Ampèremeter sind, die fehlerhaft sind - nicht etwa die Hypothese, die Janca nachzuprüfen beabsichtigt. Dies wird aus der anschließenden Unterhaltung mit dem Lehrer deutlich (Idee 16.2.38).

Zum Vorschlag des Lehrers, die Ampèremeter zur Kontrolle zu vertauschen und damit die Gültigkeit von „Jancas Regel" eindeutig zu bestätigen und die Fehlerhaftigkeit der Messgeräte nachzuweisen, konstruiert Janca eine wegbezogene Rahmung (16.2.39). Sie führt das entsprechende Experiment durch und hat nach 30 Sekunden die Messgerätefehler gezeigt.

Insgesamt werden 3:20 Minuten für die Bestätigung der Hypothese „In der Reihenschaltung müsste die Stromstärke überall gleich sein" benötigt. 1:25 Minuten dauert dabei der „Exkurs" durch die von Marcus initiierte fehlerhafte Einbauweise der Ampèremeter. In Abbildung 11.18 ist der Komplexität-Zeit-Verlauf der zugeordneten Ideen Jancas dargestellt.

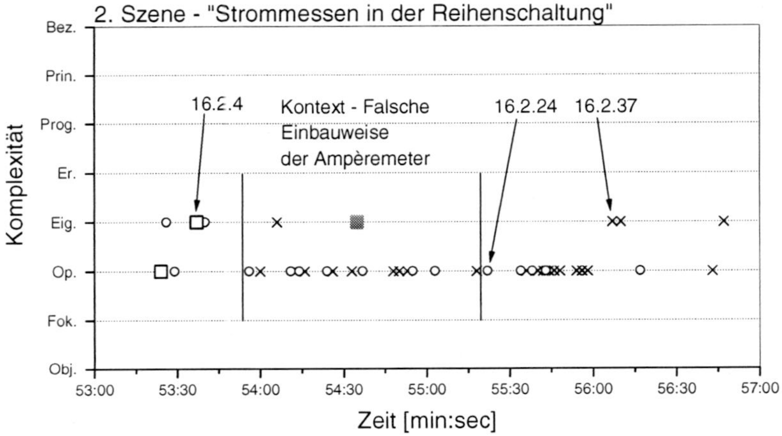

Abb. 11.18: Komplexitäts-Zeit-Diagramm zur 2. Szene (ausgefülltes Quadrat: problembezogene Rahmung, offenes Quadrat: aufgabenbezogene Rahmung, offener Kreis: wegbezogene Rahmung, Kreuz: Idee)

Das Diagramm zeigt bei „Ausblendung" des Teils zwischen 53:56 und 55:21 Minuten, der im Kontext der falschen Einbauweise der Ampèremeter steht, einen ähnlichen Verlauf wie der rechte Teil des obigen Diagramms zur ersten Szene: Mit der aufgabenbezogenen Rahmung 16.2.4 wird eine Hypothese bezüglich einer allgemeinen Regel geäußert, die nachgeprüft werden soll. Ab der wegbezogenen Rahmung wird diese Überprüfung im vorliegenden Experiment vorgenommen - die Schaltung wird aufgebaut, die Messgeräte angeschlossen und abgelesen. Schließlich (Idee 16.2.37) ist die Regel - wieder auf Eigenschaftsniveau – bestätigt.

Zur 3. Szene - Spannungsmessung in der Reihenschaltung

- Die dritte Szene umfasst eine Zeitspanne von ca. 3 Minuten. Es werden zwei zentrale Hypothesen aufgestellt, denen die folgenden Rahmungen zugeschrieben wurden: Rahmung 16.3.8: „Ich möchte noch ein zweites Messgerät [Voltmeter] benutzen um nachzuprüfen, ob wir an beiden Lämpchen dasselbe [dieselbe Spannung] messen."
- Rahmung 16.3.17: „Ich will überprüfen, ob sich die Messwerte an den Lämpchen [Teilspannungen] zu dem an der Batterie [Gesamtspannung] addieren."

Diese beiden Rahmungen orientieren Jancas Handlungen in dieser Szene äußerst eng. Das heißt zum einen, dass Janca an der Richtigkeit dieser Hypothesen in keinster Weise zu zweifeln scheint (als sich Rahmung 16.3.17 nicht exakt bestätigt, wird ein Fehler wiederum nicht an der Richtigkeit der Hypothese, sondern an der Batterie oder deren Aufschrift gesucht). Zum zweiten lassen die sich jeweils anschließenden wegbezogenen Rahmungen und Ideen erkennen, dass stringent auf die Bestätigung der Hypothese hingearbeitet wird und dass von diesem „Weg“ nicht „abgewichen“ wird.

Zu Beginn der Szene kontruiert Janca zunächst eine noch relativ allgemeine aufgabenbezogene Rahmung (16.3.1), die sich lediglich darauf bezieht, Messungen mit „dem Ding“ (dem Voltmeter) durchzuführen. Nach Umbau der Schaltung konstruiert Janca die Bedeutung, der Rahmung 16.3.8 zugeschrieben wurde. Es handelt sich dabei um eine wegbezogene Rahmung auf Operationsebene, die binnen 27 Sekunden bearbeitet ist – d.h. nach dieser Zeit hat Janca ihre Hypothese, dass die Messwerte an den Lämpchen übereinstimmen, erfolgreich bestätigt.

Mit der sich anschließenden aufgabenbezogenen Rahmung 16.3.17 werden Eigenschaften mit Wertezuschreibungen konstruiert. Die der Hypothese zugeschriebene Idee, ob sich die Messwerte an den Lämpchen zu dem an der Batterie addieren, wird folglich auf Ereignisebene eingestuft. Wie in den vorherigen Szenen wird somit wieder auf Hauptebene II aufgabenbezogen gerahmt: eine im Bereich der Wasserstromkreise gelernte Schaltkreisregel wird analog als Hypothese geäußert, mit deren Überprüfung die Gültigkeit einer entsprechend analogen Regel im Bereich der elektrischen Stromkreise bestätigt werden kann. Die Hypothese ist nach ca. 1:40 Minuten bestätigt (Idee 16.3.37), wobei sich während dieser Dauer sechs wegbezogene Rahmungen auf Operationsebene zuschreiben lassen. Als Zweifel an der Gültigkeit der Hypothese (Addition der Messwerte an den Lämpchen zu dem an der Batterie) aufkommen (Ursachen sind die Messung von 2 Volt an den Lämpchen, Marcus erwartet aber nun zu messende 4,5 Volt laut Aufschrift an der Batterie), wird nochmals an den Lämpchen und anschließend an der Batterie zunehmend sorgfältig gemessen. Als sich die Hypothese bestätigt, die Batteriespannung jedoch mit einem kleineren Wert als 4,5 Volt - nämlich mit 4,2 Volt - gemessen wird, lässt sich Jancas nachfolgender Äußerung, dass die Batterie schon etwas verbraucht ist, eine Idee auf Eigenschaftsebene zuschreiben. Sie sagt dies spontan, ohne eine Rahmung etwa der Art „Ich will wissen, warum ich an der Batterie nur 4,2 Volt messe“ zu konstruieren.

In Abbildung 11.19 findet sich das Komplexitäts-Zeit-Diagramm zu den Jancas Handlungen zugeschriebenen Ideen.

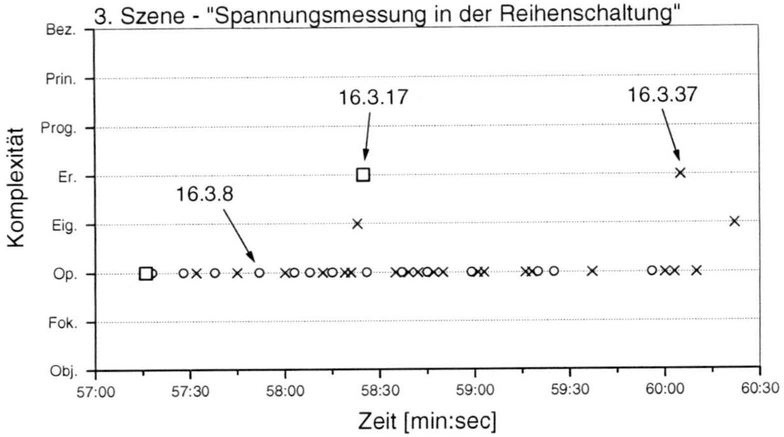

Abb. 11.19: Komplexitäts-Zeit-Diagramm zur 3. Szene
(offenes Quadrat: aufgabenbezogene Rahmung, offener Kreis: wegbezogene Rahmung, Kreuz: Idee)

Wieder zeigt sich ab Idee 16.3.17 die bereits in den Abbildungen zu den vorherigen Szenen aufgetretene „Wannenstruktur". Es sei jedoch angemerkt, dass Idee 16.3.37 einer Äußerung Jancas zugeschrieben wurde, mit der die Richtigkeit der Messungen bestätigt wurde. Eine explizite Aussage bezüglich der nun überprüften Hypothese und der damit als gültig zu befindenden Regel (dass sich die Teilspannungen in der Reihenschaltung zur Gesamtspannung addieren) bleibt jedoch aus.

Zur 4. Szene - Spannungsmessung in der Parallelschaltung

In der 4. Szene wird über 2:30 Minuten nachgeprüft, ob in der Parallelschaltung die Spannungswerte an den Lämpchen gleich dem an der Batterie sind. Eine entsprechende aufgabenbezogene Rahmung lässt sich zu Beginn der Szene zuschreiben (16.4.1). Nachdem unter einer wegbezogenen Rahmung eine Parallelschaltung aufgebaut ist, wird wieder als wegbezogene Rahmung 16.4.3 eine Hypothese bezüglich zu erwartender Messwerte an den Lämpchen in der konkreten Schaltung konstruiert. Janca zeigt auf Anfrage des Lehrers genau die Stellen auf, wo das Messgerät anzuschließen ist und konkretisiert mit den Äußerungen, denen die Ideen 16.4.4 bis 16.4.7 zugeordnet wurden, dass der zu erwartende Messwert gleich dem an der Batterie sein müsse.

Fast beiläufig prüft Janca anschließend Michaels Hypothese zum Analogon eines Gebiets gleichen Drucks nach. Innerhalb von sieben Sekunden wird unter einer wegbezogenen Rahmung gezeigt, dass die Spannung zwischen zwei Stellen eines Drahtstücks null beträgt. Janca scheint hieran nicht zu zweifeln und bestätigt Michaels Frage bereits vor Durchführung der

Messung. Als Michael Janca bittet, ein weiteres „Gebiet gleichen Drucks“ nachzumessen, kommt sie dem nicht mehr nach, sondern konzentriert sich auf ihr eigentliches Messvorhaben, nämlich auf die Messung der Spannungen an den Lämpchen.

Als sich mit der Messung eines zu kleinen Spannungswertes an den Lämpchen die Hypothese nicht bestätigt (1:15 Minuten sind seit Beginn der Szene vergangen), wird die zweite problembezogene Rahmung im analysierten Handlungsabschnitt - auf Eigenschaftsebene - zugeschrieben. Die anschließenden wegbezogenen Rahmungen verraten wenig darüber, wie Janca das Problem angehen würde, denn sie „übernimmt“ lediglich die Rahmungen des Lehrers. Der gibt Anweisungen, wo im folgenden zu messen ist.

Circa 30 Sekunden nach Konstruktion der problembezogenen Rahmung ist nachgewiesen, dass die Spannung an der Batterie definitiv größer als die an den Lämpchen ist. Nachdem Marcus eine Erklärung äußert, konstruiert auch Janca die Eigenschaft der Kabel, einen Widerstand zu haben. Anschließend quantifiziert sie den Widerstand, wozu sich eine Idee auf Ereignisebene zuschreiben lässt. Unter einer wegbezogenen Rahmung auf Operationsebene wird binnen 15 Sekunden der Wert des „Verlusts“ an der konkreten Schaltung nachgemessen.

Auf ein Diagramm zu dieser Szene wird verzichtet. Es würde sich jedoch ein ähnlicher Verlauf wie bei den bisherigen zeigen. Die Szene beginnt mit einer aufgabenbezogenen Rahmung auf Ereignisebene. Es folgen zahlreiche wegbezogene Rahmungen auf Operationsebene und die problembezogene Rahmung 16.4.11. Mit der Quantifizierung des Widerstandsverlusts der Kontakte und der dadurch letztlich doch bestätigten Hypothese, dass in der Parallelschaltung an den Lämpchen die gleiche Spannung wie an der Batterie liegen müsste (wenn von den Kontaktverlusten abgesehen würde), wird schließlich das Ereignisniveau wieder erreicht (Idee 16.4.19).

Zur 5. Szene - Stromstärkemessen in der Parallelschaltung

Die aufgabenbezogene Rahmung 16.5.3. auf Ereignisebene „Ich will überprüfen, ob sich die Stromstärken in den Teilzweigen zur Gesamtstromstärke addieren“ lässt sich Janca zuschreiben, nachdem sie Auskunft von Kati über deren neue Messidee erhalten hat und eine Reihenschaltung aufgebaut ist. Die Analyse ergibt, dass nach fünf wegbezogenen Rahmungen und 1:30 Minuten das Ergebnis (Idee 16.5.15) gefunden bzw. die Hypothese bestätigt ist. Die Idee, die aus der ergebnisbekundenden Äußerung gewonnen wurde, lässt sich auf Ereignisebene als Bestätigung der aufgabenbezogenen Rahmung einstufen. Sämtliche Ideen und rahmende Ideen zwischen der aufgabenbezogenen Rahmung 16.5.3 und dem Ergebnis (Idee 16.5.15) sind auf Operationsebene eingestuft. Systematisch wird das Ampèremeter in einen Teilzweig eingebaut und der Messwert abgelesen (bereits vorher hatte Janca eine Hypothese, welcher Wert zu messen sein würde). Dann wird das Ampèremeter im Hauptzweig eingebaut. Etwaige Ungenauigkeiten bezüglich der Addition der Stromstärken in den Teilzweigen zur Gesamtstromstärke werden nicht hinterfragt bzw. gar nicht beachtet. Die Großzügigkeit Jancas im Umgang mit den Messwerten deutet wieder darauf hin, wie sehr sie von der Gültigkeit ihrer Hypothese überzeugt ist. Mit der Idee 16.5.15 zeigt sich im Komplexitäts-Zeit-Diagramm (siehe Abbildung 11.20) in dieser Szene wieder eine „Wannenstruktur".

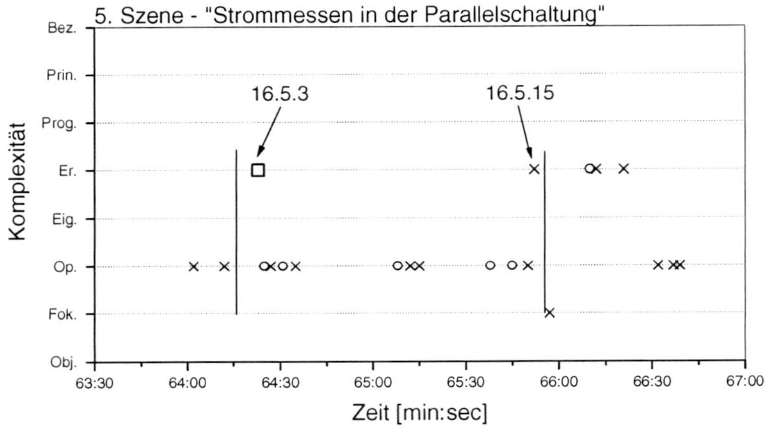

Abb. 11.20: Komplexitäts-Zeit-Diagramm zur 5. Szene
(offenes Quadrat: aufgabenbezogene Rahmung, offener Kreis: wegbezogene Rahmung, Kreuz: Idee)

Bemerkenswert ist Jancas anschließende Explizierung der Regeln zu Lampenhelligkeiten in Reihen- und Parallelschaltungen auf Ereignisebene. Sie äußert diese Regeln, ohne eine Nachprüfung durch das Experiment zu fordern.

11.2.4 Charakteristische Muster in den Bedeutungsentwicklungen der analysierten Szenen

Die Bedeutungsentwicklungen Jancas in den betrachteten fünf Szenen zeigen eine einheitliche Charakteristik hinsichtlich der Komplexitäts-Dynamik von Rahmungen und Ideen. Diese Dynamik lässt sich in eine Folge von Schritten aufgliedern, die jeweils durchlaufen und im folgenden erläutert werden:

1.

Relativ zu Beginn einer Szene lässt sich Janca eine aufgabenbezogene Rahmung auf Hauptebene II (Eigenschaft oder Ereignis) zuschreiben. Diese wird in jeder Szene erneut und zielsicher entdeckt. Es wird dabei jeweils eine Hypothese formuliert, mit deren Überprüfung die Bestätigung der Gültigkeit einer allgemeinen Gesetzmäßigkeit im Bereich der Physik der elektrischen Stromkreise zu erzielen ist. Es ist als außer Frage stehend anzusehen, dass diese Hypothesen, die sich stets auf eine Sorte von Schaltungen bzw. einen Schaltungstypen (Reihen- bzw. Parallelschaltung) beziehen, analogiebasiert generiert werden.

Im Komplexitäts-Zeit-Diagramm spiegelt sich diese Herangehensweise der einleitenden aufgabenbezogenen Rahmung dadurch wider, dass Bedeutungsentwicklungen auf entsprechendem Niveau (Eigenschafts- oder Ereignisebene) starten.

2a.

In sämtlichen Szenen erfolgt nach dieser aufgabenbezogenen Rahmung ein „Abfall“ des Komplexitätsniveaus auf Operationsebene. Nachdem die aufgabenbezogene Rahmung im Kontext einer Sorte von Schaltungen stand, beziehen sich die wegbezogenen Rahmungen und nachfolgenden Ideen auf die konkrete aufzubauende oder bereits aufgebaute Schaltung auf dem Tisch. Mit den wegbezogenen Rahmungen erfolgt somit eine „Heruntertransformierung“ der aufgabenbezogenen Rahmungen von Hauptebene II auf Hauptebene I, die auch als Hypothesen - nun aber an zu erwartende Messwerte bei den vorliegenden Schaltungen - zu verstehen sind. Diese Hypothesen an Messwerte werden sämtlich direkt aus Jancas Äußerungen gewonnen, und die wegbezogenen rahmenden Ideen können nahe an diesen Äußerungen formuliert werden.

2b.

Weitere wegbezogene Rahmungen und Ideen beziehen sich zumeist auf die Umsetzung der Messungen - etwa Aufbauen der Schaltungen, Anschlussweise und Ablesen der Messinstrumente. Sie sind ebenso zumeist auf Operationsebene einzuordnen.

3.

In sämtlichen Szenen wird nach Bestätigung der als Erwartungen an Messwerte formulierten wegbezogenen Rahmungen das Komplexitätsniveau der aufgabenbezogenen Rahmung wieder erreicht - es lässt sich also eine entsprechende Idee zuschreiben. So lässt sich aus Jancas Äußerung in der zweiten Szene die Idee (16.2.37) „Wir können mit dieser Schaltung zeigen, dass die Stromstärke überall [in der Schaltung] gleich ist“ auf Eigenschaftsebene zuschreiben. Janca formuliert diese Regel allerdings auf die explizite Frage des Lehrers, was man mit der entsprechenden Schaltung zeigen könne. In dieser Szene expliziert Janca also, die Gültigkeit welcher Schaltungsregel sie mit ihrem Aufbau gezeigt hat. Wenn Janca allerdings in der 3. Szene die Hypothese der Addition der [Spannungs-]Messwerte an den Lämpchen zu dem an der Batterie durch Nachmessen bestätigt (Idee 16.3.37 - „Unsere Messungen sind ganz richtig“), wird diese Idee zwar auf Ereignisebene eingestuft, eine explizite Benennung einer Gesetzmäßigkeit (die ebenfalls auf Ereignisebene einzustufen wäre) bleibt jedoch aus. Es ist zwar anzunehmen, dass Janca die gewonnene Erkenntnis in Form einer Regel äußern könnte. Sie tut dies jedoch nicht immer, weil es nicht explizit - zum Beispiel als mündlich gestellte Frage vom Lehrer oder durch einen Fragenzettel - verlangt wird.

Von den wesentlichen drei Schritten in den Bedeutungsentwicklungen bei den dargestellten Szenen - aufgabenbezogene Rahmung auf Hauptebene II, wegbezogene Rahmungen und deren Umsetzung und Nachprüfung auf Hauptebene I, Formulierung des Ergebnisses auf

Hauptebene II - zeigt sich also der dritte nicht immer in der Form, dass die bestätigte Hypothese noch einmal in Form einer Regel explizit benannt wird. Das heißt jedoch definitiv nicht, dass Janca die jeweilige aufgabenbezogene Rahmung nicht mit erfolgreichem sie zufrieden stellendem Ergebnis bearbeitet hat.
Betrachtet man die Darstellungen in den Komplexitäts-Zeit-Diagrammen, so ergibt sich charakteristisch eine „Wannenstruktur".

Die Analysen zeigen, dass Janca in dieser 16. Doppelstunde erfolgreich immer wieder neue Aufgaben findet und diese strukturiert bearbeitet. Es ist davon auszugehen, dass ihr analoges Basisbereichwissen sie dazu befähigt. Das strukturierte Vorgehen zeigt sich auch dadurch, dass die wegbezogenen Rahmungen nicht abgebrochen werden und über eine gesamte Szene der Bezug zur anfänglich zugeschriebenen aufgabenbezogenen Rahmung klar erkennbar ist (nach Haller (1999, 185) sind dies Indizien für strukturiertes Vorgehen).

Die in den aufgabenbezogenen Rahmungen zum Ausdruck kommenden Hypothesen sind nicht als vage Vermutungen zu verstehen, sondern vielmehr wird an deren Zutreffen und Bestätigung im konkreten Experiment kein Zweifel gelassen (ergibt sich doch ein Zweifel, so werden von Janca eher beispielsweise fehlerhafte Lämpchen oder Messgeräte verantwortlich gemacht als die Richtigkeit ihrer Vermutung). Diese Sicherheit, mit der Janca vom Zutreffen ihrer Hypothesen in den Szenen überzeugt zu sein scheint, zeigt, dass sie in der Lage ist, fundierte Erwartungen bezüglich der Richtigkeit von Schaltungsregeln (wenn auch anfangs als Hypothesen) im Gebiet der elektrischen Stromkreise (zunächst als Rahmungen) zu konstruieren. Der anschließende „Abfall" des Komplexitätsniveaus auf Operationsebene ist zwingend, da eine Hypothese anhand eines (konkreten) Experiments überprüft werden muss. Erst dann kann die Hypothese als bestätigt angesehen werden, und die Regeln, die in den aufgabenbezogenen Rahmungen bereits als kaum zu bezweifelnd zum Ausdruck kamen, sind als gültig befunden.

11.2.5 Zur inhaltlichen Entwicklung

Eine detaillierte Auswertung bezüglich der in den einzelnen Ideen vorkommenden Inhaltsbereiche wurde für die betrachteten Szenen nicht vorgenommen. Dennoch soll auf drei Punkte eingegangen werden, die aus den Analysen gewonnen wurden, nämlich

1. auf die inhaltliche Dynamik in den einzelnen Szenen,
2. auf die klare inhaltliche Strukturierung von Jancas Vorgehen in Anbetracht der Offenheit des Arbeitsauftrags des Lehrers und
3. auf die Frage, was sich auf Grund dieses strukturierten Vorgehens über die Vertrautheit mit dem entsprechenden Inhaltsbereich aussagen lässt.

zu 1.

Eine solche Dynamik wie die im Komplexitätsverlauf („Wannenstruktur“) spiegelt sich im inhaltlichen Verlauf einer Szene nicht wider. Wenn als aufgabenbezogene Rahmung eine Hypothese bezüglich der Addition von Einzelspannungsmesswerten zum Gesamtspannungsmesswert in der Reihenschaltung zugeschrieben werden kann, lassen sich etwa die Inhalte „Messwert der Gesamtspannung“, „Messwerte der Einzelspannungen“ und „Reihenschaltung“ zuschreiben. Wird diese Hypothese an der konkreten Schaltung nachgeprüft, sind es die gleichen Inhaltsbereiche, die nun jedoch auf Operationsebene in den Ideen zum Ausdruck kommen.

Angemerkt sei hier wiederum, dass diese Erkenntnis in der Form nur dann zu Stande kommt, wenn die inhaltliche Betrachtung entsprechend „großzügig“ vorgenommen wird (wird etwa zwischen „Schaltungstypen“ und „*dieser* Schaltung“ unterschieden, ist das Ergebnis nicht zu halten). Bei der Zuschreibung der Inhalte wird wie beschrieben pragmatisch vorgegangen. Das heißt, dass eine inhaltliche Unterteilung nur so „fein“ sein muss, dass damit Aussagen über kognitive Entwicklungen möglich werden.

zu 2.

Die Betrachtung der Experimentierphase in der 16. Doppelstunde erlaubt bereits bei oberflächlicher Betrachtung des Videos eine inhaltlich klare Strukturierung in der Vorgehensweise der SchülerInnen-Gruppe, aus der u.a. die fünf analysierten Szenen hervorgehen. Insbesondere unter Berücksichtigung der äußerst freien Arbeitsanweisung von Seiten des Lehrers ist es beachtenswert, wie stringent und strukturiert die Gruppe bzw. in der Hauptsache Janca und Kati die Bestätigung der Regeln zu Spannungen, Stromstärken und Lampenhelligkeiten (siehe hierzu Ideen 16.4.21 bis 16.4.23) bei elektrischen Reihen- und Parallelkreisschaltungen eine nach der anderen „abarbeiten“ bzw. „abhaken“. Wenn überhaupt inhaltliche „Abweichungen vom Kurs“ in einer Szene vorkommen (also der Bezug zur aufgabenbezogenen Rahmung nicht mehr unmittelbar erkennbar ist), dann sind diese marginal. Dafür spricht auch, dass sich während des gesamten Handlungsabschnitts lediglich zwei problembezogene Rahmungen (16.2.15 und 16.4.11) zuschreiben ließen.

zu 3.

Sind Lernende in der Lage, trotz beträchtlicher „Offenheit“ einer vorgegebenen Arbeitsanweisung (hier: „Baut und untersucht elektrische Stromkreise, die Euch interessieren - vergleicht sie jeweils mit Euren Kenntnissen über Wasserstromkreise“) derart erfolgreich und strukturiert aufgabenbezogene Rahmungen und Bedeutungen zu konstruieren wie Janca in diesen Szenen, ist dies ein Zeichen ausreichenden Vorwissens. Dies lässt sich mit folgendem empirischen Forschungsergebnis nach v. Aufschnaiter, S. (2001) belegen:

> In normalem Unterricht sowie in unseren Laborstudien mit selbstorganisationsoffenem Setting und aufgabenbasierten Lernumgebungen in einem den Lernenden wenig vertrauten Inhaltsbereich hat sich gezeigt, dass

- immer nur enge inhaltliche Ausschnitte bearbeitet werden,
- Bedeutungsentwicklungen (fast) immer auf der Objektebene starten,
- mehrere ähnliche Operationen zum selben Inhaltsbereich erfolgt sein müssen, bevor invariante Eigenschaften gebildet werden.

v. Aufschnaiter, S. (2001, 266)

Betrachtet man die Analyseergebnisse im Hinblick auf diese drei Punkte, lässt sich sagen, dass Janca keinen engen inhaltlichen Ausschnitt, sondern sämtliche wichtigsten Aussagen der Kirchhoffschen Gesetze einbezieht. Die Bedeutungsentwicklungen starten nicht auf Objektebene, sondern als aufgabenbezogene Rahmungen werden allgemeine Regeln als Eigenschaften bzw. Ereignisse zwar als Hypothesen, an denen jedoch kaum gezweifelt wird, konstruiert. Folglich kann der entsprechende Inhaltsbereich kaum als „wenig vertraut" bezeichnet werden. Wenn Janca dennoch in der 16. Doppelstunde zum ersten mal in dieser Unterrichtseinheit mit elektrischen Bauteilen operiert und die Ergebnisse des Vorinterviews die Herangehensweise hier kaum rechtfertigen, spricht dies wiederum dafür, dass sie die Vertrautheit mit der Physik der Wasserstromkreise als analoges Wissen zu den dargestellten kognitiven Leistungen befähigt.

11.2.6 Zur Vereinbarung der Analyseergebnisse mit der Theorie zu heuristischen und Post-festum-Analogien

In Abschnitt 3.2.4 (inklusive Unterabschnitten) wurde die Theorie zu heuristischen und Post-festum-Analogien referiert (u.a. Wilbers 1999). Bevor die Analyseergebnisse der fünf Szenen aus der 16. Doppelstunde im Lichte dieser Theorie diskutiert werden, seien die wesentlichen Punkte hier nochmals wiedergegeben.

11.2.6.1 Kurze Wiederholung der Theorie zu heuristischen und Post-festum-Analogien

Grundsätzlich bedeutet analoges Verstehen nach dieser Theorie das Durchlaufen beider Nutzungsarten - der heuristischen und der Post-festum-Analogie.

- zur <u>heuristischen Analogie</u>:

  Eine heuristische Analogie versetzt eine Person in einer „vortheoretischen" Phase des Erkenntnisgewinns in die Lage, gezielte Hypothesen zu generieren, bevor eine gefestigte Theorie zur Beschreibung des Zielbereichs vorliegt. Der Basisbereich stellt dabei eine „Prototheorie" auf dem Weg zur Modellierung des Zielbereichs bereit. Die Generierung einer Analogie versetzt die Person also in die Lage der zielgerichteten Handlungsfähigkeit in Bezug auf den Zielbereich. Die Hypothesen, die von der heuristischen Analogie bereit gestellt werden, müssen anschließend - „jenseits" der Analogie - empirisch geprüft werden.

- zur <u>Post-festum-Analogie</u>:

  Wenn die heuristische Nutzung einer Analogie abgeschlossen ist und damit ein Modell des Zielbereichs vorliegt, ist die Grundlage für Ähnlichkeitsvergleiche gelegt. Ähnlichkeitsvergleiche sind das Ergebnis der Konstruktion einer analogen Basis-Ziel-Beziehung. Aus der Post-festum-Perspektive können Analogien als explikatives und kommunikatives Werkzeug oder als Gedächtnisstütze genutzt werden.

- Aufbauend auf der heuristichen und der Post-festum-Analogie als zwei Nutzungsarten von Analogien wird ein Modell des analogen Verstehens formuliert:
  1. Analogienutzende Lernende müssen zunächst den heuristischen Wert des in Frage kommenden Basisanalogons erkennen. Das Zielphänomen muss in ihnen mentale Modelle „auslösen", die sie an den Basisbereich „erinnern" und in diesem eine Art Prototheorie sehen.
  2. Diese erlaubt den Lernenden, assoziative Schlüsse in Bezug auf den Zielbereich zu ziehen und Hypothesen zu generieren.
  3. Diese von der heuristischen Analogie bereitgestellten Hypothesen werden anschließend getestet. Dies geschieht durch empirische Prüfung - „jenseits" der Analogie.
  4. Bestätigt sich eine Hypothese, gewinnen Lernende eine neue (Post-festum-) Sicht auf den Zielbereich. Sie haben etwas gelernt - das propositionale Netz des Zielbereichs hat an Struktur gewonnen.

Dieser Prozess des Hypothesengenerierens und -testens setzt sich so lange fort, bis der subjektive Klärungsbedarf der/des Lernenden gedeckt ist.

11.2.6.2 Zu den Analyseergebnissen

Betrachtet man nun jede der analysierten Szenen für sich, lassen sich die Schritte 1 bis 4 größtenteils rekonstruieren bzw. mit den im Absatz zu charakteristischen Mustern in den Bedeutungsentwicklungen dargestellten Schritten in Einklang bringen.

zu 1.

Dass Janca den grundsätzlichen heuristischen Wert des bei der Behandlung der Physik der Wasserstromkreise Gelernten erkennt, wird grundlegend als außer Frage stehend angenommen. Der Ansatz, dass elektrische Stromkreise mentale Modelle bei Lernenden auslösen, wird in dieser Arbeit nicht als theoretischer Bezugspunkt gewählt. Im Kontext der Beschäftigung mit der Frage, unter welchen Bedingungen Lernende bei Konfrontation mit einem Zielphänomen auf ein bestimmtes Basisphänomen zurückgreifen, wird bei Wilbers (1999) die Beschreibung mit mentalen Modellen eingeführt. Diese Frage steht hier jedoch nicht im Vordergrund.

zu 2.

Dieser Punkt entspricht dem in Abschnitt 11.2.4 (bei „Charakteristische Muster in den Bedeutungsentwicklungen der analysierten Szenen") dargestellten ersten Schritt, der aus den Bedeutungsrekonstruktionen Jancas gewonnen wurde. Die assoziativen Schlüsse in Bezug auf den Zielbereich, die der Generierung von Hypothesen entsprechen, spiegeln sich in den aufgaben-

bezogenen Rahmungen auf Hauptebene II wider. Hypothesen bezüglich (Schaltkreis-) Regelhaftigkeiten im Bereich der elektrischen Stromkreise werden aufgestellt, wobei Janca kaum Zweifel an deren Gültigkeiten erkennen lässt.
Insbesondere die Annahmen, dass eine heuristische Analogie eine Person in die Lage versetzt, *gezielte* Hypothesen zu generieren und dass damit die zielgerichteten Handlungsfähigkeit in Bezug auf den Zielbereich ermöglicht wird, decken sich mit den hier gewonnenen Ergebnissen.

zu 3.
Die empirische Überprüfung der Hypothesen erfolgt anschließend an den elektrischen Schaltungen. Entsprechende wegbezogene Rahmungen, die sich als „Reformulierungen" der aufgabenbezogenen Rahmungen in Form von Erwartungen an Messwerte zeigen, lassen sich als wegbezogene Rahmungen auf Operationsebene zuschreiben. Unter weiteren wegbezogenen Rahmungen wird das Aufbauen von Schaltungen und Ablesen von Messwerten vorgenommen, bis die jeweilige Hypothese mit der entsprechenden (konkreten) Schaltung bestätigt ist. Somit entspricht dieser Punkt den in der in Abschnitt 11.2.4 dargestellten Charakteristik unter 2a und 2b dargestellten Schritten und spiegelt sich im Komplexitäts-Zeit-Diagramm in Form des „Tals" der „Wanne", also in den Bedeutungskonstruktionen auf Operationsebene, wider.

zu 4.
Die Bestätigungen der Hypothesen folgen aus den Experimenten. Teilweise werden sie auf dem entsprechenden Komplexitätsniveau (Hauptebene II) geäußert. Doch auch wenn dies nicht beobachtet wird, kann in sämtlichen Szenen davon ausgegangen werden, dass Janca die Gültigkeit der entsprechenden Regel im Bereich der elektrischen Stromkreise bestätigt weiß. Dass sie eine neue Sicht auf den Zielbereich gewonnen hat, zeigt sich nicht direkt, sondern in einem späteren Abschnitt, dessen Analyse hier nicht dargestellt ist. Als der Lehrer nochmals anregt, eine bereits überprüfte Schaltkreisregel nachzuweisen, weigert sich Janca mit dem Argument, sie hätte sie bereits nachgeprüft und für gültig befunden. Dem entsprechend besteht also bei ihr in jenem Punkt kein weiterer Klärungsbedarf - es gibt nichts neues zu lernen. In diesem Zusammenhang kann in der 16. Doppelstunde ebenfalls beobachtet werden, dass sich der Prozess des Hypothesengenerierens und -testens so lange fortsetzt, bis der subjektive Klärungsbedarf der Lernenden (Janca) gedeckt ist: Nach Beendigung der 5. Szene ergreift Marcus wieder die Initiative und beginnt, mit dem Schaltungsbrett zu experimentieren. Kati und Janca sind nur mäßig beteiligt und zeigen wenig Interesse an Marcus' Vorhaben. Ohne hier genauer auf das Geschehen in dieser Phase der Doppelstunde eingehen zu wollen, lässt der weitere Verlauf den Eindruck entstehen, Jancas Erklärungsbedarf ist gedeckt, und es gibt zunächst keine attraktive Fragestellung für sie.

12 Zusammenfassende Darstellung der Ergebnisse des ersten Empirischen Teils - Bedeutungsentwicklungen im Basis-Ziel-Vergleich

In den beiden vorhergehenden Kapiteln 10 und 11 wurden ausführliche Beschreibungen, Analysen und Interpretationen der Analyseergebnisse zu fünf Handlungsabschnitten aus Basis- und Zielteil der Unterrichtseinheit dargestellt. Von zentralem Interesse waren die Bedeutungsentwicklungsprozesse der Schülerin Janca, die mittels Zuschreibungen von Ideen und Rahmungen zunächst auf Mikroebene „rekonstruiert" und anschließend umfangreichen Analysen unterzogen wurden. Eine Ausnahme bildete dabei der Handlungsabschnitt aus der 14. Doppelstunde, in dem primär einzelne (isolierte) Bedeutungskonstruktionen betrachtet wurden und außerdem die gesamte Klasse Zielgruppe der Analysen war. Die Analysen zu den Handlungsabschnitten erfolgten nach Komplexitäts-, Zeit- und teilweise inhaltlichen Aspekten. Insbesondere die aus dem Abschnitt der 16. Doppelstunde gewonnenen Ergebnisse wurden hinsichtlich der Komplexitätsabhängigkeit von Jancas Bedeutungsentwicklungen vertieft interpretiert (siehe Abschnitt 11.2.4 und Abschnitt 11.2.6 inklusive Unterabschnitte).

Im folgenden werden die Ergebnisse aus den in diesem ersten empirischen Teil gewonnenen Analysen im expliziten Fokus auf ein zentrales Forschungsanliegen dieser Arbeit zusammengestellt - der vergleichenden Gegenüberstellung von Bedeutungsentwicklungsprozessen in Basis- und Zielbereich. Die Darstellungen erfolgen im Hinblick auf die in Kapitel 5 formulierten Hypothesen. Zu vergleichen sind der Abschnitt aus der 1. Doppelstunde mit dem aus der 14., sowie die aus der 5. und 6. Doppelstunde mit dem aus der 16. Doppelstunde. Die Beweggründe für diese Konstellation der Vergleiche wurden in Abschnitt 8.2 (inklusive Unterabschnitten) aufgezeigt.

Die folgende Zusammenfassung der Ergebnisse gliedert sich nach den Kategorisierungen (Komplexität, Inhalt, Aspekte der Rahmungen, Zeit), hinsichtlich derer die zugeschriebenen Ideen analysiert wurden. Als Untergliederungspunkte werden jeweils die Ergebnisse zum einen aus dem Basisbereich und zum anderen die aus dem Zielbereich dargestellt. In Abschnitt 7.3.3 wurde auf zwei mögliche „Lernzuwachs-Extreme" hingewiesen: bei Lernzuwachs ohne Veränderung der inhaltlichen Elemente werden die konstant gehaltenen Inhalte zunehmend komplexer gedacht, bei Lernzuwachs ohne Veränderung der Komplexität erfolgt eine inhaltliche Ausdifferenzierung bzw. es werden zunehmend mehr inhaltliche Elemente in Bedeutungskonstruktionen miteinander verknüpft. Es ist naheliegend, dass jeweils die Kategorie (Inhalt oder Komplexität) vertiefter dargestellt wird, hinsichtlich derer eine ausgeprägt(er)e Dynamik festgestellt wurde.

12.1 Einstieg in den Basis- bzw. Zielbereich - 1. vs. 14. Doppelstunde

Anhand der beiden Ausschnitte wurden Analysen zu Bedeutungen durchgeführt, die Lernende in den ersten Phasen der Erschließungen neuer Inhaltsbereiche - der Bereiche Wasser- bzw. elektrische Stromkreislehre - konstruieren. Bei Betrachtung der ersten Doppelstunde wurde davon ausgegangen, dass die SchülerInnen mit der Einführung der Physik der Wasserstromkreise an einen zumindest in der im Unterrichtskonzept angebotenen Form unbekannten Themenbereich herangeführt werden. In der 14. Doppelstunde hingegen konnte davon ausgegangen werden, dass für Bedeutungskonstruktionen Wissen über den Basisbereich genutzt wird, weil der Lehrer mehrfach dazu auffordert.

12.1.1 Ergebnisse zum Aspekt Komplexität

1. Doppelstunde

Die Jancas (Sprech-)Handlungen zugeschriebenen Ideen im untersuchten Handlungsabschnitt zeigen nur eine geringe Dynamik bezüglich deren Komplexität. Sie wurden sämtlich auf Hauptebene I eingeordnet. Ausnahmen bilden vier Ideen auf Eigenschaftsniveau (1.6.20, 1.6.22 - 1.6.24), in denen Janca in einer Art Exkurs eine Analogie zu einem ihr bekannten Inhalt aus dem Biologieunterricht herstellt und damit die Funktionsweise eines Ventils erklärt. Als der Exkurs beendet ist und Janca sich wieder direkt auf die zu beantwortenden Punkte des Fragenzettels bezieht, „fällt" die Komplexität wieder auf Operationsebene „zurück".

Mit Hypothese B-1 wird davon ausgegangen, dass Bedeutungsentwicklungen bottom-up verlaufen, dass also in festen Inhaltsbereichen zunächst an konkreten Objekten operiert wird, bevor Eigenschaften und Ereignisse konstruiert werden. Im betrachteten Abschnitt werden Bedeutungen sämtlich zum Inhaltsbereich „DWS" erzeugt. Dazu werden zahlreiche Teilinhaltsbereiche erfasst und miteinander in Beziehung gesetzt. Diese Erfassung von Objekten, deren Merkmale und die gedanklichen Verknüpfungen sind bei Komplexitätsanalysen der zugeschriebenen Ideen auf Niveaus der Hauptebene I einzuordnen. Die Bottom-up-Tendenz bestätigt sich bezogen auf Teilinhaltsbereiche und konnte bei einigen gezeigt werden (z.B. zur Säule B 1.1.5f., zum Schalter 1.1.14f., zum Kabel 1.1.17f., zu den Kontakten 1.1.20f). Aber auch bezogen auf den übergeordneten Inhaltsbereich „DWS" verlaufen die Bedeutungskonstruktionen bottom-up. Mit den im gesamten untersuchten Handlungsabschnitt konstruierten Bedeutungen auf Hauptebene I wird anschließend die Eigenschaft der (jeder) DWS, einen konstanten Druckunterschied herzustellen und aufrecht zu erhalten, erzeugt. Eine entsprechende Äußerung Jancas findet sich jedoch erst in der zweiten Doppelstunde.

14. Doppelstunde

In Abschnitt 11.1.1 wurde darauf hingewiesen, dass der betrachtete Handlungsabschnitt aus der 14. Doppelstunde einen „Sonderfall" darstellt. Die gesamte Klasse ist in die Analysen einbezogen, der Abschnitt fällt in eine Frontalunterrichtsphase, und es werden praktisch keine Bedeutungsentwicklungen sondern vielmehr isolierte Bedeutungskonstruktionen ausgemacht. Der Großteil der 40 zugeschriebenen Ideen beinhaltet hypothetische Basis-Zielübereinstimmungen, und gut 3/4 der Ideen wurden Komplexitätsniveaus der Hauptebene II zugeschrieben. Im Zielbereich werden also nicht wie im Basisbereich zunächst Objekte identifiziert, im Hinblick auf Objektmerkmale variiert und Eigenschaften gebildet. Vielmehr scheinen die Bestandteile, Begriffe und Zusammenhänge der elektrischen Stromkreisthematik - zumindest zum Großteil - aufgrund ihrer möglichen Rolle in dieser Thematik erschlossen zu werden. Objekte werden damit tendenziell über die Eigenschaften oder Verknüpfungen von Eigenschaften der Klasse dieser Objekte erschlossen. Dieser Aspekt wird deutlicher, wenn auf die inhaltliche Erschließung des Zielbereichs in dieser 14. Doppelstunde eingegangen wird.

Die Art des Vorgehens, die Erschließung des Zielbereichs mit zunächst unstrukturierten Hypothesen bezüglich Basis-Ziel-Übereinstimmungen zu beginnen, wird im Zweiten Empirischen Teil noch einmal aufgegriffen und vor dem Hintergrund der Strukturabbildungstheorie Gentners betrachtet.

12.1.2 Ergebnisse zum Aspekt Rahmungen

1. Doppelstunde

Mit Hypothese B-2 wird angenommen, dass sich die Bottom-up-Dynamik der Komplexitäten von Bedeutungsentwicklungen auch in der Dynamik der Rahmungen widerspiegelt. Es wird also angenommen, dass das Komplexitätsniveau der Rahmungen gleich bleibt oder tendenziell ansteigt. In Übereinstimmung mit dieser Hypothese zeigt sich, dass im betrachteten Abschnitt überwiegend Rahmungen auf Fokussierungs- oder Operationsebene konstruiert werden. Ausnahme bildet eine (die den Inhaltsbereich Ventil betreffende) wegbezogene Rahmung auf Eigenschaftsebene.

Zu den Hypothesen B-3 und B-4 lässt sich zunächst sagen, dass in diesem Abschnitt keine Problemfindungsphase ausgemacht wurde. Insgesamt wurden 12 problembezogene Rahmungen und 7 aufgabenbezogene Rahmungen zugeschrieben, denen jeweils eine bis vier wegbezogene Rahmung(en) folgte(n).

14. Doppelstunde

Zum Aspekt der Rahmungen im Abschnitt aus der 14. Doppelstunde sind keine Aussagen möglich, da die Ideenzuschreibung immer nur zu einzelnen Bedeutungskonstruktionen erfolgte. Eine in der ganzen Szene „gültige" übergeordnete Rahmung der Art „Ich überlege, was aus dem Bereich Wasserstromkreise welche Entsprechungen bei den elektrischen Stromkreisen haben könnte", die direkt aus der entsprechenden Initiierung des Lehrers folgt und die gerade im Hinblick auf die geäußerten hypothetischen Basis-Ziel-Äußerungen nahe liegt, ließe sich ohne Zweifel zuschreiben. Eine solch „grobe" Rahmung ist jedoch nicht aussagekräftig genug für die in dieser Arbeit zu verfolgenden kognitiven Prozesse auf Mikroebene.

12.1.3 Ergebnisse zum Aspekt Inhalt

1. Doppelstunde

Die Hypothesen B-7 und B-8 werden durch die Analyseergebnisse zum Abschnitt der ersten Doppelstunde gestützt: Es werden zunächst Bedeutungen in engen Inhaltsbereichen konstruiert. Die Hypothese B-8 wurde konkret bezogen auf den Inhaltsbereich „DWS" formuliert und kann bereits mit den Ausführungen in den Abschnitten 10.1.1 und 10.1.2 als bestätigt angesehen werden: Bevor über das Zusammenwirken der DWS-Bestandteile die Funktionsweise der DWS erstmals erklärt wird, werden die relevanten Objekte der DWS als Teilinhaltsbereiche erfasst und in Bedeutungskonstruktionen auf Operationsebene zunehmenden Ausdifferenziertheitsgrades miteinander verknüpft. Besonders anhand der Konstruktion eines Teilinhaltsbereichs „Ventil" und der verknüpfenden Einbeziehung dieses Inhaltes in die bereits konstruierten in der 6. Szene wird die mit Hypothese B-8 erwartete inhaltliche Entwicklung deutlich. Die Verknüpfung mit dem Teilinhaltsbereich „Fließrichtung" nimmt dabei besonders ausgedehnten Raum ein (hierzu konstruiert Janca fünf problembezogene Rahmungen).

Die inhaltliche „Kleinschrittigkeit" der Bedeutungsentwicklungen wird noch deutlicher, wenn man den umfassenderen Themenbereich 'Physik der Wasserstromkreise' aus ExpertInnensicht betrachtet. Der Inhaltsbereich „DWS" stellt hier einen einzelnen Inhaltsbaustein dar. Letztendlich ist für ein weitergehendes Verständnis die Eigenschaft der Druckaufrechterhaltung, die diesem Baustein „DWS" zuzuordnen ist, wesentlich. Zur Erschließung des einen Inhaltsbausteins „DWS" wird dieser von Janca nochmals nahezu kleinstmöglich unterteilt. Erst nach den aus der Analyse ersichtlichen Bedeutungsrekonstruktionen zu den Teilinhaltsbereichen werden adäquate Bedeutungen zum „Gesamtinhaltsbereich" DWS erzeugt.

Die Resultate zur inhaltlichen sowie zur komplexitätsbezogenen Entwicklung in diesem Abschnitt decken sich mit dem in Abschnitt 11.2.5 aufgeführten Zitat von v. Aufschnaiter, S. (2001), demzufolge Lernende in wenig vertrauten Inhaltsbereichen immer nur enge Abschnitte bearbeiten, ihre Bedeutungsentwicklungen auf Objektebene beginnen und mehrere Operationen zum selben Inhaltsbereich konstruieren müssen, bevor sie invariante Eigenschaften bilden.

14. Doppelstunde

Mit den zugeschriebenen Ideen zu Beginn der Erschließung des Zielbereichs werden umfangreiche Teile der Inhaltsbereiche Wasser- bzw. elektrische Stromkreise erfasst. Die Ergebnisse stimmen mit den Aussagen der Hypothesen Z-7 und Z-8 überein, worauf bereits in Abschnitt 11.1.5 eingegangen wurde. Die SchülerInnen scheinen also ihr Basisbereichwissen inhaltlich ausgedehnt zu nutzen, um sich im Zielbereich eine umfangreiche Operationsbasis zu schaffen bzw. diesen für sich zu strukturieren. 23 der zugeschriebenen 40 Ideen beinhalten hypothetische Basis-Ziel-Übereinstimmungen. Beispielsweise werden sämtliche Stromkreisbestandteile genannt sowie die Begriffe Stromstärke, Druckunterschied und Widerstand. Auch Wertezuschreibungen kommen vor, z.B. ob ein Draht einen vernachlässigbaren elektrischen Widerstand darstellt, so wie dies analog beim Schlauch der Fall ist, dessen Wasserwiderstand zu vernachlässigen ist. Die wiederholt geäußerte Vermutung, ob es bei elektrischen Stromkreisen eine Art Druckunterschied gäbe, bzw. ob die Batterie diesen Druckunterschied (als Eigenschaft) aufrecht erhalte, steht im Einklang mit Hypothese Z-8.

12.1.4 Ergebnisse zum Aspekt Zeit

Aussagen zum zeitlichen Aspekt der Entstehung von Bedeutungen sind bei diesem Vergleich der Abschnitte aus der 1. und der 14. Doppelstunde nicht angemessen. Dies wird zum einen damit begründet, dass die Aufgabenstellungen durch den Lehrer in den beiden Handlungsabschnitten äußerst unterschiedlich sind (hierauf wird im nächsten Abschnitt zurückgekommen). Zum anderen wird in der 14. Doppelstunde weniger ein Prozess (i.S. eines Bedeutungsentwicklungsprozesses) betrachtet, sondern es werden, bedingt durch die „Brainstorming-Aufforderung" des Lehrers, Aussagen gesammelt, die kaum aufeinander bezogen sind. Zeitangaben darüber, wann bestimmte Bedeutungen z.B. erstmalig konstruiert werden, sind in diesem Design folglich nicht möglich.

Während also keine Aussagen zur Dimension Zeit konstatiert werden, sind jedoch solche bezüglich des Zusammenhangs zwischen zeitlichem und komplexitätsbezogenem Aspekt von Bedeutungen aufzuzeigen: Bereits unter den zugeschriebenen Ideen zu den ersten Bedeutungskonstruktionen sind solche, deren Komplexitäten auf Hauptebene II eingeordnet werden können. Damit lässt sich die folgende Aussage erhärten: Während im Basisbereich über ausgedehnte Zeiträume fokussiert und operiert wird, sind Lernende im Zielbereich von Beginn an in der Lage, Bedeutungen auf Eigenschafts- und Ereignisebene zu konstruieren.

In der folgenden Tabelle 12.1 sind die Ergebnisse bezüglich der Aspekte Komplexität und Inhalt aus dem Basis-Zielvergleich zusammenfassend dargestellt:

	Basisbereich - 1. Doppelstunde	Zielbereich - 14. Doppelstunde
Komplexität	• Bottom-up-Verläufe. • Bedeutungserzeugungen nahezu ausschließlich auf Hauptebene I.	• 78% der Bedeutungskonstruktionen auf Hauptebene II.
Inhalt	• Bedeutungserzeugungen in engen Inhaltsbereichen, die miteinander verknüpft werden.	• Bedeutungserzeugungen in weiten Inhaltsbereichen.

Tabelle 12.1: Zusammenfassende Darstellung der Ergebnisse des Vergleichs 1. Doppelstunde - 14. Doppelstunde zu den Aspekten Komplexität und Inhalt

12.1.5 Abschließende Bemerkungen zum analogen Vergleich der Abschnitte 1. vs. 14. Doppelstunde

Die betrachteten Abschnitte aus der 1. und 14. Doppelstunde wurden vergleichend gegenübergestellt mit dem Ziel, Erkenntnisse zu Bedeutungskonstruktionen bzw. -entwicklungen von Lernenden bei Beginn ihrer Erarbeitungen von Basis- und Zielbereich zu gewinnen. Bezüglich der Aussagekraft der Ergebnisse sind folgende Punkte zu berücksichtigen: In beiden Abschnitten ist die Vorgehensweise durch die Aufgabenstellungen des Lehrers relativ eng strukturiert. Und noch wesentlicher ist: Die Aufgabenstellungen unterscheiden sich inhaltlich stark voneinander. Der Lehrer beginnt also die Einführung von Basis- und Zielbereich nicht in analoger Weise, sondern er geht grundsätzlich anders vor.

Die engen Vorgaben durch den Lehrer lassen insbesondere die Ergebnisse zum Abschnitt der 1. Doppelstunde plausibel erscheinen: So sollte es nicht verwundern, dass aufgrund des Arbeitsauftrags, die DWS anhand des ausgegebenen Fragenzettels inhaltlich zu erschließen, beinahe ausschließlich Bedeutungen auf Hauptebene I zu diesem Inhaltsbereich (und zu zahlreichen Teilinhaltsbereichen) konstruiert werden. Wenn weiter in Abschnitt 12.1.1 gesagt wurde, dass Janca erst in der 2. Doppelstunde eine Bedeutung zur DWS auf Eigenschaftsebene konstruiert, so kann damit nicht behauptet werden, dass die zahlreichen Operationen in der 1. Doppelstunde dieser Bildung von Eigenschaften zwingend vorausgehen müssen. Hierzu sind auf der Basis des Unterrichtsdesigns und der Datenlage keine Aussagen möglich.

In der 14. Doppelstunde ermutigt der Lehrer die SchülerInnen ausdrücklich, Hypothesen bezüglich analoger Basis-Ziel-Entsprechungen zu formulieren. Die Vorgabe ist also wie gesagt wiederum relativ eng strukturiert und eine völlig andere wie in der 1. Doppelstunde. Im Sinne der analogen Vergleichbarkeit beider Abschnitte wäre die Einführung des Zielbereichs über den (isolierten) Inhaltsbereich Batterie günstig (gewesen), etwa anhand eines analogen Fragenzettels wie dem in der 1. Doppelstunde ausgeteilten.

Trotz der Einschränkungen sind die Ergebnisse aus dem Vergleich der beiden Handlungsabschnitte äußerst aufschlussreich im Hinblick auf die Fragestellungen dieser Arbeit. Die ausgemachten Bedeutungskonstruktionen im Zuge der erstmaligen Beschäftigung mit dem Basisbereich decken sich im wesentlichen mit den theoretischen Vorhersagen: Inhaltsbereiche werden kleinschrittig erschlossen, Bedeutungsentwicklungen starten auf niedrigen Komplexitätsebenen, und in Operationen werden zunehmend ausgedehntere Inhaltsbereiche miteinander verknüpft. Die ersten Bedeutungen, die im Zusammenhang mit dem zu erschließenden Zielbereich konstruiert werden, zeigen eine gänzlich andere Dynamik. Das wird als ein wesentliches Ergebnis dieser Arbeit angesehen. Dieses Ergebnis stützt die Vermutungen, dass Lernende, die eine strukturelle Analogie zwischen Basis- und Zielbereich unmittelbar erkennen, im zu erschließenden Zielbereich zunächst nicht Bedeutungen auf Hauptebene I konstruieren (müssen), bevor sie Eigenschaften und Ereignisse bilden. Außerdem beginnen sie ihre Strukturierung des Zielbereichs mit der Einbeziehung ausgedehnter Inhaltsbereiche.

12.2 Erstmalige Erarbeitung der Schaltkreisregeln in Basis- bzw. Zielbereich - 5./6. vs. 16. Doppelstunde

Die von Janca im Kontext der erstmaligen systematischen Erarbeitung von Schaltkreisregeln in Basis- und Zielbereich erzeugten Bedeutungen stehen im Fokus dieses Abschnitts. Die Ergebnisse aus den Analysen seien im folgenden wieder (wie in Abschnitt 12.1) gegliedert nach den Kategorien Komplexität, Rahmungen, Inhalt und Zeit zusammengetragen und im Hinblick auf die analogen Vergleichbarkeiten gegenübergestellt.

12.2.1 Ergebnisse zum Aspekt Komplexität

5./6. Doppelstunde

In den Abschnitten der beiden Doppelstunden zeigen sich die erwarteten Bottom-up-Verläufe bei Bedeutungsentwicklungen als Grundtendenz durchgängig. Ausgeprägt ist ein entsprechender Verlauf in der 1. Szene des Abschnitts der 5. Doppelstunde von Idee 5.1.16 bis 5.1.43. Dabei wird der Frage nach den Beobachtungen an den Wasserkreiseln in Reihenschaltungen nachgegangen (siehe Abbildung 10.4). Die Komplexitätsanalyse ergibt einen Beginn der rekonstruierten Bedeutungsentwicklung auf Operationsebene. Zunächst steigt dann das Niveau der Rahmungen auf Eigenschaftsebene, die Jancas Handlungen zugeschriebenen Ideen bleiben anfangs aber weiterhin auf Operationsebene, um schließlich auch die Eigenschaftsebene zu erreichen. Anschließend wird auf Ereignisebene gerahmt, und auch dieses Niveau wird mit zwei Ideen (spontan) erreicht.

Im weiteren Verlauf der 2. und 3. Szene des Abschnitts aus der 5. Doppelstunde sind die Bottom-up-Verläufe weniger stark ausgeprägt. So ist mit der in der 2. Szene zu beantwortenden Frage eine Bedeutungskonstruktion auf Ereignisebene intendiert, indem eine Antwort der Art „Je mehr Kreisel eine Reihenschaltung enthält, desto kleiner wird die Wasserstromstärke" gegeben werden soll. In der 1. Szene hat Janca Bedeutungen dazu, wie sich die Kreisel in einer Reihenschaltung in Abhängigkeit zu ihrer Anzahl verhalten, bottom-up erzeugt. Eine Bedeutungskonstruktion dahingehend, dass die Kreiselgeschwindigkeit ein Indikator für die Stromstärke ist, muss in der 2. Szene jedoch nicht mehr auf Operationsebene begonnen werden. Diese Eigenschaft hat Janca in vorhergehenden Kontexten bereits häufig genug erzeugt, sodass sie sie hier spontan konstruieren kann. Die zugeschriebenen Ideen in der zweiten Szene beginnen folglich auf Eigenschaftsebene und erreichen zügig (nach 42 Sekunden) die Ereignisebene.

Bezüglich der Komplexitätsniveaus in der 3. Szene lassen sich ähnliche Aussagen im Hinblick auf eine Bedeutungskonstruktion auf Ereignisebene machen, in die der Aspekt Widerstand einbezogen werden soll. Betrachtet man somit die Komplexitäts-Zeit-Entwicklung über die drei Szenen (siehe Abbildung 10.6), so zeigt sich der Bottom-up-Verlauf derart, dass in der ersten Szene operierend begonnen, schließlich Eigenschafts- und dann Ereignisniveau erreicht wird. In der zweiten und dritten Szene kommen Operationen weit seltener vor, und das „mittlere" Komplexitätsniveau bewegt sich von Eigenschafts- zur Ereignisebene. Betrachtet man die Komplexitätsdynamik über die drei Szenen insgesamt, zeigt sich auch dort der mit der Aussage von Hypothese B-1 erwartete Verlauf, nämlich eine grundsätzliche Bottom-up-Tendenz mit Ausdifferenzierungsphasen, in denen die Komplexitätsniveaus nicht ansteigen.

Die Analysen des Abschnitts aus der 6. Doppelstunde zeigen ähnliche Ergebnisse. In der ersten Szene operiert Janca ausschließlich. Im Verlauf der zweiten Szene konstruiert Janca Bedeutungen auf Eigenschaftsebene. In der dritten Szene geht es um eine aufzustellende Regel (zum Verhalten von Kreiseln in Parallelschaltungen), und entsprechend wird auf Hauptebene II gerahmt (6.3.3). Bis zur Findung dieser Regel (6.3.9) steigt das Komplexitätsniveau der Jancas Handlungen zugeschriebenen Ideen von Operations- auf Ereignisniveau (siehe die Abbildung 10.8).

In der 4. und 5. Szene sind keine Bottom-up-Prozesse auszumachen, wohl aber Bedeutungskonstruktionen auf Hauptebene II. Die inhaltliche Analyse ergab, dass das Ausbleiben von Bottom-up-Verläufen mit der fehlenden Ausdifferenzierung Jancas des Inhaltsbereichs Wasserstromstärke zu begründen ist. Sie unterscheidet nicht zwischen Teil- und Gesamtstromstärke und wird dadurch an einer sie überzeugenden Verknüpfung von Stromstärke und anderen Inhaltsbereichen gehindert. Eine Konsequenz aus diesen beiden Szenen ist die Annahme, dass sich Erkenntniszuwachs und bottom-up-Verlauf der Komplexitäten (bezüglich eines festen Inhaltsbereiches) gegenseitig bedingen.

Im Verlauf der 6. Szene gelingt es Janca, den physikalisch richtigen Zusammenhang zwischen Kreiselzahl und Stromstärke und die damit einhergehende Ausdifferenzierung ihres Verständnisses von Stromstärke zu erfassen. In einem Bottom-up-Prozess beginnt sie mit Bedeutungskonstruktionen auf Operationsebene (6.6.10) und erreicht über die Eigenschafts- die Ereignisebene (bis Idee 6.6.29 - siehe Abbildung 6.10).

Auch in der 7. Szene zeigt sich ein Bottom-up-Verlauf, der bei der Operationsebene einsetzt und die Ereignisebene erreicht.

16. Doppelstunde

Der betrachtete Handlungsabschnitt der 16. Doppelstunde wurde in 5 Szenen unterteilt. Sämtliche Komplexitätsanalysen dieser Szenen weisen einen ähnlichen Verlauf auf, der als „Charakteristisches Muster" bezeichnet und in Abschnitt 11.2.4 ausführlich diskutiert wurde. Diese Verläufe bekräftigen die Aussage von Hypothese Z-1. Demzufolge starten Bedeutungsentwicklungen - mit einer aufgabenbezogenen Rahmung - auf Hauptebene II. Es erfolgt jeweils ein „Abfall" auf Operationsebene. Dabei wird mit einer oder mehreren wegbezogenen Rahmung/en die Aussage der aufgabenbezogenen Rahmung auf Operationsebene „heruntertransformiert" und anhand von konkreten Schaltungen - ebenfalls durch Bedeutungskonstruktionen auf Operationsebene - nachgeprüft. Anschließend ist jeweils wieder eine Idee auf Hauptebene II zuzuschreiben. Diese Ideen wurden teilweise aus expliziten Äußerungen Jancas gewonnen, mit denen sie sich auf die anfänglichen aufgabenbezogenen Rahmungen bezieht. Die Struktur der gewonnenen Komplexitäts-Zeit-Diagramme werden als „Wanne" bezeichnet.

12.2.2 Ergebnisse zum Aspekt Rahmungen

5./6. Doppelstunde

Die Ergebnisse zu den Komplexitätsdynamiken der Rahmungen in den Abschnitten der beiden Doppelstunden entsprechen im wesentlichen denen der Ideen. Ausgeprägt sind die Bottom-up-Verläufe der Rahmungen in der ersten Szene des Abschnitts aus der fünften Doppelstunde und in der ersten bis dritten Szene dessen aus der sechsten Doppelstunde. In der sechsten Szene der sechsten Doppelstunde setzt ein entsprechender Verlauf in dem Moment ein, als Janca - initiiert durch L2 - eine aufgabenbezogene Rahmung (6.6.14) konstruiert. Zuvor (Ideen 6.1.1 bis 6.1.12) konstruiert Janca in dieser Szene problembezogene Rahmungen (u.a. dazu, warum die Kreisel in der Parallelschaltung unabhängig von deren Anzahl gleich schnell drehen und warum die Wasserstromstärke unabhängig von der Kreiselzahl bleiben soll) und wegbezogene, mit denen sie das Problem jedoch nicht für sich lösen kann. Der oben geäußerte Zusammenhang zwischen Erkenntniszuwachs und Bottom-up-Verlauf auch in Bezug auf Rahmungen scheint sich auch hier zu bestätigen: Wenn Janca in der Phase zwischen Idee 6.6.1 und 6.6.12 keinen Weg findet, ihr Problem (der fehlenden Ausdifferenzierung zur Stromstärke) adäquat anzugehen und eher Frustration aufkommt, ist sie nicht in der Lage, zunehmend komplex zu rahmen – sie bleibt bei „bottom". Damit einhergehend werden keine Rahmungen mit Bottom-up-Tendenz sichtbar.

- Zu den Ebenen von Rahmungen

In der ersten Szene des fünften Abschnitts kommen im Einklang mit Hypothese B-3 zwei Problemfindungsphasen vor. Nach der ersten entsprechenden Rahmung (5.1.1) werden fünf wegbezogene Rahmungen konstruiert, bis Janca eine problembezogene Rahmung (5.1.16) zugeschrieben werden konnte, die sich direkt auf eine im Sinne des Unterrichtskonzepts beabsichtigte Fragestellung bezieht. Die zweite Problemfindungsphase (Idee 5.1.44 - 5.1.48) verläuft unter einer entsprechenden problembezogenen und einer wegbezogenen Rahmung.

Abzüglich der problembezogenen Rahmungen, die Problemfindungsphasen einleiteten, wurden in den Szenen der 5. Doppelstunde drei problembezogene- und drei aufgabenbezogene Rahmungen zugeschrieben. Die Anzahl der wegbezogenen Rahmungen beträgt hier jeweils zwei bzw. drei.

Im betrachteten Abschnitt der 6. Doppelstunde wurde keine Problemfindungsphase ausgemacht. Insgesamt wurden neun problembezogene und fünf aufgabenbezogene Rahmungen zugeschrieben. Die Anzahl der wegbezogenen Rahmungen reicht von eins bis fünf.

16. Doppelstunde

Im Rahmen der in Kapitel 11.2.4 diskutierten Bedeutungsentwicklungsverläufe, die sich als „charakteristische Muster" in beinahe sämtlichen der 5 Szenen wiederholen, wurde auch der Aspekt der Rahmungen erfasst. Janca konstruiert demnach relativ zu Beginn jeder Szene eine aufgabenbezogene Rahmung auf Hauptebene II, die in der zweiten und dritten Szene noch präzisiert werden (16.2.1 und 16.2.4, 16.3.1 und 16.3.17). In Übereinstimmung mit Hypothese Z-5 konnten diese aufgabenbezogenen Rahmungen in der ersten und zweiten Szene (16.1.7 und 16.2.4) direkt aus Erwartungs- oder Absichtsäußerungen rekonstruiert werden. Im Anschluss an die aufgabenbezogenen Rahmungen werden wegbezogene Rahmungen auf Operationsebene konstruiert.

Der „Einstieg" in eine neue Szene durch eine aufgabenbezogene Rahmung auf Hauptebene II stützt die Aussage von Hypothese Z-2. Wesentlich ist dabei insbesondere, dass Janca diese aufgabenbezogenen Rahmungen trotz einer sehr freien Fragestellung („Baut und untersucht elektrische Stromkreise, die Euch interessieren - Vergleicht sie jeweils mit Euren Kenntnissen über Wasserstromkreise") in klarer Abfolge konstruiert. Janca nutzt hier ihre analogen Erfahrungen mit Wasserstromkreisen, um „zielsicher" Aufgaben zu entdecken und anhand von konkreten Schaltungen zu eruieren, die im Zusammenhang mit allgemeinen Gesetzmäßigkeiten stehen. Diese Stringenz, anhand derer sich die Einteilung in die fünf Szenen quasi „aufdrängte", wird über den gesamten Abschnitt kaum unterbrochen. Erst nach Ende des Handlungsabschnitts scheint Jancas Klärungsbedarf gedeckt. Sie konstruiert zunächst keine aufgabenbezogene Rahmung mehr, und Marcus wird aktiver und beginnt, den weiteren Handlungsverlauf zu dominieren.

- Zu den Ebenen von Rahmungen

Die Aussage von Hypothese Z-3 deckt sich unmittelbar mit den gewonnen Ergebnissen: Problemfindungsphasen kommen im gesamten Abschnitt nicht vor. Es wurden lediglich zwei problembezogene Rahmungen zugeschrieben, denen neun aufgabenbezogene Rahmungen gegenüberstehen. Dieses Verhältnis steht im Einklang mit Hypothese Z-4. Die Anzahl der unter den aufgabenbezogenen Rahmungen konstruierten wegbezogenen Rahmungen liegt zwischen eins und sechs und unterscheidet sich damit nicht von den aus der fünften und sechsten Doppelstunde gewonnenen Ergebnissen. In diesem Punkt bestätigt sich Hypothese Z-4 somit nicht: Die Anzahl von wegbezogenen Rahmungen zu betrachten, ist nach Ermessen des Autors jedoch nur bedingt ein sinnvolles Mittel, mit dem adäquate Aussagen über Lernen im hier vorliegenden Basis-Ziel-Vergleich ermöglicht werden können. Dies kann etwa damit begründet werden, dass im Gegensatz zur fünften und sechsten Doppelstunde, in denen kein aktiver Schaltungsbau betrieben wurde, die Tischgruppe hier Experimentier- und Messanordnungen (aktiv) durchführt, was die Konstruktion zahlreicher wegbezogener Rahmungen erwarten lässt.

12.2.3 Ergebnisse zum Aspekt Inhalt

5./6. Doppelstunde

Zum betrachteten Abschnitt der fünften Doppelstunde wurde eine explizite inhaltliche Analyse nicht durchgeführt. Die Erschließung der Reihen- und Parallelkreisregeln wird inhaltlich stark durch die vorgegebenen zu bearbeitenden Fragenzettel strukturiert und folgt diesen im wesentlichen. In der ersten Szene des Abschnitts aus der fünften Doppelstunde wirft nach Beendigung der Problemfindungsphase das Phänomen der (unbeabsichtigt) ungleich schnell drehenden Reihenkreisel ein Problem auf. Janca bezieht zu dessen Lösung u.a. die Fließrichtung des Wassers als Inhalt ein, um die Position des einen schnelleren Kreisels im „Fließverlauf" zu bestimmen. Die im weiteren vom Unterrichtskonzept intendierten Verknüpfungen des Inhaltsbereichs „Kreiseldrehgeschwindigkeiten" mit den Inhaltsbereichen „Stromstärke" und „Widerstand" gelingen problemlos und unter aufgabenbezogenen Rahmungen. Dies deutet darauf hin, dass die Zusammenhänge bereits an vorheriger Stelle konstruiert wurden. Wie auch in der 5. Doppelstunde scheint der Zusammenhang Kreiseldrehgeschwindigkeiten - Wasserstromstärke - Widerstand also bereits gelernt. Der Satz „die Stromstärke ist überall in der Schaltung gleich" ist für Janca sogar so selbstverständlich, dass sie daran zweifelt, ihn überhaupt aufschreiben zu müssen.

Im Abschnitt der sechsten Doppelstunde wurde eine detaillierte inhaltliche Analyse durchgeführt, was an entsprechender Stelle motiviert wurde (Abschnitt 10.3.1). Wieder erfolgt die inhaltliche Strukturierung gemäß der Punkte des Fragenzettels. Jedoch wurde gezeigt, dass eine Ausdifferenzierung der als Eigenschaft konstruierten „Stromstärke" dahingehend, dass zwischen Gesamt- und Teilstromstärken unterschieden werden musste, zunächst ausblieb und sich als problematisch herausstellte. Eine mögliche Beschäftigung mit derartigen inhaltlichen Schwierigkeiten zeigt sich im Abschnitt der 16. Doppelstunde nicht.

16. Doppelstunde

Auch zum Abschnitt der 16. Doppelstunde wurde keine detaillierte inhaltliche Analyse zu jeder Idee durchgeführt. Einige zentrale Punkte wurden dennoch bereits in Abschnitt 11.2.5 dargestellt. Janca entwickelt im Rahmen einer freien Arbeitsanweisung systematisch Aufgaben und Schritte zu deren Umsetzung. Dabei stellt sie Hypothesen zum Inhaltsbereich „Lampenhelligkeiten in der Reihenschaltung", sowie zu Spannungs- und Stromstärkeverteilungen in Reihen- und Parallelschaltungen auf. Sie erfasst damit die Inhalte „Stromstärke-" und „Spannungsbetrachtungen" sowie „Reihen-" und „Parallelschaltungen" und bildet Verknüpfungen. In diesem Zusammenhang werden auch Bedeutungen zu „Teilstromstärken" und

„Teilspannungen" von Janca problemlos - zumindest als Hypothesen bezüglich zu erwartender Messwerte - konstruiert. Teilweise (in der 1., 2. und 5. Szene) lassen sich zu Formulierungen von Janca die mit den Hypothesen geäußerten und schließlich bestätigten allgemeinen Gesetzmäßigkeiten als Ideen auf Hauptebene II zuschreiben (16.1.17, 16.2.37/16.2.38, 16.5.15). Janca erfasst in diesem Abschnitt also die Kirchhoffschen Regeln, deren Gültigkeit sie anhand konkreter Schaltungen und Messungen nachweist.

In der folgenden Tabelle 12.2 werden die Ideen Jancas aus Basis- und Zielbereich (5./6. und 16. Doppelstunde) gegenübergestellt, die als gewonnene Regeln zu Reihen- und Parallelkreisschaltungen zu deuten sind (Ausnahmen bilden zwei Verknüpfungen der 4. Szene aus der 16. Doppelstunde, die nur „dem Sinn entsprechend" aufgeführt werden). Es zeigt sich, dass im Zielbereich Betrachtungen zum Widerstand und einem Analogon zur „Pumptätigkeit" und entsprechend der Arbeit der Batterie ausbleiben. Im Basisbereich werden in der 5. und 6. Doppelstunde keine Bedeutungen zu Druckunterschieden an verschiedenen Stellen der Schaltungen konstruiert. Die Einbeziehung der Größe Druckunterschied in die Stromkreisbetrachtungen wird erst ab der 7. Doppelstunde entwickelt. Die entsprechenden Ideen aus dieser 7. Doppelstunde sind in die Tabelle mit aufgenommen.

Festzuhalten bleibt, dass die als wichtig erachteten Stromkreisregeln in beiden Bereichen in den betrachteten Abschnitten - sowohl im Basis- als auch im Zielbereich - zu identifizieren sind. Janca konstruiert jeweils die wesentlichen Zusammenhänge zwischen Kreiseldrehgeschwindigkeiten bzw. Lampenhelligkeiten und den Größen Druckunterschied bzw. Spannung, Stromstärke und (im Basisbereich) Widerstand auf Hauptebene II. Die Unterschiede bestehen zum einen in der Art und Weise, wie die entsprechenden Inhalte entwickelt werden, was auch durch die Betrachtung der Rahmungen und Komplexitätsverläufe beschrieben wird. Außerdem wird im Zielbereich umfangreich Gebrauch von den Messgeräten gemacht, während im Basisbereich die entsprechenden Regeln durch halbquantitative Betrachtungen (etwa über Vergleiche von Kreiseldrehgeschwindigkeiten oder Pumprhythmen) entwickelt werden.

Ideen Jancas: Regeln zu Reihen- und Parallelkreisschaltungen in der 5./6. DS - 16. DS	
Basisbereich - Wasserstromkreise	**Zielbereich - elektrische Stromkreise**
Reihenschaltungen:	
„Die Kreisel drehen alle gleich schnell." (5.1.41, 5.1.49 - Eig.)	„..., dass die Lämpchen in einer Reihenschaltung untereinander gleich hell leuchten." (16.1.17 - Eig.)
„Je mehr Kreisel in Reihe geschaltet sind, desto langsamer drehen sie alle." (5.1.42 - Er.)	„Je mehr Lämpchen in einer Reihenschaltung sind, desto weniger hell leuchten alle." 16.5.18 - Er.)
„Je mehr Kreisel in Reihe geschaltet sind, desto geringer wird die Wasserstromstärke."	-

(5.2.7 - Er.)	
„Die Stromstärke ist an jeder Stelle gleich" (5.2.20 - Eig.)	„..., dass die Stromstärke überall [in der Reihenschaltung] gleich ist." (16.2.37 - Eig.)
„Je mehr Kreisel in Reihe geschaltet sind, desto größer wird der Widerstand." (5.3.7 - Er.)	-
„Je mehr Kreisel in Reihe geschaltet sind, desto kürzer sind die Pumpzeiten." (5.4.6 - Er.)	-
-	„Die Spannung entspricht dem Druckunterschied." (16.3.16 - Eig.)
„In der Reihenschaltung addieren sich die Druckunterschiede an den Lämpchen zum Druckunterschied an der DWS." (7. Doppelstunde, Er.)	„ich will überprüfen, ob sich die Messwerte an den Lämpchen [Teilspannungen] zu dem an der Batterie [Gesamtspannung] addieren." (16.3.17 - Er. (Eig. mit Wertezuschreibung))
Parallelschaltungen:	
„In einer Parallelschaltung drehen alle Kreisel gleich schnell." (6.3.8 - Eig.) „Die Kreisel drehen sich unabhängig von deren Anzahl gleich schnell [so schnell wie einer allein]." (6.3.24 - Er.)	Wenn ich die Lämpchen parallel schalte, leuchten sie unabhängig von der Anzahl gleich hell - genauso hell wie die erste." (16.5.18 - Er.)
„Die Wasserstromstärke in den einzelnen Kreiseln bleibt gleich." (6.6.35 - Eig.) „Die Gesamtwasserstromstärke wird größer, je mehr Kreisel parallel geschaltet sind." (6.6.37/6.6.38 - Er.)	„..., dass sich die Stromstärken in den Teilzweigen zur Gesamtstromstärke addieren." (16.5.15 - Er.)
„In den einzelnen [Teil-]Zweigen [Kreiseln] ist der Widerstand gleich groß." (6.7.8 - Eig.)	-
„Der Widerstand wird kleiner, je mehr Zweige man dazu schaltet." (6.7.9 - Er.)	-
„Wenn mehr Kreisel da sind [parallel geschaltet sind], pumpt die Pumpe mehr." 6.6.23 - Er.)	-
„Jeder Kreisel in der Parallelschlatung verbraucht den vollen Druckunterschied der DWS." (7. Doppelstunde, Er.)	4. Szene: Die Spannungen an den parallel geschalteten Lämpchen entsprechen der Batteriespannung.
„Schläuche sind Gebiete gleichen Drucks." (7. Doppelstunde, Eig.)	4. Szene: An einem Kabel misst man keine Spannung - es ist ein „Gebiet gleichen Drucks".

Tabelle 12.2: Ideen Jancas, mit denen jeweils eine Fragestellung zu Reihen- und Parallelkreisregeln als Ergebnis abgeschlossen wird

12.2.4 Ergebnisse zum Aspekt Zeit

Im Hinblick auf Hypothese B/Z-6 - ob analoge Problem- bzw. Aufgabenstellungen im Zielbereich in kürzerer Zeit bearbeitet werden als im Basisbereich - wurden explizit Sequenzen aus den Abschnitten der 5./6. und 16. Doppelstunde herausgesucht und vergleichend gegenübergestellt, in denen die Tischgruppe mit analogen Fragestellungen konfrontiert war. Aus solchen Vergleichsgegenüberstellungen lassen sich neben den benötigten Zeitspannen auch noch einmal die verschiedenen Herangehensweisen an die analogen Fragen in Basis- und Zielbereich unter Einbeziehung der Betrachtungen von Komplexitäts- und Rahmungsdynamiken verdeutlichen. Die entsprechenden Analysen sind in den jeweiligen Kapiteln 10 und 11 bereits ausführlich dargestellt und werden hier nur verkürzt wiedergegeben. Die folgenden Ausführungen beziehen sich auf zwei „Szenenpaare", d.h. es werden insgesamt vier Szenen betrachtet, wobei zwei Szenen aus dem Basisbereich jeweils einer „Analogszene" im Zielbereich gegenübergestellt wird. Unter einer Szene sei hier der Handlungsabschnitt beginnend mit der ersten Einführung der Fragestellung (also der Einführung der Aufgabe oder dem Aufkommen des Problems) bis zur erfolgreichen - sprich Janca zufrieden stellenden - Beantwortung verstanden.

1. Szenenpaar

- 5. Doppelstunde: „Drehen alle Kreisel in der Reihenschaltung gleich schnell?"
- 16. Doppelstunde: „Leuchten alle Lämpchen in der Reihenschaltung gleich hell?"

Ebenso wie bei der Behandlung der Wasserreihenkreisregeln in der 5. Doppelstunde ein Kreisel einen unbeabsichtigten Fehler aufweist und geringfügig schneller als die anderen beiden in der drei Kreisel enthaltenden Reihenkreisschaltung dreht, so ist auch die Bereitstellung von Lämpchen mit verschiedenen Wattzahlen in der 16. Doppelstunde nicht vorgesehen. Janca ist sowohl im Basis- als auch im Zielbereich bei Beginn ihrer Beschäftigung mit Reihenkreisschaltungen mit dem Phänomen konfrontiert, dass die Kreisel ungleich schnell drehen bzw. die Lämpchen ungleich hell leuchten.

Im Abschnitt der 5. Doppelstunde beginnt die entsprechende Szene mit Jancas problembezogener Rahmung 5.1.16 auf Operationsebene: „Ich will herausfinden, ob alle Kreisel in der Reihenschaltung gleich schnell drehen." Zwar hat sie die vage Vermutung, dass die Kreisel gleich schnell drehen müssten (sie hatte dies in ihrer Hausaufgabe geschrieben), sie lässt sich jedoch von der gegenteiligen Beobachtung irritieren und sucht explorativ vorgehend eine Erklärung. Die Komplexitätsentwicklungen der Ideen und Rahmungen zeigen Bottom-up-Verläufe. Zunächst wird unter zwei wegbezogenen Rahmungen auf Operationsebene - u.a. durch Zählen - herausgefunden, dass die Kreisel tatsächlich ungleich schnell drehen. Es folgt eine problembezogene Rahmung (wieder Operation), unter der eine Diskussion darüber aufkommt, ob der schnellere Kreisel der erste oder der letzte in der Schaltung ist und in welche Richtung das Wasser fließt. Schließlich sucht Janca mit der problembezogenen Rahmung (5.1.33) auf Eigenschaftsebene nach einer Erklärung, die unter zwei wegbezogenen Rahmungen (ebenfalls auf Eigenschaftsebene) in Aushandlung mit dem Lehrer gelingt (Idee 5.1.41). Insgesamt werden 3:02 Minuten für die Bearbeitung der Fragestellung benötigt.

Die analoge Fragestellung in der Szene im Zielbereich ist in einer knappen Minute (0:56 Minuten) geklärt. Nachdem Janca - initiiert durch Marcus' Hinweis - die ungleichen Lampenhelligkeiten entdeckt hat, gibt sie einen energischen Kommentar („Das darf doch gar nicht!") und konstruiert unter einer aufgabenbezogenen Rahmung auf Eigenschaftsebene (16.1.7), dass die Lämpchen normalerweise gleich hell leuchten müssten. Eine mögliche Interpretation ist, dass ihr die diesbezügliche allgemeine Regel von vorn herein klar ist, obwohl dies vorher kein expliziter Unterrichtsgegenstand war. Im Anschluss an die Szene stimmt Janca Kati zu, die mit dem Argument der überall gleichen Stromstärke eine Begründung liefert. Unter vier wegbezogenen Rahmungen auf Operationsebene sucht Janca nach zwei Lämpchen, welche die erforderlichen gleichen Helligkeiten aufweisen.

Zur Illustration zeigen die folgenden Abbildung 12.1a und b die Komplexitäts-Zeitdiagramme der beiden Szenen. Die x-Achse umschließt jeweils einen gleichen Zeitrahmen von 3:30 Minuten.

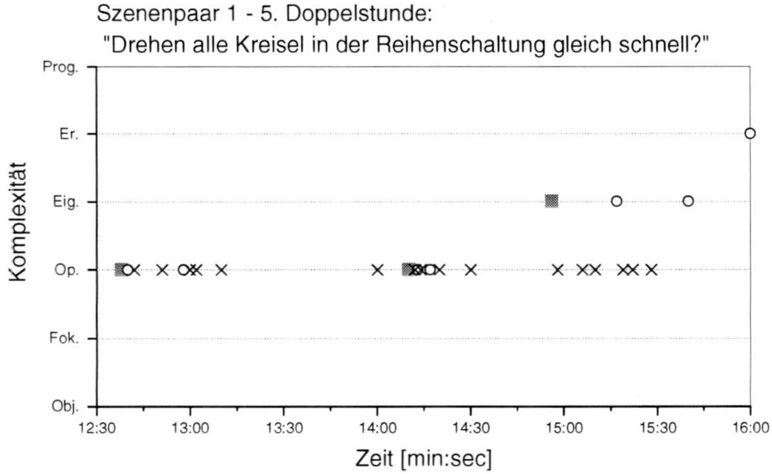

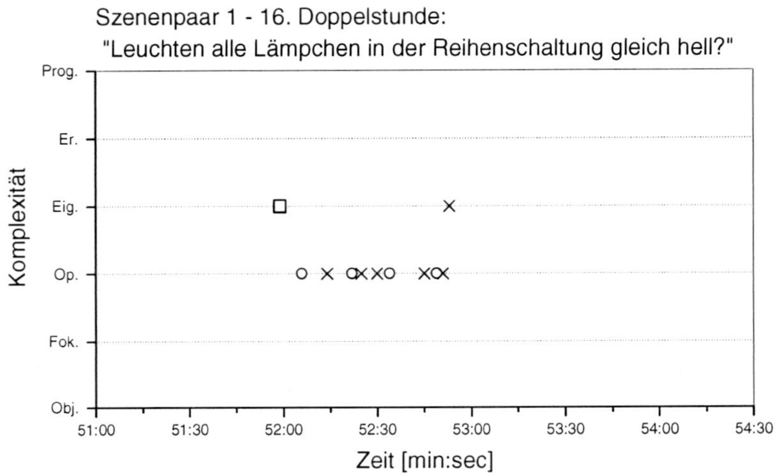

Abbildung 12.1a/b: Komplexitäts-Zeit-Diagramme: Szenenpaar 1 - Szenen aus der 5. und 16. Doppelstunde (graues ausgefülltes Quadrat: problembezogene Rahmung, offenes Quadrat: aufgabenbezogene Rahmung, offener Kreis: wegbezogene Rahmung, Kreuz: Idee)

2. Szenenpaar

- 6. Doppelstunde: Zur Wasserstromstärke in der Parallelschaltung
- 16. Doppelstunde: Zur elektrischen Stromstärke in der Parallelschaltung

Die zu betrachtende Szene aus der 6. Doppelstunde setzt bei der problembezogenen Rahmung (6.6.10) ein. Bis zu diesem Zeitpunkt hat Janca bereits sechs problembezogene Rahmungen konstruiert. Diese beziehen sich auf die Fragen, warum sich die Parallelkreisel unabhängig von deren Anzahl gleich schnell bzw. genau so schnell wie einer allein drehen und - was daraus geschlossen wird - warum die Wasserstromstärke unabhängig von der Kreiselzahl ist bzw. ob dies wirklich sein kann. Mit der genannten Rahmung 6.6.10 fragt Janca nochmals nach der „Konsequenz für die Wasserstromstärke“ und sucht Hilfe beim Lehrer. Zu den Anregungen vom Lehrer und L2, nach vorn zu gehen und über die Variation der geschalteten Kreisel - und damit einhergehend der sich verändernden Pumptätigkeit der DWS - auf die Wasserstromstärke zu schließen, konstruiert Janca eine aufgabenbezogene Rahmung und wegbezogene Rahmungen. Nachdem Janca also Ansatzpunkte zum Operieren gefunden hat, gelingt es ihr, die entsprechenden Regeln auf höheren Komplexitätsniveaus bottom-up zu entwickeln (6.6.35 - 6.6.38). Die benötigte Dauer beträgt 5:08 Minuten.

In der analogen Szene aus der 16. Doppelstunde hat Janca bei der Stromstärkemessung in einem Parallelteilzweig bereits eine Erwartung, die auf Messergebnisse aus vorherigen Szenen zurückgeführt werden kann. Sie konstruiert eine aufgabenbezogene Rahmung auf Ereignisebene (16.5.3) und geht dem erklärten Ziel nach zu überprüfen, ob die Summe der Teilstromstärken gleich der Gesamtstromstärke ist. Dazu konstruiert sie fünf wegbezogene Rahmungen, die sich auf Messvorschriften beziehen, mit denen die entsprechende allgemeine Regel bestätigt werden kann. Bedeutungskonstruktionen in Analogie zur Szene aus der 6. Doppelstunde dahingehend, dass die Gesamtstromstärke mit der Anzahl der parallel geschalteten Lämpchen zunimmt, werden hier nicht ausgemacht. Jedoch erwähnte Kati bereits am Anfang des untersuchten Abschnitts, dass zwei parallel geschaltete Lämpchen genauso hell leuchten würden wie eines allein, was von Janca bestätigt wurde. An späterer Stelle konnte eine Idee zu einer Äußerung Jancas zugeschrieben werden (16.5.19), in der dieser Sachverhalt nochmals zur Sprache kommt. Die Bestätigung der mit der aufgabenbezogenen Rahmung 16.5.3 geäußerten Hypothese ist nach 1:49 Minuten abgehandelt.

Die beiden Komplexitäts-Zeit-Diagramme des 2. Szenenpaares werden im folgenden dargestellt (Abbildung 12.2a und b). Auch hier wurde auf gleiche Skalierungen bei den x-Achsen geachtet. Sie umfassen jeweils 6 Minuten.

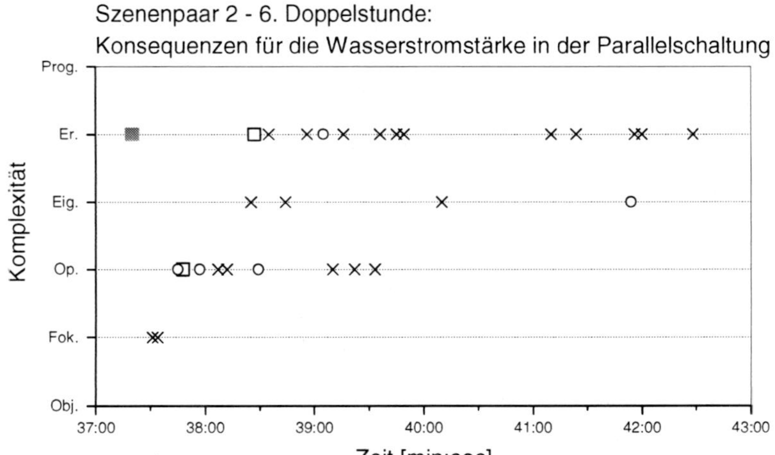

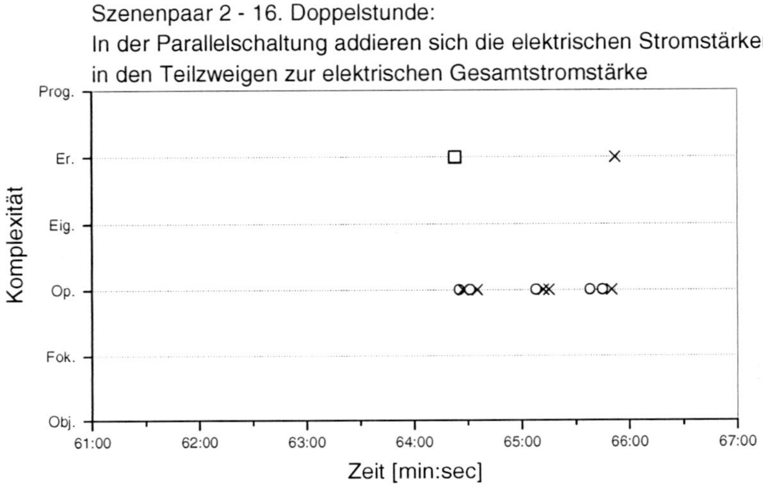

Abbildung 12.2a/b: Komplexitäts-Zeit-Diagramme: Szenenpaar 2 - Szenen aus der 6. und 16. Doppelstunde (graues ausgefülltes Quadrat: problembezogene Rahmung, offenes Quadrat: aufgabenbezogene Rahmung, offener Kreis: wegbezogene Rahmung, Kreuz: Idee)

Die Ausführungen und illustrierenden Diagramme (Abbildung 12.1 und 12.2) stützen die Aussage von Hypothese B/Z-6. Im Zielbereich werden die analogen Fragestellungen jeweils in weniger als der Hälfte der dazu benötigten Zeiten im Basisbereich bearbeitet. Mit den Diagrammen wird darüber hinaus noch einmal der Kontrast der Komplexitätsverläufe von Bedeutungsentwicklungsprozessen im Basis- und Zielbereich deutlich. Das Zustandekommen der Struktur dieser Verläufe im Zielbereich - insbesondere des Starts einer neuen Bedeutungsentwicklung durch eine (selbst definierte) aufgabenbezogene Rahmung auf Hauptebene II - wird im zweiten empirischen Teil mit Hilfe der in Abschnitt 3.4 dargestellten Gentnerschen Theorie weiter diskutiert.

Diesen ersten empirischen Teil abschließend seien anhand der folgenden Tabelle 12.3 die Analyseergebnisse bezüglich der Aspekte Komplexität, Rahmungen, Inhalt und Zeit aus dem Basis-Zielvergleich der 5./6. mit der 16. Doppelstunde zusammenfassend gegenübergestellt:

	Basisbereich - 5./6. Doppelstunde	Zielbereich - 16. Doppelstunde
Komplexität	• Bedeutungsentwicklungen verlaufen tendenziell bottom-up. • einsetzen auf Operationsebene, Ergebnisse auf Hauptebene II.	• charakteristische „Wannenstruktur". • zweimalige explizite Formulierung einer Hypothese relativ zu Beginn einer Szene, die als rahmende Idee auf Hauptebene II zugeschrieben wurde. • „Ergebnisideen" zu Fragestellungen auf Hauptebene II.
Rahmungen	• Problemfindungsphasen in der 5. Doppelstunde. • tendenziell Bottom-up-Verläufe in den Rahmungen. • häufigere Konstruktion problembezogener Rahmungen (im Vergleich mit dem Zielbereich).	• konsequente Konstruktion aufgabenbezogener Rahmungen zur Entwicklung der Kirchhoffschen Regeln. • nach aufgabenbezogenen Rahmungen auf Hauptebene II folgen wegbezogene Rahmungen auf Hauptebene I. • kaum problembezogene Rahmungen
Inhalt	• Inhaltliche Entwicklung wird weitgehend durch die Fragenzettel vorgegeben. • In der 6. Doppelstunde stellt die notwendige Konstruktion zur Teil- und Gesamtstromstärke ein Problem dar.	• Erschließung der Kirchhoffschen Regeln über systematische Verknüpfungen der Inhaltsbereiche „Stromstärkebetrachtungen", „Spannungsbetrachtungen", „Lampenhelligkeiten" mit „Reihenschaltungen" und „Parallelschaltungen".
Zeit	• Analoge Problem-/Aufgabenstellungen werden im Zielbereich in kürzerer Zeit bearbeitet als im Basisbereich.	

Tabelle 12.3: Zusammenfassende Darstellung der Ergebnisse des Vergleichs 5./6. Doppelstunde - 16. Doppelstunde zu den Aspekten Komplexität, Rahmungen, Inhalt und Zeit

13 Betrachtungen zur weiteren Interpretation der Analyseergebnisse mit dem Modell zum analogen Denken nach Gentner

13.1 Weitere Fragestellungen

Ziel dieses zweiten empirischen Teils ist die weitere Interpretation der gewonnenen Analyseergebnisse - insbesondere derer, die aus den untersuchten Abschnitten in der 14. und 16. Doppelstunde erhalten wurden. Mit den Untersuchungen dieser beiden Abschnitte wurde in Gegenüberstellung zu analogen Basisbereichszenen gezeigt, dass die hier betrachteten Lernenden bei der per-analogiam-Erschließung eines Inhaltsbereichs grundsätzlich anders vorgehen als bei der Erschließung des Basisbereichs. Insbesondere die Fähigkeit, systematisch Aufgaben zu finden und zu bearbeiten, die Einbeziehung vergleichsweise ausgedehnterer Inhaltsbereiche und die schnellere Bearbeitung von Fragestellungen auf höheren Komplexitätsniveaus zeichnen dabei die erfolgreiche Analogienutzung aus.

Anstoß für weitere Forschungsbemühungen gaben die Bedeutungsentwicklungsprozesse Jancas in den Szenen der 16. Doppelstunde und deren als „charakteristische Muster" bezeichneten Dynamiken. Die zentralen Fragen lauten im folgenden:

- Lässt sich im Rahmen einer Theorie, die Aussagen über analoges Denken als Prozess macht, Jancas Vorgehensweise in der 16. Doppelstunde bzw. die daraus geschlossene erfahrungsgeleitete Herangehensweise erklären?
- Lassen sich die Ergebnisse aus dem Abschnitt der 14. Doppelstunde als eine „frühere Phase der Analogienutzung" mit dieser Theorie in Einklang bringen?

Diese beiden Fragen zusammengefasst soll also im Rahmen einer Theorie, die analoges Denken und Schließen als Prozess beschreibt, überprüft werden, ob sich die bisher gewonnen Analyseergebnisse (aus der 14. und 16. Doppelstunde) konsistent als Teile dieses Prozesses beschreiben lassen. Den entsprechenden theoretischen Rahmen bildet das in Abschnitt 3.4 beschriebene Modell zum analogen Denken nach Gentner. Die wesentlichen Punkte seien zur Erinnerung im folgenden noch einmal zusammengefasst.

13.2 Knappe Wiederholung der Theorie zum analogen Denken

Aus dem Symbolverarbeitungsparadigma heraus wird angenommen, dass Basis- und Zielbereich mental repräsentiert sind. Die Repräsentationen lassen sich als propositionale Netzwerke bzw. propositionale Strukturen darstellen. Zur Modellierung einer solchen Struktur wird die inhaltliche Sachlogik aus ExpertInnensicht in Textform dargestellt, deren Aussagen werden kodiert und als propositionale Struktur dargestellt. Die Terminologie zu diesen Kodierungen ist in Abschnitt 3.1.3.2 dargestellt. Die beiden Netzwerke von Basis- und Zielbereich müssen - wiederum aus ExpertInnensicht - bestimmten Ähnlichkeitsanforderungen genügen, wenn von Analogie gesprochen werden soll. So muss etwa ein hoher Übereinstimmungsgrad hinsichtlich höherrangiger Relationen gewährleistet sein, während isolierte Attribute ignoriert werden. Weitere Ausführungen hierüber, in deren Kontext die in dieser Arbeit gültige Definition von Analogie gegeben wird, finden sich in Abschnitt 3.1.3.

Wenn mit der Analogienutzung ein Lerneffekt verbunden sein soll, so heißt dies, dass ein/e Lernende/r über den Zielbereich zunächst weniger weiß als über den Basisbereich. Das propositionale Netzwerk des Zielbereichs ist also weniger stark ausgeprägt bzw. verzweigt als das des Basisbereichs. Das analoge Denken besteht nun darin, dass die Strukturen von Basis- und Zielbereich miteinander verglichen und zusätzliche - im Zielbereich a priori nicht vorhandene Strukturelemente - vom Basisbereich auf diesen übertragen werden. Für die Herstellung von Basis-Ziel-Beziehungen werden drei psychologische Restriktionen genannt, nämlich dass übertragene Relationen vom Basis- in den Zielbereich analoge Entsprechungen hinsichtlich ihrer Argumente gewährleisten müssen und dass Objekte primär im Hinblick auf die Relationen, in die sie eingebettet sind, übertragen werden. Diese beiden Punkte, sowie das Systematizitätsprinzip, welches besagt, dass bevorzugt Systeme von miteinander in Beziehung stehenden Relationen übertragen werden, sind in Abschnitt 3.4.1 erläutert. In der Umsetzung des Systematizitätsprinzips wird der Erhalt logischer Zusammenhänge und damit die Ermöglichung schlussfolgernder Vorhersagen bezüglich des Zielbereichs gesehen.

Die Subprozesse beim Generieren und Nutzen von Analogien sind folgende:

1. Aktivieren eines geeigneten Basisbereichs.
2. Postulieren von „local matches“. Dies sind potentielle Übereinstimmungen von isolierten Objekten, Attributen und Relationen verschiedener Ordnungen.
3. Verbindung der isolierten Übereinstimmungen zum „global match“, d.h. zu einem zusammenhängenden Relationssystem.

Die Repräsentationen von Basis- und Zielbereich weisen nun ähnliche Strukturen auf, das Netz des Zielbereichs ist jedoch weniger stark ausgeprägt. Der eigentliche heuristische Akt der Analogienutzung wird im nächsten Schritt vollzogen:

4. Zusätzliche Prädikate, die im Basis-, aber nicht im Zielbereich repräsentiert sind, können als schlussfolgernde Hypothesen („Candidate Inferences“) auf letzteren übertragen werden. Mit der Übertragung dieser Prädikate wird eine Zunahme an relationaler Übereinstimmung der Bereiche erzielt.

13.3 Zur Vereinbarkeit der Theorie Gentners mit der in dieser Arbeit vertretenen Lerntheorie

Der Ansatzpunkt, der die beschriebene Theorie zum analogen Denken für die oben genannten weiteren Fragestellungen interessant macht, ist darin zu sehen, dass nach Auffassung des Autors ein Einklang zwischen Jancas Vorgehensweise in der 16. Doppelstunde und dem Subprozess 4 besteht. Die in diesem Subprozess beschriebenen schlussfolgernden Hypothesen könnten sich in Bedeutungsentwicklungen in Form der die einzelnen Handlungsabschnitte einleitenden aufgabenbezogenen Rahmungen widerspiegeln.

Bevor auf diesen Punkt und die in diesem Kontext vorzunehmenden analytischen Betrachtungen weiter eingegangen wird, sei zunächst die Vereinbarkeit der Theorie Gentners zum analogen Denken und Schließen mit dem in dieser Arbeit vertretenen Verständnis von Bedeutungserzeugung und Lernen diskutiert. In Abschnitt 2.3 wurde darauf eingegangen, welche Teile des Symbolverarbeitungsansatzes, den Gentner zu Grunde legt, zur Beschreibung im Zusammenhang mit Gelerntem pragmatisch genutzt werden können. Dem zu Folge kann aus ExpertInnensicht das kausale Beziehungsgeflecht der Physik der Wasserstromkreise als propositionales Netz dargestellt werden. Es wurde argumentiert, dass Wissen im Sinne von Bedeutungen, die spontan und sicher erzeugt werden, aus BeobachterInnensicht als propositionales Wissen beschrieben werden können. Im Sinne der in dieser Arbeit vertretenen theoretischen Auffassung von Lernen (als Veränderung langlebiger kognitiver Strukturen) kann mit dem Symbolverarbeitungsansatz jedoch keine Aussage über Lernen gemacht werden. Ferner soll Lernen grundsätzlich nicht als Übernahme „neuer" Propositionen verstanden werden.

Die bisherige Argumentation sei folgendermaßen zusammengefasst: Bei der Betrachtung von Bedeutungsentwicklungsprozessen zeigt sich, dass solche Bedeutungskonstruktionen als erfolgreich erlebt werden, die sich als viabel herausstellen, d. h. es konnte ein Konsens zwischen Wahrnehmung, Erwartung und Handlung erzielt werden. Zu einem späteren Zeitpunkt besteht eine gewisse erhöhte Wahrscheinlichkeit, dass eine ähnliche Bedeutung (im Rahmen eines entsprechend ähnlichen Kontextes) wieder erzeugt wird. In Kapitel 7 wurde dargestellt, dass etwa zunächst die Konstruktion von problembezogenen Rahmungen nötig sein könnte, um die Findung einer Lösung zu einer Fragestellung zu ermöglichen. Bei wiederholter Konfrontation mit einer ähnlichen Fragestellung könnte eine viable Bedeutung unter einer aufgabenbezogenen Rahmung konstruiert werden. Wenn die Anzahl der Wiederholungen hinreichend groß ist, d.h. ein/e Lernende/r eine ähnliche Bedeutung hinreichend oft in verschiedenen (zeitlich auseinander liegenden) Kontexten konstruiert hat, wird er/sie schließlich in der Lage sein, die entsprechende Bedeutung spontan zu erzeugen. Erst dann ist eine Aussage dahingehend möglich, dass der entsprechende Kontext als gelernt bzw. sicheres Wissen anzusehen ist. Zeigt der/die Lernende dieses Wissen, so wird eine beschreibende Darstellung mit Hilfe des Symbolverarbeitungsansatzes z.B. als propositionales Netz möglich.

Es sind nun zwei generelle Anmerkungen zur Theorie Gentners nötig, um auf dieser Folie argumentieren zu können, ohne dabei einen Dissens zur bisherigen Argumentation herzustellen.

1. Zunächst kann die Gentner-Theorie keine Aussagen über Lernen machen. Die Begründung ergibt sich in Anbetracht der obigen Ausführungen unmittelbar: Rückschlüsse über Lernen sind nur mit Hilfe des Nachweises der Unterschiedlichkeit von Bedeutungskonstruktionen zu verschiedenen Zeitpunkten möglich. Im Gentner-Formalismus muss jedoch jegliche Äußerung von ProbandInnen in gleicher Weise propositionalisiert werden, unabhängig davon, wie sicher die entsprechende zu Grunde liegende Bedeutung konstruiert wurde. Es wird also kein Unterschied dahingehend gemacht, ob ein/e Lernende/r die entsprechende Bedeutung zum ersten mal - etwa unter Konstruktion zahlreicher problembezogener Rahmungen - konstruiert, oder ob dies spontan gelang. Unter Berücksichtigung dieses Punktes wird im folgenden in Zusammenhang der Gentner-Theorie von analogem Denken oder eventuell Schließen, nicht jedoch von Lernen gesprochen.
2. Da mit Hilfe von Gentners Theorie keine Aussagen über den *Prozess* der Entstehung neuer Bedeutungen möglich sind, ist die Wortwahl, analoges Denken als *Prozess* zu bezeichnen, der in eine Folge von Subprozessen aufgeschlüsselt werden kann, zumindest im begrifflichen Kontext dieser Arbeit unpassend. Im folgenden werden die obigen Punkte eins bis vier (Gentners „Subprozesse“: Aufsuchen des Basisbereichs, Bilden von „local matches“, Zusammenfassung zum „global match“, Bilden von schlussfolgernden Hypothesen) als *Schritte* bezeichnet.

13.4 Die resultierenden Fragestellungen

Die Fragen lauten nun zum einen, welche Aussagen mit Hilfe der Gentnerschen Theorie in Bezug auf die Daten möglich sind und zum anderen, mit welcher Art von Analysemethode zu diesen Aussagen gelangt werden kann. Im Zusammenhang mit dem zweiten Punkt wird in den nächsten Abschnitten 14.1 und 14.2 beschrieben, auf welche Weise propositionale Netze angefertigt werden und welche Daten dabei in die entsprechenden Analysen einzubeziehen sind. Die Antwort auf die erste Frage lautet: „Lässt“ man sich als zu erfüllende Grundvoraussetzung auf den Gentnerschen theoretischen Rahmen „ein“, so kann überprüft werden, ob sich die vorliegenden Daten mit dieser Theorie interpretieren lassen, ob also die Schritte 1 bis 4 des analogen Denkens nach Gentner zu identifizieren sind. Im positiven Fall würde bestätigt werden, dass die Gentnersche Theorie mit ihren Einschränkungen einen angemessenen Rahmen für die Modellierung analogen Denkens - zumindest in Bezug auf die hier zur Diskussion stehende Datenlage - darstellt. Unter „Einschränkungen“ sei ebenso wie dem obigen „sich einlassen“ verstanden, dass jegliche gezeigte Bedeutungskonstruktion (also jegliche vom Autoren zugeschriebene Idee) in gleicher Weise zu propositionalisieren ist - unabhängig davon, ob der entsprechende Kontext zum ersten mal gezeigt wurde oder etwa als sicher gelernt erachtet werden kann. Diese Unterscheidung muss - zumindest bei der Analyse der Daten ab der 14. Doppelstunde - wegfallen.

Im übrigen sei angemerkt, dass Propositionalisierungen ausschließlich von sicher Gelerntem im Rahmen der Zielbereichbetrachtungen bei der vorliegenden Datenlage gar nicht möglich wären. Dazu müssten zahlreiche Wiederholungen von Bedeutungskonstruktionen ähnlichen Inhalts ausgemacht werden können. Die hypothetischen Basis-Ziel-Zuordnungen in der 14. Doppelstunde beispielsweise kommen jedoch zumeist lediglich einmal vor.

14 Das weitere Vorgehen - Einzubeziehende Daten für die Analysen, Analysemethode und Analyseschritte

Die Absicht der weiteren Analysen besteht darin zu überprüfen, ob die von Gentner postulierten Schritte analogen Denkens 1 bis 4 - Aufsuchen des Basisbereichs, Postulieren von local matches, Verbindung zum global match und Generierung schlussfolgernder Hypothesen - in den vorliegenden Daten zu identifizieren sind.

14.1 Zu den einzubeziehenden Daten

Bereits zu Anfang von Kapitel 13 wurde die Annahme geäußert, dass die Janca zugeschriebenen aufgabenbezogenen Rahmungen in der 16. Doppelstunde dem Schritt 4, der Generierung schlussfolgernder Hypothesen, entsprechen. Bezogen auf die propositionalen Netze bedeutet dies, dass zusätzliche - im global match des Zielbereichs nicht vorhandene - Beziehungen aus dem Basisbereich auf diesen „übertragen“[29] werden. Die Gültigkeit dieser Beziehungen müsste anschließend überprüft werden, was sich in den wegbezogenen Rahmungen und folgenden Ideen auf Operationsebene in den Szenen der 16. Doppelstunde widerspiegeln würde.

Wenn also angenommen wird, dass der Schritt 4 im betrachteten Handlungsabschnitt der 16. Doppelstunde erkennbar ist, wären für die mögliche Identifizierung der Schritte 1, 2 und 3 die Doppelstunden 14, 15 sowie auch 16 in Betracht zu ziehen (ein global match könnte etwa in der 15. Doppelstunde unmittelbar vor dem bereits betrachteten Handlungsabschnitt auszumachen sein).

Des weiteren ist Jancas Wissensstand zur Wasserstromkreislehre nach Beendigung der Beschäftigung mit dem entsprechenden Teil der Unterrichtseinheit zu erheben. In Gentners Theorie ist die genaue Kenntnis über die mentale Repräsentation des Basisbereichs, die als propositionales Netz zu formulieren ist, wesentlich. Anhand des Basisbereichnetzes erfolgt der „Vergleich“ mit der „mentalen Repräsentation“ des Zielbereichs sowie (im Schritt 4) die „Übertragung“ zusätzlicher Prädikate vom Basis- auf den Zielbereich. Dieser Wissensstand über Wasserstromkreislehre wurde aus Jancas Ausführungen in der Klausur gewonnen, die zu diesem Teil der Unterrichtseinheit in der 13. Doppelstunde geschrieben wurde.

[29] Begriffe wie übertragen, vergleichen, Repräsentationen etc. werden ab dieser Stelle in Zusammenhängen wie dem obigen in Anführungszeichen gesetzt, um zu verdeutlichen, dass die im Gentnerschen Paradigma erlaubten Bezeichnungen wie „aus der mentalen Repräsentation des Basisbereichs werden Prädikate in den Zielbereich übertragen“ oder „mentale Repräsentationen werden miteinander verglichen“ mit der in dieser Arbeit vertretenen Lerntheorie nicht verträglich sind. Solche Begriffe werden dennoch benutzt, wenn im Gentnerschen Sinn argumentiert wird. Es sei nochmals betont, dass überprüft werden soll, ob die propositionalisierten Äußerungen bzw. zugeschriebenen Ideen von Lernenden im Gentnerschen Sinne interpretierbar sind. Der Autor distanziert sich jedoch von der Behauptung, Wissen sei bereichsspezifisch mental repräsentiert und könne zwischen diesen Bereichen „verglichen“ und „übertragen“ werden.

Auf der Grundlage der Ergebnisse der abschließenden Klausur über den Themenbereich elektrische Stromkreislehre könnte ein „finales" Zielbereichsnetz angefertigt werden, worauf im Rahmen dieser Arbeit jedoch verzichtet wurde.

Anhand von Abbildung 14.1 seien die gerade dargelegten Gedanken illustriert, aus welchen Teilen der Unterrichtseinheit grundsätzlich Analyseergebnisse gewonnen werden könnten.

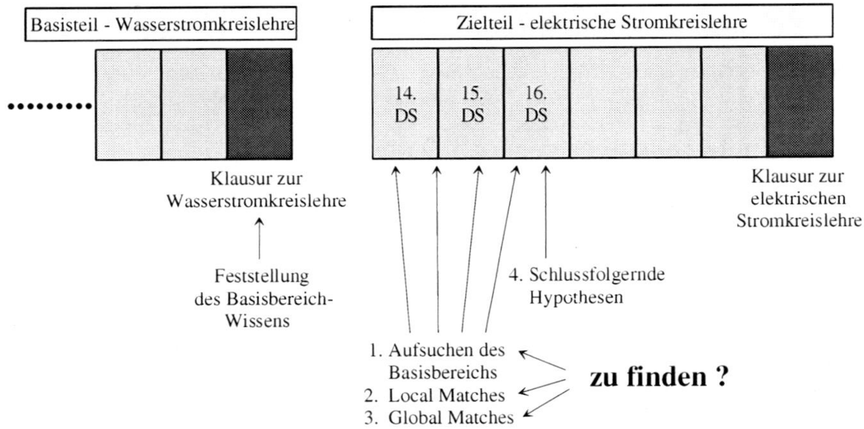

Abbildung 14.1: Übersicht über die für die Analysen grundsätzlich in Frage kommenden Daten

Die intensive Beschäftigung mit den Videodaten der Doppelstunden 14 bis 16 ergab, dass eine Erweiterung der in die Analysen einzubeziehenden Handlungsabschnitte über die bereits in den vorherigen empirischen Kapiteln diskutierten (die betrachteten Abschnitte aus der 14. und 16. Doppelstunde) wenig aufschlussreich war. Lediglich die schriftlich fixierte Hausaufgabe Jancas, die von ihr zwischen der 14. und 15. Doppelstunde angefertigt und vom Lehrer in der 15. Doppelstunde eingesammelt wurde, war im Sinne der Fragestellung wertvoll. In dieser Hausaufgabe sollten weitere - im Zusammenhang mit den in der 14. Doppelstunde geäußerten - Basis-Ziel-Beziehungen als Hypothesen formuliert werden.

Die Art der Analyse, der die bereits betrachteten Abschnitte aus der 14. und 16. Doppelstunde unterzogen werden, ist im Rahmen der in diesem Kapitel zu diskutierenden Fragestellung jedoch eine grundlegend andere. Es werden hier ja keine Bedeutungsentwicklungsprozesse untersucht, sondern es werden (gesprochene und aus schriftlichen Formulierungen in einer Hausaufgabe oder einer Klausur hervorgehende) Äußerungen und zugeschriebene Ideen propositionalisiert und als Netze dargestellt. Die entsprechende Methodik wird im nächsten Abschnitt dargestellt.

Zusammenfassend werden für die Analysen folgende Daten herangezogen:

- Die Ergebnisse aus Jancas Klausur zur Wasserstromkreislehre.

- Der bereits in Abschnitt 11.1 betrachtete Abschnitt aus der 14. Doppelstunde.
- Die schriftlich fixierte Hausaufgabe, die Janca zur 15. Doppelstunde angefertigt hat.
- Der bereits in Abschnitt 11.2 betrachtete Abschnitt aus der 16. Doppelstunde.

14.2 Analysemethode – Zur Kodierung von (Text-)Inhalten und der Anfertigung propositionaler Netze

Zur Anfertigung der Netze werden im folgenden die bereits in Abschnitt 3.1.3.2 eingeführten Repräsentationskonstrukte, mit denen die Kodierungen von kausalen Beziehungsgeflechten (wie der Physik der Reihen- und Parallelkreisregeln) vorgenommen werden, wiederholt und an Beispielen illustriert. Die Darstellung der Kodierungen in Form von Netzen wird ebenfalls beschrieben. Anschließend werden einige Anmerkungen zur Erstellung propositionaler Netze zur Wasserstromkreislehre aus ExpertInnensicht und zu Jancas Basisbereichnetz(en) gemacht. Bei der Gegenüberstellung dieser Netze wird deutlich, inwieweit sie diesen Teil der Unterrichtseinheit (aus ExpertInnensicht) durchdrungen hat. Danach wird erläutert, wie im Hinblick auf Jancas Basisbereichnetz Betrachtungen zur Entstehung eines Zielbereichnetzes angestellt werden.

Kodierung von (Text-)Inhalten und Anfertigung propositionaler Netze

In Abschnitt 3.1.3.2 wurden vier Repräsentationskonstrukte eingeführt (u.a. nach Falkenheimer et al. 1989, Gentner 1989, Markman & Gentner 1993, 1996): Entitäten (hierunter fallen Objekte[30] und Konstanten), Prädikate und Funktionen. Unter den Prädikaten gibt es ein- und mehrstellige. Einstellige Prädikate werden als Attribute bezeichnet, zwei- und mehrstellige als Relationen. Entitäten, Prädikate und Funktionen werden weiterhin Rangigkeiten zugeschrieben (synonym mit Rangigkeit wird der Begriff Ordnung benutzt). Die Konstrukte und ihre Einbettungen in einem propositionalen Netz im Gentnerschen Sinne seien im folgenden einzeln erläutert.

- Entitäten

Als Entitäten werden die Objekte und Konstanten eines Bereiches bezeichnet. Die Objekte sind im Bereich Wasserstromkreise beispielsweise: „Pumpe", „DWS", „Säule A", „Säule B", „Schläuche", „Kreisel" etc. Objekte werden bei der Darstellung in Netzen durch rechteckige Kästen gekennzeichnet. Konstanten entsprechen Zahlenwerten, z.B. den Werten von Kreiselanzahlen oder Kreiseldrehgeschwindigkeiten.

Objekte und Konstanten haben nach Definition die feste Rangigkeit null, während die Rangigkeit von Prädikaten von der Rangigkeit deren Argumente abhängt. Dieser Punkt wird klarer werden, wenn anschließend auf Prädikate eingegangen wird. An dieser Stelle reicht es zu wissen, dass die Netze derart darzustellen sind, dass - wenn man sie sich in einem kartesi-

[30] Der Begriff „Objekt" ist hier nicht mit der Objektebene als Komplexitätsniveau zu verwechseln.

schen Koordinatensystem liegend vorstellt - an der Ordinate eine Skalierung der Rangigkeit vorzunehmen ist. In einem Netz wären die oben aufgezählten Objekte also wie in Abbildung 14.2 nebeneinander in der „unteren Zeile“ einzutragen.

Abb. 14.2: In Netzdarstellungen sind Objekte in der „unteren Zeile“

- Einstellige Prädikate - Attribute

Ein Attribut schreibt einem Objekt eine Eigenschaft zu. Attribute werden deshalb als einstellig bezeichnet, weil sie sich jeweils auf nur ein Objekt beziehen. Man sagt auch, sie haben nur ein Argument. Beispiele sind der „Wasserstand“ als Attribut der „Säule A“ oder „Säule B“ oder „drehen“ als Attribut des Objekts „Kreisel“. In letzterem Beispiel ist somit das Attribut „drehen“ dem Argument „Kreisel“ zuzuordnen.

Die Rangigkeit von Attributen ist eins, da sie sich auf Objekte beziehen, die wiederum die Rangigkeit null haben. Oben wurde gesagt, dass die Rangigkeit von Prädikaten von der Rangigkeit ihrer Argumente abhängt. Diese Abhängigkeit ist folgendermaßen definiert: Die Rangigkeit eines Prädikates beträgt eins plus dem maximalen Wert der Rangigkeiten seiner Argumente. Da sich Attribute auf Objekte beziehen, die die Rangigkeit null haben, haben diese Attribute den Wert null plus eins, also eins. In Netzdarstellungen werden Prädikate aller Art mit Ellipsen umrandet. Eine Skizze der hier aufgeführten Beispiele im propositionalen Netz sieht folgendermaßen aus (Abbildung 14.3):

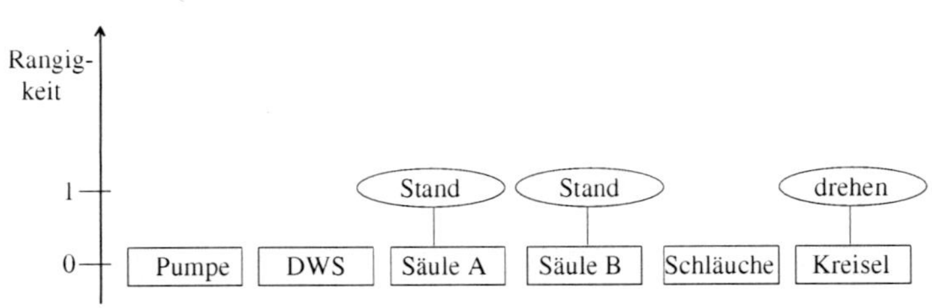

Abb. 14.3: Erweiterte Netzdarstellung um drei Attribute

- Mehrstellige Prädikate - Relationen

Relationen haben zwei oder mehr Argumente. Sie können sich auf Objekte, Attribute oder wiederum auf Relationen beziehen. Entsprechend ergibt sich die Rangigkeit der Relationen. Das Maß der Rangigkeit eines Prädikates wird als ein „Maß der unter ihm liegenden strukturellen Tiefe" bezeichnet (u.a. Gentner 1989, 208: „...the order of an item indicates the depth of structre below it"). Im folgenden seien Beispiele für Relationen verschiedener Rangigkeiten angeführt und erklärt:

- Eine Relation der Rangigkeit eins geht aus der Aussage „die DWS besteht aus Pumpe, Säule A und Säule B" hervor. Die Relation „besteht aus" bezieht sich ausschließlich auf Objekte.[31]
- Dass sämtliche Objekte mittels Schläuchen miteinander verbunden sind, kann ebenfalls als Relation erster Ordnung kodiert werden.
- Eine höherrangige Relation (nämlich der Rangigkeit zwei) wird aus der Aussage „der Stand der Säule A ist höher als der Stand der Säule B" gewonnen. Die Relation „höher als" bezieht sich zum einen auf „Stand" als Attribut der „Säule A" und zum anderen auf „Stand" als Attribut der „Säule B". Beide Attribute haben die Rangigkeit eins, folglich hat die Relation „höher als" die Rangigkeit zwei.

Zwei der Beispiele sind in der folgenden Abbildung 14.4 in das bisherige Netz integriert:

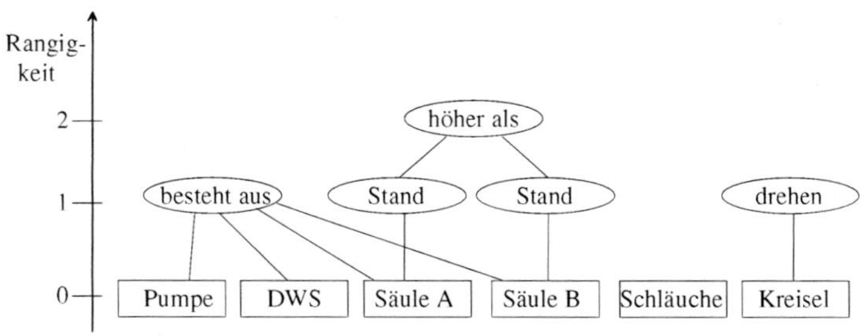

Abb. 14.4: Erweiterung um eine Relation erster und eine Relation zweiter Ordnung

Bevor auf weitere noch höherrangige Relationen eingegangen wird, sei folgende Anmerkung gemacht: Die Darstellung eines Inhaltsbereichs wie die Physik der Wasserstromkreise ist nicht eindeutig und beinhaltet einen gewissen Grad an Subjektivität. Für die hier vorzunehmenden Analysen und die möglichen zu gewinnenden Ergebnisse ist der gegebene Objektivitätsgrad jedoch ausreichend. Das heißt es können strukturgleiche Netze der Inhalte Wasser- und elektrische Stromkreislehre dargestellt werden. Es wird damit deutlich werden, dass hö-

[31] Dem Autor ist hier bewusst, dass diese Aufzählung nicht vollständig ist und weitere Bestandteile wie Ventil, Trafo etc. fehlen. Diese werden jedoch im Rahmen der Klausur zu Wasserstromkreisen, auf die später eingegangen wird, nicht thematisiert. Auf den Aspekt des Anspruchs auf Objektivität und Vollständigkeit der Netze wird in diesem Zusammenhang noch einzugehen sein.

herrangige Relationen einen hohen Übereinstimmungsgrad aufweisen, während niedrigrangige Prädikate nur dann korrespondieren, wenn ihre Argumente analoge Entsprechungen aufweisen. Da also die „Säulen" der „DWS" den „Polen" der „Batterie" entsprechen, haben die „Stände" als Attribute der „Säulen" die analoge Entsprechung „Ladungsdichten" als Attribute der „Pole". Attribute wie etwa Gestalt oder Farbe der DWS haben keine analogen Entsprechungen, da diese Attribute nicht weiter im propositionalen Netz verflochten sind, sondern isolierte Prädikate darstellen (solche isolierten Prädikate werden bei der Darstellung propositionaler Netze nicht berücksichtigt, da ihre Nicht-Entsprechungen für die LeserInnenschaft als unmittelbar einleuchtend erachtet werden und da Janca in ihren Bedeutungskonstruktionen in keinster Weise darauf bezug nimmt).

Die Nicht-Eindeutigkeit bei der Darstellung propositionaler Netze wie den hier vorzunehmenden lässt eine genaue Aufschlüsselung von Relationsebenen sinnlos erscheinen. Palmer (1989) spricht bei seiner Diskussion der Gentnerschen Theorie in diesem Zusammenhang vom „relation-sorting problem". Der wesentliche Punkt bleibt, dass ein hoher Übereinstimmungsgrad der Basis- und Zielbereichnetze hinsichtlich höherrangiger Relationen nötig ist, wenn von Analogie gesprochen werden soll. „Höherranigig" ist daher im folgenden als eher relativer Begriff und bezogen auf das gesamte Netz zu verstehen. Aus diesem Grund wird im weiteren keine numerische Aufschlüsselung von Relationsordnungen vorgenommen.

Es wird nun noch ein Beispiel für eine höherrangige Relation angeführt und im Netz dargestellt:

- Zu diskutieren sei der Satz: „Die Pumpe hält das Ungleichgewicht der Stände der Säulen A und B konstant (bewerkstelligt also in der Nomenklatur der obigen Beispiele, dass der Stand von Säule A höher als der Stand von Säule B bleibt), und dieses bewirkt einen Druckunterschied."

Die Darstellung im Netz sieht folgendermaßen aus (Abbildung 14.5):

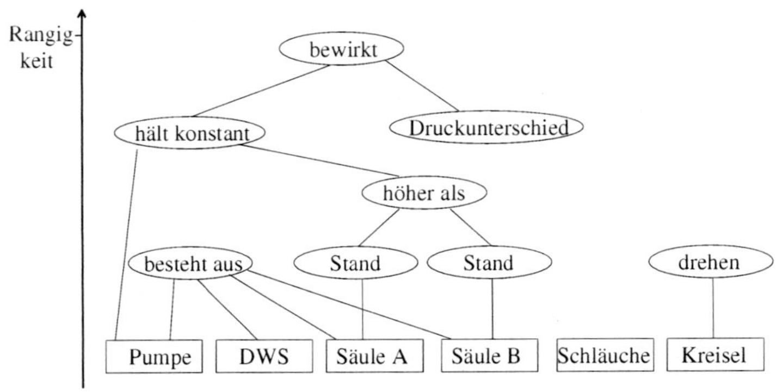

Abb. 14.5: Propositionales Netz mit höherrangigen Relationen

Aus der Abbildung 14.5 geht hervor, dass die Relation „hält konstant" die Argumente „Pumpe" und „höher als" hat. Um zu kodieren, dass das Ungleichgewicht der Stände konstant gehalten wird, muss also das höchste Prädikat (nämlich „höher als"), das in diesem Kontext erfasst wurde, wiederum zum Argument des Prädikats „hält konstant" werden. Weiterhin wird das Prädikat „hält konstant" zum Argument der Relation „bewirkt". Mit diesen Beispielen soll verdeutlicht werden, inwieweit diese (von Gentner vorgeschriebene) Art der Kodierung die Lesbarkeit von Netzen erschwert. Wenn in Kapitel 15 propositionale Netze aus Expertensicht zur Physik der Wasserstromkreise dargestellt werden, wird an Beispielen nochmals verdeutlicht, wie die propositionalen „Stränge" nachzuvollziehen sind.

- Funktionen

Von Prädikaten sind Funktionen insofern zu unterscheiden, dass sie (einem Satz von) Argumenten (Zahlen-)Werte zuordnen. Ein Beispiel ist die Funktion „Anzahl", die dem Objekt „Kreisel" einen Wert „n" zuordnet. Ein weiteres Beispiel ist die Geschwindigkeit, die dem Attribut „drehen" (von Kreiseln) einen Wert zuordnet. Auch Funktionen werden mit elliptischem Rand dargestellt. Die Werte sind Konstanten auf Relationsebene null. Das erste Beispiel sei mit Abbildung 14.6 grafisch dargestellt:

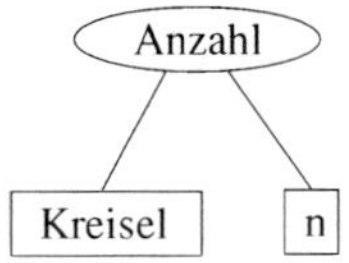

Abb. 14.6: Darstellung der Funktion „Anzahl", die dem Argument „Kreisel" einen Zahlenwert „n" zuordnet.

14.3 Analyseschritte

14.3.1 Zur Erstellung eines ExpertInnennetzes

Ausgangspunkt für die Analysen ist die Erstellung eines Basisbereichnetzes von Janca, das Auskunft über ihren Wissensstand zum Inhaltsbereich Wasserstromkreislehre (i.S.v. Bedeutungen, die sie zu diesem Thema erzeugen kann) am Ende dieses Teils der Unterrichtseinheit geben soll. Um dieses Netz anzufertigen, wurde zunächst ein ExpertInnennetz erstellt, mit dem die Sachlogik der Physik der Wasserstromkreise aus Sicht der im Unterricht zu vermittelnden Aspekte erfasst ist. In der praktischen Umsetzung erwies sich ein solches Netz, das sämtliche wesentlichen kausalen Zusammenhänge erfassen soll, schnell als sehr unübersichtlich. Folglich wurde so vorgegangen, dass nicht *ein* Basisbereich-ExpertInnennetz erstellt wurde, sondern *zwei* - jeweils eines zum Inhalt Reihenstromkreise und eines zum Inhalt Parallelstromkreise.

14.3.2 Zur Erstellung des Basisbereichnetzes von Janca

Dudeck (1997, 148-165) rekonstruiert in seiner Dissertation aus Jancas Ausführungen in der Klausur über Wasserstromkreislehre detailliert ihr „Konzept über Wasserstromkreise". Unter Konzept ist dabei „eine Menge miteinander verknüpfter Ideen[32] und Vorstellungen gemeint, mit deren Hilfe sich ein Subjekt eine bestimmte Situationsklasse zu erklären sucht oder erklären kann [...]" (Dudeck 1997, 137). Aus Jancas Lösungen gewinnt Dudeck insgesamt acht Teilkonzepte. Aus diesen wird ein Gesamtkonzept konstruiert (Dudeck 1997, 164f.). Die Ausführungen über dieses Gesamtkonzept sind hier von untergeordnetem Interesse. Wesentlich sind die Teilkonzepte, deren propositionalisierte Inhalte in den ExpertInnennetzen markiert werden. Weitere schriftliche Ausführungen aus Jancas Klausur wurden dabei hinzugezogen. So wird eine Darstellung dahingehend möglich, inwieweit Janca in der Lage ist, Bedeutungen zu verschiedenen kausalen Zusammenhängen in den entsprechenden Inhaltsbereichen zu erzeugen und als wie ausgeprägt bzw. verzweigt „ihr Netz" im Verhältnis zu dem einer/s ExpertIn angesehen werden kann.

14.3.3 Zum Aufbau des Zielbereichnetzes

Bei der Darstellung des Aufbaus von Jancas Zielbereich-Netz werden die für die Analysen in Frage kommenden Daten (der Abschnitt aus der 14. Doppelstunde, die Hausaufgabe zur 15. Doppelstunde, der Abschnitt aus der 16. Doppelstunde) dahingehend untersucht, inwieweit die Schritte der Analogienutzung nach Gentner identifizierbar sind. Die Anlage des Netzes erfolgt dann gemäß der jeweils definierten „Denkakte" in den einzelnen Schritten. Das heißt in Bezug auf die einzelnen Schritte im konkreten:

1. Aufsuchen des Basisbereichs
   Besteht ausreichend Grund zur Annahme, dass der Bereich „Wasserstromkreislehre" als Basisbereich „aktiviert" wird, so wird das aus der Klausur gewonnene Basisbereichnetz Jancas als Grundlage für das weitere Vorgehen erachtet.

2. Bilden von „local matches"
   Wenn local matches und damit die Äußerung hypothetischer Basis-Zielzuordnungen aufgezeigt werden können, werden die entsprechenden Objekte, Prädikate und Funktionen an den Stellen eines zu erstellenden Zielbereichnetzes angesiedelt, an denen die als analog geäußerten Objekte, Prädikate und Funktionen (aus dem Basisbereich) platziert waren. Betont sei hier nochmals, dass laut Gentner Entitäten, Attribute, Relationen verschiedener Rangigkeiten und Funktionen ohne erkennbare Systematik „übertragen" werden sollten. Das so entstandene Gebilde sollte dann noch kein Netz sein, sondern sich vielmehr als

[32] Der Begriff „Idee" wird von Dudeck anders benutzt, als er in dieser Arbeit definiert wurde (Ideenzuschreibung aus BeobachterInnensicht ist hier ein Mittel zur Erfassung von Bedeutungskonstruktionen anderer).

eine Ansammlung unverbunden nebeneinander stehender Entitäten, Prädikate und evt. Funktionen zeigen.

3. Zusammenfassung zum „global match"
   Wenn entsprechende Äußerungen auf diesen nach Gentner zu vollziehenden Schritt schließen lassen, würden die bei den local matches nebeneinander stehenden Entitäten, Prädikate und Funktionen zu einem zusammenhängenden Geflecht zu verbinden sein.
   Das Zielbereichnetz sollte nun strukturgleich mit dem Basisbereichnetz sein. Jedoch müsste es weniger stark verzweigt sein, d.h. im Vergleich zum Basisbereichnetz würden Entitäten, Prädikate und Funktionen „fehlen".

4. Bilden von schlussfolgernden Hypothesen
   Lassen sich diese als Hypothesen zu identifizierenden Äußerungen oder auch Ideen finden, wären im nun zusammenhängenden Zielbereichnetz (global match) weitere Entitäten, Prädikate und Funktionen einzutragen, die bisher ausschließlich im Basisbereich-Netz vorkamen.

Inwieweit diese Schritte beim Aufbau des Zielbereichnetzes aus den Daten zu identifizieren sind, ist das zentrale Anliegen der folgenden Untersuchungen.

14.3.4 Zur Frage nach der Identifizierbarkeit der geforderten psychologischen Restriktionen

Auf die Behauptungen Gentners hinsichtlich der von ihr postulierten psychologischen Restriktionen bei der Generierung hypothetischer Basis-Ziel-Beziehungen wird bei den Analysen ebenfalls einzugehen sein. Es stellen sich damit die folgenden Fragen:

- Wird bei der Herstellung von Basis-Ziel-Beziehungen die strukturelle Konsistenz gewahrt? Weisen also „übertragene" Relationen Entsprechungen hinsichtlich deren Argumente auf?
- Lässt sich ein relationaler Fokus erkennen? Damit ist gemeint, dass für das Infragekommen von analogen Basis-Zielbeziehungen zwischen Objekten beider Bereiche die Einbettungen dieser Objekte in der entsprechenden gesamten relationalen Struktur wesentlich ist. Isolierte Objektbeschreibungen („Oberflächenähnlichkeiten") wie Aussehen o.ä. sollten bei analogen Zuordnungen keine Rolle spielen.
- Wird das Systematizitätsprinzip erfüllt? Das heißt zeigt sich also, dass bevorzugt Systeme von miteinander in Beziehung stehenden Relationen „verglichen" werden? Hier ist zu erwarten, dass umfangreiche(re) relationale Geflechte, in denen höherrangige Relationen vorkommen, beim Aufstellen von Analogiebeziehungen gegenüber solchen Geflechten bevorzugt werden, die weniger verzweigt sind und weniger hochrangige Relationen beinhalten.

15 Basisbereichnetze

15.1 ExpertInnennetze

Im folgenden sind die beiden ExpertInnennetze zu Wasser-Reihen- und Wasser-Parallelstromkreisschaltungen dargestellt. Die verwendeten Abkürzungen sind folgendermaßen zu verstehen: „bew." entspricht „bewirkt", „add. zu" entspricht „addiert/addieren sich zu", „geg." entspricht „gegeben", „konst." entspricht „konstant" und „Geschw." entspricht „Geschwindigkeit". Die Abkürzungen für Gesamt- und Teildruckunterschied, -stromstärke und -widerstand wurden bereits an vorheriger Stelle eingeführt.

15.1.1 ExpertInnennetz - Wasser-Reihenstromkreise

In der folgenden Abbildung 15.1 ist das ExpertInnennetz für Wasser-Reihenstromkreise dargestellt.

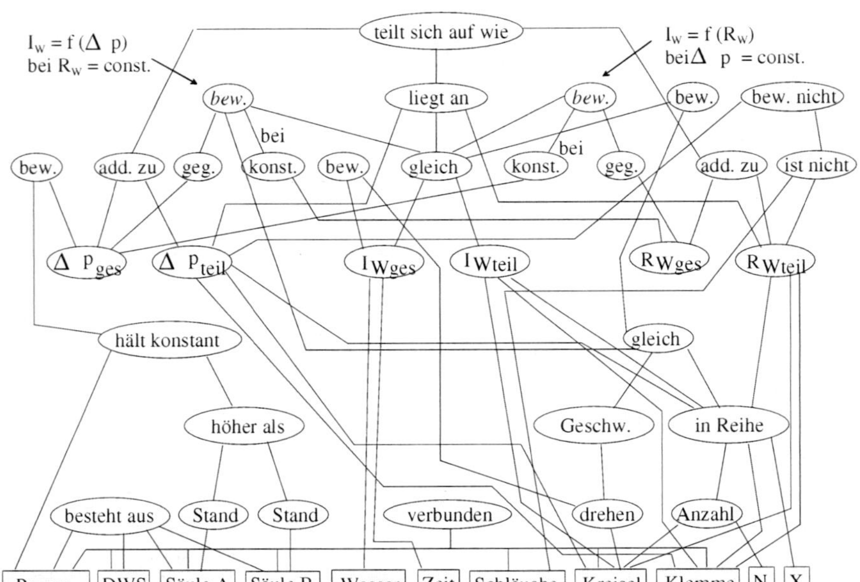

Abb. 15.1: Basisbereichnetz - Wasser-Reihenstromkreisthematik aus ExpertInnensicht

Auf das Problem der Unübersichtlichkeit bzw. der schweren Lesbarkeit der Netze wurde bereits in Abschnitt 14.2 hingewiesen. Im folgenden werden exemplarisch einige Propositionen erklärt. Auf eine entsprechende Darlegung sämtlicher im Netz erfassten Zusammenhänge wird aus Platzgründen verzichtet. Links unten beginnend ist dargestellt, dass die DWS aus Pumpe, Säule A und Säule B besteht (auf die Unvollständigkeit im Hinblick auf Ventil, Trafo etc. wurde bereits hingewiesen). Säule A und B wird jeweils die Eigenschaft „Stand" zugeordnet, wobei der von Säule A höher ist als der von Säule B. Die Pumpe hält dieses Ungleichgewicht konstant, was einen Druckunterschied (nämlich den Gesamtdruckunterschied) bewirkt.

Beginnend auf der Relationsebene des Gesamtdruckunterschieds ist dargestellt, dass sich die Teildruckunterschiede zum Gesamtdruckunterschied aufaddieren. Teildruckunterschiede treten auf an den Kreiseln und an der Klemme.

Geht man von einem gegebenen Gesamtdruckunterschied aus (die Verbindung schräg rechts hoch von „Gesamtdruckunterschied"), so bewirkt dieser eine Stromstärke, wobei wiederum gilt, dass die Teilstromstärken gleich der Gesamtstromstärke sind. Ebenfalls zur Relation „gleich" führt eine Verbindung über „bew." (schräg rechts oben über „gleich") zum Gesamtwiderstand. Damit soll verdeutlicht werden, dass sich die Stromstärke in Abhängigkeit des Gesamtdruckunterschieds und des Gesamtwiderstands einstellt.

Die höchste Relation gibt wieder, dass sich die Teildruckunterschiede in gleichen Verhältnissen auf die Teilwiderstände aufteilen. Direkt unter „teilt sich auf wie" ist die Proposition dargestellt, die Auskunft darüber gibt, dass Teildruckunterschiede an Teilwiderständen anliegen, wobei die Teilwiderstände aus in Reihe geschalteter Klemme und einer bestimmten Anzahl N von Kreiseln bestehen.

Die beiden kursiv gezeichneten „bew."-Relationen stellen die funktionalen Zusammenhänge zwischen Druckunterschied bzw. Widerstand und Stromstärke dar. So verdeutlicht die linke „bew."-Relation, dass bei konstantem Gesamtwiderstand die Gesamtstromstärke eine Funktion des Druckunterschieds ist. Rechts ist dargestellt, dass der Druckunterschied konstant gehalten wird und die Gesamtstromstärke eine Funktion des Gesamtwiderstands ist.

Im rechten unteren Teil wird weiterhin dargestellt, dass sich die in Reihe geschalteten Kreisel gleich schnell drehen.

15.1.2 ExpertInnennetz - Wasser-Parallelstromkreise

Im folgenden ist ein entsprechendes Netz für Parallelkreisschaltungen dargestellt (Abbildung 15.2). Hier werden zusätzliche Abkürzungen benutzt: „in umgek. Verh." für „im umgekehrten Verhältnis", „S. A" und „S. B" für „Säule A" und „Säule B", „Kl." für „Klemme" sowie „Hauptzw." und „Teilzw." für „Hauptzweig" und „Teilzweige".

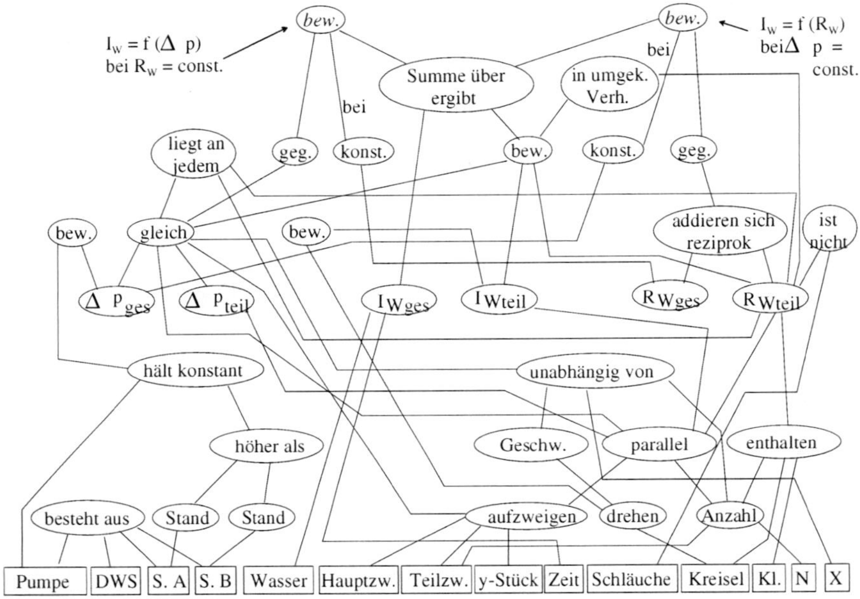

Abb. 15.2: Basisbereichnetz - Wasser-Parallelstromkreisthematik aus ExpertInnensicht

Auf die Relation „verbunden", die die Säulen der DWS, die Schläuche und Kreisel etc. verbindet, wurde in Abbildung 15.1 verzichtet. Wesentlich im Kontrast zum „Reihenkreis"-Netz sind hier u.a. die zusätzlichen Objekte „Hauptzweig" und „Teilzweige" sowie „y-Stück". Die Teilzweige (von denen es N Stück gibt) enthalten Kreisel und evt. Klemmen. Die Kreisel drehen sich mit einer Geschwindigkeit, die unabhängig ist von der Anzahl der Teilzweige.

Verfolgt man den von der Relation „unabhängig von" abgehenden Strang in Richtung der höheren Relationsebenen, so sieht man, dass sie zu „gleich" führt, wobei diese Relation wiederum aussagt, dass der Gesamtdruckunterschied gleich den Teildruckunterschieden ist. Dies gilt unabhängig von der Anzahl der Teilzweige. Auch gilt, dass der Gesamtdruckunterschied an jedem Teilwiderstand liegt (Teilwiderstand steht hier für den Widerstand in jedem Teilzweig).

Mit der Relation „Summe über ergibt" wird ausgesagt, dass sich die Teilstromstärken zur Gesamtstromstärke addieren, wobei jede Teilstromstärke durch den entsprechenden Teilwiderstand und den Druckunterschied bewirkt wird.

Mit den „bewirkt"-Relationen der höchsten Rangigkeit (kursiv gedruckt) werden wieder die funktionalen Zusammenhänge beschrieben: Einmal ist die Stromstärke eine Funktion des Druckunterschieds bei konstantem Widerstand (linke „bew."-Relation). Bei der rechten

„bew.“-Relation). ist die Stromstärke eine Funktion des Wasserwiderstands bei konstantem Druckunterschied.

15.2 Zu den Basisbereichnetzen Jancas

Der Wissensstand Jancas über den Basisbereich Wasserstromkreislehre - also die Bedeutungen, von denen angenommen wird, dass Janca sie zu diesem Inhaltsbereich bei Beginn der Beschäftigung mit dem Zielbereich erzeugen kann - wird bzw. werden aus ihren Klausurergebnissen zum entsprechenden Themenbereich gewonnen. Hierzu wird, wie in Abschnitt 14.1 angekündigt, auf die von Dudeck (1997) aus den Klausurergebnissen Jancas rekonstruierten Teilkonzepte zurückgegriffen. Weitere Ausführungen aus Jancas Klausur werden darüber hinaus hinzugezogen. Die Aussagen werden in den ExpertInnennetzen - soweit möglich - markiert, und so wird deutlich, inwieweit Jancas Ergebnisse denen nahe kommen, die aus Sicht einer/s ExpertIn als wesentlich erachtet wurden. Nicht alle Aussagen, die aus Jancas Teilkonzepten und ihren weiteren Ausführungen hervorgehen, wurden vorher in den ExpertInnennetzen als Propositionen erfasst und können folglich auch nicht in diesen markiert werden. Das Vorgehen wird darin bestehen, die als Propositionen erfassten (Teilkonzept-)Aussagen in jeweils dem Netz bzw. den Netzen - ExpertInnen-Reihen- oder bzw. und -Parallelkreisnetz - zu markieren, in dem bzw. in denen dies möglich ist. Die Markierungen werden so vorgenommen, dass die entsprechenden Begriffe in den Kästen bzw. oval umrandeten Feldern sowie die Verbindungslinien im ExpertInnennetz fett gedruckt werden. Damit soll der Kontrast zwischen den ExpertInnen-Netzen und „Jancas Netzen“ deutlich werden.

Im folgenden werden die Inhalte der von Dudeck (1997, 150-163) rekonstruierten Teilkonzepte Jancas sowie die weiteren als wesentlich erachteten Klausurantworten tabellarisch aufgelistet (Tabelle 15.1). Links werden die Aussagen aufgeführt, rechts daneben finden sich Einträge darüber, ob diese Aussagen in einem oder beiden ExpertInnennetz/en erfasst werden können. Die Abkürzungen „P“ bzw. „R“ stehen dafür, in welchem/n Netz/en - Experten-Parallel- oder Reihenkreisnetz - die jeweilige Aussage als Proposition erfasst wird/werden. Ein Strich bedeutet, dass die Aussage in keinem der Netze erfasst wird.

Gewonnene Aussagen aus den Klausurergebnissen Jancas (inklusive Teilkonzepte nach Dudeck (1997))	erfasst im Expertennetz/in den Expertennetzen:
„Die DWS stellt einen konstanten Druckunterschied her“	R, P
„Druckunterschied und Wasserstrom bedeuten Verschiedenes“	R, P
„Druckunterschied existiert unabhängig vom Wasserstrom und ist dessen Voraussetzung“	R, P
„Energieübertragung erfolgt mit Hilfe des Wasserstroms“	-
„Wasserstrom und Energieübertragung setzen einen geschlossenen Kreislauf voraus“	-
„Wasserstromstärke (I_W) ist die Wassermenge, die in einer bestimmten Zeit durch einen bestimmten Schlauchabschnitt	R, P

fließt"	
„Parallelschaltung: $I_1 + I_2 + I_3 + ... = I_{ges}$"	P
„Reihenschaltung: $I_1 = I_2 = I_3$ ..."	R
„Wasserstromstärke wird nicht verbraucht"	-
„Klemme und Kreisel stellen Widerstände dar"	R, P
„In der Reihenschaltung drehen alle Kreisel gleich schnell"	R
„Je mehr Kreisel in Reihe geschaltet sind, desto langsamer drehen alle"	R
„In der Parallelschaltung drehen alle Kreisel gleich schnell"	P
„Parallel geschaltete Kreisel drehen - unabhängig von ihrer Anzahl - genau so schnell wie einer allein"	P
„Wassergeschwindigkeit ist querschnittabhängig wegen der Stromstärkekonstanz"	-
„Je mehr Kreisel parallel geschaltet sind, desto kleiner wird der Gesamtwiderstand, desto größer wird die Gesamtstromstärke"	P
„Je mehr Kreisel in Reihe geschaltet sind, desto größer wird der Gesamtwiderstand, desto kleiner wird die Gesamtstromstärke"	R
„Die Stromstärke ist widerstandsabhängig"	R, P
„Je größer der Widerstand, desto kleiner die Stromstärke"	R, P
„Durch Parallelschaltung von Widerständen verringert sich der Gesamtwiderstand"	P
„Durch Hintereinanderschaltung von Widerständen vergrößert sich der Gesamtwiderstand"	R
„Widerstand als Hemmnis für den Durchlass"	-
„$R_W = \Delta p/I_W$"	R, P
„Widerstand als benötigte Druckdifferenz, um 1 ml/s Strom durch ein Bauteil zu drücken bzw. zu transportieren"	-
„Widerstand ist vom Druckunterschied und von der Wasserstromstärke unabhängig"	-
„Wasserstromstärke wächst gleichermaßen wie der Druckunterschied"	R, P
„Bei Reihenschaltungen: Die Teildruckdifferenzen teilen sich auf wie die Teilwiderstände"	R
„Bei Reihenschaltungen: Die Addition der Teildruckdifferenzen ergibt die Gesamtdruckdifferenz"	R
„Bei Reihenschaltungen: $R_1 + R_2 + R_3 + ... = R_{ges}$"	R
„Die Druckdifferenzen in der Parallelschaltung gleichen der Gesamtdruckdifferenz"	P
„Der Schlauchwiderstand ist Null (idealisiert)"	R, P
„Der Druckunterschied im Schlauch ist null (idealisiert)"	-

Tab. 15.1: Darstellung, inwieweit die Aussagen der Teilkonzepte, die aus den Wasserstromkreis-Klausurergebnissen Jancas gewonnen wurden, in den ExpertInnennetzen markiert werden

In den beiden folgenden Abbildungen 15.3 und 15.4 sind Jancas Basisbereichnetze in der oben beschriebenen Darstellungsweise aufgeführt. Es sei darauf hingewiesen, dass Aussagen über proportionale Zusammenhänge wie „je mehr Kreisel in Reihe geschaltet sind, desto größer wird der Gesamtwiderstand, desto kleiner wird die Gesamtstromstärke" in dieser Form in den Netzen nicht darzustellen sind. Dieser Zusammenhang müsste folgendermaßen in „Jancas Reihenkreis-Netz“ gelesen werden: Die Funktion „Anzahl“ verbindet „Kreisel“ mit „N“. „Anzahl“ ist wiederum Argument der Relation „in Reihe“, was Argument von „R_{Wteil}“ ist. Jeder Kreisel bewirkt also einen Teilwiderstand. Eine weitere Relation erfasst die Aussage, dass sich die Teilwiderstände zum Gesamtwiderstand addieren. Über die kursiv gedruckte Relation „bew.“ ist dann der funktionale Zusammenhang von Gesamtwiderstand und Stromstärke erfasst - nämlich dahingehend, dass bei konstantem Gesamtdruckunterschied die Stromstärke eine Funktion des Gesamtwiderstands ist. Dass dieser Zusammenhang in einer umgekehrten Proportionalität besteht, wird vorausgesetzt und in den Netzen nicht ausdrücklich erwähnt.

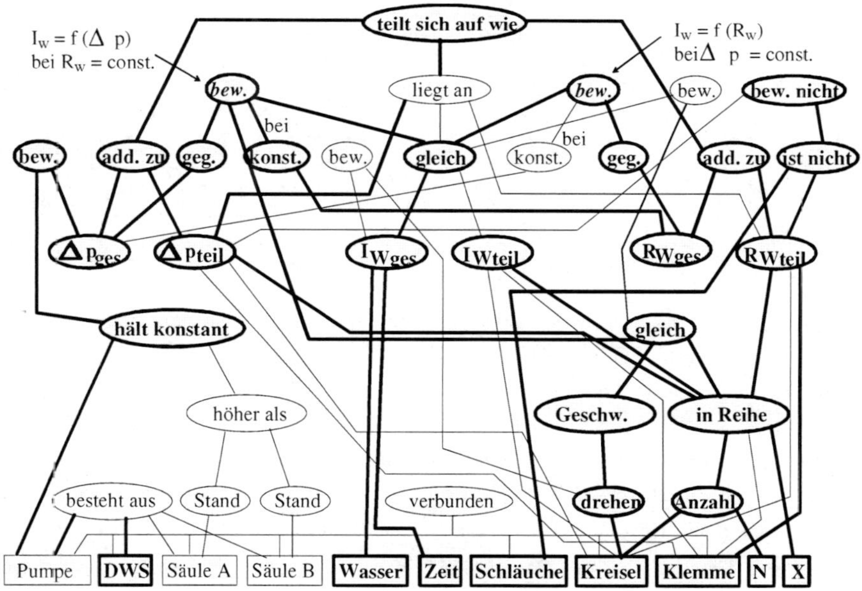

Abbildung 15.3: „Jancas Reihenkreis-Basisbereichnetz“

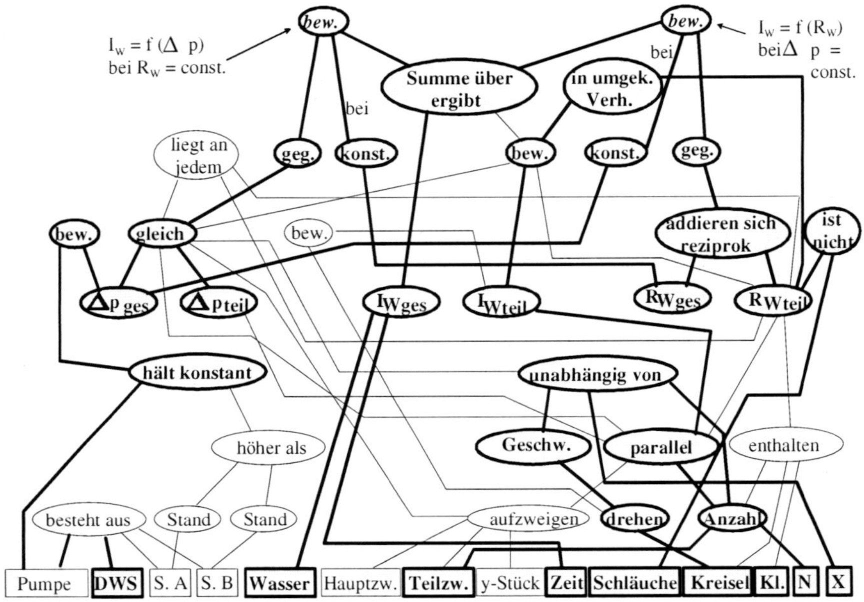

Abbildung 15.4: „Jancas Parallelkreis-Basisbereichnetz"

Die beiden Basisbereichnetze, die aus Jancas Klausurergebnissen gewonnen wurden, erfassen weite Teile der Propositionen der ExpertInnennetze. Zu den kursiv dargestellten „bew."-Relationen, welche die funktionalen Zusammenhänge der Stromstärke mit dem Druckunterschied bzw. dem Widerstand wiedergeben, konstruiert Janca physikalisch adäquate Bedeutungen. Außerdem werden relationale Zusammenhänge sämtlicher Rangigkeiten sowie beinahe sämtliche Objekte erfasst. Ausnahmen bilden die unteren linken Bereiche in den Netzen, in denen Zusammenhänge des Inhaltsbereichs „DWS" dargestellt sind. Die DWS und deren Mechanismus wurden allerdings in der Klausur nicht ausdrücklich thematisiert.

Dudeck (1997, 164f.) bezeichnet Jancas Wasserstromkreiskonzept als Quasi-Idealkonzept: „Damit kann Janca [...] eine physikalisch adäquate Basisbereichkonzeptualisierung bescheinigt werden, die weitgehend derjenigen entspricht, die der unterrichtende Lehrer als ideales Basisbereichkonzept ansah. Insbesondere hervorzuheben ist hierzu ihre systemische Sichtweise, die Konsistenz der Konzeptstrukturen über die Vielzahl im Hinblick auf Aufgabentyp und Kontext variierenden Fragestellungen hinweg und das Nichtauftreten von Fehlvorstellungen."

16 Zum Aufbau der Zielbereichnetze

Ausgangspunkt für die folgenden Betrachtungen bildet die (u.a. zu prüfende) Annahme, dass die gefundenen aufgabenbezogenen Rahmungen Jancas im betrachteten Abschnitt der 16. Doppelstunde dem vierten Schritt des analogen Denkens nach Gentner entsprechen. Diese aufgabenbezogenen Rahmungen als hypothetische Schlussfolgerungen (Schritt 4) müssten also im Gentnerschen Sinn eine Erweiterung des Zielbereichnetzes mit Propositionen entsprechen, die bislang nur im Basisbereichnetz vorhanden waren. Dies setzt voraus, dass vorher ein global match als Schritt 3, ebenso wie die vorhergehenden Schritte 1 und 2 auszumachen sind, was im folgenden überprüft wird.

Die Gliederung des im folgenden darzustellenden Aufbaus von Zielbereichnetzen erfolgt anhand der in Abschnitt 11.1.4 dargestellten Ideen im betrachteten Abschnitt der 14. Doppelstunde und der von Janca angefertigten Hausaufgabe zur 15. Doppelstunde. Es wird somit überprüft, welches Zielbereichnetz anhand dieser Quellen anzufertigen sein wird, und ob sich local matches und ein global match herauskristallisieren. Weiterhin wird dann zu klären sein, ob die aufgabenbezogenen Rahmungen aus dem Abschnitt der 16. Doppelstunde wirklich als Erweiterung des entstandenen Zielbereichnetzes im Sinne des Basisbereichnetzes und somit als Schritt 4 nach Gentner bezeichnet werden können.

Zuvor sei der Vollständigkeit halber die Identifizierbarkeit des ersten Schritts kurz angesprochen.

Aufsuchen des Basisbereichs
Die Frage, ob Janca bzw. die SchülerInnen der gesamten Klasse ihr Basisbereichwissen nutzen, um bei Beginn der Beschäftigung mit dem Zielbereich analogiebasiert Bedeutungen zu konstruieren, wurde in den Abschnitten 11.1.2 und 11.1.3 bereits positiv beantwortet. Dabei wurde u.a. auf die Ergebnisse Dudecks (1997, 168-177) verwiesen, der detailliert eben diese Frage untersucht.

Im folgenden ist somit das propositionalisierte Wissen, das in Form der aus Jancas Wasserstromkreis-Klausur gewonnenen Basisbereichnetze dargestellt ist, als „Ausgangslage“ für die Konstruktion analogiebasierter Bedeutungen anzunehmen.

16.1 Die erfassten analogen Basis-Ziel-Entsprechungen in der 14. Doppelstunde

Im folgenden werden die inhaltlich als analoge Entsprechungen eingestuften Ideen des Abschnitts der 14. Doppelstunde aufgelistet (Tabelle 16.1) und anschließend wie in der in Abschnitt 14.3.3 beschriebenen Weise dargestellt (Abbildung 16.1). Die Entitäten, Attribute und

Relationen werden also an den Stellen in der Netzdarstellung platziert, an denen die entsprechenden Analoga im Basisbereich zu finden waren. Hier ist die Darstellung durch ein einzelnes Netz ausreichend, da eine Unterscheidung zwischen Reihen- und Parallelkreisaspekten an dieser Stelle noch nicht getroffen wird.

Hypothetische Basis-Ziel-Entsprechungen in der 14. Doppelstunde		
Idee	Basisbereich - Wasserstromkreise	Zielbereich - elektrische Stromkreise
14.1.1, 9, 21, 40	Die DWS stellt einen Druckunterschied her	Die Batterie stellt einen Druckunterschied her
14.1.2	Batterie	DWS
14.1.3	Kreisel	Glühbirne
14.1.4	Schläuche	Kabel
14.1.5	Klemme	Schalter
14.1.7	Kreisel wird durch Strom angetrieben	Glühbirne wird durch Strom angetrieben
14.1.10, 24, 26	Wasser fließt	Strom (?) fließt
14.1.11, 28	Schläuche haben Widerstand null	Drähte haben Widerstand null
14.1.16, 19	Kreisel haben einen Widerstand	Lämpchen haben einen Widerstand
14.1.18	Wasser fließt, damit ein Kreisel sich dreht	Strom fließt, damit ein Lämpchen leuchtet
14.1.35	Säule A der DWS	Pluspol der Batterie
14.1.35	Säule B der DWS	Minuspol der Batterie

Tab. 16.1: Hypothetische Basis-Ziel-Entsprechungen in der 14. Doppelstunde

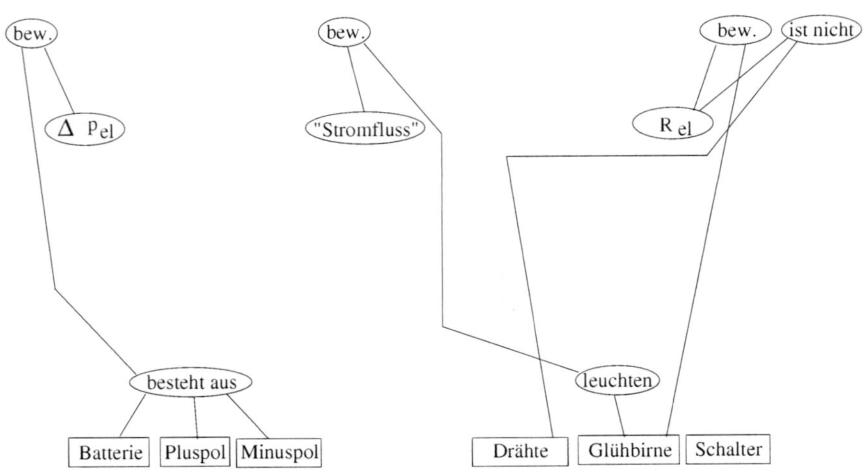

Abb. 16.1: Darstellung der hypothetischen Basis-Ziel-Entsprechungen im Abschnitt der 14. Doppelstunde als Netz

Die Darstellung der einzelnen Ideen in einem Netz bestätigen die theoretischen Vorgaben Gentners für den zweiten Schritt „Postulieren von local matches" in wesentlichen Punkten: Potentielle Übereinstimmungen bezüglich Objekten und Relationen verschiedenster Rangigkeiten werden ohne erkennbare Systematik geäußert. Die Abbildung 16.1 zeigt, dass eine Einbindung in ein zusammenhängendes Netz (noch) nicht erfolgt. Verbindungen zwischen den Begriffen „Druckunterschied", „Stromfluss[33]" und „Widerstand" etwa durch diese verknüpfende (höherrangige) Relationen erfolgen noch nicht, sondern die entsprechenden Propositionen stehen vielmehr „isoliert nebeneinander". Eine Argumentation „innerhalb" des Zielbereichs bzw. eine Verknüpfung der geäußerten Zielbereichpropositionen zu einem zusammenhängenden kausalen Beziehungsgeflecht, wie dies für die Bildung eines global matches zu fordern wäre, ist somit (noch) nicht auszumachen.

Weiter wird gefordert, dass bei Übereinstimmungshypothesen zwischen Relationen Korrespondenzen bezüglich deren Argumente zu erwarten sind. Diese Forderung zeigt sich insofern im in Abbildung 16.1 dargestellten Netz bestätigt, als jede Relation Verbindungen bis zur untersten Ebene, auf der die Objekte zu finden sind, aufweist. Das heißt mit der Erfüllung der „bew."-Relation oben links muss eine analoge Entsprechung zwischen „Batterie" und „DWS" einhergehen, wovon die SchülerInnen mit erheblicher Sicherheit ausgehen (können).

16.2 Weitere Äußerungen aus Jancas Hausaufgabe zur 15. Doppelstunde

Die Frage bei der Einbeziehung der zusätzlichen Aussagen aus Jancas Hausaufgabe lautet, ob damit eine Zusammenbindung der in der 14. Doppelstunde gesammelten Entitäten und Prädikate zu einem zusammenhängenden Netz - also zu einem global match - entsteht. Wenn die in der 16. Doppelstunde geäußerten Hypothesen (die aufgabenbezogenen Rahmungen) als „Candidate Inferences" zu interpretieren sind - die also auf das global match aufbauen - stellt sich die Frage, welche Prädikate vorher im global match enthalten sein müssten.

Bei den Hypothesen in der 16. Doppelstunde werden beinahe ausschließlich Aussagen über Reihen- und Parallelkreisregeln gemacht. Es geht dabei um die Gleichheit der Stromstärke an jeder Stelle und die Aufaddierung der Teilspannungen zur Gesamtspannung in der Reihenschaltung. Bezüglich Parallelschaltungen werden Hypothesen zur Übereinstimmung zwischen den Spannungen an den Lämpchen und der Batteriespannung sowie zur Aufaddierung der Teilstromstärken (in den Teilzweigen) zur Gesamtstromstärke (im Hauptzweig) aufgestellt. Zusammengefasst werden also die Begriffe Spannung und Stromstärke als Eigenschaften da-

[33] Der Begriff „Stromstärke" wird an dieser Stelle noch nicht benutzt. Eventuell existiert eine gewisse begriffliche Unsicherheit in der Klasse. Stromstärke stand im Basisbereich als Maß für die fließende oder strömende Wassermenge pro Zeit. Im Zielbereich wird die fließende Substanz jedoch auch mit „Strom" benannt. Ist dann Stromstärke strömender Strom pro Zeit? Es scheint, als wird diese begriffliche Unklarheit mit der Wahl des Wortes „Stromfluss" umgangen.

hingehend ausdifferenziert, dass sie als Teil- und Gesamtspannung bzw. -stromstärke konstruiert werden. Im weiteren werden ihnen Werte zugeschrieben (es werden also Ereignisse konstruiert), wenn von Aufaddierung von Teilgrößen zur Gesamtgröße die Rede ist.

Wenn diese Betrachtung dem Schritt 4 der Gentnerschen Theorie - also der Erweiterung des Zielbereichnetzes im Sinne des Basisbereichnetzes - gleichzusetzen ist, so ist nach Ansicht des Verfassers zu erwarten bzw. zu fordern, dass vorher die Begriffe Spannung, Stromstärke und Widerstand klar getrennt und Aussagen über deren gegenseitige Abhängigkeiten gemacht werden. Mit anderen Worten werden für ein global match Anzeichen dahingehend erwartet, dass etwa über Relationen höherer Rangigkeiten (höher als die Ebene, auf der die Begriffe Spannung, Stromstärke und Widerstand zu finden sind) die Begriffe Spannung, Stromstärke und Widerstand in funktionale Beziehungen gesetzt werden. Es könnten außerdem Aussagen darüber vorkommen, inwieweit die Begriffe als physikalische Größen voneinander abzugrenzen sind. Die Prädikate in einem global match Jancas sollten also wiedergeben, dass Janca innerhalb dieses global matches mit den Begriffen, Spannung, Stromstärke und Widerstand in physikalisch adäquater Weise geschlossen argumentieren kann. Diese begriffliche Klarheit, mit der Janca auf die Begriffe Spannung, Stromstärke und Widerstand Bezug nimmt und die damit einhergehende Legitimierung, das entstehende Netz als global match bezeichnen zu können, ist der Fokus, unter dem das Resultat ihrer Hausaufgabe zu betrachten ist.

Im folgenden ist die Anweisung und Jancas Ausführungen bei der Hausaufgabe zur 15. Doppelstunde dargestellt:

Die Anweisung in der schriftlich anzufertigenden Hausaufgabe lautet:
„Spekuliere einmal ganz kühn, welche wichtigen Eigenschaften von Wasserstromkreisen Entsprechungen in elektrischen Stromkreisen haben müssten - unter der noch zu prüfenden Annahme - dass die Analogie weitreichend ist (stichwortartig).“
Janca formuliert neben den bereits in der 14. Doppelstunde erfassten analogen Objektentsprechungen (die DWS entspricht der Batterie, die Kreisel entsprechen den Glühlämpchen etc.) folgende Aussagen:

- *Eine Lampe müsste einen Widerstand haben.*
- *Die Batterie müsste eine Art konstanten Druckunterschied herstellen.*
- *Dieser wird verbraucht, die Stromstärke nicht.*
- *Mehrere Lampen in Reihe geschaltet müssten einen größeren Widerstand und niedrigere Stromstärke bedeuten.*
- *Mehrere Lampen parallel geschaltet müssten einen kleineren Widerstand und größere Stromstärke bedeuten.*

Während in den ersten beiden Äußerungen lediglich die Konstanz des von der Batterie erzeugten „Druckunterschieds“ als weiteres in der 14. Doppelstunde noch nicht erfasstes Prädikat hinzukommt, werden mit den letzten drei Punkten weitreichendere Aussagen zu den Begriffen Druckunterschied, Stromstärke und Spannung gemacht.

Die Erweiterungen des entstandenen Zielbereichnetzes werden im folgenden getrennt als Reihen- und Parallelkreisnetz dargestellt (Abbildungen 16.2 und 16.3):

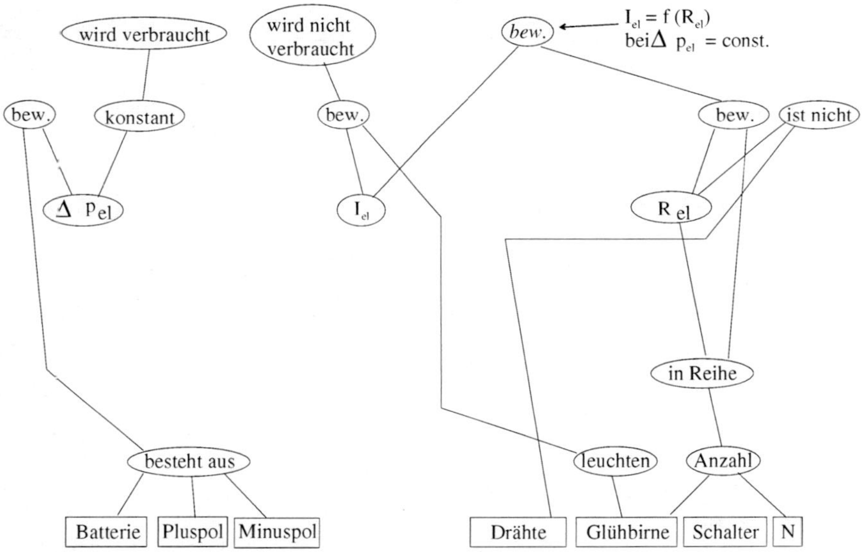

Abb. 16.2: Netz zu elektrischen Reihenstromkreisen als Erweiterung des Zielbereichnetzes um die Aussagen aus der Hausaufgabe Jancas zur 15. Doppelstunde.

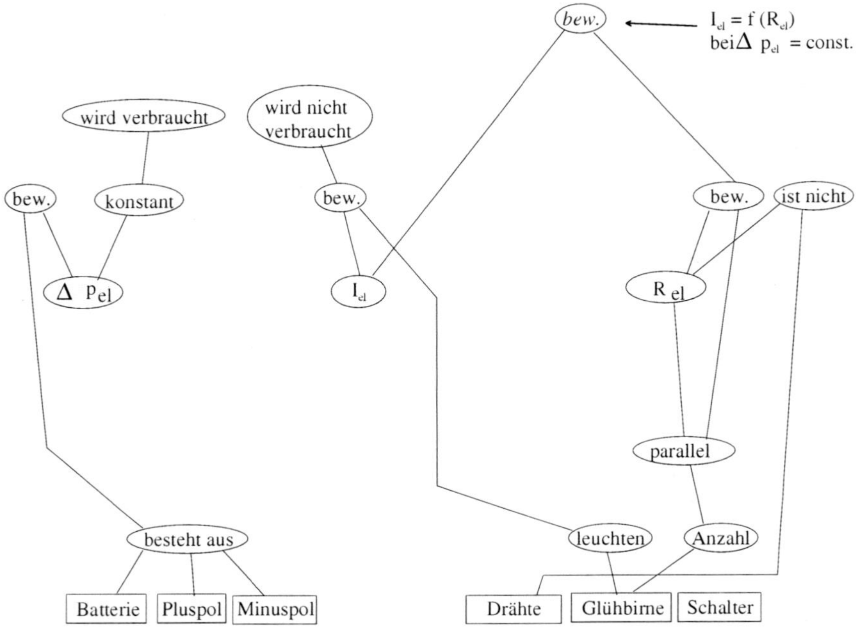

Abb. 16.3: Netz zu elektrischen Parallelstromkreisen als Erweiterung des Zielbereichnetzes um die Aussagen aus der Hausaufgabe Jancas zur 15. Doppelstunde.

Die Frage ist nun also, ob die entstandenen Netze gemäß der obigen Argumentation als global match bezeichnet werden können. Zunächst fällt auf, dass Janca in ihrer Hausaufgabe den Begriff „Stromstärke“ benutzt und nicht mehr - wie es in der 14. Doppelstunde vorkam - von „Stromfluss“ spricht. Mit ihrer dritten Aussage vollzieht sie eine klare begriffliche Trennung von „Druckunterschied“ und „Stromstärke“ über die Attribute „wird verbraucht“ bzw. „wird nicht verbraucht“[34]. Ausführungen darüber, ob oder wie ein „Druckunterschied“ das Zustandekommen eines Stromflusses und damit einer „Stromstärke“ bewerkstelligen könnte, bleiben jedoch aus.

Weitere Aussagen über etwaige funktionale Abhängigkeiten zwischen den Größen Druckunterschied, Stromstärke und Widerstand, die für die Bezeichnung global match verlangt werden, macht Janca in den letzten beiden Punkten ihrer Hausaufgabe. Sie argumentiert geschlossen im Terrain der elektrischen Stromkreislehre und stellt Hypothesen dahingehend auf, welche Auswirkungen die Veränderung von Lämpchenanzahlen auf Widerstände und Stromstärken in Reihen- und Parallelkreisschaltungen hat. Somit gelingt es Janca, auf dieser „rechten“ Hälfte des Netzes die in den Basisbereichnetzen kursiv dargestellten „bew.“-Relationen auf

[34] Im Vorinterview hatte Janca „Strom“ als „Energieteilchen“ bezeichnet, die „an der Lampe“ verbraucht werden (siehe Abschnitt 9.2.2).

hohen Rangigkeiten auch im Zielbereich zu konstruieren. Was die Abhängigkeit von „Widerstand“ und „Stromstärke“ bei beiden Schaltungstypen angeht, sind hier die Anforderungen für ein global match erfüllt. Die relationale Verbindung kann dabei bis auf die unterste Rangigkeitsebene - nämlich zu den „Anzahlen der Kreisel“ - gezogen werden.

Die Frage, ob aus den Ausführungen in Jancas Hausaufgabe die Zusammenbindung der local matches zum global match auszumachen ist, kann somit (nur) teilweise bejaht und folgendermaßen zusammengefasst werden:

- Die funktionale Abhängigkeit von „Stromstärke“ und „Widerstand“ ist für beide Schaltungstypen sichtbar. Des weiteren werden die Konstruktionen von Beziehungen zwischen „Widerstand“ und „Lampenanzahl“ gezeigt, was einer weiter gehenden Vernetzung der höherrangigen Relationsebenen mit den Objekten („Lampe“ bzw. der „Anzahl der Lampen“) entspricht.
- Derartige funktionale Abhängigkeiten, in die auch der „Druckunterschied“ mit einbezogen wird, sind bei beiden Schaltungstypen nicht auszumachen. In diesem Punkt sind die Anforderungen an ein global match somit nicht erfüllt. Die klare Abgrenzung von „Stromstärke“ und „Druckunterschied“ zeigt jedoch, dass beide als getrennte Größen mit unterschiedlichen physikalischen Eigenschaften konstruiert werden.

Trotz der „fehlenden“ verknüpfenden Relation zwischen den Begriffen „Druckunterschied“ und „Stromstärke“ sind durch die übrigen Verknüpfungen, die Janca in den beiden letzten Punkten ihrer Hausaufgabe benennt, Zielbereichnetze für elektrische Reihen- und Parallelstromkreise entstanden, die die Identifizierung der aufgabenbezogenen Rahmungen in der 16. Doppelstunde als „Candidate Inferences“ zumindest möglich machen. Diesem Punkt soll im folgenden Abschnitt nachgegangen werden.

16.3 Die aufgabenbezogenen Rahmungen aus der 16. Doppelstunde

Die Ideen, die als „Candidate Inferences“ in Frage kommen, seien im folgenden nochmals aufgelistet. Dabei wird eine inhaltliche Unterteilung dahingehend vorgenommen, ob elektrische Reihen- oder Parallelkreisschaltungen betrachtet werden. Bei den folgenden Ideen handelt es sich ausschließlich um aufgabenbezogene Rahmungen.

Zu elektrischen Reihenschaltungen:

- Die Lämpchen [in der Reihenschaltung] müssen normalerweise gleich hell leuchten, also sollte sich das auch hier zeigen. (16.1.7)
- Ich will nachprüfen, ob die Stromstärke überall in der Reihenschaltung gleich ist. (16.2.4)
- Ich will überprüfen, ob sich die Messwerte an den Lämpchen [Teilspannungen] zu dem an der Batterie [Gesamtspannung] addieren. (16.3.17)

Zu elektrischen Parallelschaltungen:

- Ich will jetzt überprüfen, ob an jedem Lämpchen der gleiche Druckunterschied/die gleiche Spannung wie an der Batterie liegt. (16.4.1)
- Ich will überprüfen, ob sich die Stromstärken in den Teilzweigen zur Gesamtstromstärke addieren. (16.5.3)

Die Inhalte der fünf Rahmungen werden nun hinsichtlich ihrer propositionalen Gehälter in die Janca zugeschriebenen Netze zu elektrischen Reihen- und Parallelkreisen aufgenommen (siehe Abbildungen 16.4 und 16.5). Die Darstellungen werden derart vorgenommen, dass die mit diesen Rahmungen hinzukommenden Prädikate und Verbindungen durch gestrichelte ovale Felder bzw. Linien dargestellt sind. Die Nummern der Ideen werden in den Grafiken ebenfalls an den entsprechenden Stellen vermerkt.

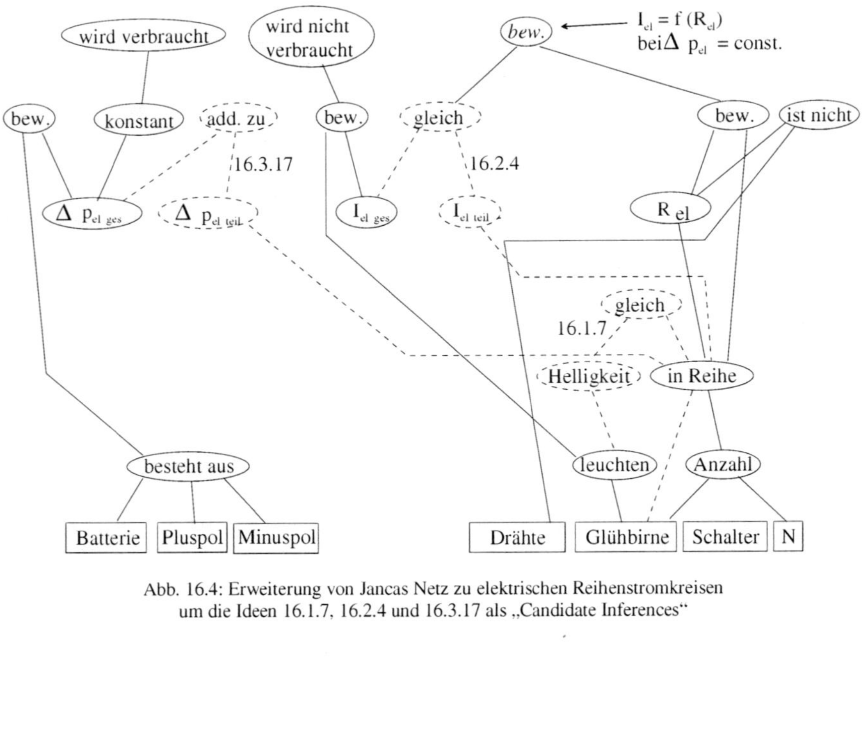

Abb. 16.4: Erweiterung von Jancas Netz zu elektrischen Reihenstromkreisen um die Ideen 16.1.7, 16.2.4 und 16.3.17 als „Candidate Inferences“

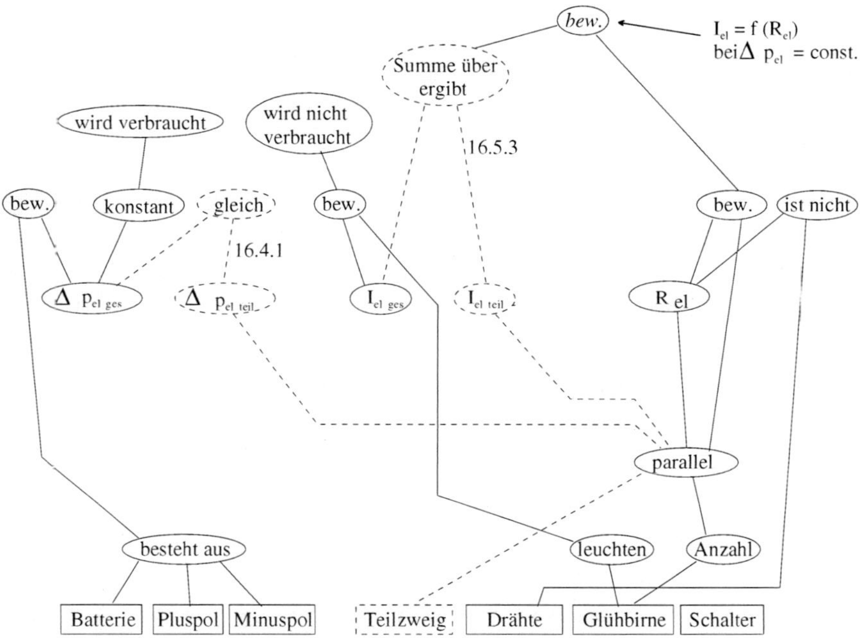

Abb. 16.5: Erweiterung von Jancas Netz zu elektrischen Parallelstromkreisen um die Ideen 16.4.1 und 16.5.3 als „Candidate Inferences"

Die Abbildungen 16.4 und 16.5 bestätigen die grundlegende Annahme für die Analysebemühungen in diesem Kapitel: Die aufgezählten Rahmungen aus dem Abschnitt der 16. Doppelstunde lassen sich in die vorher entstandenen Netze (Abbildungen 16.2 und 16.3) weitgehend als Erweiterung dieser „im Sinne der Basisbereichnetze" integrieren. Damit konnte gezeigt werden, dass die Theorie zum analogen Schließen von der Gruppe um Gentner mit den in Abschnitt 13.3 geäußerten Einschränkungen einen Interpretationsrahmen bildet, in dem die vorliegenden Daten weitgehend konsistent beschrieben werden können. Wenngleich die in den Abbildungen 16.2 und 16.3 dargestellten Netze nicht gänzlich den Anforderungen für global matches entsprachen und die/der kritische LeserIn nachprüfen kann, dass die in der 16. Doppelstunde als „Candidate Inferences" bezeichneten Propositionen nicht hundertprozentig den im Basisbereich kodierten Propositionen entsprechen, stimmen die Ergebnisse doch in beachtlichem Maße mit der Theorie überein. Gerade zu letzterem Punkt ist nochmals anzumerken, dass die Darstellung der Netze und dabei insbesondere der ExpertInnennetze nicht allzu kritisch hinsichtlich jeder Relation hinterfragt werden sollte. Gentner & Markman (1997) weisen in diesem Zusammenhang selbst auf die nicht-eindeutige Kodierbarkeit von Repräsentationen hin. Sie beanspruchen dabei, dass Propositionen so zu kodieren sind, wie sie repräsentiert sind - „We assume that how a property is represented will affect the way it is processed" (Gentner & Markman 1997, 47). Dieser Anspruch impliziert gerade für die Erstellung eines ExpertInnennetzes ein gewisses Maß an Subjektivität.

Als Resümee der hier dargestellten Analysen ist somit festzuhalten, dass sich aus den einbezogenen Daten von der 14. bis zur 16. Doppelstunde die Schritte des analogen Schließens nach Gentner in klaren Tendenzen herausdestillieren lassen. Diese Bestätigung scheint dem Verfasser herausragender als die wirkliche Übereinstimmung z.B. der Candidate Inferences mit wirklich exakt gleichen Prädikaten im Basisbereich. Diese Exaktheit ist wohl auch eher bei den von Gentners Arbeitsgruppe durchgeführten rechnergestützten Simulationen analoger Denkprozesse zu erwarten, als bei der Analyse von Denkprozessen „realer" ProbandInnen.

16.4 Zur Identifizierbarkeit der psychologischen Restriktionen bei der Herstellung von Basis-Ziel-Beziehungen

Diesen Analysenteil abschließend sei nun auf die in Abschnitt 14.3.4 geäußerten Fragen nach der Identifizierbarkeit der von Gentner geforderten psychologischen Restriktionen bei der Herstellung analoger Basis-Ziel-Beziehungen eingegangen.

Die erste Restriktion bezieht sich auf die strukturelle Konsistenz, also darauf, ob „übertragene" Relationen Entsprechungen hinsichtlich deren Argumente aufweisen. Diese Frage konnte bereits im Rahmen der Ausführungen in Abschnitt 16.1 positiv beantwortet werden. Jede im local-match-Netz (Abbildung 16.1) dargestellte Relation weist Verbindungen bis zur Ebene der Objekte auf. Das heißt für die Adäquatheiten der Entsprechungen von Relationen mussten auch Richtigkeiten und Eins-zu-eins-Entsprechungen hinsichtlich der als analog angenommenen in diese Relationen einbezogenen Objekte gefordert werden. Die in der 14. Doppelstunde geäußerten Hypothesen bezüglich analoger Objektentsprechungen können aufgrund entsprechender Äußerungen des Lehrers als für die SchülerInnen weitgehend bestätigt angesehen werden.

Mit der zweiten Restriktion wurde gefordert, dass für die „Übertragungen" von Objekten deren Rollen in den relationalen Systemen ausschlaggebend sind und isolierte Objektmerkmale nicht in die Betrachtungen einbezogen werden. Der erste Punkt kann bereits mit der obigen ersten Restriktion als positiv beantwortet erachtet werden. Zum zweiten Punkt äußert sich Dudeck (1997) im Rahmen seiner Analysen zu den SchülerInnenäußerungen in der 14. Doppelstunde: „Keiner der Schülerbeiträge benennt Merkmale oder Eigenschaften der beiden Stromkreissysteme, die irrelevant für die Systeme sind: Farben, Geräusche (Pumpe), Größenverhältnisse; andere rein äußerliche, nicht die Analogie betreffende Entitäten werden nicht thematisiert - eine Bestätigung der grundsätzlichen Analogiedenkerdisposition" (Dudeck 1997, 176).

Als dritte psychologische Restriktion wird die Erfüllung des Systematizitätsprinzips verlangt. Wenn damit ausgesagt wird, dass eine Basis-Ziel-Übereinstimmung von umfangreicheren Geflechten relationaler Beziehungen solchen vorzuziehen ist, die weniger verzweigt sind, kann ein solcher gegenüberstellender Vergleich in den Daten nicht gefunden werden. Es werden schließlich nicht unterschiedliche hypothetische Basis-Ziel-Übereinstimmungen geäußert und gedanklich weiterverfolgend entsprechende darauf aufbauende Netze kreiert und verglichen. Dieser Weg wird vom Computerprogramm SME eingeschlagen - beispielsweise würde eine Entsprechungshypothese derart aufgestellt, dass der „Kreisel" mit der „Batterie" als analog erachtet würde. Weitere Algorithmen würden ein Zielbereichnetz errechnen, das mit dem Basisnetz ein gewisses Maß an Übereinstimmung zeigen würde. Würde eine andere Hypothese angenommen, dass nämlich die „DWS" der „Batterie" entsprechen würde, wäre nach Durchlaufen diverser Rechenoperationen ein Zielbereichnetz zu erwarten, das im Gegensatz zu ersterem ein größeres Maß an Übereinstimmung mit dem Basisbereichnetz aufweisen würde. Nach dem Systematizitätsprinzip wäre folglich die zweite Analogie-Hypothese vorzuziehen.

Solche verschiedenen Annahmen und deren Konsequenzen sind aus den Daten nicht zu entnehmen. Die geäußerten Basis-Ziel-Entsprechungen sind sämtlich physikalisch adäquat, was einen Vergleich mit anderen - weniger gut „passenden" - Netzen unmöglich macht. Mit dem Systematizitätsprinzip wird allerdings weiterhin impliziert, dass möglichst hochrangige Relationen übertragen werden. Damit soll durch den Erhalt bzw. die „richtigen" Entsprechungen der logischen Zusammenhänge beider Bereiche ein hohes Maß an Vorhersagekraft bezüglich kausaler Beziehungen bei analogen Denkprozessen einhergehen. Mit Jancas Hausaufgabe zur 15. Doppelstunde und den daraus gewonnenen Netzen in den Abbildungen 16.2 und 16.3 konnte in diesem Kontext gezeigt werden, dass sie die funktionalen Beziehungen zwischen Kreiselanzahl, Widerstand und Stromstärke für beide elektrische Schaltungstypen korrekt benennt. Sie erfasst damit wesentliche kausale Beziehungen und erreicht höchstrangige Relationsebenen. In diesem Sinne spiegelt sich also das Systematizitätskriterium in Jancas Ausführungen wider.

16.5 Zusammenfassung der auf Gentners Theorie aufgebauten Argumentation und Deutung der Analyseergebnisse

Das Aufgreifen der Theorie Gentners zum analogen Denken und Schließen wurde durch die Ergebnisse der vergleichenden Gegenüberstellung von Bedeutungsentwicklungen in Basis- und Zielbereich im analogiebasierten Elektrizitätslehreunterricht motiviert (siehe Kapitel 12). Ausgangspunkt waren die aus dem betrachteten Abschnitt der 16. Doppelstunde herausgearbeiteten Ergebnisse, nämlich u.a. dass Janca über die ausgeprägte Fähigkeit zu verfügen scheint, systematisch Aufgaben zu finden und erfolgreich und zügig zu bearbeiten. Es entstand der Anspruch, diese Ergebnisse im Rahmen einer Theorie zu beschreiben, die Analoges Denken als fein unterteilte Abfolge von einzelnen Schritten beschreibt. In dieser Theorie sollten die Ergebnisse aus der 16. Doppelstunde einem dieser Schritte im entsprechend fortgeschrittenen Stadium der Analogienutzung (die SchülerInnen beschäftigten sich ja mittlerweile die dritte Doppelstunde mit dem Zielbereich) zugeordnet werden können. Unter der Voraussetzung, dass die Theorie auf die vorliegenden Daten anwendbar ist, sollten folglich „frühere" Ergebnisse (etwa aus der 14. Doppelstunde) mit einem entsprechend „früheren" Schritt in Verbindung gebracht werden. Der Anspruch bestand also im wesentlichen darin, die kleinschrittige Betrachtungsweise, mit der zuvor die Beschreibung von Bedeutungsentwicklungsprozessen auf Mikroebene durchgeführt wurde, dahingehend zu erweitern, dass das „Analoge Denken an sich" ebenfalls möglichst kleinschrittig untersucht werden sollte.

Der entsprechende theoretische Hintergrund wurde in der Strukturabbildungstheorie Gentners gefunden. Die konsistente Anwendbarkeit dieser Theorie auf die dafür im Zielbereich in Frage kommenden Daten würde zum einen eine Bestätigung der Vorhersagen von Gentners Theorie auf die hier betrachteten analogen Denkakte bedeuten. Zum anderen wären zumindest im Rahmen der Aussagekraft der in dieser Arbeit durchgeführten Untersuchung Ergebnisse dahingehend zu verzeichnen, inwiefern analoges Denken in eine Folge zu durchlaufender Schritte unterteilt werden kann.

Die Frage der konsistenten Anwendbarkeit von Gentners Theorie auf die im Zielbereich betrachteten Daten ist weitgehend zu bejahen. Die vier Schritte des analogen Denkens ließen sich aus den betrachteten Abschnitten der 14. und 16. Doppelstunde sowie der Hausaufgabe Jancas zur 15. Doppelstunde herausdestillieren. Anhand der Klausur zu Wasserstromkreisen wurde dazu zunächst Jancas Wissensstand zum Basisbereich am Ende der Beschäftigung mit selbigen erhoben und als propositionales Netz dargestellt. Im Abgleich mit einem aus ExpertInnensicht angefertigten Netz zeigte sich, dass Janca große Teile dessen relationaler Struktur bedeutungsmäßig erfasst hatte.

Mit den von der 14. bis zur 16. Doppelstunde herangezogenen Daten konnte gezeigt werden, dass - bedingt durch ausdrückliche Anregung durch den Lehrer - die „Physik der Wasserstromkreise" als Basisbereich für die erste Annäherung an den Zielbereich „Physik der elektrischen Stromkreise" genutzt wurde. Die geäußerten hypothetischen Basis-Ziel-Entsprechungen konnten als local matches in Form eines noch unzusammenhängenden propositionalen Netzes dargestellt werden. Die an local matches geknüpften Bedingungen im Rahmen der Gentnerschen Theorie wurden dabei bestätigt: es wurden Objekte, Attribute und Relationen sämtlicher Ordnungen ohne ersichtliche Systematik „übertragen", und die ersten beiden psychologischen Restriktionen wurden erfüllt. D.h. die strukturelle Konsistenz wurde gewahrt, und die Forderung nach dem relationalen Fokus wurde erfüllt.

Aus der Hausaufgabe zur 15. Doppelstunde ließen sich die local matches nicht vollständig zum global match (bzw. zu zwei global matches - eines für elektrische Reihen- und eines für Parallelkreisschaltungen) zusammenfügen. Jedoch äußerte sich Janca in ihrer Hausaufgabe über die als wesentlich erachteten funktionalen Beziehungen zwischen Widerstand und Stromstärke bezüglich beider Schaltungstypen. Die Konstruktion dieser hochrangigen Relation wurde weiterhin als Indiz für die Erfüllung des Systematizitätskriteriums angesehen.

Die in der 16. Doppelstunde ausgemachten fünf aufgabenbezogenen Rahmungen bzw. deren propositionalisierte Inhalte ließen sich als Erweiterungen „im Sinne des Basisbereichs" in die entstandenen Netze lückenlos einfügen, d.h. es waren bereits Prädikate vorhanden, mit denen die Propositionen als „Candidate Inferences" verbunden werden konnten.

Somit wurde gezeigt, dass die Daten mit Gentners Theorie in Einklang zu bringen sind. Als Konsequenz bzw. für weitere praktische Umsetzungen dieser Erkenntnis ist festzuhalten: Analogiebasierte Lernumgebungen bzw. -designs sollten im Hinblick auf möglichst positive Lernerfolge konzeptuell so gestaltet werden, dass eine Einteilung der zu vermittelnden Inhalte in die einzelnen Schritte erfolgt und dass diese jeweils ausführlich thematisiert werden. Im Rahmen jedes Schrittes sollte Raum für Diskussionen (zwischen Lehrenden und Lernenden bzw. zwischen Lernenden untereinander) und Reflektionen (bei den Lernenden) eingeplant werden.

17 Zusammenfassung

Das Forschungsbestreben dieser Arbeit lässt sich auf zwei zentrale, aufeinander aufbauende Fragen zusammenfassen. Zu deren Beantwortungen wird zunächst jeweils ein theoretischer Rahmen gegeben, worauf Ausführungen zu den Methodiken der empirischen Analyse folgen. Damit können die Fragen bezüglich zu erwartender Analyseergebnisse konkretisiert und anhand detaillierter Analyen in den beiden empirischen Teilen entsprechende Aussagen gewonnen werden.

Die erste Forschungsfrage lautet, ob und wenn ja inwiefern sich Lernen im Kontext eines a priori unbekannten Inhaltsbereichs von analogiebasiertem Lernen unterscheidet. Unter analogiebasiertem Lernen wird dabei verstanden, dass Lernende einen Inhaltsbereich (den Zielbereich) per analogiam erschließen, d.h. über Wissen bezüglich eines strukturell analogen Inhaltsbereichs (des Basisbereichs) verfügen und dieses Wissen (auch) nutzen.

Im Rahmen der im ersten empirischen Teil dargestellten Untersuchungen werden solche Unterschiede zwischen analogiebasiertem und „nicht-analogiebasiertem" Lernen in der Tat ausgemacht. Die Ergebnisse sollten weiter interpretiert werden, wozu eine Theorie herangezogen wird, die umfangreiche Aussagen zum analogen Denken als Prozess macht bzw. analoges Denken in eine feine Abfolge von zu durchlaufenden Schritten unterteilt. Die zweite Frage lautet damit:

Lassen sich die im Zuge der Untersuchungen zum Zielbereich gewonnenen Ergebnisse aus dem ersten empirischen Teil mit dieser Theorie in Einklang bringen, können die Ergebnisse aus dem ersten empirischen Teil also insofern fundiert werden, indem sie die Aussagen einer Theorie widerspiegeln, die analoges Denken in eine Folge zu durchlaufender Schritte unterteilt? Anders lässt sich die Frage folgendermaßen formulieren: Lässt sich empirisch belegen, wie Lernen in einem per analogiam zu erschließenden (Ziel-)Bereich in einer Sequenz zu durchlaufender Schritte passiert?

Die folgenden Darstellungen gliedern sich nach den beiden genannten Forschungsfragen. Dabei wird jeweils der Bogen von den wesentlichen theoretischen Hintergründen über die Analysemethode und Auswahl der Daten bis zu den gewonnenen empirischen Aussagen zusammengefasst. Anschließend wird ein kurzes Schlusswort gegeben.

- Zur ersten Forschungsfrage

Zur Beschreibung von Lernen wird im Bremer Institut für Didaktik der Physik eine auf dem konstruktivistischen Paradigma begründete Theorie beschrieben, die - gestützt durch zahlreiche empirische Arbeiten - plausible Vorhersagen über Lernen in einem zunächst unbekannten Inhalt liefert (z.B. v. Aufschnaiter, S. 2001). Lernen wird in dieser Theorie über die Veränderung „langlebiger“ kognitiver Strukturen (Werkzeuge) beschrieben. Die kognitiven Werkzeuge erzeugen Bedeutungen. Umgekehrt stärken „erfolgreiche“ (d.h. sich bewährende) Bedeutungskonstruktionen die sie erzeugenden Strukturen. Aussagen über die kognitiven Strukturen sind der (externen) Beobachtung nicht möglich, wohl aber Beschreibungen zu Bedeutungskonstruktionen und -entwicklungen. Es werden dadurch indirekt Aufschlüsse zu erfolgtem Lernen gewonnen, indem Bedeutungsentwicklungsprozesse und Veränderungen bezüglich deren Dynamiken in verschiedenen Stadien der Erschließung eines Inhalts untersucht werden. Bedeutungsentwicklungen werden dazu auf Mikroebene beschrieben, indem einzelnen Bedeutungskonstruktionen Ideen zugeschrieben und diese hinsichtlich komplexitätsabhängiger, inhaltsbezogener, rahmungs- und zeitabhängiger Kategorien eingestuft werden. Begründet auf die Lerntheorie und gefolgert aus bisherigen empirischen Ergebnissen werden Hypothesen dazu gewonnen, welche Dynamiken hinsichtlich dieser Kategorien im Lauf der Erschließung eines unbekannten Inhaltsbereichs - des Basisbereichs der Analogie - erwartet werden.

Wird ein Zielbereich per analogiam erschlossen und erarbeitet, so ist davon auszugehen, dass Lernende ihr Basisbereichwissen umfangreich nutzen und sich so für den Zielbereich eine a priori gänzlich andere Operationsbasis eröffnet. Zur Frage, inwiefern sich dies im Rahmen der zu Grunde gelegten Lerntheorie und des damit verbundenen Analyseinstrumentariums im Detail äußern würde, inwiefern sich also Unterschiede zwischen der Elaboration eines Zielbereichs und der des Basisbereichs *im Prozess* zeigen würden, werden in Kapitel 5 zahlreiche Hypothesen aufgestellt.

In Übereinstimmung mit bisherigen Ergebnissen wurde für den Basisbereich erwartet, dass Bedeutungsentwicklungen bottom-up - also „vom konkreten zum abstrakten“ - verlaufen, d.h. auf niedrigen Komplexitätsebenen starten, ein einmal erreichtes Niveau ausdifferenziert wird, und schließlich ein Anstieg der Komplexität möglich wird. Entsprechendes wurde für rahmende Ideen erwartet. Unter Rahmungen werden Bedeutungskonstruktionen mit vorrangig orientierendem Charakter verstanden. Mit der Einführung verschiedener Ebenen von Rahmungen kann die Veränderung von Bedeutungsentwicklungen bei der wiederholten Bearbeitung einer Fragestellung im Laufe eines Lernprozesses folgendermaßen verdeutlicht werden: Bei der ersten Konfrontation mit der Frage können Lernende eventuell deren intendierte Absicht nicht erfassen. Sie konstruieren eine Rahmung der Art „Was ist überhaupt die Frage – worauf muss ich achten?“ Schließlich ist die Konstruktion einer problembezogenen Rahmung zu dieser Frage möglich. Unter problembezogenen Rahmungen werden zur Beantwortung untergeordnete lösungswegbezogene Rahmungen konstruiert, mit denen versucht wird, unter vielen Herangehensweisen eine „erfolgreiche“ zu finden. Ist eine solche Herangehensweise (mindestens) einmal gefunden, so kann bei der nächsten Konfrontation mit der Frage eine aufgabenbezogene Rahmung zu dieser konstruiert werden. Mit unter aufgabenbezogenen Rahmungen konstruierten wegbezogenen Rahmungen wird die Aufgabe in Teilaufgaben zerlegt, die sukzessive bzw. strukturiert abgearbeitet werden. Der entsprechende Kontext wird schließlich als Gelernt erachtet, wenn die Beantwortung der Frage spontan gelingt. Bezüglich der Lernprozesse in Basis- und Zielbereich wurde angenommen, dass in ersterem vergleichsweise häufiger Problemfindungsphasen und problembezogene Rahmungen auftreten würden. Die erfolgreiche Nutzung der Analogie – so wurde weiter angenommen – würde sich darin äußern, dass Lernende im Zielbereich von vorn herein in der Lage sind, gezielt Fragestellungen zu finden und dazu aufgabenbezogene Rahmungen zu konstruieren, die unter wegbezogenen Rahmungen abgearbeitet würden. Weitere Hypothesen beziehen sich auf die in die Bedeutungskonstruktionen einbezogenen Inhaltsbereiche. So wurde davon ausgegangen, dass Lernende insbesondere zu Beginn der Erschließung des Basisbereichs zunächst Bedeutungen in engen Inhaltsbereichen konstruieren. Für den Zielbereich wurde erwartet, dass Lernende möglichst ausgedehnte Inhaltsbereiche einbeziehen würden, um sich eine umfangreiche Operationsbasis für die weitere Erschließung zu schaffen. Zum zeitlichen Aspekt wurde angenommen, dass analoge Fragestellungen im Zielbereich schneller bearbeitet würden als im Basisbereich.

Die Analysen konzentrierten sich schwerpunktmäßig auf eine Schülerin (Janca), deren Vierer-Tischgruppe über den gesamten Zeitraum sowohl bei der Erarbeitung des Basisbereichs als auch bei der des Zielbereichs in der analogiebasierten Unterrichtseinheit „Wasser und Strom" videodokumentiert wurde (das Design ist in Kapitel 6 beschrieben) (Dudeck 1997). Der Unterricht wurde in einer halbierten Gymnasialklasse über 20 Doppelstunden (dies entspricht einem halben Schuljahr) durchgeführt, wobei in den ersten zwölf Doppelstunden ausschließlich Wasserstromkreislehre (der Basisbereich) behandelt wurde. Nach einer sich anschließenden Klausur wurde mit der Erschließung der elektrischen Stromkreislehre (dem Zielbereich) begonnen.

Das im Unterricht eingesetzte Analogmodell, das „Zweite Bremer Wassermodell", schließt sämtliche zentralen Komponenten, Begrifflichkeiten und Beziehungen in die Analogie zum Themenkomplex „Elementare Elektrizitätslehre" ein. Es erfüllt damit die Kriterien, die im Rahmen der für diese Arbeit aufgestellten Definition für den Terminus Analogie gefordert wurden (die Definition findet sich in Abschnitt 3.1.3.2). Im weiteren lagen Vor- und Nachinterviewdaten vor. Erstere wurden herangezogen (Kapitel 9 und Abschnitt 11.1.3), um zu überprüfen und zu bestätigen, dass Janca bei der Beschäftigung mit dem Zielbereich in der Tat analogiegeleitet vorgeht. Anzeichen dahingehend, dass sie auf ihre im Vorinterview gezeigten vagen und teilweise physikalisch inadäquaten Vorverständniselemente zurückgreift, waren nicht auszumachen.

Für die Untersuchungen im ersten empirischen Teil wurden insgesamt fünf Handlungsabschnitte von Zeitspannen zwischen 10 und 50 Minuten ausgewählt. Deren Handlungsverläufe sowie die Mikroanalysen und die gewonnenen Ergebnisse sind in den Kapitel 10 und 11 detailliert dargestellt und im Basis-Ziel-Vergleich in Kapitel 12 vergleichend gegenübergestellt. Für die Auswahl der Abschnitte wurden Kriterien der analogen Vergleichbarkeit aufgestellt: es sollte entweder eine analoge Fragestellung bzw. eine als analog zu erschießende Thematik zum ersten mal im Basis- bzw. im Zielbereich behandelt werden, oder es sollte den Abschnitten eine ähnliche Beschäftigungsdauer mit dem jeweiligen Unterrichtsteil (Basis- oder Zielteil) vorhergehen. Entsprechend wurden die Abschnitte aus der 5. und 6. Doppelstunde mit dem aus der 16. Doppelstunde als analog vergleichbar erachtet, da in diesen Stunden zum ersten mal die Reihen- und Parallelkreisregeln im jeweiligen Unterrichtsteil systematisch erarbeitet werden. In der ersten, sowie in der 14. Doppelstunde finden „erste Berührungen“ mit dem jeweiligen Analogbereich statt, womit der Frage nachgegangen wird, ob sich die Hypothesen bezüglich des Beginns der Erschließungen von Basis- und Zielbereich bestätigen lassen.

Bezüglich dieses zuletzt genannten Vergleichs der Abschnitte aus der ersten mit dem aus der 14. Doppelstunde wurden folgende Ergebnisse gewonnen:

- Im Basisbereich zeigt sich hinsichtlich der Komplexitäten der Ideen und rahmenden Ideen nur eine geringe Dynamik. Eigenschaften werden nicht gebildet – Janca „denkt“ über den ganzen Abschnitt „konkret“ (mit einer Ausnahme, als sie Bedeutungen zum Inhaltsbereich „Ventil“ konstruiert). Bottom-up-Prozesse zeigen sich dahingehend, dass zum an sich begrenzten Inhaltsbereich „DWS“ sukzessive Objekte als Teilinhaltsbereiche bedeutungsmäßig erfasst werden. Diese werden in Operationen zunehmenden Ausdifferenziertheitsgrades miteinander verknüpft.
- Im Zielbereich werden von den SchülerInnen hypothetische Basis-Ziel-Beziehungen geäußert (bei diesem Handlungsabschnitt war die gesamte Klasse AdressatInnengruppe der Analysen). Circa 3/4 dieser Ideen sind „allgemein gedacht“, d.h. die entsprechenden Bedeutungen werden auf Eigenschafts- oder Ereignisebene konstruiert. Dabei werden die Rollen von Objektklassen im Gesamtinhaltsbereich „Elektrische Stromkreise“ hinterfragt – z.B. ob Lämpchen einen Widerstand haben oder ob Batterien einen Druckunterschied herstellen. Die Lernenden beginnen ihre Erschließung des Zielbereichs mit der Einbeziehung (möglichst) ausgedehnter Inhaltsbereiche.

Für die Aussagekraft dieser Ergebnisse ist einschränkend zu beachten, dass die Vorgehensweisen der SchülerInnen in beiden Fällen maßgeblich und relativ „eng“ durch die Lernumgebung vorgegeben ist. Die Lernumgebungen sind durch jeweils unterschiedliche - nicht analoge - vom Lehrer vorgegebene Arbeitsanweisungen gekennzeichnet. So sind in der ersten Doppelstunde anhand eines Fragenzettels Überlegungen zu den Bestandteilen der DWS und deren Zusammenwirken sowie zum Verhalten der DWS in einer einfachen Schaltung anzustellen. In der 14. Doppelstunde fordert der Lehrer die Klasse explizit zur analogiegeleiteten Hypothesensammlung auf. In beiden Abschnitten sind die SchülerInnen jedoch handlungsfähig und nehmen angemessen auf die Lernumgebungen Bezug. Sie scheinen weder „unter-

noch überfordert". Insbesondere bei Betrachtung des Abschnitts der 14. Doppelstunde zeigte sich, dass die SchülerInnen die strukturelle Analogie unmittelbar erkennen, was mit den genannten Ergebnissen einhergeht.

In der 5. und 6. Doppelstunde erfolgt die Erarbeitung der Reihen- und Parallelkreisregeln anhand von Fragenzetteln, in der 16. Doppelstunde beschäftigt sich die Tischgruppe Jancas im Rahmen der ersten „freien" Experimentierphase des Zielbereichs mit dieser Thematik. Die Anweisung des Lehrers ist offen – er regt die SchülerInnen lediglich dazu an, Schaltungen zu bauen, die sie interessieren, und Vergleiche mit den Kenntnissen über Wasserstromkreise anzustellen. Die aus dem Abschnitt der 16. Doppelstunde gewonnenen Ergebnisse sind es insbesondere, die die zweite Forschungsfrage motivierten und den Anstoß für neue theoretische Überlegungen und die Durchführungen weiterer Analysen gaben. Die Analyseergebnisse sind im Basis-Ziel-Vergleich folgendermaßen zusammenzufassen:

- In den Abschnitten der 5. und 6. Doppelstunde (Basisbereich - Wasserstromkreislehre) zeigen die Komplexitätsanalysen zu den Janca zugeschriebenen Ideen und Rahmungen in weiten Teilen bottom-up-Charakteristiken. Janca bezieht sich anfangs auf die aufgebauten Experimente, „denkt" also „konkret". Bezüglich aufzustellender Regeln rahmt sie im weiteren zunächst auf Eigenschafts-, anschließend eventuell auf Ereignisebene. Die Niveaus der Ideen erreichen schließlich jeweils die der Rahmungen. Die bottom-up-Charakteristiken sind insbesondere ausgeprägt, wenn Janca unter aufgabenbezogenen Rahmungen Bedeutungen konstruiert. Bedeutungsentwicklungen, die unter problembezogenen Rahmungen oder in Problemfindungsphasen stattfinden, verlaufen kaum bottom-up. Problembezogene Rahmungen werden sowohl in der fünften, vor allem aber in der sechsten Doppelstunde konstruiert. In der fünften Doppelstunde kommen zudem zwei Problemfindungsphasen vor.
- Die Komplexitätsanalysen, die zum Abschnitt der 16. Doppelstunde (Zielbereich - elektrische Stromkreislehre) durchgeführt wurden, zeigen eine Charakteristik, die sich in sämtlichen der fünf Szenen, in die der Abschnitt aufgrund inhaltlich zusammengehöriger Kontexte unterteilt wurde, widerspiegelt. Ohne explizitere Arbeitsanweisung des Lehrers findet Janca immer wieder gezielt neue Aufgaben und arbeitet diese stringent ab (problembezogene Rahmungen kommen nur marginal vor). So wird zunächst eine einfache Schaltung aufgebaut, anschließend werden Messungen zur Stromstärke und Spannung in Reihen- und Parallelkreisen durchgeführt. In jeder Szene wird zunächst eine aufgabenbezogene Rahmung auf Hauptebene II konstruiert. Dabei wird jeweils eine Hypothese bezüglich einer allgemeinen Regel aufgestellt, die durch Analogiebildung aus den entsprechenden Erfahrungen zu Wasserstromkreisen ersonnen wird. Anschließend wird die Hypothese geprüft. Dazu wird eine wegbezogene Rahmung auf Operationsebene konstruiert, die sich auf diese Überprüfung anhand konkreter Schaltungen bezieht. Unter weiteren wegbezogenen Rahmungen werden Messungen durchgeführt. In drei der fünf Szenen lässt sich nach der er-

folgreichen Überprüfung eine Idee zuschreiben, mit der die nun bestätigte allgemeine Gesetzmäßigkeit zum Ausdruck kommt. In sämtlichen Szenen wird das Komplexitätsniveau der anfänglichen aufgabenbezogenen Rahmung auf Hauptebene II wieder erreicht.

Die Komplexitätsverläufe werden als „Wannenstruktur" bezeichnet (siehe z.B. Abbildungen 11.17, 12.1b und 12.2b). Der Name rührt daher, dass die Graphen im Komplexitäts-Zeit-Diagramm einer stilisierten Wanne gleichen: eine Bedeutungsentwicklung beginnt auf Hauptebene II, es erfolgt ein Abfall auf Operationsebene, der über einige Bedeutungskonstruktionen „gehalten" wird. Schließlich steigt das Komplexitätsniveau auf das anfängliche.

- Zur zweiten Forschungsfrage

Zu dem Anliegen, die im Zielbereich gewonnenen Ergebnisse theoretisch zu fundieren, bietet das Modell zum analogen Denken von Gentner einen vielversprechenden Ansatz (z.B. Gentner 1989, Gentner & Markman 1997). Die geforderte Theorie sollte den Prozess des analoges Denken aufschlüsseln und in Form einer Abfolge zu durchlaufender Schritte beschreiben, so dass sich die bisherigen Ergebnisse aus der 14. und 16. Doppelstunde in diesem Modell wiederfinden lassen. Das heißt, in einer der ersten Schritte muss erfasst werden, dass weite Inhaltsbereiche unter durchaus verallgemeinernden Betrachtungsweisen (auf Eigenschafts- bzw. Ereignisebene) einbezogen werden, so dass Lernende schnell Orientierungen bezüglich allgemeiner Zusammenhängen gewinnen (können). In einer späteren Phase der Analogienutzung sollte die Theorie „vorhersagen", dass strukturiert analogiegeleitete Hypothesen ersonnen und anschließend nachgeprüft werden.

Die Theorie zum analogen Denken von Gentner wurde in Abschnitt 3.4 eingeführt und zu Beginn des zweiten empirischen Teils (Abschnitt 13.2) noch einmal wiederholt. Vom Symbolverarbeitungsparadigma ausgehend werden Basis- und Zielbereich als mental repräsentiert erachtet. Als wesentliche Repräsentationsformen sind Objekte, Attribute, Relationen und Funktionen zu unterscheiden. Relationen weisen verschiedene Rangigkeiten auf, je nachdem ob sie Objekte verknüpfen oder wiederum Relationen als Argumente haben.

Mit diesem Instrumentarium lassen sich etwa aus ExpertInnensicht die kausalen Zusammenhänge von Basis- und Zielbereich in Form propositionaler Netze darstellen. Es wird angenommen, dass bei Lernenden das Netz des Zielbereichs weniger ausgeprägt als das des Basisbereichs ist (schließlich soll mit der Analogienutzung ein Erkenntniszugewinn erzielt werden). Analoges Denken wird als *Vergleich* von Basis- und Zielbereichnetz und dem *Übertragen* von im Zielbereich „fehlenden" Strukturelemente aus dem Basisbereich auf diesen beschrieben. Die Erweiterung des Zielbereichsnetzes mit den „fehlenden" Strukturelementen - „im Sinne des Basisbereichs" - ist mit der Generierung sinnvoller Hypothesen zu verbinden und wird als heuristischer Akt der Analogienutzung erachtet. Das Phasenmodell der Analogiegenerierung und -nutzung unterscheidet folgende Schritte: Zunächst wird ein geeigneter Basisbereich aktiviert. Anschließend werden „local matches" postuliert. Diese sind hypothetische Basis-Ziel-Entsprechungen, bei denen wahllos Übereinstimmungen zu sich entsprechenden Entitäten, Prädikaten und Funktionen generiert werden. Diese werden im nächsten Schritt zu einem zusammenhängenden relationalen Geflecht - zum „global match" - verbunden. Basis- und Zielbereichnetz sind nun strukturgleich, das Zielbereichnetz ist jedoch weniger ausgeprägt. Der nächste Schritt - „Candidate Inferences" - entspricht der genannten Übertragung zusätzlicher Strukturelemente vom Basis- auf den Zielbereich. Bei der Herstellung von Basis-Ziel-Beziehungen sind im weiteren drei psychologische Restriktionen gefordert: Die strukturelle Konsistenz ist zu gewähren (d.h. „übertragene" Relationen sollten Entsprechungen hinsichtlich ihrer Argumente aufweisen), „Übertragungen" sind mit relationalem Fokus vorzunehmen (d.h. bezogen auf die hier betrachtete Analogie werden Hypothesen zur Übertragung von Objekten ausschlaggebend von deren Rollen im Beziehungsgeflecht in der entsprechenden Stromkreisthematik aufgestellt), und das Systematizitätsprinzip ist einzuhalten (möglichst hochrangige Relationen sollten „übertragen" werden).

Nach einer kritischen Auseinandersetzung zur Vereinbarkeit des von Gentner im Symbolverarbeitungsparadigma aufgestellten Modells mit dem dieser Arbeit zu Grunde liegenden konstruktistischen Verständnis von Lernen (Abschnitt 13.3) wird die weiter zu verfolgende Fragestellung konkretisiert: Unter der Arbeitshypothese, dass die aus der 16. Doppelstunde gewonnenen aufgabenbezogenen Rahmungen dem Schritt 4 - Aufstellung schlussfolgernder Hypothesen („Candidate Inferences") - entsprechen, galt es zu überprüfen, ob sich auch die „vorherigen" Schritte analogen Denkens nach Gentner - Aufsuchen des Basisbereichs, Postulieren von local matches und Zusammenführen zum Global match - in den Daten des Zielbereichs identifizieren lassen würden.

Die entsprechenden Analysen beinhalteten folgende Schritte: Zunächst werden ExpertInnennetze zur Wasserreihen- und -parallelkreislehre, die die wesentlichen im Sinne des Unterrichtskonzepts zu vermittelnden Aspekte erfassen, erstellt. Mit diesen Netzen werden die Ergebnisse aus Jancas Wasserstromkreisklausur (die daraus gewonnenen Netze entsprechen Jancas Basisbereichnetzen) verglichen mit dem Ergebnis, dass Janca die wesentlichen strukturellen Elemente erfasst hat. Zum Aufbau der Zielbereichnetze werden die gewonnenen Ideen aus der 14. und 16. Doppelstunde sowie die Ausführungen in Jancas Hausaufgabe zur 15. Doppelstunde als in Betracht kommende Daten erachtet. Aus den mit diesen Daten angefertigten Netzen kristallisieren sich die Schritte analogen Denkens nach Gentner heraus: Mit den Ideen der 14. Doppelstunde zeigt sich eine Struktur, in der Objekte, Attribute und Relationen verschiedenster Ordnungen unverbunden nebeneinander stehen – entsprechend der Erfassung verschiedenster Teilinhaltsbereiche und Bedeutungskonstruktionen auf „konkreten" und „allgemeinen" Niveaus. Mit der Hausaufgabe zur 15. Doppelstunde werden diese in weiten Teilen zum global match verbunden. Folglich war die Annahme, die aufgabenbezogenen Rahmungen aus der 16. Doppelstunde mit den Candidate Inferences in Beziehung zu setzen, legitimiert.

Die Frage, ob die ebenfalls von Gentner geforderten psychologischen Restriktionen bei der Herstellung von Basis-Ziel-Beziehungen „berücksichtig“ werden, wurde bei den Analysen überprüft und positiv beantwortet: Die strukturelle Konsistenz wird gewahrt. Hypothesen zur Übertragung von Objekten werden ausschlaggebend von deren Rollen im Beziehungsgeflecht in der entsprechenden Stromkreisthematik aufgestellt. Irrelevante Objektattribute (wie Form oder Farbe) scheinen keinen Einfluss auf analogiegeleitete Überlegungen zu haben. Die mit dem Systematizitätsprinzip verbundene Forderung, dass möglichst hochrangige Relationen übertragen werden, zeigt sich im Zuge des Schrittes „Zusammenfügen zum global match“.

Schlusswort

Das Hauptziel der vorliegenden Arbeit bestand darin, neue Erkenntnisse zu den bei der per-analogiam-Erschließung eines Inhaltsbereichs ablaufenden Prozessen mittels geeigneter kognitionswissenschaftlicher Theorien und detaillierter Analysen zu gewinnen. Dass Lernen mit Analogien - insbesondere im Rahmen der hier herangezogenen Unterrichtseinheit „Wasser und Strom“ - grundsätzlich eine große Hilfe für den Erwerb eines aus physikalischer Sicht adäquaten Verständnisses darstellen kann, wurde dabei als außer Frage stehend erachtet und implizit genutzt.

Dudeck (1997) begründet die Entwicklung der Unterrichtseinheit bzw. insbesondere die zeitlich ausgedehnte ausschließliche Beschäftigung mit dem Basisbereich u.a. damit, dass frühere physikdidaktische Studien dem Elektrizitätslehreunterricht eine geringe Wirksamkeit hinsichtlich der Erzielung adäquater Lernergebnisse attestiert hätten. Die motivationalen Gründe, die schließlich zur Entstehung der hier genutzten Unterrichtseinheit bzw. der genutzten Daten führten, waren nicht Gegenstand der vorliegenden Arbeit, und ihnen wurde ein entsprechend enger Raum zugewiesen. Die Videodaten stellten vielmehr eine ausgesprochen günstige Basis für das Forschungsvorhaben dieser Arbeit dar, da sie umfangreiche Prozessdaten bereitstellten, anhand derer dieselbe Schülerin bei der Bearbeitung des Basis- und des Zielbereichs beobachtet werden konnte.

Dass die vorgestellten Untersuchungen im Rahmen einer schulunterrichtlichen Lernumgebung stattfinden, bringt für die hier im Fokus stehenden kognitionswissenschaftlichen Fragestellungen jedoch zugleich in gewisser Weise einen Nachteil mit sich. Dieser besteht darin, dass Basis- und Zielbereich gänzlich unterschiedlich eingeführt und entwickelt werden - man denke an die unterschiedlichen Fragestellungen, mit denen die SchülerInnen in der ersten und der 14. Doppelstunde konfrontiert werden. Von Interesse für weitere Forschungsbemühungen wäre, inwiefern die Schritte analogen Denkens auch auszumachen wären, wenn die Lernumgebung weniger „optimal“ wäre. Damit ist etwa für die Erwägung einer weiteren Studie ein Konzept gemeint, das Basis- und Zielbereich in höherem Maße analog einführt und entwickelt, als es in der Unterrichtseinheit „Wasser und Strom“ der Fall ist. Insbesondere mit Fokus auf die aus der 14. Doppelstunde gewonnenen Ergebnisse wäre dabei spannend, in welchem

Maße die Einbeziehung ausgedehnterer Inhaltsbereiche in Bedeutungskonstruktionen vergleichsweise hoher Komplexität zu Beginn der Erschließung des Zielbereichs auch zu Tage treten würde, wenn durch die Arbeitsanweisungen von LehrInnenerseite weniger explizite Inputs gegeben würden.

18 Literaturverzeichnis

Anderson, J.R. (1996). *Kognitive Psychologie*. Heidelberg, Berlin, Oxford: Spektrum.

Aufschnaiter, C. v. (1999). *Bedeutungsentwicklungen, Interaktionen und situatives Erleben beim Bearbeiten physikalischer Aufgaben*. Dissertation am Fachbereich I (Physik/Elektrotechnik) der Universität Bremen. In: Niedderer, H. & Fischler, H. (Hrsg.). Studien zum Physiklernen, Bd. 3. Berlin: Logos.

Aufschnaiter, C. v. & Aufschnaiter, S. v. (2001). Über den Zusammenhang von kognitiver Entwicklung und situativem Erleben beim Bearbeiten physikalischer Aufgaben. In: Finkbeiner, C. & Schnaitmann, G. W. (Hrsg.). *Lehren und Lernen im Kontext empirischer Forschung und Fachdidaktik*. Donauwörth: Auer Verlag GmbH, 459-478.

Aufschnaiter, S. v. (1998). Konstruktivistische Perspektiven zum Physikunterricht. *Pädagogik, 7/8*, 52-57.

Aufschnaiter, S. v. (2001). Wissensentwicklung und Lernen am Beispiel Physikunterricht. In: Meixner, J. & Müller, K. (Hrsg.). *Konstruktivistische Schulpraxis. Beispiele für den Unterricht*. Neuwied, Kriftel: Luchterhand.

Aufschnaiter, S. v. & Welzel, M. (1996). Beschreibung von Lernprozessen. In: Duit, R. & v. Rhöneck, C. (Hrsg.). *Lernen in den Naturwissenschaften*. Kiel: IPN, 301-327.

Aufschnaiter, S. v. & Welzel, M. (1997). Wissensvermittlung durch Wissensentwicklung - Das Bremer Komplexitätsmodell zur quantitativen Beschreibung von Bedeutungsentwicklung und Lernen. *Zeitschrift für Didaktik der Naturwissenschaften, 3 (2)*, 43-58.

Aufschnaiter, S. v & Welzel, M. (1998). Komplexitätsanalyse als Instrument der Unterrichtsplanung. In: *Zur Didaktik der Physik und Chemie: Probleme und Perspektiven*. Hrsg. von der GDCP, Kiel. Alsbach/Bergstraße: Leuchtturm-Verlag, 325-327.

Aufschnaiter, S. v. & Welzel, M. (1999). Individual Learning Processes: A Research Programme with Focus on the Complexity of Situated Cognition. In: Bandiera, M., Caravita, S., Torracca, E., Vicentini, M. (Eds.). *Research in Science Education in Europe*. London: Kluwer, 209-215.

Black, D. & Solomon, J. (1987). Can pupils use taught analogies for electric current? *School Science Review, 68*, 249-254.

Brown, A. L. (1989). Analogical Learning and Transfer: What develops? In Vosniadou, S. & Ortony, A. (Eds.). *Similarity and Analogogical Reasoning*. Cambridge: Cambridge University Press, 369-412.

Brown, D. E. & Clement, J. (1989). Overcoming Misconceptions via Analogical Reasoning: Abstract Transfer versus Explanatory Model Construction. *Instructional Science, 18*, 237-261.

Brown, D. E. & Clement, J. (1992). Classroom teaching experiments in mechanics. In: Duit, R., Goldberg, F. & Niedderer, H. (Eds.). *Research in Physics Learning: Theoretical Issues and Emprical Studies - Proceedings of an International Workshop*. Kiel: IPN, 380-397.

Budde, M. (2001). Analysis of Resonance between Specific Contents of the Learning Environment and the Cognitive System of Individual Students in Quantum Physics. In:

Bridging Research Methodology and Research Aims. Student and Faculty Contributions from the 5th ESERA Summerschool in Gilleleje, Denmark.

Bunge, M. (1973). *Method, Model and Matter.* Dodrecht: Reidel Publ.

Clement, J. (1987). Overcoming Students' Misconceptions in Physics: The Role of Anchoring Intuitions and Analogical Validity. In: Novak, J. (Ed.). *Proceedings of the 2nd International Seminar Misconceptions and Educational Strategies in Science and Mathematics (Vol. 3).* Ithaca, NY: Cornell University Press, 84-97.

Clement, J. (1993). Using bridging analogies and anchoring intuitions to deal with students' preconceptions in physics. *Journal of Research in Science Teaching, 30 (10)*, 1241-57.

Clement, J. (1998). Expert novice similarities and instruction using analogies. *International Journal of Science Education, 20 (10)*, 1271-1286.

Clement, J., Brown, D. E. & Zietsman, A. (1989). Not all preconceptions are misconceptions: finding „anchoring conceptions" for grounding instruction on students' intuitions. *International Journal of Science Education, 11 (Special Issue)*, 554-565.

Dagher, Z. R. (1994). Does the Use of Analogies Contribute to Conceptual Change? *Science Education, 78 (6)*, 601-614.

Damasio, A. R. (1997). *Descartes' Irrtum. Fühlen, Denken und das menschliche Gehirn.* München: Deutscher Taschenbuch Verlag.

Deylitz, S. (1999). *Lernergebnisse in der Quanten-Atomphysik - Evaluation des Bremer Unterrichtskonzepts.* Dissertation am Fachbereich I (Physik/Elektrotechnik) der Universität Bremen. In: Niedderer, H. & Fischler, H. (Hrsg.). Studien zum Physiklernen, Bd. 7. Berlin: Logos.

DiSessa, A. A. (1993). Towards an Epistemology of Physcics. *Cognition & Instruction 10 (2 & 3)*, 105-225.

Driver, R. (1989). Students' conceptions and the learning of science. *International Journal of Science Education, 11 (5)*, 481-490.

Driver, R. (1994). Children's ideas about physical processes: electricity. In Driver, R., Squires, A., Rushworth, P. & Wood-Robinson, V. (Eds.). *Making Sense of Secondary Science.* London: Routledge, 117-125.

Dudeck., W.-G. (1997). *Analyse von Denkprozessen in einem analogieorientierten Elektrizitätslehreunterricht - Fallstudie in einer 10. Gymnasialklasse.* Dissertation am Fachbereich I (Physik/Elektrotechnik) der Universität Bremen. Aachen: Mainz.

Dudeck, W.-G., Menge, S. & Schwedes, H. (1990). Von Alltagsvorstellungen zu physikalischen Konzepten - Konstruktion von Unterrichtselementen zur Elektrizitätslehre. In: *Zur Didaktik der Physik und Chemie: Probleme und Perspektiven.* Hrsg. von der GDCP, Kiel. Alsbach/Bergstraße: Leuchtturm-Verlag, 241-243.

Dudeck, W.-G. & Schwedes, H. (1990). Der elektrische Stromkreis als System. Konzepterwerb mit Hilfe von Wasserstromkreisen in der Sek I. In: Kuhn, W. (Hrsg.). *Beiträge zur Physikdidaktik auf der Frühjahrstagung der DPG.* Gießen.

Dudeck, W.-G. & Schwedes, H. (1993). Und sie lernen doch, was Spannung ist! Fallbeispiele aus einem analogieorientierten Physikunterricht der Sek. I. In: *Zur Didaktik der Physik und Chemie: Probleme und Perspektiven.* Hrsg. von der GDCP, Kiel. Alsbach/Bergstraße: Leuchtturm-Verlag, 253-255.

Duit, R. (1990). Trends der Forschung zum Naturwissenschaftlichen Denken - von Alltagsvorstellungen zur konstruktivistischen Sichtweise. In: *Zur Didaktik der Physik und Chemie: Probleme und Perspektiven*. Hrsg. von der GDCP, Kiel. Alsbach/Bergstraße: Leuchtturm-Verlag, 112-131.

Duit, R. (1991). On the role of analogies and metaphors in learning science. *Science Education, 75 (6)*, 649-672.

Duit, R. (2000). Konzeptwechsel und Lernen in den Naturwissenschaften in einem mehrperspektivischen Ansatz. In: Duit, R. & v. Rhöneck, C., (Hrsg). *Ergebnisse fachdidaktischer und psychologischer Lehr-Lern-Forschung*. Kiel: IPN - Institut für die Pädagogik der Naturwissenschaften.

Duit, R. & Glynn, S. M. (1992). Analogien und Metaphern, Brücken zum Verständnis im schülergerechten Physikunterricht. In: Häußler, P. (Hrsg.). *Physikunterricht und Menschenbildung*. Kiel: IPN, 223-250.

Duit, R., Komorek, M., Wilbers, J. & Roth, W.-M. (1996). Zur Rolle von Analogien bei der Vermittlung von Grundideen der Chaostheorie. *Beitrag bei der Herbsttagung der AEPF – Arbeitsgemeinschaft Empirische Pädagogische Forschung*, September 1996.

Duit, R., Roth, W.-M., Komorek, M. & Wilbers, J. (2001). Fostering conceptual change by analogies - between Scylla and Charybdis. *Learning and Instruction, 11 (4-5), 283-303.*

Duit, R., Treagust, D., Lindauer, I. & Joslin, P. (1990). Wie Naturwissenschaftslehrer Analogien im Unterricht verwenden - eine Untersuchung im Rahmen eines qualitativen Forschungsansatzes. In: *Zur Didaktik der Physik und Chemie: Probleme und Perspektiven*. Hrsg. von der GDCP, Kiel. Alsbach/Bergstraße: Leuchtturm-Verlag, 305-307.

Duit, R. & Wilbers, J. (1999). Untersuchung von Lehr-Lern-Prozessen in Teaching Experiments - Theoretischer Ansatz, Fragestellung und Analysemethode einer Untersuchung zur Rolle von Analogien bei der Vermittlung von Grundideen der Chaostheorie. *Nutzung zur Untersuchung von Videodaten zur Untersuchung von Lehr-Lernprozessen*, Workshop des Hanse Wissenschaftskollegs, 24.-29. Juni 1999.

Falkenheimer, B., Forbus, K. D. & Gentner, D. (1989). The Structure-Mapping Engine: Algorithm and Examples. *Artificial Intelligence, 41 (1)*, 1-63.

Gentner, D. (1989). The mechanism of analogical learning. In: Vosniadou, S. & Ortony, A. (Eds.). *Similarity and analogical reasoning*. New York: Cambridge University Press, 199-241.

Gentner, D., Brem, S., Ferguson, R. W., Markman, A. B., Levidow, B. B., Wolff, P. & Forbus, K. D. (1997). Analogical Reasoning and Conceptual Change: A Case Study of Johannes Kepler. *The Journal of the Learning Sciences, 6(1)*, 3-40.

Gentner, D. & Gentner, D. R. (1983). Flowing Waters or Teeming Crowds: Mental Models of Electricity. In: Gentner, D. & Stevens, A. L. (Eds.). *Mental Models*, New Jersey, London, Hillsade, 99-130.

Gentner, D. & Landers, R. (1985). Analogical reminding: A good match is hard to find. *Paper presented at the International Conference on System, Man and Cybernetics*, Tucson, Arizona, USA.

Gentner, D. & Markman, A. B. (1997). Structure Mapping in Analogy and Similarity. *American Psychologist, 52 (1)*, 45-56.

Gentner, D. & Medina, J. (1998). Similarity and the development of rules. *Cognition, 65*, 263-297.

Gentner, D., Ratterman, M. J. & Forbus, K. D. (1993). The Role of Similarity in Transfer: Separating Retrievability form Inferential Soundness. *Cognitive Psychology, 25*, 524-575.

Glasersfeld, E. v. (1992). A Construcitivists' View of Learning and Teaching. In: Duit, R., Goldberg, F. & Niedderer, H. (Eds.). *Research in Physics Learning: Theoretical Issues and Emprical Studies - Proceedings of an International Workshop*, Kiel: IPN, 29-39.

Glasersfeld, E. v. (1997). *Radikaler Konstruktivismus. Ideen, Ergebnisse, Probleme*. Frankfurt am Main: Suhrkamp.

Glynn, S. M. (1989). The teaching with analogies (TWA) model: Explaining concepts in expository text. In: Muth, K. D. (Ed.). *Children's comprehension of text: Research into practice*. Newark, DE: International Reading Association, 185-204.

Glynn, S. M. (1991). Explaining Science concepts: A Teaching-with-Analogies-Model. In: Glynn, S. Yeany, R. & Britton, B. (Eds.). *The Psychology of Learning Science*. Hillsdale, NJ: Erlbaum, 219-240.

Glynn, S. M., Britton, B. K., Semrud-Clikeman, M. & Muth, K. D. (1989). Analogical Reasoning and problem solving in science textbooks. In Glover, J. A., Ronning, R. R. & Reynolds, C. R. (Eds.): *A Handbook ob Creativity: Assesment, Theory and Research*. New York: Plenum.

Glynn, S. M. & Takahashi, T. (1998). Learning form Analogy-Enhanced Science Text. *Journal of Research in Science Teaching, 35 (10)*, 1129-1149.

Harrison, A. G. & Treagust, D. F. (1993a). Teaching wiht Analogies: A Case Study in Grade-10 Optics. *Journal of Research in Science Teaching, 30 (10)*, 1291-1307.

Harrison, A. G. & Treagust, D. F. (1993b). Evaluation of a Model for Teaching with Analogies. *A paper presented as part of a Symposium „Teaching and Learning Science with Analogies„ at the annual meeting of the National Association for Research in Science Teaching, Atlanta, April 1993.*

Haeberlen, S. (1999). *Lernprozesse im Unterricht mit Wasserstromkreisen - eine Fallstudie in der Sekundarstufe I.* Dissertation am Fachbereich I (Physik/Elektrotechnik) der Universität Bremen. In Niedderer, H. & Fischler, H. (Hrsg.). Studien zum Physiklernen, Bd. 4. Berlin: Logos.

Haller, K. (1999). *Über den Zusammenhang von Handlungen und Zielen - eine empirische Untersuchung zu Lernprozessen im physikalischen Praktikum.* Dissertation am Fachbereich I (Physik/Elektrotechnik) der Universität Bremen. In Niedderer, H. & Fischler, H. (Hrsg.). Studien zum Physiklernen, Bd. 5. Berlin: Logos.

Häußler, P., Bünder, W., Duit, R., Gräber, W. & Mayer, J. (1998). *Naturwissenschaftsdidaktische Forschung: Perspektiven für die Unterrichtspraxis*. IPN.

Hesse, F. (1991). Analoges Problemlösen. Weinheim: Psychologie Verlagsunion.

Hewson, P. W. & Hennessey, M. G. (1992). Making Status explicit: A case study of conceptual change. In Duit, R., Goldberg, F. & Niedderer, H. (Eds.). *Research in Physics Learning: Theoretical Issues and Empirical Studies, Proceedings of an International Workshop*, Kiel: IPN, 179-187.

Hewson, P. W. & Thorley, N. R. (1989). The conditions of conceptual change in the classroom. *International Journal of Science Education, 11 (Special Issue)*, 541-553.

Heywood, D. & Parker, J. (1997). Confronting the analogy: primary teachers exploring the usefulness of analogies in the teaching and learning of electricity. *International Journal of Science Education, 19 (8)*, 869-885.

Holyoak, K. J. & Thagard, P. R., (1989). A computational model of analogical problem solving. In: Vosniadou, S. & Ortony, A. (Eds.). *Similarity and analogical reasoning*. New York: Cambridge University Press, 242-266.

Kircher, E. (1989). Analogien im Physikunterricht. In: Schneider, W. (Hrsg.). *Wege in die Physikdidaktik*. Erlangen: Palm & Enke, 47-57.

Kircher, E. & Duit, R. (1975). Modelle des elektrischen Stromkreises in der Sekundarstufe I. Das Wassermodell und das Elektronenmodell. In: *PU, 9 (4)*, 17-42.

Kircher, E., Girwidz, R. & Häußler, P. (2000). *Physikdidaktik - Eine Einführung in Theorie und Praxis*. Braunschweig, Wiesbaden: Vieweg.

Kleine, E. (1998). *Chemie Lernen mit Hilfe von Analogien am Beispiel des chemischen Gleichgewichts*. Dissertation an der Universität-GH Essen. Frankfurt am Main, Berlin, Bern, New York, Paris, Wien: Lang.

Lang, M. (1998). *Bedeutungskonstruktionen und Lernen im Physikstudium*. Dissertation am Fachbereich I (Physik/Elektrotechnik) der Universität Bremen.

Lawson, A. E. (1993). The Importance of Analogy: A Prelude to the Special Issue. *Journal of Research in Science Teaching, 30 (10)*, 1213-1214.

Lichtfeld, M. (1992). *Schülervorstellungen in der Quantenmechanik und ihre möglichen Veränderungen durch Unterricht*. Essen: Westarp Wissenschaften.

Ma, J. (2000). Using Analogies Guided by Relational Terms to Learn about Dynamic Systems. *NARST 2000*.

Mach, E. (1920). Die Ähnlichkeit und die Analogie als Leitmotiv der Forschung. In: Mach, E. *Erkenntnis und Irrtum*. Leipzig: Johann Ambrosius Barth, 220-231.

Maichle, U. (1980). Die Bedeutung von Schülervorstellungen für den Elektrizitätslehreunterricht in der Sekundarstufe I. Vortrag bei der DPG-Frühjahrs-Tagung, Gießen, 128-133.

Markman, A. B. & Gentner, D. (1993). Structural Alignment during Similarity Comparisons. *Cognitive Psychology 25*, 431-467.

Markman, A. B. & Gentner, D. (1996). Commonalities and differences in similarity comparisons. *Memory & Cognition, 1996, 24 (2)*, 235-249.

Menge, S. (1996). *Rekonstruktion und Interpretation von individuellen Lernrozessen unter dem Gesichtspunkt des Transfers bei einzelnen Schülern der Sekundarstufe I im Unterricht zur Elektrizitätslehre*. Dissertation am Fachbereich I (Physik/Elektrotechnik) der Universität Bremen. Aachen: Mainz.

Niedderer, H. (1996). Übersicht über Lernprozessstudien in Physik. In: Duit, R. & v. Rhöneck, C. (Hrsg.). *Lernen in den Naturwissenschaften*. IPN, 119-144.

Niedderer, H. (1999). Physiklernen als kognitive Entwicklung. In: Deutsche Physikalische Gesellschaft, Fachverband Didaktik der Physik (Hrsg.). *Didaktik der Physik: Vorträge - Physikertagung 1999 - Ludwigsburg*. Bad Honnef: DPG, 33-48.

Palmer, S. E. (1989). Comments on Part II: Levels of description in information-processing theories of analogy. In: Vosniadou, S. & Ortony, A. (Eds.). *Similarity and analogical reasoning*. New York: Cambridge University Press, 332-345.

Petri, J. (1996). *Der Lernpfad eines Schülers in der Atomphysik - Eine Fallstudie in der Sekundarstufe II*. Dissertation am Fachbereich I (Physik/Elektrotechnik) der Universität Bremen. Aachen: Mainz.

Piaget, J. (1974). *Understanding causality*. New York: W. W. Norton.

Piaget, J. (1991). *Meine Theorie der geistigen Entwicklung*. Hrsg. von Fatke, R. Frankfurt am Main: Fischer.

Pöppel, E. (1997). Zeitlose Zeiten: Das Gehirn als paradoxe Zeitmaschine. In: Meier, H. & Ploog, D. (Hrsg.). *Der Mensch und sein Gehirn. Die Folgen der Evolution*. München: Piper, 67-97.

Posner, G. J., Strike, K. A., Hewson, P. W. & Gertzog, W. A. (1982). Accomodation of a scientific conception: Toward a theory of conceptual change. *Science Education 66 (2)*, 211-227.

Powers, W. T. (1973). *Behaviour: The control of Perceptions*. Chicago: Aldine.

Rohr, M. & Reimann, P. (1999). A cognitive model to describe the process of learning the particulate model of matter and its instructional consequences. Proceedings of the Second International Conference of the European Science Education Research Association (E.S.E.R.A.). *Research in Science Education Past, Present, and Future*. August 31th - September 4th, 1999, Kiel, Germany, Vol. 1, 198-197.

Roth, G. (1992). Bedeutungsentstehung im Gehirn. In *Schriftenreihe der Forschergruppe „Interdisziplinäre Kognitionsforschung" der Universitäten Bremen und Oldenburg (Hrsg.). Band I*, Bedeutungsentwicklung und Lernen, Universität Bremen, 1-15.

Roth, G. (1996a). Erkenntnis und Realität: Das reale Gehirn und seine Wirklichkeit. In: Schmidt, S. J. (Hrsg.). *Der Diskurs des Radikalen Konstruktivismus*. Frankfurt am Main: Suhrkamp, 229-255.

Roth, G. (1996b). Die Konstitution von Bedeutung im Gehirn. In: Schmidt, S. J. (Hrsg.) *Gedächtnis - Probleme und Perspektiven der interdisziplinären Gedächtnisforschung*. Frankfurt am Main: Suhrkamp, 360-370.

Rumelhart, D. E. & Norman, D. A. (1978). Accretion, Tuning and Restructuring: Three Models of Learning. In: Cotton, J. W. & Klatzky, R. (Eds.). *Semantic Features in Cognition*. Hillsdale, NJ: Lawrence Erlbaum, 37-53.

Rumelhart, D. E. & Norman, D. A. (1981). Analogical processes in learning. In: Anderson, J. R. (Ed.). *Cognitive Skills and their acquisition*. Hillsdale: Lawrence Erlbaum, 335-359.

Schecker, H. (1985). *Das Schülervorverständnis zur Mechanik*. Dissertation am Fachbereich I (Physik/Elektrotechnik) der Universität Bremen.

Schmidt, D. (1989). *Zum Konzeptwechsel*. Dissertation am Fachbereich I (Physik/Elektrotechnik) der Universität Bremen. Frankfurt am Main, Bern, New York, Paris: Lang.

Schoster, A. (1998). *Bedeutungsentwicklungsprozesse beim Lösen algorithmischer Physikaufgaben - Eine Fallstudie zu Lernprozessen von Schülern im Physiknachhilfeunterricht während der Bearbeitung algorithmischer Physikaufgaben*. Dissertation am Fachbereich

I (Physik/Elektrotechnik) der Universität Bremen. In: Niedderer, H. & Fischler, H. (Hrsg.). Studien zum Physiklernen, Bd. 2. Berlin: Logos.

Schwedes, H. (1985). The importance of water circuits in teaching electric circuits. In: Duit, R., Jung, W. & v. Rhöneck, C. (Eds.). *Proceedings of an International Workshop: Aspects of Understanding Electricity*. Ludwigsburg 1984, IPN Arbeitsberichte, 59, 319-330.

Schwedes, H. (1996a). Lernen durch Analogiebildung. In: *Repräsentation und Bedeutung - Schriftenreihe der Forschergruppe „Interdisziplinäre Kognitionsforschung„ (Hrsg.) Band III*, Zusammenfassung des Seminars in Thülsfelde vom 5./6. September 1994, 187-210.

Schwedes, H. (1996b). Analogieorientierte Elektrizitätslehre als Aufbau mentaler Modelle. In: Duit, R., v. Rhöneck, C. (Hrsg.). *Lernen in den naturwissenschaftlichen Fächern*. Kiel: IPN, 275-382.

Schwedes, H. & Dudeck, W.-G. (1993a). Lernen mit der Wasseranalogie. *Naturwissenschaften im Unterricht NiU - Physik 4 (16)*, 16-24.

Schwedes, H. & Dudeck, W.-G. (1993b). Wasserkreisel und die Doppelwassersäule - Ein Modell für verzweigte elektrische Stromkreise. *Praxis der Naturwissenschaften - Physik. 6 (42)*, 12-17.

Schwedes, H. & Dudeck, W.-G. (1996). Teaching Electricity by Help of a Water Analogy (How to cope with the Need of Conceptual Change). In: Welford, G., Osborne, J. & Scott, P. (Eds.). *Research in Science Education in Europe: Current Issues and Themes*. London, Washington D. C.: The Falmer Press, 50-63.

Schwedes, H., Dudeck, W.-G. & Seibel, C. (1995). Elektrizitätslehre mit Wassermodellen - Erfahrungen mit analogieorientiertem Unterricht. *Praxis der Naturwissenschaften, 2/44, 1, 44*, 28-36.

Schwedes, H. & Schilling, P. (1983a). Trübt oder klärt das Wasser die Verhältnisse im elektrischen Stromkreis? In: *Zur Didaktik der Physik und Chemie: Probleme und Perspektiven*. Hrsg. von der GDCP, Kiel. Alsbach/Bergstraße: Leuchtturm-Verlag, 195-197.

Schwedes, H. & Schilling, P. (1983b). Schülervorstellungen zu Wasserstromkreisen. *Physica didactica, 10*, 159-170.

Schwedes, H. & Schilling, P. (1984a). Wasser und Strom - eine spielorientierte Unterrichtseinheit zum Begriff der elektrischen Stromstärke. *Naturwissenschaften im Unterricht NiU - P/C 32 (8)*, 263-273.

Schwedes, H. & Schilling, P. (1984b). Konsequente Behandlung geschlossener Wasserkreise zur Einführung elektrischer Stromkreise. In: *Zur Didaktik der Physik und Chemie: Probleme und Perspektiven*. Hrsg. von der GDCP, Kiel. Alsbach/Bergstraße: Leuchtturm-Verlag, 181-183.

Schwedes, H. & Schmidt, D. (1992). Conceptual change: A case study and theoretical comments. In: Duit, R., Goldberg, F. & Niedderer, H. (Eds.). *Research in Physics Learning: Theoretical Issues and Empirical Studies, Proceedings of an International Workshop*. Kiel: IPN.

Schwegler, H. (1992). Lernen in neuralen Netzwerken. In *Schriftenreihe der Forschergruppe „Interdisziplinäre Kognitionsforschung" der Universitäten Bremen und Oldenburg (Hrsg.). Band II*, Bedeutungsentwicklung und Lernen, Universität Bremen, 125-151.

Seibel, C., Schwedes, H. & Dudeck, W.-G. (1993). Der Einfluss unterschiedlicher Wasserkreismodelle auf die Konzeptualisierung von Wasserstromkreisen. In: *Zur Didaktik der Physik und Chemie: Probleme und Perspektiven*. Hrsg. von der GDCP, Kiel. Alsbach/Bergstraße: Leuchtturm-Verlag, 181-183.

Smolé, A. (2000). *Kognitive Entwicklung von Studierenden in den Dimensionen Inhalt, Komplexität und Zeit - Laborstudie zu einer kartenbasierten Lernumgebung mit Aufgaben unterschiedlicher Kompliziertheit*. Dissertation am Fachbereich I (Physik/Elektrotechnik) der Universität Bremen.

Spreckelsen, K. (1999). Simultanexperimente bei der Behandlung physikalischer Phänomene im Primarbereich und als Gegenstand fachdidaktischer Forschung. *Physik in der Schule, 4 - A 7937, 37. Jahrgang*, 220-222.

Stocklmayer, S. M. & Treagust, D. F. (1996). Images of electricity: How do novices and experts model electric current? *International Journal of Science Education, 18 (2)*, 163-178.

Strike, K. A. & Posner, G. J. (1985). A conceptual change view of learning and understanding. In: West, L. H. T. & Pines, A. L. (Eds.). *Cognitive structure and conceptual change*. New York.

Strube, G. et al. (1995). Kognition. In: Görz, G. (Hrsg.). *Einführung in die künstliche Intelligenz*. Deutschland: Addison-Wesley, 299-356.

Sumfleth, E. & Kleine, E. (1999). Analogien im Chemieunterricht - eine Fallstudie am Beispiel des „Balls der einsamen Herzen". *Zeitschrift für Didaktik der Naturwissenschaften, 5 (3)*, 39-56.

Teneny, Y. & Gentner, D. (1985). What makes analogies accessible: Experiments on the water-flow analogy for electricity. In: Duit, R., Jung, W. & v. Rhöneck, C. (Eds.). *Aspects of understanding electricity*. Kiel: Schmidt & Klauning, 311-318.

Thagard, P. (1999). *Kognitionswissenschaft - Ein Lehrbuch*. Stuttgart: Klett-Cotta.

Theyßen, H. (2000). *Ein Physikpraktikum für Studierende der Medizin - Darstellung der Entwicklung und Evaluation eines adressatenspezifischen Praktikums nach dem Modell der Didaktischen Rekontruktion*. Dissertation am Fachbereich I (Physik/Elektrotechnik) der Universität Bremen. In Niedderer, H. & Fischler, H. (Hrsg.). Studien zum Physiklernen, Bd. 9. Berlin: Logos.

Treagust, D. F. (1998). Diagnosing Conceptual Change Learning Using a Multi-Dimensional Interpretative Framework. In: *Zur Didaktik der Physik und Chemie: Probleme und Perspektiven*. Hrsg. von der GDCP, Kiel. Alsbach/Bergstraße: Leuchtturm-Verlag, 91-101.

Treagust, D. F., Duit, R., Joslin, P. & Lindauer, I. (1992). Science teachers' use of analogies: observation from classroom practice. *International Journal of Science Education, 14 (4)*, 413-422.

Treagust, D. F., Harrison, A. G. & Venville, G. (1993). Using an Analogical Teaching Approach to Engender Conceptual Change. A paper submitted for consideration in the *International Journal of Science Education*, August 1993.

Venville, G. J. & Treagust, D. F. (1996a). Modelle und Analogien im Unterricht über Genetik an weiterführenden Schulen. *Zeitschrift für Didaktik der Naturwissenschaften, 2 (1)*, 69-85.

Venville, G. J. & Treagust, D. F. (1996b). The role of analogies in promoting conceptual change in biology. *Instructional Science, 24*, 295-320.

Welzel, M. (1995). *Interaktionen und Physiklernen*. Dissertation am Fachbereich I (Physik/Elektrotechnik) der Universität Bremen. In: Nachtigall, D. (Hrsg.). Didaktik und Naturwissenschaften, Bd. 6. Frankfurt am Main, Bern, New York, Paris: Lang.

Wilbers, J. (1996). The Role of Analogies for Teaching and Learning Key Issues of Chaos Theory. *Paper presented at the ESERA Summerschool 96*, Barcelona, August 28th - September 3rd, 1996.

Wilbers, J. (1998). Analogien in der Chaostheorie. In: *Zur Didaktik der Physik und Chemie: Probleme und Perspektiven*. Hrsg. von der GDCP, Kiel. Alsbach/Bergstraße: Leuchtturm-Verlag, 307-309.

Wilbers, J. (1999). *Theorie und Praxis analogiebasierter Lernprozesse im Bereich des deterministischen Chaos*. Dissertation an der Universität Kiel.

Wilbers, J. & Duit, R. (2001). Untersuchungen zur Mikro-Struktur des analogischen Denkens in Teaching Experiments. In: v. Aufschnaiter, S. & Welzel, M. (Hrsg.). *Nutzung von Videodaten zur Untersuchung von Lehr-Lern-Prozessen - Aktuelle Methoden empirischer pädagogischer Forschung*. Münster: Waxmann, 143-156.

Wilkinson, D. J. (1972). *A study of the development of the concept of flow with reference to the introduction of electric current in the early years of the secondary schools*. Dissertation, University of Leeds, U. K.

Wolff, P. & Gentner, D. (2000). Evidence for Role-Neutral Initial Processing of Metaphors. *Journal of Experimental Psychology: Learning, Memory and Cognition, 26 (2)*, 529-541.

Wong, E. D. (1993a). Self-generated analogies as a tool for constructing and evaluating explanations of scientific phenomena. *Journal of Research in Science Teaching, 30 (4)*, 367-380.

Wong, E. D. (1993b). Understanding the generative capacity of analogies as a tool for explanation. *Journal of Research in Science Teaching, 30 (10)*, 1259-1272.

Anhang: Skizzenhafte Verläufe der einzelnen Unterrichtsstunden

Basisteil: Wasserstromkreislehre

1. Doppelstunde:

Phase/ Zeit (min.)	Unterrichtsinhalt
1. 0:00 - 3:30	• Einführung, Namensliste, Organisationsabsprache - Erläuterung bezüglich des Zwecks der Untersuchung.
2. 3:30 - 9:00	• Vorstellung der Unterrichtskonzeption bzw. deren Idee. • Vermutung des Lehrers, dass die Elektrizitätslehre verständlicher wird, wenn man über ausreichende Kenntnisse in Hydrodynamik verfügt.
3. 9:00 - 13:00	• Erklärungen zum Thema Hydrodynamik - Begriffe wie Druck, Stromstärke und Widerstand würden dort, wie auch in der Elektrizitätslehre, vorkommmen.
4. 13:00 - 71:30	• Tischgruppenweise Experimentierphase: Auseinandersetzung mit der Doppelwassersäule (DWS) anhand des Arbeitsblattes (AB) „Erste Fragen zur DWS“ (unterbrochen durch ca. 5 min Pause).
5. 71:30 - 86:00	• gemeinsame Besprechung der gewonnenen Erkenntnisse.
6. 86:00 - 89:00	• Wdh. der Erkenntnisse zur DWS als Antrieb von Wasserstromkreisen als Hausaufgabe anhand des AB „Arbeitsauftrag 2“. • dabei Einführung des Bauteils „Klemme“.

2. Doppelstunde:

Phase Zeit (min.)	Unterrichtsinhalt
1. 0:00 - 2:30	• Zur Einführung lässt der Lehrer die Funktionsweise der DWS von SchülerInnen erklären.
2. 2:30 - 15:00	• Tischgruppenarbeit: „Beschreibe und skizziere den Wasserstromverlauf in- und außerhalb der DWS unter Einbeziehung der Bauteile Pumpe, Ventil und Kreisel“ (Die Ergebnisse werden nicht mehr im Klassenverband diskutiert).
3. 15:00 - 30:00	• Der Lehrer teilt drei Blätter aus: * Informationsblatt (IB) „Funktionsweise der DWS“. * AB „Arbeitsauftrag 1“, das bereits in der ersten Doppelstunde bearbeitet wurde - um drei Fragen erweitert. * AB „Antworten zum Arbeitsauftrag 1“, das neue vertiefende Fragen zur DWS enthält. • Die SchülerInnen studieren die Blätter.
4. 30:00 - 38:00	• Der Lehrer baut eine einfache Schaltung auf und setzt sie in Betrieb. • Kritische Diskussion des Satzes im Klassenverband: „Die von A nach B abfließende Wassermenge wird jedoch praktisch zeit gleich von der Pumpe erneut von B nach A gepumpt“. * Auf wie viel Prozent genau erhält die DWS den Wasserpegelunterschied zwischen A und B aufrecht?

5. 38:00 - 59:00 (unterbrochen durch ca. 5 min Pause)	• Diskussion im Klassenverband: „Inwiefern verändert sich die Drehgeschwindigkeit des Kreisels, wenn man in Säule B den Wasserstand durch Nachfüllen erhöht?“ • Nach Klärung der Frage wird Säule B vollkommen aufgefüllt → kein Wasserstrom mehr, und die Pumpe setzt nicht mehr ein.
6. 59:00 - 62:00	• Diskussion im Klassenverband: * Wodurch wird der Wasserfluss von A nach B bedingt? (durch die druckerzeugende Kraft der Pumpe) * Wodurch wird der Wasserfluss von B nach A bedingt? (natürliches Druckausgleichbestreben)
7. 62:00 - 76:00	• Diskussion im Klassenverband: * Was findet energetisch in den Kreislaufteilen „A → B“ und „B → A“ statt?
8. 76:00 - 84:00	• zur Einführung eines Widerstands-Begriffes: * Versuch und Interpretation (im Klassenverband): Ein Schüler hält den Druckunterschied der DWS mit einer Handpumpe aufrecht. Dabei dreht der Lehrer kontinuierlich eine Klemme (im äußeren Kreislaufteil) zu. * Wie verändern sich Pumptätigkeit und Wasserstrom in Abhängigkeit der Behinderung durch die Klemme?
9. 84:00 - 85:00	• Diskussion im Klassenverband: * „Was genau passiert, wenn man der DWS die elektrische Energiezufuhr unterbricht?“

3. Doppelstunde:

Phase Zeit (min.)	Unterrichtsinhalt
1. 0:00 - 10:00	• Besprechung der Frage 9 auf dem AB „Arbeitsauftrag 1“ im Klassenverband: „Der Druckunterschied ist das entscheidende Charakteristikum und die in jedem Fall gleichbleibende Größe der DWS. Warum nicht der Wasserstrom?“
2. 10:00 - 14:30	• Diskussion der prinzipiellen Unterschiede zweier Versuche, durch die der Wasserstrom verlangsamt wird (im Klassenverband): a) Auffüllen von Säule B und damit Verkleinerung des Druckunterschieds. b) „Abklemmversuch“: Das Anbringen einer Klemme im äußeren Kreis.
3. 14:30 - 22:30	• zum Widerstandsbegriff (im Klassenverband): * Wdh.: Widerstand bedeutet Behinderung des Wasserstroms, jedes wasserleitende Bauteil hat einen Widerstand. * Einführung der Formelzeichen R_W für Wasserwiderstand und ∞ für unendlich. * Idealisierung: Schlauch hat Widerstand null.
4. 22:30 - 29:00	• Diskussion im Klassenverband: „Warum tritt im Schlauch mit geringem Querschnitt mehr Reibung auf als im Schlauch mit großem Querschnitt?“ * Argument einiger SchülerInnen: ein Schlauch mit größerem Querschnitt hat auch eine größere Wandfläche, an der Reibung erfolgt. * Der Lehrer zeigt, dass das Verhältnis Umfang zu Fläche Ausschlag ge-

	bend ist und bringt ein Rechenbeispiel. * weiteres Argument des Lehrers: In Schlauch mit großem Querschnitt ist die Strömungsgeschwindigkeit kleiner.
5. 29:00 - 40:00	• Demonstrationsversuch „Schwebeteilchenstromkreislaufmodell" und Diskussion im Klassenverband: * Wasser ist inkompressibel (wird mit Kolbenproberversuch gezeigt) und wird im geschlossenen Kreislauf nicht gestaut. * durch „dünne" Schlauchstellen fließt das Wasser schneller als durch „dicke".
40:00 - 47:00	Pause
6. 47:00 - 60:30	• AB „Fragen zum Schwebeteilchenmodell" wird ausgeteilt und in Tischgruppen bearbeitet.
7. 60:30 - 68:00	• Besprechung der Antworten zum Fragebogen im Klassenverband. • Definition des Begriffs Wasserstromstärke (I_W) als die Menge Wasser, die pro Zeiteinheit durch einen Schlauchquerschnitt fließt.
8. 68:00 - 78:30	• Erneute Diskussion im Klassenverband über Reibung: „Würde sich die Wasserstromstärke verändern (wenn ja wie), wenn man im Schwebeteilchenkreislauf ein enges Schlauchstück durch ein weites ersetzen würde?"
9. 78:30 - 88:00	• Demonstrationsversuch: Messung von Wasserstromstärken. • dabei Einführung des Formelzeichens I_W und der Einheit ml/s.

4. Doppelstunde:

Phase Zeit (min.)	Unterrichtsinhalt
1. 0:00 - 8:30	• Wiederholung der letzten Stunde im Klassengespräch anhand des Schwebeteilchenkreislaufmodells: * Definition des Begriffs Wasserstromstärke. * Konstanz der Wasserstromstärke im (einfachen) Stromkreis. * Proportionalität Reibung - Fließgeschwindigkeit des Wassers.
2. 8:30 - 45:00	• Tischgruppenweise Experimentierphase: Freier Schaltungsbau - „Baut Wasserkreisschaltungen, die Euch interessieren!"
45:00 - 50:00	Pause
3. 50:00 - 52:00	• kurze Unterbrechung der Experimentierphase: Im Klassengespräch wird der Zusammenhang zwischen dem Schwebeteilchenmodell und den Schaltkreisen gesucht. Ergebnis: Die Kreisel stellen Engstellen dar, an denen das Wasser schneller fließen muss.
4. 52:00 - 91:00	• Fortführung des freien Experimentierens. Wesentliches Ergebnis (im Hinblick auf Verzweigungen): „Das Wasser nimmt den Weg des geringsten Widerstandes." • Zwei ABs werden als Hausaufgabe ausgeteilt: „Vorschläge für's Bauen und Überlegen ...", „Wasser-Toto I" - dabei werden u.a. halbquantitative Aussagen über Kreiseldrehgeschwindigkeiten in verschieden verzweigten Schaltungen gefordert (Besprechung im Klassenverband zu Beginn der 7. Doppelstunde).

5. Doppelstunde:

Phase Zeit (min.)	Unterrichtsinhalt
1. 0:00 - 5:30	• Der Lehrer teilt AB aus: „Beobachtungen, Regeln, Erklärungen zu Wasserstromkreisen - Reihenschaltungen". • Die Schüler lesen den Zettel durch.
2. 5:30 - 9:00	• Der Lehrer baut eine Reihenschaltung mit variabler Kreiselzahl auf dem Lehrerpult auf. * Variation der Kreiselzahl wird durch Überbrückungen erzielt. • Diskussion des Überbrückungs-Mechanismus.
3. 9:00 - 11:00	• Der Lehrer führt das Experiment vor und variiert die Kreiselzahl. • Die Schüler sollen es beobachten (und ihre Aufmerksamkeit auf Veränderungen an der Schaltung bei Variation der Kreiselzahl richten).
4. 11:00 - 39:00	• Bearbeitung des AB in Tischgruppen. * Dabei haben die SchülerInnen die Möglichkeit, nach vorn zu gehen und am Aufbau zu experimentieren. • Die Frage 6 nach den „Konsequenzen für die Arbeit in den Wasserkreiseln" stellt für alle Tischgruppen ein Problem dar.
39:00 - 47:00	Pause
5. 47:00 - 67:00	• gemeinsame Besprechung des AB im Klassenverband: Besprechung der Fragen 1 bis 5 (Beobachtung an den Wasserkreiseln, Konsequenzen für die I_W, Konsequenzen für den R_W der Schaltung, Beobachtung an der DWS, Konsequenzen für die Stromerzeugung und die Arbeit der DWS).
6. 67:00 - 89:00	• Diskussion der Frage 6 (Konsequenzen für die Arbeit in den Wasserkreiseln)

6. Doppelstunde:

Phase Zeit (min.)	Unterrichtsinhalt
1. 0:00 - 12:00	• Wiederholung der Reihenkreisregeln im Klassenverband
2. 12:00 - 17:15	• Demonstrationsversuch und Diskussion: Gegenüberstellung einer einfachen Schaltung mit einer Schaltung, in der drei Kreisel in Reihe geschaltet sind (3er-Reihen-Schaltung). * Ergebnis: Die Kreisel drehen genau dann alle so schnell wie ein einzelner, wenn der Druckunterschied der einfachen Schaltung 1/3 von dem der 3er-Reihen-Schaltung beträgt. Die 3er-Reihen-Schaltung braucht also einen stärkeren Antrieb, wenn sich alle Kreisel so schnell drehen sollen wie ein Kreisel allein.
3. 17:15 - 21:30	• Der Lehrer baut eine Parallelschaltung mit variabler Kreisel- bzw. Teilzweigzahl auf dem Lehrerpult auf. • Er nimmt die Schaltung in Betrieb und variiert die Kreiselzahl. • Die SchülerInnen sollen beobachten (und ihre Aufmerksamkeit auf Veränderungen an der Schaltung bei Variation der Kreiselzahl richten).
4. 21:30 - 78:30 (unterbrochen	• Fragenzettel „Beobachtungen, Regeln, Erklärungen zu Wasserstromkreisen - Parallelschaltungen" (analog zum Fragenzettel zu den Reihenkreisregeln) werden ausgeteilt.

durch Pause 43:40 - 50:20)	• Die SchülerInnen bearbeiten in Tischgruppen den Fragenzettel. Wieder haben sie dabei die Möglichkeit, nach vorn zu gehen und am Aufbau zu experimentieren.
5. 78:30 - 85:30	• Besprechung des Fragenzettels im Klassenverband.
6. 85:30 - 91:40	• Der Lehrer stellt eine gemischte Schaltung vor und nimmt sie in Betrieb: 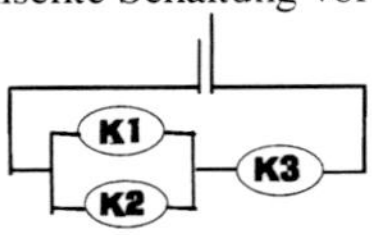 • Diskussion der Frage, wie sich die Drehgeschwindigkeiten von K2 und K3 ändern, wenn der Parallelzweig zu K1 abgeklemmt wird. • Ergebnisloser Abbruch der Diskussion.

7. Doppelstunde:

Phase Zeit (min.)	Unterrichtsinhalt
1. 0:00 - 25:00	• Besprechung der Hausaufgabe: AB „Vorschläge für's Bauen und Überlegen" - dabei sollten Schaltungen skizziert werden, z.B. „Baue eine Schaltung, die schnelle und langsame Kreisel enthält", „Schaltung mit mehreren Kreiseln, wobei sich einer nicht dreht". • Dabei Wdh. einiger Reihen- und Parallelkreisregeln: * Bei Parallelschaltung ist jeder Kreisel direkt an die DWS angeschlossen, jeder Kreisel bedeutet „neue Öffnung". * Stromstärke und Pumptätigkeit der DWS steigen bei der Parallelschaltung mit der Anzahl der Kreisel, bei der Reihenschaltung sinken sie. • Wdh. idealisierte Annahme: Schlauch hat Widerstand null. • Wdh. Überbrückung.
2. 25:00 - 33:00	• Besprechung der anderen Hausaufgaben: AB „Wasser-Toto I" - dabei sollen bei vorgegebenen gemischten Schaltungen Kreiseldrehgeschwindigkeiten mittels halbquantitativen Betrachtungen in eine Reihenfolge gebracht werden - z.B.: 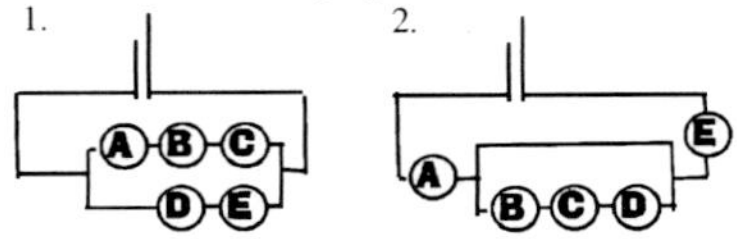 1. DE drehen gleich, schneller als ABC; 2. AE drehen gleich, BCD gar nicht. • Ergebnissicherung: Bei Verzweigungen teilt sich der Wasserstrom im umgekehrten Verhältnis der Widerstände in den Teilzweigen auf diese auf. Überbrückung ist „Extremfall".
3. 33:00 - 43:00	• Beginn quantitativer Betrachtungen: Diskussion im Klassenveband: „In einfacher Schaltung sei I_W = 10 ml/s. Was passiert, wenn ein weiterer Kreisel parallel zugeschaltet wird?" * Die Tatsache, dass die DWS intensiver pumpt, macht teilweise Schwierigkeiten (Widerspruch zur Konstantstromquellenvorstellung - „Woher weiß die DWS, dass sie bei zwei Kreiseln mehr pumpen

	muss?")
43:00 - 49:00	Pause
4. 49:00 - 59:00	• Wdh. Parallelschaltungsregel: Alle Kreisel erfahren den gleichen (gesamten) Druckunterschied. I_W ändert sich mit der Anzahl der Kreisel. • Beginn der Betrachtungen zu Reihenschaltungen unter Druckaspekt: * Millibar als Einheit für hydrostatischen Druck, entspricht Wassersäule in cm. * Demonstrationsexperiment und Diskussion im Klassenverband: Zwei Schaltungen werden aufgebaut: 3er-Reihenschaltung mit $\Delta p = 75$ mbar an der DWS und eine einfache Schaltung mit $\Delta p = 25$ mbar an der DWS. Beob.: Alle Kreisel drehen sich gleich schnell. • Der Lehrer will darauf hinaus, dass sich Δp in der Reihenschaltung aufteilt. Teilweise Unverständnis bei SchülerInnen - „Der Druck kann sich doch nicht aufteilen!"
5. 59:00 - 64:00	• Einführung der Druckmesser und Druckdifferenzmesser. • Nachmessen der Teildruckdifferenzen an den Kreiseln in der Reihenschaltung - dennoch Unverständnis.
6. 64:00 - 79:00	• Erklärungen des Lehrers, warum der Druck entlang einer Schaltung abnimmt: * Schlauch verbindet Hochdruck- mit Niedrigdruckgebiet, Entspannung durch Fluss. * Druck als Kraft pro Fläche, beide Säulen drücken unterschiedlich stark, daher Stromfluss. * Kein Druckabfall beim Schlauch, da R_W null. Schlauch ist Gebiet gleichen Drucks. * Druck ist energieübertragendes System, wird verbraucht für Antrieb der Kreisel. • auf Katis Frage Exkurs Kurzschluss - Def.: Überbrückung sämtlicher Bauteile, R_W null => Wasser fließt mit hoher I_W, DWS kann Δp nicht aufrecht erhalten.
7. 79:00 - 88:30	• Frage des Lehrers und anschließende Durchführung des Experiments: „Wie ändert sich Δp an einem Kreisel in der Reihenschaltung, wenn ein weiterer Kreisel hinzugenommen wird?" * Erklärung der Zusammenhänge: Die Kreisel werden langsamer, der Δp am Kreisel (entspricht dem Antrieb) wird kleiner. * Reihenkreisel teilen sich den Gesamtdruckunterschied.
8. 88:30 - 93:00	• Druckunterschied wird direkt an der DWS gemessen. • Der Lehrer betont, was verstanden sein sollte: * In der Reihenschaltung verteilt sich Δp (der DWS) gleichmäßig auf die R_{W}e. * Je größer ein R_W, desto größer der an ihm abfallende Δp. * Schläuche als Verbindungen sind Gebiete gleichen Drucks. • Zettel („Wasser-Toto I a", „Wasser-Toto II" und „Wasser-Toto II b") werden als Hausaufgabe ausgeteilt.

8. Einzelstunde:

Phase Zeit (min.)	Unterrichtsinhalt
1. 0:00 - 19:00	• Besprechung der Hausaufgabe im Klassenverband: Arbeitsblatt „Wasser-Toto I a“ - quantitative Betrachtungen: Bei gemischten Schaltungen sind jeweils Stromstärken an einem Kreisel angegeben. Die Stromstärken an den anderen Kreiseln sowie bei den Pfeilen sollen ermittelt werden. Z.B. 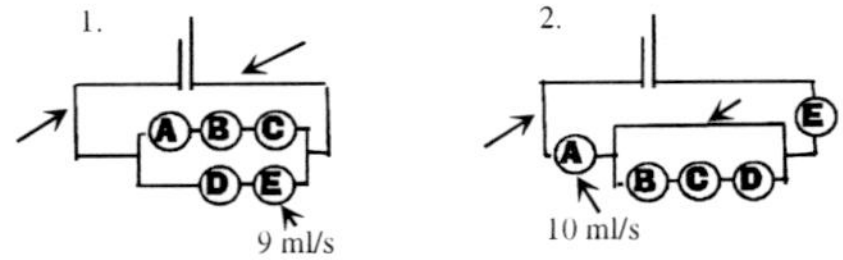 • Dabei Wdh. der Definition von Wasserstromstärke. • Betrachtung zweier baugleicher Schaltungen mit jedoch unterschiedlichem $I_{w\ ges}$. Folgerung: Δp der DWS muss unterschiedlich sein. • Weitere Vergleiche von Schaltungen unter Δp-Aspekt.
2. 19:00 - 34:00	• Einige SchülerInnen verstehen nicht (mehr), warum sich der Δp in der Parallelschaltung nicht auf die Teilzweige aufteilt. • => Parallelschaltung wird nochmals unter Δp-Aspekt thematisiert. • Der Lehrer baut ein Experiment auf und zeigt die Gebiete gleichen Drucks.
3. 34:00 - 51:00	• Besprechung der anderen Hausaufgaben-Zettels - „Wasser-Toto II b“ (beinhaltet ähnliche Aufgaben wie „Wasser-Toto I a“) und „Wasser-Toto II“ (dabei - ähnlich wie bei „Wasser-Toto I“ halbquantitative Betrachtungen zu Kreisel-Drehgeschwindigkeiten). • Als Hausaufgabe werden wieder ABs ausgeteilt, bei denen quantitative Betrachtungen zu Stromstärkeaufteilungen angestellt werden sollen. Außerdem sollen Gebiete gleichen Drucks farblich markiert werden.

9. Doppelstunde:

Phase Zeit (min.)	Unterrichtsinhalt
1. 0:00 - 17:30	• In Tischgruppen vergleichen die SchülerInnen ihre Hausaufgaben. • Der Lehrer betont nochmals die Aufteilung der Stromstärke bei Verzweigungen im umgekehrten Verhältnis der Widerstände in den Zweigen und erwähnt die Überbrückung.
2. 17:30 - 41:00	• Gemeinsame Besprechung im Klassenverband. • Exkurs: Der Lehrer erklärt nochmals (auf Anfrage) die Reihenschaltung unter dem Δp-Aspekt („Druckargumentation“): Je mehr Kreisel, desto mehr müssen sich den Δp der DWS teilen => schwächerer Antrieb.
41:00 - 46:00	Pause
3. 46:00 - 51:00	• nochmalige Diskussion folgender Schaltung, bei Säule A sei p = 100 mbar, bei Säule B sei p = 20 mbar: 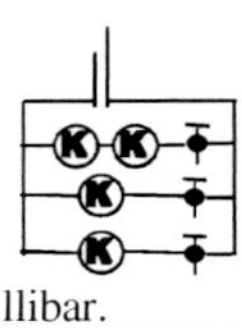 • Wiederholung der Einheit Millibar.

	• Diskussion, wie das System bei Öffnen und Schließen der Hähne reagiert. • Aufteilung von Δp auf zwei Kreisel im oberen Zweig, Betrachtungen zu Gebieten gleichen Drucks.
4. 51:00 - 67:00	• Demonstrationsexperiment zu Druck als Kraft pro Fläche: Kraft auf Marcus' Bauch wird konstant gehalten, Fläche verkleinert (erst Brett, dann Fläche kleiner werdend, vor Nadel schreckt Marcus zurück). • Der Lehrer führt die Berechnung der Drücke vor. • Definition: 10 N/cm^2 entspricht 1 bar entspricht 10 Meter Wassersäule. • Hydrostatischer Druck hängt nur von der Höhe der Wassersäule ab, nicht von der Form. • Der Lehrer zeigt an einer Schaltung: Der Druck ist unabhängig davon, ob Wasser fließt.
5. 67:00 - 81:30	• Einführung und Beschreibung des Druckdifferenzen-Demonstrationsexperiments: * Dünner Schlauch bewirkt kontinuierlichen Widerstand. * Die Druckmesser greifen nicht in das System ein. • Die Schaltung wird in Betrieb gesetzt. Die SchülerInnen sind nicht überrascht vom sich einstellenden Abfall der Drücke entlang des Schlauchs. * Noch einmal Thematisierung des Unterschieds zwischen Druck und Druckunterschied und des Druckunterschieds als Antrieb. * Notwendigkeit von Δp zur Überwindung von R_W. * Die Stromstärke ist überall gleich.
6. 81:30 - 91:30	• Der Lehrer will an einer Stelle abklemmen und fragt nach Prognosen, wie das System reagiert. Es werden verschiedene Vorhersagen gemacht. • Das Experiment wird durchgeführt. • Diskussion - Äußerungen der SchülerInnen, z.B. „Woher weiß die Pumpe, dass sie an der Klemme mehr Δp machen muss?", „Wieso steigt der Stand der Druckmesssäule vor der Klemme?", „Vor der Klemme staut sich das Wasser". SchülerInnen argumentieren überwiegend sequentiell.

10. Doppelstunde:

Phase Zeit (min.)	Unterrichtsinhalt
1. 0:00 - 41:30	• Wiederaufnahme der Betrachtungen zum Druckdifferenzen-Demonstrationsexperiment. • Ausführliche Diskussion des Lehrers mit den SchülerInnen am Experiment.
2. 41:30 - 78:30 (unterbrochen durch 6:30 min. Pause)	• Diskussion über aufzustellende Regeln zur 'Druckdifferenzverteilung in der Reihenschaltung' im Klassenverband. • Thematisierung dicker Schlauch - Kurzschluss • Bsp.: 60 cm langer dünner Schlauch. An den Enden liegt $\Delta p = 60$ mbar. Pro 1 cm Schlauch wird 1 mbar benötigt, um die sich eingestellte I_W aufrecht zu erhalten. • Regeln zur 'Δp-Verteilung in der Reihenschaltung' werden diktiert: * In der Reihenschaltung ist der Gesamtdruckunterschied gleich der Summe der Teildruckunterschiede. * Je größer ein Teilwiderstand in einer Reihenschaltung ist, desto größer ist der an ihm liegende Teildruckunterschied. * Wird ein Widerstand in einer Reihenschaltung vergrößert, dann verteilen

	sich die Druckunterschiede neu: Auf den größeren Widerstand kommt dann mehr Druckunterschied, auf die verbleibenden Widerstände kommt ein geringerer Druckunterschied. * Stromgesetz zur Reihenschaltung: Die Stromstärke in der Reihenschaltung ist an jeder Stelle gleich.
3. 78:30 - 100:00	• Gruppenexperimentierphase anhand des ABs „Ungleiche Widerstände in ungleichen Schaltungen". Arbeitsaufträge: * Teil I: Eine Reihenschaltung - bestehend aus Kreisel und Klemme - mit vorgegebenem DWS-Δp (60 mbar) ist zu bauen. * Mit Hilfe eines Δp-Messers ist die Klemme so einzustellen, dass an ihr das Doppelte des Δps im Vergleich zum Kreisel liegt. * Es sollen Aussagen über die I_Wn, die Δpe und die R_We an Klemme und Kreisel gemacht werden. * Teil II: Mit gleicher Klemmenstellung ist die Schaltung zur Parallelschaltung umzubauen. * Wiederum sollen Aussagen über die I_Wn, die Δpe und die R_We an Klemme und Kreisel gemacht werden. • Die SchülerInnen werden nicht fertig mit dem Arbeitsauftrag. Teilweise werden die Anweisungen nicht verstanden. • Als Hausaufgabe wird AB „Wenn die Schaltung sich ändert ..." verteilt.

<u>11. Doppelstunde:</u>

Phase Zeit (min.)	Unterrichtsinhalt
1. 0:00 - 12:00	• Gespräch über anstehenden Test. • Wegen der teilweise entstandenen Konfusionen bei der Bearbeitung des ABs „Ungleiche Widerstände in ungleichen Schaltungen" werden Anweisungen und Theorie noch einmal besprochen: * Wie stellt man eine Klemme so ein, dass an ihr das Doppelte des Δps im Vergleich zum Kreisel liegt? Wo schließt man Δp-Messer an? Welche Δpe an Klemme und Kreisel sind zu messen? * Wdh. der Regel: Je größer der Teil-R_W, desto größer der Teil-Δp. * Bei gleicher I_W „braucht" der größere R_W einen entsprechend größeren Teil-Δp.
2. 12:00 - 25:00	• In Tischgruppen sollen nochmals die Experimente durchgeführt und die Fragen beantwortet werden - Arbeitszettel „Ungleiche Widerstände in ungleichen Schaltungen". Analysefokus Janca-Tischgruppe: * zum Teil I: Reihenschaltung wird aufgebaut und in Betrieb genommen, DWS-Δp und Klemme werden eingestellt.
3. 25:00 - 31:30	* Diskussion mit Lehrer darüber, welcher Δp an der Klemme gemessen würde, wenn sie ganz offen wäre. * Diskussion am Tisch über die Drücke und Druckdifferenzen in der Schaltung. * Weitere Bearbeitung der Fragen zum Teil I.
4. 31:30 - 42:00	* zum Teil II: Umbau zur Parallelschaltung. * Diskussion, ob und wenn ja wo ein Δp-Messer eingebaut werden müsse. * Der Lehrer erklärt, dass Δp-Messer unnötig: In beiden Parallelzweigen fällt der gesamte Δp der DWS ab.

	* DWS- Stände werden justiert.
42:00 - 47:00	Pause
5. 47:00 - 59:00	* DWS wird nochmals justiert. * Bearbeitung der Fragen zum Teil II machen Probleme. Diskussion über I_W durch die Klemme, wenn durch den Kreisel I_W = 20 ml/s angenommen werden soll (Janca sagt 10 ml/s, Kati sagt 0 - Begründung Kati: „Das Wasser nimmt den Weg des geringsten Widerstandes“). * Die Anweisung, aus der DWS-Tätigkeit durch Hinzu- und Wegschalten der Teilzweige auf die I_W durch die Klemme zu schließen, wird nicht verstanden (die SchülerInnen kommen nicht weiter und führen eine 5minütige Privatunterhaltung).
6. 59:00 - 68:00	* Der Lehrer kommt zum Tisch. Mit ihm Diskussion über die Fragen zum Teil II. * Die Aussage „das Wasser nimmt den Weg des geringsten Widerstandes“ wird kritisch hinterfragt: Stimmt nur für totale Überbrückung, ansonsten teilt sich das Wasser proportional zu den $R_W$en der Teilzweige auf diese auf.
7. 68:00 - 84:00	• Gemeinsame Besprechung des ABs im Klassenverband. • Der Lehrer gibt eine physikalische Definition von Widerstand - „Benötigte Δp geteilt durch erzeugte I_W“ - und teilt Informationszettel aus. • Einführung des Formelzeichens „R_W“ (Resistance).
8. 84:00 - 92:00	• Einige Arbeits- und Informationszettel (größtenteils bereits aufgeschriebene Schaltkreisregeln) werden ausgeteilt und sollen als Hausaufgabe durchgearbeitet werden. • Andiskutieren des Arbeitszettels „Wenn sich die Schaltung ändert ...“.

12. Doppelstunde:

Phase Zeit (min.)	Unterrichtsinhalt
1. 0:00 - 4:00	• Zur Einführung Erläuterungen zu den Informationszetteln und zum Test durch den Lehrer.
2. 4:00 - 14:00	• In Tischgruppen sollen die Lösungen zu den Hausaufgaben-Arbeitszetteln verglichen werden. * „Wenn sich die Schaltung ändert ...“ - dabei ist zunächst eine einfache Schaltung mit Angaben über DWS-Δp und I_W durch den Kreisel gegeben. Die Schaltung wird immer wieder „verändert“, und die I_Wn durch die Kreisel und die Gesamtstromstärken sollen ermittelt werden. * „Druck und Druckunterschied in Wasserstromkreisen“ - wieder werden Schaltungen „verändert“ - Auswirkungen auf Drücke und Druckunterschiede an verschiedenen Stellen sind zu ermitteln. Gebiete gleichen Drucks sollen gekennzeichnet werden.
3. 14:00 - 61:00 (unterbrochen durch 7:30 min. Pause)	• Der Lehrer teilt weitere ABs „Fragen zum Arbeitsblatt ‘Wenn die Schaltung sich ändert’“ aus - dabei u.a. Berechnung von Widerständen in gemischten Schaltungenen, Wdh. Eigenschaften der DWS, Zusammenhang Arbeit der DWS – Gesamtwiderstand. • Bearbeitung in Tischgruppen.
4. 61:00 - 69:30	• Der Lehrer will zwei Schaltung von DWSn vorstellen. • Zunächst Parallelschaltung von DWSn:

	* Der Lehrer erklärt, wie die DWSn parallel zu schalten sind (Säulen A und Säulen B jeweils miteinander verbunden). * Zunächst ist einfache Schaltung (mit einer DWS) aufgebaut und in Betrieb. * Hypothesen sollen angestellt werden: „Was passiert, wenn die zweite DWS parallel hinzugeschaltet wird? Ändert sich Δp? Wird der Kreisel schneller?“
5. 69:30 - 73:30	* Das Experiment wird durchgeführt. * Beobachtungen: Die Kreiseldrehgeschwindigkeit bleibt gleich, beide DWSn pumpen mit halber Frequenz im Vergleich zu einer allein. * Erklärung: Zwei DWSn parallel zu schalten bedeutet, den Querschnitt der DWS-Rohre zu vergrößern.
6. 73:30 - 76:30	• <u>Reihenschaltung von DWSn</u>: * Der Lehrer erklärt das Experiment - der Stand der Säule A der zweiten DWS muss so hoch sein wie der Stand der Säule B der ersten DWS => eine DWS muss erhöht aufgestellt werden. * Hypothese: Die Druckunterschiede addieren sich. * Das Experiment wird durchgeführt: Zunächst einfache Schaltung, dann wird die zweite DWS in Reihe hinzugeschaltet. * Beobachtung: Der Kreisel dreht schneller. Hypothese hat sich bestätigt.
7. 76:30 - 94:30	• Der Lehrer teilt Probeklausur-Zettel aus („Euro-Test“). • Bearbeitung einzeln bzw. in Tischgruppen.

<u>13. Doppelstunde:</u>

- Klausur: Wasserstromkreise als System - qualitative und quantitative Betrachtungen zum Zusammenhang von I_W, R_W und Δp.

Zielteil: elektrische Stromkreislehre

<u>14. Doppelstunde:</u>

Phase Zeit (min.)	Unterrichtsinhalt
1. 0:00 - 45:30	• Rückgabe der Klausur zur Wasserstromkreislehre. • Die Schüler sehen sich ihre korrigierten Klausuren an, der Lehrer geht herum und klärt Fragen. • Erläuterung einiger Punkte zur Klausur im Klassengespräch.
45:30 - 50:00	Pause
2. 50:00 - 55:00	• Der Lehrer will mit dem Thema Elektrizitätslehre beginnen. • Motivation über das Vorgehen des Physikers Cavendish, der vor 200 Jahren mit Hilfe hydrodynamischer Modelle viel über Elektrizitätslehre lernte.
3. 55:00 - 66:00	• Der Lehrer will hypothetische analoge Zuordnungen von Objekten und Begriffen aus den Bereichen Wasserstromkreise und elektrische Stromkreise im Klassengespräch sammeln. * Dazu sind auf dem Lehrerpult eine einfache Wasserstromkreis- und eine einfache elektrische Schaltung aufgebaut. * An die Wand werden Abbildungen der Schaltungstypen projiziert. Hypothetische analoge Entsprechungen können über Pfeilverbindungen eingezeichnet werden.

	• Als Hausaufgabe sind anhand eines Arbeitszettels weitere analoge Zuordnungen als Hypothesen schriftlich zu formulieren.
4. 66:00 - 95:30	• Der Lehrer bietet zwei Alternativen für die Weiterarbeit an: 1. Elektrisches Experimentieren mit Material. 2. Einführung in die Leitungsvorgänge im Draht, in der Batterie usw. und anschließendes Experimentieren. • Die SchülerInnen entscheiden sich für den zweiten Weg. Der Lehrer gibt Erläuterungen: * Wasser läuft aus offenem Schlauch heraus, aus offenem Draht tritt nichts aus. * Elektronen-Atomrumpf-Modell: Unterscheidung von neutralen Atomen, negativen Elektronen und positiven Ionen. * Man muss für die Trennung von Elektronen vom Atom eine Kraft aufbringen. * Übergang zum Metallgitter: Im Draht sind viele Atome eingebunden, in regelmäßiger Gitterstruktur. * Leitungsmechanismus, Elektronenfluss: die Atome sind fest, die Elektronen „wandern". * Batterie: auf der einen „Seite" sind zu viele Elektronen, auf der anderen zu wenig => die Elektronen kommen in gleichmäßige Bewegung.

15. Stunde (Einzelstunde):

Phase Zeit (min.)	Unterrichtsinhalt
1. 0:00 - 6:00	• Der Lehrer will (im Frontalunterricht) den atomaren Aufbau wiederholen mit dem Argument, dies sei wichtig für das Verständnis des Leitermechanismus: * Es gibt negative Elektronen, die abgelöst werden können - dazu ist Energieaufbringung nötig. * Übrig bleiben positive Atomrümpfe. * Negative und positive Ladungen ziehen sich an, gleiche Ladungen stoßen sich ab.
2. 6:00 - 10:00	• Übergang zur Atomanordnung in Gittern: * Die Atome ordnen sich im Draht regelmäßig an. Man spricht von einem Gitter. * Bei Metallatomen im Draht können sich die Elektronen lösen und „frei herumflitzen". * Im Mittel ist in der Nähe eines Atomrumpfes ein Elektron, aber immer ein anderes. Bezeichnung des Lehrers: „Fremdgehen" oder „Partneruntreue". * Unterschied Leiter - Nichtleiter: Beim Nichtleiter sind die Elektronen fest - ohne Bewegungsmöglichkeit - am Atom => es kann nichts fließen. • Wenn eine äußere Kraft auf die Elektronen wirkt, dann bewegen sie sich im Leiter in eine Einheitsrichtung. Man spricht von elektrischem Strom.
3. 10:00 - 20:30	• Der Lehrer will zum Thema Batterie kommen. • kurzer Exkurs zur Lampe, die eine Engstelle darstellt und an der die Geschwindigkeit der Elektronen größer werden muss.

	• zurück zur Batterie: ∗ Der Lehrer stellt die Frage, wie man sich die Batterie als Antrieb vorstellen könnte bzw. was darin passieren müsste. ∗ Der Strom muss demnach „durch die Batterie durchgezogen“ werden. ∗ Die SchülerInnen sollen die DWS und deren Funktionsweise als Hilfe heranziehen. ∗ Im Klassengespräch wird keine Erklärung gefunden.
4. 20:30 - 29:00	• Der Lehrer erklärt selbst, was die Batterie „macht“: ∗ Sie schafft einen positiven Bereich mittels Ladungsverschiebung. ∗ Damit fehlen auf der einen „Seite“ Elektronen, auf der anderen sind zu viele. ∗ kurze Erwähnung der Voltaschen Spannungsreihe. ∗ Die Batterie pumpt Elektronen von einer Seite auf die andere. ∗ Dadurch wird ein konstanter Ladungsdichteunterschied aufrecht erhalten. ∗ Das Ungleichgewicht wird chemisch hergestellt - analog zur DWS, die gegen die Druckkraft der Hochwassersäule Wasser in diese pumpt. ∗ Bei der DWS wird stoßweise gepumpt, bei der Batterie passiert dies kontinuierlich.
5. 29:00 - 39:00	• Auf Anregung von SchülerInnen kommt der Lehrer auf die Batteriechemie zu sprechen (obwohl er dies eigentlich nicht wollte). • Der Ladungsdichteunterschied ist nur an den Oberflächen (Polen) möglich. • Wenn die Säure fehlen würde, wäre damit auch der Antrieb der Batterie weg.
6. 39:00 - 45:00	• Der Lehrer fasst zur Batterie-Thematik zusammen: ∗ Die Batterie stellt einen Unterschied her. ∗ Wenn sie merkt, dass der alte Unterschied nicht mehr da ist, fängt sie an, chemisch tätig zu werden und Ladungen zu „pumpen“. ∗ Damit wird der Unterschied negative - positive Ladungen immer aufrecht erhalten, so wie die DWS einen (Druck-)Unterschied aufrecht erhält. ∗ Ladungen können nicht verdichtet oder gestaut werden außer auf den Oberflächen oder Polen. ∗ Die Batterie ist ein „Ladungsdichteunterschiedhersteller“. ∗ Die Pole entsprechen den Röhren bei der DWS.

<u>16. Doppelstunde:</u>

Phase Zeit (min.)	Unterrichtsinhalt
1. 0:00 - 3:00	• Organisatorische Absprache zum Termin der Klausur über Elektrizitätslehre.
2. 3:00 - 14:00	• Der Lehrer erfragt, ob die SchülerInnen die Hausaufgabe (Durcharbeitung zweier IBs „Zur Analogie zwischen DWS und Batterie“) verstanden hätten. • Janca fragt, was Ladungsdichteunterschied genau bedeuten würde. • Erklärungen des Lehrers: ∗ In „normalem“ Draht sind die Elektronen gleichverteilt. ∗ Die Batterie kann ein Ungleichgewicht herstellen - am Minuspol sind zu viele, am Pluspol zu wenige Elektronen. Es entsteht ein Ausgleichs-

	bestreben. * Innerhalb der Batterie sorgt die „chemische Bremse“ dafür, dass die Elektronen nicht „zurück können“ - analog zum Rückschlagventil der DWS.
3. 14:00 - 16:00	• Janca hat eine weitere Frage: „Was bedeutet ‘der Elektronendichteunterschied bewirkt einen Elektronendruckunterschied’?“ • Der Lehrer bezeichnet zur Erklärung die Minus- und Pluspol als Elektronenhochdruck- und -niedrigdruckgebiet. • Den Elektronendruckunterschied bezeichnet man als Spannung.
4. 16:00 - 23:00	• Betonung des Lehrers, dass die SchülerInnen die chemischen Prozesse nicht wissen müssten, die in der Batterie ablaufen. • Wesentlich: Die Batteriechemie sorgt dafür, dass so lange Elektronen (intern) vom Plus- zum Minuspol transportiert werden, bis ein bestimmter Ladungsdichteunterschied erreicht ist. Dann stoppt der Mechanismus (durch die Lösungstension).
5. 23:00 - 29:00	• Der Lehrer diktiert einen Satz: „Wenn die chemischen Kräfte mit den elektrischen Kräften im Gleichgewicht stehen, stoppt der Ladungstrennungsprozess. Aber der Ladungsdichteunterschied (= Spannung) bleibt erhalten.“ • Die Besprechung der Zettel ist abgeschlossen.
6. 29:00 - 30:00	• Auf Fragen eines Schülers erklärt der Lehrer den Unterschied zwischen technischer und physikalischer Stromrichtung.
7. 30:00 - 37:00	• Der Lehrer stellt einen Stromstärkemesser (= Ampèremeter) vor. • Diskussion des Innenwiderstands (= null). • Der Lehrer erklärt, dass die richtige Polung beim Anschließen zu beachten sei. • Der Lehrer stellt ein Voltmeter vor, mit dem Ladungsdichteunterschiede gemessen werden könnten. • Auch hier weist er auf die richtige Polung hin. • Der Lehrer fragt mit Hinweis auf die Druckmesser nach dem Innenwiderstand des Voltmeters.
8. 37:00 - 38:00	• Der Lehrer legt eine OH-Folie mit einer Arbeitsanweisung auf - „Baut und untersucht elektrische Stromkreise, die Euch interessieren. Vergleicht sie jeweils mit Euren Kenntnissen über Wasserstromkreise.“
38:00 - 49:00	Pause
9. 49:00 - 89:30	• Tischgruppenweise Experimentierphase: Die SchülerInnen bauen Schaltungen mit den elektrischen Bauteilen und prüfen u.a. die Kirchhoffschen Regeln nach.

17. Doppelstunde:

Phase Zeit (min.)	Unterrichtsinhalt
1. 0:00 - 14:30	• Einstieg nach den Ferien: Der Lehrer stellt gezielt Fragen, um das Gelernte wieder „aufzufrischen“. Diese werden im Klassenverband diskutiert. * Warum laufen keine Elektronen aus einem offenen Draht? * Was unterscheidet elektrische Leiter von Nichtleitern? * Was ist elektrische Stromstärke im Vergleich zu Wasserstromstärke? * Die SchülerInnen sollen sich zum Satz „Strom wird verbraucht“ äußern.

2. 14:30 - 16:10	• Diskussion im Klassenverband zu Michaels Frage, was mit der Stromrechnung bezahlt würde. • Ergebnis: Die Energie. Elektrischer Strom ist Energieüberträger.
3. 16:10 - 26:00	• Diskussion zum Thema Energieumwandlung in der Glühbirne. • Diskussion der Frage des Lehrers: „Was passiert im Lämpchen?“ - Glühlämpchen als Engstelle, in der die Elektronen schneller fließen müssen.
4. 26:00 - 35:00	• weitere Frage des Lehrers: Wie lässt sich unter der Voraussetzung, dass Elektronen inkompressibel sind, begründen, dass am Minuspol der Batterie eine erhöhte Ladungsdichte auftritt. • Beantwortung gelingt mit Wasseranalogie: „Auf dem Minuspol steht eine Wassersäule“.
5. 35:00 - 43:00	• Diskussion der Frage des Lehrers, warum ein Lämpchen sofort leuchtet, wenn der Stromkreis geschlossen wird - auch bei extrem langem Kabel.
43:00 - 50:00	Pause
6. 50:00 - 56:00	• Der Lehrer verteilt Analogie-Informationsblätter („Analogie-Tabellen“). • Der Lehrer fordert zur Tischgruppenarbeit mit diversen Arbeitsanweisungen auf: * Die aus der Wasserstromkreislehre bekannten Regeln sollen für elektrische Stromkreise umformuliert und experimentell überprüft werden. * Ein elektrischer Widerstandsbegriff soll definiert werden (als U/I_{el}) * Widerstände von verschiedenen Materialien (u.a. Lämpchen, Widerstandsdraht) sollen experimentell bestimmt werden. * Bekannte Widerstände sollen in Reihe und parallel geschaltet werden und dann die Gesamtwiderstände der Schaltungen experimentell bestimmt werden. * Der Widerstandsdraht wird als analoges Experiment zum Druckdifferenzen-Demonstrationsexperiment diskutiert. An verschiedenen Stellen sollen Teilspannungen abgegriffen werden.
7. 56:00 - 90:00	• Tischgruppenarbeitsphase - Bearbeitung der Anweisungen.

18. Doppelstunde:

Phase Zeit (min.)	Unterrichtsinhalt
1. 0:00 - 39:30	• Besprechung des Hausaufgaben-Arbeitszettels im Klassenverband: * Diskussion des Unterschieds Elektronengeschwindigkeit - I_{el}. * kritische Diskussion des Satzes „Der Strom nimmt den Weg des geringsten Widerstandes“. * Berechnung von Spannungswerten in Schaltungen, dabei Thematisierung des Analogons zum Gebiet gleichen Drucks. * Berechnung von Gesamtwiderständen in gemischten Schaltungen.
39:30 - 49:00	Pause
2. 49:00 - 58:00	* Kritische Diskussion des Satzes „Die Batterie versucht, einen größeren Widerstand durch größere Stromstärke zu überwinden“. * Betrachtungen zu Teilspannungen in Reihenschaltungen.
3. 58:00 - 67:00	• Diskussion einiger Punkte der Analogie-Tabellen: Kohäsionskräfte, Inkompressibilität im Bereich der Elektrizitätslehre, Ladungsmenge Q (1

	Coulomb entspricht ca. $6 \cdot 10^{18}$ Elektronen), Driftgeschwindigkeit, Reibungskräfte. • Wiederholung der Einheiten Volt für Spannung, Ampère für Stromstärke und Ohm für Widerstand. • Der Lehrer verteilt einen weiteren Analogie-Informationszettel - dabei Thematisierung von Kurzschluss, Schaltkreisregeln, Reihen- und Parallelschaltung von Batterien.
4. 67:00 - 74:30	• Der Lehrer greift noch einmal die Messbarkeit von Widerständen auf (wurde in der letzten Stunde teilw. nicht verstanden): * Messung von U und I_{el}, Ermittlung von R_{el} durch Berechnung. • Wdh. der Definition von R_{el} in Anlehnung an Wasseranalogie: die nötige U, um eine bestimmte I_{el} zu erzeugen.
5. 74:30 - 84:00	• Experimentierphase: In Tischgruppen soll nochmals der R_{el} eines Widerstandsdrahtes bestimmt werden.
6. 84:00 - 93:00	• Diskussion des Bauteils Trafo als Erzeuger einer regelbaren U im Klassengespräch.

19. Doppelstunde:

Phase Zeit (min.)	Unterrichtsinhalt
1. 0:00 - 7:00	• Besprechung weiterer Analogie-Tabellen im Klassenverband. * Dabei Wiederholung einiger Parallelschaltungsregeln.
2. 7:00 - 17:00	* Auf Jancas Frage erklärt der Lehrer die mathematische Formel für die Berechnung eines Parallelschaltungswiderstandes.
3. 17:00 - 42:00	• Diskussion der Innenwiderstände von Volt- und Ampèremeter. • „Messinstrumente dürfen die Messung nicht verändern". • Diskussion des Phänomens Kurzschluss. • Funktionsweise einer Sicherung im Haushalt. • Thematisierung: Reihen- und Parallelschaltungen von Batterien.
42:00 - 49:00	Pause
4. 49:00 - 57:00	• Der Lehrer teilt Aufgabenzettel aus, die in Einzel-/Gruppenarbeit bearbeitet werden sollen - dabei sollen in einfachen Schaltungen R_{el}, I_{el} und U aus den jeweils gegebenen beiden anderen Größen berechnet werden.
5. 57:00 - 60:30	• Besprechung der Ergebnisse im Klassenverband.
6. 60:30 - 66:00	• Der Lehrer führt über Wasseranalogie ein neues Bauteil ein und demonstriert seine Funktionsweise: Regelbarer Widerstand - besteht aus langem, dünnem Draht, an dem an verschiedenen Stellen abgegriffen wird.
7. 66:00 - 77:30	• weiteres neues Bauteil - ebenfalls über Wasseranalogie eingeführt: Kondensator • Funktionsweise wird anhand von Fotoapparat-Blitz demonstriert
8. 77:30 - 96:30	• Die SchülerInnen sollen im „Kaltbetrieb" in Gruppenarbeit den R_{el} von Glühbirnen in Gruppen bestimmen. • Der Lehrer misst anschließend den Rel einer Glühbirne bei 220 Volt. • Ergebnis: Der R_{el} ist größer geworden. • Definition: Einen R_{el}, der sich nicht in Abhängigkeit der Betriebsbedingungen ändert (also vom I_{el} unabhängig ist), nennt man

	ohmsch. • Weitere Übungszettel mit Lösungen werden ausgeteilt.

20. Doppelstunde:

- Klausur: Elektrische Stromkreise als System.

Danksagung

Diese Arbeit entstand unter der Betreuung von Frau Prof. Dr. Hannelore Schwedes. Ihr danke ich für fruchtbare Diskussionen und produktive Kritik. Insbesondere empfand ich als gewinnbringend, dass sie mir einerseits eine „Linie" vorgab, an deren Einhaltung sie mich auch immer wieder erinnerte, dass sie mir aber andererseits Freiheiten gewährte und für die Wahl „meines Weges" offen war.

Herrn Prof. Dr. Stefan von Aufschnaiter danke ich für sein immer offenes Ohr, zahlreiche Anregungen und Diskussionen. Der enge Austausch mit ihm war für mich äußerst wertvoll und hat das Zustandekommen dieser Arbeit maßgeblich beeinflusst.

Herrn Dr. Wolff-Gerhard-Dudeck danke ich für die Her- und Bereitstellung der Videodaten. Die Arbeit mit diesem Material empfand ich als sehr angenehm. In diesem Sinne danke ich ebenso den SchülerInnen, die an der Untersuchung teilgenommen haben.

Den (teilweise ehemaligen) MitarbeiterInnen des IDP danke ich für die fachlichen Gespräche, aufbauende Worte in schwierigen Phasen und insgesamt die mir entgegengebrachte warmherzige Atmosphäre, durch die das Einleben in Bremen für mich sehr beschleunigt wurde. Besonders hervorheben möchte ich die Dres. André Smolé, Malte Meyer-Arndt, Kerstin Haller, Florian Sander, Stefan Deylitz, Susanne Haeberlen und Manuela Welzel, sowie Andreas Saniter, Jutta Roth und Susann Hartmann. Darüber hinaus danke ich fürs Korrekturlesen herzlich den Dres. Claudia von Aufschnaiter, Carola Hauk und Lydia Murmann (dass ich mein Arbeitszimmer mit Lydia teilen konnte, war mehr als ein glücklicher Umstand), sowie meinen Eltern. Mein Dank für schnelle und effektive Unterstützung im „Kampf mit der Technik" gilt Jörg Hirsch.

Ralph und Frank Plawetzki danke ich für ihre innige Freundschaft, sowie meiner Wohngemeinschaft Annemiek Vink, Martin Hoetmer und Ulrike Kugler für die Toleranz gegenüber meinen Stimmungen in anstrengenden Zeiten.

Für die Hilfen jeglicher Art, die ich von meinen Eltern während der Jahre an dieser Doktorarbeit erfahren habe, lassen sich kaum angemessene Worte des Dankes finden. Trotzdem: vielen Dank.

Schließlich möchte ich Marion Budde nennen, durch die mein Leben nicht nur am IDP verschönert und bereichert wurde.

Frühere Studien zum Physiklernen an den Universitäten Bremen und Berlin

- Horst Schecker (1985): Das Schülervorverständnis zur Mechanik - eine Untersuchung in der Sekundarstufe II unter Einbeziehung historischer und wissenschaftstheoretischer Aspekte, Dissertation Universität Bremen, 548 S. (bisher unveröffentlicht)
- Thomas Bethge (1988): Aspekte des Schülervorverständnisses zu grundlegenden Begriffen der Atomphysik - eine empirische Untersuchung in der Sekundarstufe II, Dissertation Universität Bremen, 251 S. (bisher unveröffentlicht)
- Hans-Ernst Fischer (1989) Lernprozesse im Physikunterricht - Falluntersuchungen im Unterricht zur Elektrostatik aus konstruktivistischer Sicht, Dissertation Universität Bremen, 243 S. (bisher unveröffentlicht)
- Dieter Schmidt (1989): Zum Konzeptwechsel - eine Untersuchung über den Konzeptwechsel am elektrischen Stromkreis, Dissertation Universität Bremen, 198 S., Frankfurt: Lang
- Heinz Meyling (1990): Wissenschaftstheorie im Physikunterricht der gymnasialen Oberstufe - das wissenschaftstheoretische Schülervorverständnis und der Versuch seiner Veränderung durch expliziten wissenschafts-theoretischen Unterricht, Dissertation Universität Bremen, 492 S. (bisher unveröffentlicht)
- Michael Lichtfeldt (1992): Schülervorstellungen in der Quantenphysik und ihre möglichen Veränderungen durch Unterricht, Dissertation Freie Universität Berlin, 545 S., Darmstadt: Westarp
- Manuela Welzel (1994): Interaktionen und Physiklernen - empirische Untersuchungen im Physikunterricht der Sekundarstufe I. Dissertation Universität Bremen, 277 S., Frankfurt: Lang
- Elmar Breuer (1994): Zur Orientierung individueller Entwicklungen im Physikunterricht durch Erfahrungen - eine Fallstudie in einem Physik-Leistungskurs Elektrostatik, Dissertation Universität Bremen, 201 S. (bisher unveröffentlicht)
- Hans Ernst Fischer (1994). Physiklernen: Eine Herausforderung für Unterrichtsforschung. Habilitation Universität Bremen, 245 S., Frankfurt: Lang
- Carola Seibel (1995): Analyse von Lernprozessen im handlungsorientierten Physikunterricht - Fallstudie zum Thema „Kurzschluß“ in der Orientierungsstufe, Dissertation Universität Bremen, 273 S., Aachen: Mainz
- Burkhard Langensiepen (1995): Die Entwicklung physikalischer Beschreibungen - eine vergleichende Lernprozeßstudie im Elektrostatikunterricht - eine vergleichende Lernprozeßstudie im Elektrostatikunterricht, Dissertation Universität Bremen, 269 S. (bisher unveröffentlicht)
- Jürgen Petri (1996): Der Lernpfad eines Schülers in der Atomphysik - eine Fallstudie in der Sekundarstufe II , Dissertation Universität Bremen, 365 S., Aachen: Mainz
- Jana Paice (1997): Entwicklung und Erprobung einer Hypermedia-Lernumgebung für den Themenbereich „Schwingungen“, Dissertation Universität Bremen, 211 S., Aachen: Mainz
- Sylvelin Menge (1997): Rekonstruktion und Interpretation von individuellen Lernprozessen unter dem Gesichtspunkt des Transfers bei einzelnen Schülern der Sekundarstufe I im Unterricht zur Elektrizitätslehre, Dissertation Universität Bremen, 537 S., Aachen: Mainz
- Wolff-Gerhard Dudeck (1997): Analyse von Denkprozessen in einem analogie-orientierten Elektrizitätslehreunterricht - eine Fallstudie in einer 10. Gymnasialklasse, Dissertation Universität Bremen, 294 S., Aachen: Mainz

Bisher erschienene Bände der Reihe *„Studien zum Physiklernen“*

ISSN 1435-5280

1	Helmut Fischler, Jochen Peuckert (Hrsg.)	Concept Mapping in fachdidaktischen Forschungsprojekten der Physik und Chemie ISBN 3-89722-256-6 40.50 EUR
2	Anja Schoster	Bedeutungsentwicklungsprozesse beim Lösen algorithmischer Physikaufgaben *Eine Fallstudie zu Lernprozessen von Schülern im Physiknachhilfeunterricht während der Bearbeitung algorithmischer Physikaufgaben* ISBN 3-89722-045-8 40.50 EUR
3	Claudia von Aufschnaiter	Bedeutungsentwicklungen, Interaktionen und situatives Erleben beim Bearbeiten physikalischer Aufgaben ISBN 3-89722-143-8 40.50 EUR
4	Susanne Haeberlen	Lernprozesse im Unterricht mit Wasserstromkreisen *- eine Fallstudie in der Sekundarstufe I* ISBN 3-89722-172-1 40.50 EUR
5	Kerstin Haller	Über den Zusammenhang von Handlungen und Zielen *Eine empirische Untersuchung zu Lernprozessen im physikalischen Praktikum* ISBN 3-89722-242-6 40.50 EUR
6	Michaela Horstendahl	Motivationale Orientierungen im Physikunterricht ISBN 3-89722-227-2 50.00 EUR

7	Stefan Deylitz	Lernergebnisse in der Quanten-Atomphysik *Evaluation des Bremer Unterrichtskonzepts* ISBN 3-89722-291-4 40.50 EUR
8	Lorenz Hucke	Handlungsregulation und Wissenserwerb in traditionellen und computergestützten Experimenten des physikalischen Praktikums ISBN 3-89722-316-3 50.00 EUR
9	Heike Theyßen	Ein Physikpraktikum für Studierende der Medizin *Darstellung der Entwicklung und Evaluation eines adressatenspezifischen Praktikums nach dem Modell der Didaktischen Rekonstruktion* ISBN 3-89722-334-1 40.50 EUR
10	Annette Schick	Der Einfluß von Interesse und anderen selbstbezogenen Kognitionen auf Handlungen im Physikunterricht *Fallstudien zu Interessenhandlungen im Physikunterricht* ISBN 3-89722-380-5 40.50 EUR
11	Roland Berger	Moderne bildgebende Verfahren der medizinischen Diagnostik - ein Weg zu interessanterem Physikunterricht ISBN 3-89722-445-3 40.50 EUR
12	Johannes Werner	Vom Licht zum Atom - Ein Unterrichtskonzept zur Quantenphysik unter Nutzung des Zeigermodells ISBN 3-89722-471-2 40.50 EUR

13	Florian Sander	Verbindung von Theorie und Experiment im physikalischen Praktikum *Eine empirische Untersuchung zum handlungsbezogenen Vorverständnis und dem Einsatz grafikorientierter Modellbildung im Praktikum* ISBN 3-89722-482-8 40.50 EUR
14	Jörn Gerdes	Der Begriff der physikalischen Kompetenz - Zur Validierung eines Konstruktes ISBN 3-89722-510-7 40.50 EUR
15	Malte Meyer-Arndt	Interaktionen im Physikpraktikum zwischen Studierenden und Betreuern *Feldstudie zu Bedeutungsentwicklungsprozessen im physikalischen Praktikum* ISBN 3-89722-541-7 40.50 EUR
16	Dietmar Höttecke	Die Natur der Naturwissenschaften historisch verstehen *Fachdidaktische und wissenschaftshistorische Untersuchungen* ISBN 3-89722-607-3 40.50 EUR
17	Gil Gabriel Mavanga	Entwicklung und Evaluation eines experimentell- und phänomenorientierten Optikcurriculums *Untersuchung zu Schülervorstellungen in der Sekundarstufe I in Mosambik und Deutschland* ISBN 3-89722-721-5 40.50 EUR
18	Meike Ute Zastrow	Interaktive Experimentieranleitungen *Entwicklung und Evaluation eines Konzeptes zur Vorbereitung auf das Experimentieren mit Messgeräten im Physikalischen Praktikum* ISBN 3-89722-802-5 40.50 EUR

19	Gunnar Friege	Wissen und Problemlösen *Eine empirische Untersuchung des wissenszentrierten Problemlösens im Gebiet der Elektrizitätslehre auf der Grundlage des Experten-Novizen-Vergleichs* ISBN 3-89722-809-2 40.50 EUR
20	Erich Starauschek	Physikunterricht nach dem Karlsruher Physikkurs *Ergebnisse einer Evaluationsstudie* ISBN 3-89722-823-8 40.50 EUR
21	Roland Paatz	Charakteristika analogiebasierten Denkens - Vergleich von Lernprozessen in Basis- und Zielbereich ISBN 3-89722-944-7 40.50 EUR

Alle erschienenen Bücher können unter der angegebenen ISBN-Nummer direkt online (http://www.logos-verlag.de/Buchreihen) oder per Fax (030 - 42 85 10 92) beim Logos Verlag Berlin bestellt werden.